元華文創
頂尖文庫 EA034

臺灣政經史系列叢書04　陳天授主編

臺灣

政治經濟思想史論叢

民族主義與兩岸篇

Proceedings : The History of Taiwan Political and Economic Thought IV

卷四

陳添壽　著

【臺灣政經史系列叢書】序

　　【臺灣政經史系列叢書】的印行，源自於拙作《臺灣政治經濟思想史論叢》(卷一)至(卷三)的出版之後，為了廣納更多海內外同好對這領域的研究與匯集，於是有了這系列叢書的出版計畫。

　　回顧臺灣過去 400 多年來的發展歷史，歷經了原住民時期、荷蘭西班牙時期、鄭氏東寧王國時期、大清時期、日本時期、中華民國時期的政治經濟發展。在這每一個歷史的階段，都曾經為我們留下許多珍貴的檔案文獻資料和著作。

　　檢視人類文明史的歷程，國際情勢發展到了 1980 年代以後新自由主義的全球化政治經濟浪潮，已經很明顯出現了世界性金融資本的掠奪，和社會貧富懸殊的嚴重現象，不但凸顯資本主義市場經濟的失靈與民主政治的失能，而且充斥著根本兩者就不公平，以及貪婪資本家與無恥政客頻頻演出相互利益勾結的危機。

　　面對當前政治與經濟體系運轉的失效，引發我們檢討過去政治經濟發展歷史的優劣缺失之外，更要關心 21 世紀政治經濟學對於國家與社會關係發展的深切思考，和相對特別關注其對於未來臺灣政治經濟發展與攸關人民生活所產生的影響。

　　有鑒於此，本系列叢書的涵蓋內容，主要針對政治經濟思想、政治經濟體制、臺灣政經史與兩岸關係發展等相關著作的出版；在編輯方向除了採納多位作者、多篇論文的彙集成冊出書之外，對於採取作者個人論文集和以學術專書

為主的不同方式出版，亦都在非常歡迎之列。

　　【臺灣政經史系列叢書】的出版，期望在眾人的全力支持與灌溉之下，慢慢地能累積出一些成果來，這是我們的至盼，還請大家不吝指教。

陳天授　謹識

2019 年 10 月 25 日於臺北市

自 序

　　本書《臺灣政治經濟思想史論叢 (卷四)：民族主義與兩岸篇》裡，我共分為三部分：第一部分「臺灣特色資本主義發展」；第二部分「中國特色社會主義發展」；第三部分「兩岸關係發展與變遷」。主題就是民族主義與兩岸關係，旨在於論述臺灣特色資本主義與中國特色社會主義的發展與變遷。

　　資本主義是以發展「產業經濟」為重點，來解決人民經濟與生活的問題；社會主義則是以發展「庶民經濟」為重點，來解決人民經濟與生活的問題。資本主義產業經濟發展的結果，得利的首在偏向於企業資本家，其次才是人民；社會主義庶民經濟發展的結果，得利的首在顧及社會大眾，其次才是資產階級。

　　臺灣特色資本主義產業經濟與中國特色社會主義經濟的發展結果，對於兩岸關係的發展與衝擊，就其比較當前政經體制而論仍存在差異性；但就未來的走向而論，臺灣特色資本主義與中國特色社會主義的名稱儘管會是不同，惟兩岸關係發展的政經體制度則會有明顯趨近的可能性。

　　本書第一部分「臺灣特色資本主義發展」所收錄的〈近代臺灣特色資本主義發展史略〉一文，主要彙整了我於 1995 年 5、6 月間，在國立空大《學訊》第 159、160、161 期分別以 1960 年代、1970 年代、1980 年代論述臺灣經濟發展策略經驗的連續三篇，和 8 月第 163 期〈策略管理與臺灣發展經驗〉的合計發表四篇。

　　同年 6 月我也在國立空大《商學學報》第 3 期〈1950 年代臺灣經濟發展策略的經驗〉、2000 年 6 月第 8 期〈我國政經體制與產業發展之研究─兼論國家發展策略〉，和 2002 年 7 月第 10 期〈戰後臺灣產業發展的政治經濟分析〉的合計發表三篇。

　　總計了我在空中大學《學訊》和《商學學報》的發表了共七篇論文，全是以臺灣經濟政策與發展策略的經驗為主題。回溯我自 1980 年代中期以後的開始在國立空中大學商學系兼課，一直到 2016 年屆滿 65 歲退下來的不再繼續授課，其時間長達了 30 年之久。我非常感謝空大給我這麼好的教學與研究的環境，特別是學校的課程都是安排在星期例假日上課，對於當時我另有黨政職務在身的忙碌情況，更是提供了我可以在理論實務與教學相長的一個絕佳機會。

　　檢視了我上述所有發表過的論文，我曾經於 2006 年與 2009 年分別改寫成《臺灣經濟發展史略》與《臺灣經濟發展史》二書。我特別要感謝當年幫我出版的立得出版社劉接寶發行人，與蘭臺出版社盧瑞琴社長，讓我的在那段期間所發表的論文，得以審修成書，並在課堂上作為學生的參考教材之用。

　　歲月悠悠，如今又匆匆地過了 10 多年。今(2019)年初，我決定將上述全部的文字重新再審修之後，我發現有必要將它過去使用的書名改為〈近代臺灣特色資本主義發展史略〉，比較能符合現在我收錄在本書裡的體例和內容。

　　或許讀者有機會對照閱讀的話，當可發覺我已經把許多有關資本主義和政治經濟學的概念，融入原本我純粹就臺灣經濟政策與發展的內容，做了大幅度的增修。我深盼讀者在閱讀過〈近代臺灣特色資本主義發展史略〉之後，能比較有系統地幫助大家對於近代臺灣政治經濟思想史領域的的了解。

　　本書第二部分「中國特色社會主義發展」所收錄的〈現代中國特色社會主義之探討〉一文，主要是利用我在研究所進修和教學與工作時期的對於中共經濟政策研究，以及通過審查的論文，並將 1997 年 4 月發表於空大《學訊》第 194 期〈臺灣產業發展策略與兩岸關係〉等底本的增修而成。

　　回溯我在取得學位之後的幾十年時間，有幸再到美國、日本、韓國等國家，不論是進修、開會或訪察活動，我都非常關注這些不同國家政經體制的發展情勢。特別是我有多次的應邀到中國大陸參加各項研討會，讓我更有機會深入了解中國大陸在改革開放之後的政經體制發展，和社會文化的快速成長與變遷。

　　因此，我有必要藉此機會針對自己過去蒐集和發表的資料文獻，和這些年來的觀察心得，重新加以彙整。我在審修完稿之後，決定以〈現代中國特色社

會主義發展之探討〉為題，論述當前中國大陸的政經體制與經濟發展。

本書第三部分「兩岸關係發展與變遷」共所收錄有：〈近代兩岸關係發展史略〉與〈余英時自由主義思想與兩岸關係評論〉二文。

〈近代兩岸關係發展史略〉一文的論述，是我在出版《臺灣政治經濟思想史論叢(卷一)》的〈兩岸經貿史的結構與變遷〉之後，我認為當前兩岸關係的發展，如果只是從經貿的單一角度來論述，是無法盡窺兩岸關係發展的全貌，是比較難以釐清和分析兩岸關係的複雜性與弔詭性。

所以，我又從影響近代兩岸關係發展與變遷的政經因素，透過「相互主體性」與「歷史整合性」的觀點，來深入探討原住民時期、荷西時期、東寧時期、清領時期、日治時期，和中華民國時期的兩岸關係發展，特別是我又分別增列了每一時期兩岸關係大事記的簡明表。

〈余英時自由主義思想與兩岸關係評論〉一文的分析，是我有機會於 2016 年和 2017 年應邀參加中央警察大學通識教育中心舉辦的「通識教育與警察學術研討會」。我很榮幸擔任李顯裕老師分別發表〈余英時對臺灣政治發展的評論及其歷史意義—以兩岸關係為中心的初探〉，和〈余英時對國民黨的歷史評論〉二篇論文的與談人。

顯裕老師是我在中央警察大學服務期間的同事，我們相處的時間超過了 15 年，我非常敬佩他的謙沖為懷、待人誠懇，是一位學有專精的歷史學博士，而且孜孜不倦於近代學術思想史的研究。當 2000 年 2 月起我應聘在學校的通識教育中心擔任專任教職，這時候他就已經在該中心貢獻所長了，而且我們相處得很愉快。

這篇〈余英時自由主義思想與兩岸關係評論〉，就是根據我評論顯裕老師上述論文的文字，和在研討會上的口頭引談內容，來加以增修寫成。藉此，我要特別感謝主辦單位中央警察大學通識教育中心和顯裕老師的邀約。

這裡我特別要提出來敘述的是，當我在閱讀余英時先生大作和他對於兩岸關係評論的相關文字期間，以及我在書寫完成本文後，讓我深深感受到他身為一位知識份子對於國家社會的善盡責任，縱使自己不一定位居廟堂之高的為人

民服務，當也可以發揮讀書人的處處為蒼生念來發聲。

　　集歷史與文學，曾是英國首相、諾貝爾文學獎得主、著有《第二次世界大戰回憶錄》(6 卷)的邱吉爾（Sir Winston Leonard Spencer Churchill），他認為「當我們能回顧得越久遠，對於未來就看得越深遠；或者是說我們愈能顧後，即愈能瞻前」的歷史見解，也就是我一直秉持閱讀與書寫，和主編【臺灣政經史系列】叢書的一貫基本原則。

　　最後要感謝元華文創公司蔡佩玲總編輯、陳欣欣執行主編，和公司團隊的協助，讓本書與【臺灣政經史系列】叢書得以順利如期出版。

陳添壽　謹識

2019 年 11 月於臺北城市大學圖書館

目 次

近代臺灣特色資本主義發展史略

財富的獲得是一種永無止境的過程，它只能由奪取政權來保障。因為，累積過程遲早必定會強迫打開一切既定的領土邊界。社會已進入了永無終結的獲得財富之路，不得不設計一個充滿活力的政治組織，能夠適應於永無終止的權力增長。

Thomas Hobbes

一、 前言

　　資本主義(capitalism)發展的歷史，從傳統上被解釋為了追逐個自利益所採取大規模的行動，藉由經濟活動的壟斷交易市場，控制著大量的物資與價格，或是透過投機、貸款、商業企劃，乃至於掠奪資源與發動戰爭等，致主其事者獲得豐碩的利益；而從現代上資本主義則被視為一種經濟系統，以法律上自由的工資收入者的組織為基礎，由資本家及其經理人組成，以創造利潤為目的，並嘗試影響到社會上任何層級的活動。

　　換言之，資本主義並非抽象而知性的過程，它不是個事物，不是固定的個體，它是個活動的過程，是持續被重新定義和調整的操作型定義。因此，每一紀元都有其特殊知識或科技的重大突破，且能對經濟持續成長提供動力，並對資本主義的內涵加以充實且做出新的論述。

因而，一些致力於將經濟組織發展，甚至將其視為與宗教、倫理關係轉變的歷史學家，諸如宋巴特(Werner Sombart)、韋伯(Max Weber)等都視資本主義的本質，在於營利企業的汲汲營營精神(acquisitive spirit)。因而促使世人對其影響經濟發展的研究，自 15 世紀以來，一直延續迄今，而且歷久不衰。

回溯資本主義發展並不是在近代隨著工業革命才出現的，它早已存在於人們通常視作非資本主義社會的歷史時期，當然在不同的歷史時期，它有着各種不同的形式和規律，這也因而凸顯變動性經常是被視為發展資本主義的基本要素，若不能自由的社會流動，則經濟發展是很難增進的。

政治要為經濟服務，經濟也要滋養政治發展，兩者相輔相成。我們定義資本主義是經濟的，也是政治的，這正是我為什麼要長期以來投入臺灣政治經濟思想史研究的主要原因。因為，我努力嘗試從政治經濟學理論來建構臺灣政治經濟思想的「相互主體性」與「歷史整合性」研究途徑，它都是建立在這基礎上。

這誠如諾貝爾獎經濟學獎得主傅利曼（Milton Friedman）指出，歷史暗示著，唯有資本主義才是政治自由的必要條件，但是不是充分條件，法西斯主義的義大利和西班牙，一次和二次大戰前的日本等社會都不能使人相信在政治上是自由的，但是私人企業都是經濟體系的主要形式。傅利曼不愧是芝加哥自由經濟學派的要角，他標榜著是他一貫主張的資本主義與自由。

戰後臺灣，特別是受到戒嚴威權體制重視孫文主張的「民生主義」，和推動「計劃性自由經濟」的影響，資本主義(capitalism)思潮在臺灣是受到極不公平的壓制。所以，資本主義強調市場競爭的經濟或產業發展的精神並沒有普遍的被深入探討，雖然我們是一直生活在資本主義社會裡。

相對於西方而言，資本主義的興起和鼓吹市場經濟(market economy)理論，其資本主義市場經濟活動最早可以追溯希臘羅馬時期的地中海地區。當然，對資本主義的論述有多面向的不同途徑，或許資本主義思想實際上只能說是存在於世界上的少數地區，也就是說只對西歐和美國等高度發展國家的具有重要性，但是對中國、印度、中東、非洲、拉丁美洲或東歐等廣大的比較發展落後

地區，沒有任何的意義和關聯。因為，這一大部分地區並沒有資本家、沒有工業，當然也就沒有所謂相對的無產階級，大體上這些地區的人民只有地主和農人之分。

承上論，從「這一大部分地區並沒有資本家、沒有工業，當然也就沒有所謂相對的無產階級，大體上這些地區的人民只有地主和農人之分」觀點，檢視臺灣特色資本主義發展史的歷經過每一存在階段，或許正符「這一大部分地區並沒有資本家、沒有工業，當然也就沒有所謂相對的無產階級，大體上這些地區的人民只有地主和農人之分」。

然而，從具有私人財產權和市場經濟競爭的兩項指標來檢視資本主義發展，臺灣自 17 世紀以來，就已逐漸接觸並融入資本主義市場經濟的產業發展史，其中卻蘊含傅利曼所稱「資本主義才是政治自由的必要條件，但是不是充分條件。」我嘗試勾勒出，臺灣自原住民時期開始，歷經 1624-1662 年荷西、1662-1683 年東寧、1683-1895 年清國、1895-1945 年日本、1945-迄今中華民國等 6 個政權的統治，檢證「資本主義才是政治自由的必要條件，但是不是充分條件。」

質言之，上述這幾個階段的政權，臺灣雖有了私人財產權和市場經濟競爭的資本主義土壤，但是他並沒有發展出所謂政治自由的果實。也讓我們深刻體驗，我們的歷史發展，我們要記錄的不單是每一個政權更迭和經濟轉型的生存與發展，而是我們的社會與人民不能過度沉默，導致下一代生活在臺灣這塊土地上的主人，他們的歷史未來還是屬於「失竊的家族」，乃甚至淪為「失竊的國度」。

對「黑人的命也是命」特有感觸的威廉斯(Jesse Williams)，在他的一部紀錄片中嚴肅地指出，「歷史的軌跡並不是逐漸趨向正義，那是人為所致。正義要的不是絕對，而是相對。」就如同我在建構與書寫《臺灣特色資本主義發展史》時，我所秉持「相互主體性」與「歷史結構性」的觀點。

我非常贊同致力於編印【臺灣文獻叢刊】周憲文教授在《臺灣經濟史》〈序言〉的這句話：「我們目前需要的，一是正確的觀點，二是開闊的天地；還有是

豐富的情感與自由的構想。」

(一) 政治與經濟的關係

論述臺灣特色資本主義發展，首先必須將其置於政府(state)與市場(market)的歷史結構性檢證。就國內層面而言，政府與市場之間存在利益的結構性關係，政府透過對市場不同角色的扮演，從市場中汲取必要的資源，確立國家公權力的基礎，並有效踐履對市場的保護功能；相對地，政府的出現與持續，亦必須依賴市場資源，並控制來自市場的壓力。

在確保政治正統性與資本持續累積的前提下，政府雖然在追求總體利益時，很難做到前後一貫，銜接緊湊，但政府必須調和各種政治團體、經濟團體和社會階級衝突，制定有利於人民利益的公共政策，或調整自己成為政經體系中的一部份。

政治與經濟，或是指政府與市場之間存在著利益交換的關係，有依賴，有相對的權力(relative power)，也有不同程度的相互自主性(mutual autonomy)。政府自主(state autonomy)不只反映社會團體和階級的需求與利益，且是政府機關追求的目標；而政府職能(state capacities)是政府機關完成政策目標的能力，特別是在面對社會團體的強大壓力和惡劣的經濟環境之時。

因此，擁有完整政府自主與職能的被稱為「強勢政府」(strong state)，而比較無法抗拒社會團體壓力，政府自主與職能較弱的政府，就被稱為「弱勢政府」(weak state)。

就國際層面而言，政府自主與職能的強弱，也隱含一國在國際政治、經濟方面追求利益的機會與可能性。因為各自追求國家利益，弱國政府會遭受到相當大的限制，迫使政府必須重視國際環境的演變。

而任何政經社會的變遷，都源於結構中不同立場與秉賦的行為者，其自利性的政治行為或經濟行為。政經問題的分析與解決，必須以相關行為者的特性與互動過程為前提。

因此，從政府中心理論(state-centered theory)出發，不只關注政治經濟的權

力關係，還包括社會、文化、環境等諸多因素，也就是強調以廣義政府為中心的政治體制，和以市場為中心的經濟體制，是政經體系中最主要的兩種結構因素，因為它們能同時呈現且制約任何社會的重大政經問題。

市場經濟看似競爭激烈，但參與競爭的經濟個體就好像溫室裡的植物一樣，必須在特定的環境條件下才能正常運作，這個溫室就是制度，而其中關鍵就是權力分配，也就是政治制度。

而主體性觀點是根據整體性先詳述畫分政經發展的空間與時間之後，來確定臺灣產業發展實存的區域位置。因此，主體性不僅是關照臺灣這一塊土地，且是以臺灣產業發展與變遷為主體，無論政權的更迭，皆能貼近分析臺灣特色資本主義發展的主題。

政府中心理論的運作機制，強調政府機關具有自主性與塑造社會的能力，透過政策形成的過程，可以檢證政府機關是否具有自主性和前瞻性，及其制度結構能否達成政策目標。

有關經濟學或經濟的主體或本土的概念，檢視結束於 17 世紀的臺灣史前史，直到最後的 5 百年，社會組織依然簡單，生產力依然低落，沒有出現前古代國家時期的貧富分化和社會分工。在這個最後階段，臺灣沒有出現較複雜的政治體，不論是內在自然發展的結果或是外力強加的政權，都不曾有過。

溯自 16 世紀以來所提出的主權概念，認為民族國家的標準，把對貨幣、信用與財政政策的控制力，視為民族國家的三大支柱之一，但這根支柱一向不穩固。換言之，臺灣應該建立以自己為主體的中心點，強調是東亞兩個「地中海」的交會點，強烈具有海洋性格。

(二) 時間與空間的關係

綜觀臺灣特色資本主義發展，由於臺灣政權屢屢更迭，不但要從各政權衍生的外在壓力，探討臺灣產業發展；也要從其發展的內部來掌握演變。因此，分析架構主要是從臺灣不同歷史時期的資本主義市場經濟特質，探討政府對人、事、物、土地、財產的支配關係，以及市場對土地、勞力、資本、技術、

企業經營的不同組合與分工，導出權力體系與市場合理化過程。

　　從市場經濟來界定臺灣特色資本主義發展，凸顯原住民時期臺灣前資本主義自足化、荷蘭與西班牙占據時期臺灣資本主義多國化、鄭氏東寧政府時期臺灣資本主義發展土著化、大清政府時期臺灣資本主義發展定著化、日本統治時期臺灣資本主義發展皇民化，和國民政府戒嚴時期資本主義發展黨國化，和轉型時期臺資本主義發展全球化的變遷，並從中檢證臺灣政經發展如何走出一條屬於自己特色的資本主義發展道路。

　　承上論，臺灣各期的資本主義發展，都曾受到國內外政經環境的不同程度影響，正如華勒斯坦(Immunal Wallerstein)的現代世界體系[1]和金德爾伯格(Charles Kindleberger)的霸權穩定論[2]對於國際資本主義發展的分期認為，1450年以前是中世紀教會時期；1450-1640 年才有農業資本主義和歐洲世界經濟興起，形成絕對君主制和國家主義；1640-1750 年則是重商主義的荷蘭霸權時期；1763-1833 年是最先接受工業革命的英國霸權時期；最後是在第一次世界大戰後則由美國資本主義經濟稱霸至今，這也提供了臺灣特色資本主義發展分期的重要依據。

　　另外，布勞岱爾(Fernand Braudel)所指出「世界時間」的概念，將資本主義經濟史分成幾個長時段，亦可作為臺灣特色資本主義發展的相互連結西方資本主義。

　　布勞岱爾指出：

---

[1] Immunal Wallerstein, *The Modern World-System, Vol.1: Capitalist Agriculture and the Origins of the European World-Economy in the Sixteenth Century*（New York: Academic Press, 1974）. *The Modern World-System, Vol.2: Mecantilism and Consolidation of the European World-Economy, 1600-1750*（New York: Academic Press, 1980）. *The Modern World-System, Vol.3: The Second Era of Great Expansion of the Capitalist World-Economy, 1730-1840s*（New York: Academic Press, 1989）.

[2] Charles P. Kindleberger, *Economic Response: Comparative Studies in Trade, Finace, and Growth*（Cambridge: Cambridge University Press, 1968）. *Power and Money: The Economics of International Politics and the Politics of International Economics*（New York: Basic Books, 1970）.

三層經濟活動的概念，第一層(卷一)是日常生活的結構：可能和不可能，第二層(卷二)是形形色色的交換，第三層(卷三)是世界的時間；荷蘭共和國在 1600 年前後以整個的進入資本主義時代，如此一個新型的民族國家，也才有足夠實力成為 17 世紀的霸權國家。[3]

　　布勞岱爾的「世界時間」概念，也是本文論述近代臺灣特色資本主義的開始與發展，在時間上的分期是從 1624 年荷蘭和西班牙開始統治臺灣的時間，相對地也提供有關世界體系與穩定霸權論對於資本主義發展分期的參考。

　　從資本主義發展歷史角度而言，經濟的成長是發生於有強制力量政治體系的架構之中；另一方面，政府的強制權力在歷史上多半被用在不利經濟成長的作法上。因此，資本主義也被認為是經過一段長時間在西方社會中自然成長起來的，並且其中包含著市場、法律、殖民地擴張、宗教等因素的歷史演進結果。

　　一切歷史都是當代史，歷史上一切都是相互關聯的，特別是經濟活動，它不能脫離周圍的政治和信仰環境，不能離開當時當地的可能任何限制而孤立存在，十足充分顯示臺灣資本主義發展歷史具有主體性(subjectivity)與整體性(totality)的獨特意涵。

　　熊彼得(J. A. Schumpeter)指出：

　　　人們可以通過歷史、通過理論、通過統計，和通過經濟社會來做「經濟分析」的技術。許多相關理論都有其歷史基礎，歷史基礎是特別加深了時間觀念，集中焦點在歷史的特殊環境或過程。[4]

---

[3] Fernand Braudel, *Civilization & Capitalism 15th-18th Century vol.1: The Structures of Everyday Life*. Trans. Sian Reynolds（N. Y.: Harper & Row, 1981）. *Civilization & Capitalism 15th-18th Century vol.2: The Wheels of Commerce*. Trans. Sian Reynolds（N. Y.: Harper & Row, 1982）. *Civilization & Capitalism 15th-18th Century vol.3: The Perspective of the World*. Trans. Sian Reynolds(N. Y.: Harper & Row, 1984).

[4] J. A. Schumpeter, *Capitalism, Socialism and Democracy* (N. Y.: Harper and Brothers, 1942).

畢竟市場經濟的決定，並不僅僅只是受到思想觀念和既得利益的影響，環境也是重要的因素之一。因此，本文將依其不同階段不同概念與形式的資本主義，而統稱「管理資本主義」(managed capitalism)發展過程的歷史，亦正如英國資本主義發展史、日本資本主義發展史、美國資本主義發展史、臺灣資本主義發展史等各具有其資本主義發展的特色。

以下，臺灣特色資本主義發展則分為原住民階段的前資本主義時期，荷西階段的商業資本主義時期，東寧政府、清領政府、日治階段的農業資本主義時期、國民政府戒嚴階段的工業資本主義時期，和國民政府轉型階段的服務業資本主義時期。

在臺灣這段長達四百多年資本主義政經發展之間動態依存的歷史，我們可以將其統稱為「管理資本主義」(managed capitalism)的發展與變遷，亦即近代臺灣特色的資本主義發展過程，簡稱臺灣資本主義發展史。

二、臺灣前資本主義發展時期(-1624)

> 沒有共同體的自由，是瘋狂；沒有自由的共同體，是奴隸。
>
> (Zygmunt Bauman)

現代經濟制度是一套經過幾千年的演變，既複雜且互相影響的制度。人類的歷史自開始以來，時間最長的時代為原始共同體的社會，這是因為比原始共同體高一級的奴隸社會，到西元前 3,000 年才在歷史上出現。

在 199 萬 5 千年以前的克羅馬農（Cromagnon）人的時代，是居住在原始共同體的社會中。當人類祖先生活在固定的土地上，開始從事以農耕或畜牧為主的生產活動，這是始於距今 1 萬 5 千年以前的舊石器時代。此後的時代稱為

文明前的階段（新石器時代），此前的時代則稱為野蠻的舊石器時代。

即使在舊石器的時代，人類雖已有語言，會製造工具和利用火，但仍然是過著食物採集者的原始生活，仍然依賴於大自然資源的供給生理上基本需求。為了追捕動物，或找尋捕魚的場所，人們不得不分成小群，過著遷移流徙的生活。

一直要等到自己能夠透過種植、畜養而收穫到食物，才逐步結束舊石器時代。亦即在經由自己的創意將生產活動由果實的採集，經魚、貝類及野獸的捕獲，演進到敲擊石器、石斧、弓矢的製造、火的利用及狩獵生活的新石器時代。

換言之，人類在進入文明前的時代，已能夠開始邁向土器的製造、動物的飼養及植物的栽培，經畜牧、灌溉耕作、紡織機的製造及金屬的溶解，再發展為使用鐵器的農耕及開墾、文字的發明，逐漸踏入奴隸或封建的農業經濟時代。

回溯 10 世紀之前義大利以威尼斯為首，包括熱那亞(Genoa)、和比薩(Pisa)便開始將貿易帶到整個區域，並以貨幣、木材、鐵、羊毛、金屬製品，和信奉回教的穆斯林交換香料、香水、象牙、精緻的紡織品和油脂。由於義大利商人的善於掌握商機，在中世紀的從 11 世紀開始，人口成長、商業萌芽，城市興起，並創造了貿易的基礎，經濟專業化也逐漸能有自立空間。

義大利曾站在中古盛世 11 世紀至 13 世紀西方世界發展的焦點，尤其 13 世紀代表中世紀的成熟期，不但義大利主要城市人口數量的增加，而且是歐洲經濟真正覺醒的時期，是商業革命和分工制度的最前線，不論在提供對北歐或西班牙的銀行業、保險業的服務，或先在商業上，後在製造業，尤其手工藝在城市中心的地位都扮演「領頭羊」重要角色。

但是造成 13 世紀特有的成長停止，並且導致中世紀後期貿易蕭條的主要原因，是人口大幅度且持續一個多世紀的長時間下降。特別是鄉間農民革命和城市工人暴動所引發持續不斷的戰事與政治鬥爭，助長了此一時期爆發的饑荒和瘟疫之外，又增加人命損失及財物等實體的破壞。

乃至於到了 15、16 世紀以後的義大利，沒有能真正掌握土地擴展促使勞動益顯稀少的市場轉向契機，致使義大利的船隻從未有冒險進入印度洋或橫越大

西洋。當其他國家競相到海外發展和尋求新市場之際，義大利卻十分保守內向地專注在內陸發展。同時，該國受到社會的舊結構束縛甚深，工會控制了工業，導致製造業無法隨社會市場的需求改變而有所調適。

到了 17、18 世紀工業革命以前的人力取代獸力的農業革命被稱之為第一波產業革命，18 世紀開始的機械動力取代人力的工業革命被稱之為第二波產業革命，20 世紀的電腦資訊革命被稱之為第三波(the third wave)產業革命。

從民族主義建構國家、土地與人民關係的演變而論，過去是領土未必不可分，過去不是領土也未必不可合。一個民族可以分別建立好幾個國家；好幾個民族也可以合建成一個國家。

臺灣地處東亞要衝，原住民族早在千年前即乘坐小型船隻四處貿易，嗣後並與漢人的廣泛地繁衍到江南、南洋和亞洲各地。

高拱乾《臺灣府志》：

> 臺灣山形勢，自福建之五虎門蜿蜒渡海，東至大洋中二山，曰關同〔按指關潼，馬祖南、北竿〕、曰白犬〔按指馬祖莒光鄉〕者，是臺灣諸山腦龍處也。隱伏波濤，穿海渡洋，至臺之雞籠山始結一腦；扶輿磅礴，或山谷、或辨第，繚繞二千餘里，諸山屹崎，不可紀極。[5]

臺灣又緊隔鄰中國大陸版塊，縱使到 14 世紀大明國的建國，今天的臺灣對當時的大明國人而言，在其所認知的圖景還只是不相連屬的雞籠、小琉球、東番等島，或稱屬於琉球群島之一。乃至於 16、17 世紀的臺灣仍然少為人知，主要因為當時臺灣沒有大量市場需要的產物來吸引貿易者，以至於一直處於那些時代的東亞貿易網絡之外。

回溯 1513 年(明正德 8 年)葡萄牙人從東南亞北上廣東東莞縣屯門島的沿海

---

[5] 臺灣史料集成編輯委員會編，高拱乾纂輯、周元文增修，《臺灣府志》，(臺北：遠流，2004 年 11 月)，頁 72。

之後，東西世界市場更進一步連結；1557 年(明嘉靖 36 年)葡萄牙佔據珠江口一小島居留，取名澳門(Macao)。

1571 年(明隆慶 5 年)西班牙佔據菲律賓，宣布馬尼拉為殖民地首都，作為主要在其亞洲的貿易基地；1595 年(明萬曆 23 年)荷蘭船隊抵達爪哇(Java)，又稱萬丹(Bantam)，並與大明國展開一連串貿易的貿易戰，直到 1624 年(明天啟 4 年)8 月帶著滿船財貨離開澎湖，轉進大員一帶。

西班牙更於 1628 年(明崇禎元年)佔領淡水(滬尾)地區而統治北福爾摩沙，1642 年(明崇禎 15 年)荷蘭擊退西班牙而占有滬尾、雞籠等地，福爾摩沙全島始被荷蘭所統治，成為荷蘭人的亞洲貿易，尤其是大明國與日本貿易的基地；同時，也開啟了福爾摩沙進入文字歷史與接觸西方文明的時代。

因此，我們將西方資本主義國家於 1624 年以前東來的這一段漫長經濟發展歷史，稱之為原住民時期的臺灣前資本主義發展時期。

(一) 原始經濟的演進

檢視臺灣地質上與史前人類活動的關係，臺灣原住民乃有生於本地、來自南方、來自西方，及來自北方的四種可能。而住在臺灣最早原住民的後裔被指稱「未開化的原住民」(the savage aborignes)。[6]

回溯臺灣早期發展與中國大陸關係的歷史，大致可分為大明國以前的古代、荷西治臺和鄭氏時代的三個時期，由於真正比較有大量漢人移植於臺灣的開始於大明國末期。

臺灣在 4、5 萬年前漸漸與中國大陸的板塊分離，大約在 1 萬年前形成和今天形狀大略相當的島嶼。早在舊石器時代晚期，臺灣就發現了有左鎮人居住生活的化石。所以，1624 年以前的 6 千年至 7 千年可謂是臺灣的古代史。根據其經濟社會演進的歷程，約略可分為：

......

[6] James W. Davidson, 陳政三譯註，《福爾摩沙島的過去與現在》【上冊】，(臺北：國立臺灣歷史博物館，2014 年 9 月)，頁 4。

第一，舊石器時代，主要分布在臺東縣長濱鄉所發現舊石器時代晚期的文化，被命名為長濱文化時期。長濱文化時期的人已知使用火，主要使用打製石器、骨角器為工具，來採集植物和獵取動物，過著採集狩獵業和漁撈的生活。但這時期文化的人約在 5 萬年前出現，5 千年前消失。

第二，新石器時代，從 7 千年以來，主要存在臺北淡水河口附近和西南，當時還是沿海地帶的新化丘陵、鳳山丘陵，出現了所謂大坌坑文化、圓山文化，和卑南文化為主要的代表。

大坌坑文化大約在 5 千年前至 4 千年前，主要用魚網捕魚、弓箭狩獵，和製作樹皮布的傳統手工藝，尚未發現有種植糧食作物和飼養家畜的明顯跡象。

圓山文化大約在 2 千 5 百年前至 1 千 1 百年前，已出現大量石斧、石鋤、石鏟，可知這時期人們開始懂得以根莖作物為主的初級農耕，到了中、晚期逐漸轉變成以稻米等穀類作物為主的農耕，特別是在所謂墾丁文化的最重要發現，在於陶片上發現的穀痕，是目前臺灣最早稻米栽培的證物。

第三，金屬器時代，大約在 2 千年前，臺灣新石器時代逐漸進入以鐵器為主的金屬時代，以淡水河口南岸，至花蓮之間的沿海地帶，主要以十三行文化、蔦松文化，和靜埔文化為代表。這時候已發展到使用鐵器和銅器階段，主要還是過著稻米等穀類作物為主，根莖作物為副的農耕生活，活動地區分布在臺灣西部沿海、平原和丘陵地。

承上述，這些不同類型產業文化都被原住民的祖先承傳下來。對照人類經濟社會的演變過程，一般是從部落經酋邦(chiefdom)、邦國(城邦)、王國到帝國，但臺灣卻長期停滯在村社的部落階段。人類文明史進程通則的石器、青銅器和鐵器三階段，截至目前臺灣卻沒有發現經過青銅時代的遺跡。

所謂「未開化的原住民」的臺灣土著(native)，或稱臺灣先住民族，或統稱為臺灣原住民族。有關原住民族群的經濟活動，在來自中國大陸漢人的未大量移入臺灣以前，其與東亞國家幾乎完全隔絕了一段相當久的時期，因而保有著其固有的文化特質。

金鋐主修康熙《福建通志》〈臺灣府卷一建置〉：

臺灣府，本古荒裔之地，未隸中國版圖。明永樂間〔1403-1424〕，中官鄭和舟下西洋，三泊此地，以土番不可教化，投藥於水中而去。嘉靖四十二年〔1563年〕，流寇林道乾穴其中，專殺土番，擾害濱海。都督俞大猷征之，道乾遁走。天啟元年〔1621年〕，漢人顏思齊為東洋甲螺，引倭彝屯聚於此，鄭芝龍附之。未幾，荷蘭紅彝由西洋來，欲借倭彝片地暫為棲止，後遂久假不歸；尋與倭約每年貢鹿皮三萬張，倭乃以地歸荷蘭。崇禎八年〔1635年〕，荷蘭始築臺灣、赤崁二城。臺灣城，即今安平鎮城也；赤崁城，即今紅毛樓，名城而實非城也。荷蘭又設市於臺灣城外，漳泉之商賈皆至焉。[7]

因此，臺灣歷史上有所謂的被視為「無主之島」，或被稱是屬於中國大陸或南島世界的一員，但是因為地緣經濟關係，加上移民歷史的變遷，終致被捲入東亞地區國際政經爭霸的火藥庫。

儘管臺灣原住民族的部落形態與組成方式並不盡然相同，但基本上仍可分為由分派式形成的聯合部落與分裂式形成的復成部落。

臺灣原住民族在原始經濟階段社會，如果想要生存與發展的話，唯一的辦法只有是不斷地遷徙。因此，擁有能夠帶領族人找到水草更豐碩地方的部族領袖，便會受到眾人的支持而享有其領導權力。

何喬遠《閩書》：

東番夷不知所自始，居澎湖外洋海島中。起魍港、加老灣、打鼓嶼、小淡水、雙溪口、加里林、沙巴里、大幫坑，皆其居也。斷續千餘里，種類甚蕃。別為社，社或千人、或五六百人，無酋長；雄者，聽其號令。[8]

---

[7] 臺灣史料集成編輯委員會編，金鋐，《康熙福建通志臺灣府》，(臺北：遠流，2004年11月)，頁35。

[8] 臺灣史料集成編輯委員會編，六十七、范咸纂輯，《重修臺灣府志》(下)〈番俗通考〉，(臺北：遠流，2005年6月)，頁612。

部落社會的組成，乃隨打獵、漁撈而發展到初級農耕階段，由於在固定土地上定居生活，逐漸從聚落形成村落(社)的組織形態，導致村社共同體的形成，乃是包含單獨家族的四至五組的一大血緣共同體，是家庭經濟社會的一種延伸結果。

村社即是人群的聚集，甚至形成一個市集的組織體。村社經濟社會的主要特性有：第一，村社的規模不是很龐大，當村社發展至類似近代國家時，就不稱為村社或部落了；第二，村社權力的領導方式並非全然制度化，一部分是依循傳統式的繼承，一部份就是依個人領導的魅力；第三，村社成員對該村社的經濟社會具有強烈歸屬感。

村社在領導機制上，從最初無酋長，而通常是由一家族長的支配下，從族長的家(戶)長式領導，到逐漸形成有酋長與村社集會(民會)的設置。然其本質上，族長或酋長並非統治的機關，真正掌控權力機制的是村社集會的民會組織，類似當今的議會治權機關。

村社共同體的最高權力機構既是掌握在村社集會，遂以透過村社集會的討論決策模式，推動各項決議事項，並擁有命令與制裁權，因而相對地制衡各族長專制的權力。村社共同體以召開成人階層的集會方式運作，出席者為各大家族共同體的家長，議題內容包括村社的經濟、行政、祭禮及仲裁等重要事項。

同時，村社集會特別是每年要定期提出對農耕經營項目的商議，舉如協調播種時間、分配耕地等，都會利用村社集會做出決定。尤其每當在村社集會閉會後，按例都會固定以舉行餐會的方式聯誼，讓與會的村社代表盡情歌舞，所需開支費用則由不分割共有地的生產物所得來支付，形成一種特殊村社的權力組織與運作機制，凸顯了原住民村社共同體制，與後來漢人移民並存的經濟社會。

揆諸其他民族國家(nation-state)村社共同體的結構與形成過程都不盡然相同。就臺灣原住民時期經濟社會共同體的近似處在有序的無政府狀態，是有關村社體系可以從衝突中協調產生秩序的趨向。

這一趨向正如一直在歐洲中世紀及現代統治體系中的角色與功能，因為在

這權力體系中的缺乏一個有制度化中央統治，也並非全然指缺乏組織機構，而是在一定的限度內，衝突可以透過協調來建立共同遵守的秩序。雖沒有國家型態和正式法令的規範，但密集的社會網絡仍可導致非正式結構高度穩定地發展出來。

村社共同體的組織運作，到了 1635 年(明崇禎 8 年)荷蘭首先攻下了南部的麻豆、蕭壠二社以後，南北各社都在荷蘭東印度公司所屬軍事武力的威脅下紛紛投降，並推派代表齊集新港（現今臺南市善化區）對荷蘭駐臺的長官宣誓效忠。

這種宣誓效忠的村社集會，在 1641 年(明崇禎 14 年)以後就以「地方集會」(Landdag)的名義舉行，並分為北部（北路）、南部(南路)、東部卑南，及北部淡水四個集會區，而其中以南、北兩路的會議召開最為慎重與常態化。

地方集會規定每年 3-4 月間，各社長老集合於一定場所，宣誓效忠服從荷蘭東印度公司的統治，並報告各社的政經社文情況，如長老任期、長老與教師的工作分工、村社之間關係的維繫、繳稅規章，以及和漢人的相處原則等等。

東印度公司則賦予這些長老在自己村社內治安的司法權，並授予鑲有銀質公司徽章的藤杖，作為法律與權力地位的表徵。檢視 1648 年(明永曆 2 年)前後，臺灣南部平原地區的村社已幾乎全歸荷蘭統治，只有少數難以接近的山上村社，仍處在荷蘭權力的統治範圍之外。

根據表 1，1647 年(明永曆元年) 臺灣原住民有大小村社 246 個，家戶數13,619 個，人口數為 62,849 人；1650 年(明永曆 4 年)在荷蘭統治最高峰期轄下村社涵蓋 45 氏族(clans)的總計 315 個，戶口數 15,249，人口數 68,657；到了1662 年(東寧明永曆 16 年、清康熙元年)荷蘭結束統治福爾摩沙的末期，村社數計仍維持 315 個，家戶數減至 15,000，人口數則為 68,000 人。

表 1　臺灣原住民村落(社)數、戶數、人口數統計(1647-1656)

年次	村落數	戶數	人口數
1647	246	13,619	62,849

年次	村落數	戶數	人口數
1648	251	13,955	63,861
1650	315	15,249	68,657
1654	272	14,262	49,324 以上
1655	223	11,029	39,223 以上
1656	162	8,294	31,221 以上
荷蘭統治臺灣末期(大約 1662 年)	315	15,000	68,000

資料來源：中村孝治，《荷蘭時代臺灣史研究上卷－概說・產業》，(臺北：稻鄉，1997 年 12 月)，頁 8、35。

　　然而，在東印度公司統治下的村社組織，村社的統治機構談不上什麼「最高權力」；它們受制於一個更大實體的法律和慣例。這個實體就是殖民地政治權力結構的經濟社會，村社組織的權力來源只是這個政經實體的不可分割的一部份而已。

　　在這樣村社共同體條件下演變的血親關係，使臺灣社會從部落社會非正式、不成文的限制，到了 1624 年(明天啟 4 年)以後，被迫接受為荷蘭和西班牙統治臺灣重商資本主義體制下的演變。

　　例如在西拉雅村落中，村社就是最高的政治實體，但是根據近年來研究資料的顯示，在臺灣島的某些地區，似乎存在著有規模更大的政治實體。諸如位於南方偏遠地區，荷蘭人曾遭遇一個被稱為「瑯嶠人」(Lonkius, 琉球人)的雛型王國，其領袖則被稱為「瑯嶠君主」。此所謂的「君主」下轄 16 個村落，每個村落本身都有特定的首長，土地所有權原則上是透過繼承而來。

　　瑯嶠有指當今恆春舊名，當時柴城（車城）有渡海而來福佬人移民數千，是瑯嶠第一大城。琅嶠的體制或許是福爾摩沙島上政治權力最集中的，曾支配島上，直到 6 世紀後半為止。

　　另外，其他地區的卑南族、排灣族也有跨村社權力的組織體制存在，例如臺灣中部平埔族所建立的「大肚王國」。也就是在臺灣經濟社會發展的歷史上曾經出現過跨族群及部落的「王」，而「大肚王國」的持續存在也一直要到大清國採取「以番治番」的武裝制壓方式後，「大肚王國」的家族組織才在雍正(1723-1735)以後逐漸沒落而消失。

　　承上論，無論西班牙或荷蘭人對福爾摩沙土地佔有的地方，或權力行使範圍的臺南(安平)或基隆(和平島)，恰巧都不在這些政治權力較集中的區域內。所以，臺灣村社共同體的經濟社會網絡形成，一直要等到歷經荷蘭時代每年動員地方集會後，才有國族「想像共同體」(imagined communities)概念的形成。

(二) 氏族式原始農業發展

　　所謂「原始臺灣經濟」，係指 1624 年以前荷蘭未正式統治臺灣以前的臺灣傳統經濟發展，本文將其指為原住民時期資本主義經濟發展。

　　美國經濟學家羅斯托（W. W. Rostow）指出：

> 一個社會的經濟發展可分傳統性社會（the traditional society）、過渡期社會（the transitional society）、起飛期社會（the take-off society）、成熟期社會（the maturing），及大眾化高度消費期社會（the age of high mass consumption society）等五階段。[9]

　　另外，德國經濟學家李斯特（Freidrich List）則從產業發展的角度指出：

> 各國的經濟發展基本上可分為：野蠻階段（the savage state）、漁獵階段（the pastoral state）、農業階段（the agriculture state）、農工業階段（the agriculture and manufacture state）、農工商業階段（the agriculture,

---

[9] W. W. Rostow, *The Stage of Economic Growth* （Cambridge：Cambridge University Press, 1962）.

manufacture and commercial state）等五個階段。[10]

　　從經濟社會發展史的角度，臺灣原住民族原本無所謂「生番」、「土番」、「野番」、「熟番」之類的區別，主要根據是取決於居住地區和生產工具所產生的生活特徵。資本主義廣義的農業，通常包括種植業和畜牧業兩類。

　　臺灣原住民族原始經濟的組成，乃隨著沒有家畜與力獸的採集、打獵、漁撈階段而移向農耕階段。由於在固定土地上定居生活，逐漸聚落形成村落的組織形態。

　　揆之人類總是擁有衣服和工具，但是農業需要對土地和動物的所有權，而且這些權利必須獲得承認，新制度也為日後的技術創新創造了機會。因而選擇穀物和物種加以栽種和馴養，種子和動物的所有權也隨之出現，新技術和新制度從起源地逐漸擴展到其他地方。

　　臺灣原住民時期對土地的認知有如歐洲在前資本主義的經濟，在一切居留的形態中，農村土地的總面積內常有一巨大的部分不給予各單個農家，而為整個氏族共同的所有物，及公有產業。農村土地中這一部分用為一種共同經濟行為的支柱，大半是作為家戶的牧場。

　　在原始經濟上則表現於氏族自立和各農家的彼此依賴中，對外沒有交接，原始的村落建設在各單個鄉村間沒有通行的道路，全部生存閉鎖在鄉村土地的狹小範圍以內，每一單個家庭既要在自己的鄉土中自立謀生，這種狀況自然發生一種規定生產的原則，即滿足自己自然的需要。

　　檢視 16 世紀臺灣原住民族在歷經幾個世紀土地財產權的演變,其過程有下列階段：第一，土地最初是由領有而公有，所謂領有即是部族對其占領地域的關係，後由原始部族所形成的各部落分割領域的土地構成，土地是公產、是「共同耕地」（common field），不許私有。

　　第二，公有之後，乃成族有，族有土地已有私法的所有權，族有地的對外

---

[10] Freidrich List, *The National System of Political Economy*（Philadelphia: Lippincott, 1856）.

關係，完全是屬於宗族所有的私產。

第三，族有之後，乃成家有，當一宗族由於征服或先占而佔領一地域作為自己的領域之後，就以自己的部屬及被征服者，作為自己的領民，這一地域就為其一家所領有，領主對其地域或土地具有統治權。

第四，家有之後，乃成私有，由於人口逐漸增加，農業生產力也逐漸發達，土地乃感不足，轉耕遂有困難，個人已耕墾的土地，即使地利已盡，亦不放棄，而待地力的恢復，占有一久，對於土地，自然而然形成了所有權。

這是採集經濟與財產共有制並行，由於採集的成果受到運氣影響的成份大於人的努力，財產制度也就傾向於共有制，而當一對夫婦和一個家族定居下來農墾時，土地權概念就成為一個誘因。臺灣資本主義發展因有了私人財產權形成和市場經濟交易才得以展開。

原住民時期土地所有權與使用權制度的形成與演變，顯示臺灣原住民和少數大陸移民對土地的努力開拓情形，雖然各族群對土地制度和財產權的論點並不完全一致，也凸顯移民社會在無正式政府狀態下的效率不彰。這型態一直到了荷蘭統治臺灣之後，新統治階層的法規成為財產權主要決定因素，臺灣土地制度才出現新的面貌。

回溯臺灣原本為原住民生息的地方，因為荷蘭和西班牙統治，臺灣才逐漸脫離了閉鎖環境，發展成為荷蘭東印度公司在遠東貿易網絡中一個不可或缺的轉運基地。對最初深受荷蘭人歡迎的大明國移民來說，臺灣原先是他們避難的去處，而後漸漸成為他們定居繁衍的地方。

此一身分地位的轉變，導致原住民的土地受到排擠與掠奪，並且被迫移居山地，漢人移民特別是福建漳、泉地區隨季節性的漁民，也由原本短期定居的處境，轉變成是臺灣土地的開發者與擁有者。

六十七《臺海采風圖》：

> 臺地未入版圖以前，番惟以射獵維生，名曰「出草」。……內山絕頂有社，名曰「嘟嘓」，其番剪髮，突睛大耳，狀甚惡。足指如雞爪，上樹

如猿獺，善射好殺。無路可通，土人扳藤上下，與近番交易，一月一
次；雖生番亦懾焉。為懼砲火，聞聲即跳遁。[11]

　　這凸顯了原住民時期的有社組織，名曰「嘟嘓」，過著是狩獵生活，村社產
業的形態乃隨採集、狩獵和撈漁，逐漸向農耕的尚屬原始經濟階段，也就和其
他國家民族的發展一樣，這種漁獵為主的原始經濟必然逐漸向半獵半耕的游耕
過渡，只是臺灣受到自然環境的影響，並未出現有牧業的發展。

　　加上，臺灣四周環海，地狹、山高、水急，除了沒有可供游牧的地方，也
就無法產生游牧生活，但是對於獵場與漁場的使用權則有明確的區分，每條河
流都有分段分屬各氏族掌理，如果要到別的區域捕魚，必須徵得同意，或是提
出交易條件。

　　一般原始經濟的農業生產方式主要分為：第一，家庭農業，分工係以性別
為基礎，農業生產多由婦女擔任；第二，部落農業，各個家庭依合作基礎結成
團體而耕作，其結合要素或為血緣，或為軍事需要；第三，主從關係的領主農
業制度等三種。

　　臺灣農業技術從最早期刀耕火種農業的發展，一直要到荷西時期
(1624-1662)才有鋤耕，東寧時期(1662-1683)才有犁耕的農業階段。原住民時期
的經濟基本單位，也是採聯合家族制的氏族型態，藉由組織產生了換工的生產
關係，由多少不等的聯合家族形成一個換工集團(iusuzu)，輪流在每個家族從事
開墾或收穫工作。

　　基本上，原住民時期的經濟作物，還是以漁獵和游耕農業為主的原始經濟。
各族作物不全相同，主要以栗、黍及蕃薯為主，到了近代才有陸稻與黑芋，最
後才有瓜類、甘藷兩水稻。

　　果樹則以芭蕉、李桃、蜜桔、鳳梨、木瓜、枇杷、柿、石榴等，尤其檳榔，

---

[11] 臺灣史料集成編輯委員會編，六十七、范咸纂輯，《重修臺灣府志》(下)〈番俗通考〉，(臺北：遠
　　流，2005 年 6 月)，頁 619-620。

在南部各族為最重要的果樹。牧畜除鹿、雞、豬外，尚有放牧的水牛、黃牛、羊、蜜蜂等。

臺灣原住民族早期的生活多是產銷合一的農人，自己栽種、蓋屋、縫紉，生產所需要的東西。每一村社或多或少都能自給自足，貨幣很少見，商業交易極有限，甚至連農業所不可或缺的土地買賣也不多見，成熟的勞動市場亦不存在。多數人不只是過著前資本主義的生活，甚至是無市場交易型態的生活。

有如歐洲在前資本主義的經濟，在一切居留的形態中，農村土地的總面積內常有一巨大的部分不給予各單個農家，而為整個氏族共同的所有物，及公有產業。農村土地中這一部分用為一種共同經濟行為的支柱，大半是作為家戶的牧場。在經濟上則表現於全氏族的自立和各農家的彼此依賴中。

因為，對外沒有交通，原始的村社建設在各單個鄉村間沒有通行的道路，全部生存閉鎖在鄉村土地的狹小範圍之內，每一單個家庭既要在自己的鄉土中自立謀生，這種狀況自然發生一種規定生產的原則，即滿足自己自然的需要，凸顯臺灣在大航海時代，隨著東亞地區成了西歐海上強權拓展貿易的殖民體系，居住在海岸、平原區的平埔族是臺灣對外接觸的門戶，經歷多次文化衝擊與適應，平埔族改變逐鹿打牲的半獵半耕的傳統生活，使得平埔文化式微。

臺灣原住民族在男人狩獵、女人採集社會的交換，專業分工相當的粗淺，大部分的家戶都各求自給自足。經過一段相當時間的演進，才發展有跨出部落的貿易擴張，如此增加部份的專業分工。

高拱乾《臺灣府志》：

> 商旅多四方所輻輳，而舟楫之往來皆安，車牛之絡繹甚便；舟車所至，無非聲教所敷，亦俗之善者也。[12]

---

[12] 臺灣史料集成編輯委員會編，高拱乾纂輯、周元文增修，《臺灣府志》，(臺北：遠流，2004 年 11 月)，頁 317。

經濟發展一但市場活絡延展到地區的貿易，則不僅涵蓋大區域的多邊貿易有所成長，進行貿易的市場已經建立，而且貿易對象的數量也快速增加。雖然在這樣的市場交易，絕大部分的勞動力還是用在農業上，但參與貿易和商業的比例逐漸上升。

小規模的村落貿易是存在於緊密的網絡之下，由促成地區內交換的非正式限制所構成，而這種關係裡的交易成本比較低。雖然部落或部落組織的社會成本可能很高，但是這些成本不會成為交易過程中的額外成本。人們對彼此都有親密的關係與了解，而且暴力的威脅乃是維持秩序的長久力量，因為人們知道暴力意味著什麼後果。

原住民時期臺灣傳統初級農業發展的地區，偏在西部平原，除了部分移入漢人的從事耕作外，主要還是靠平地平埔族經營的初級農業為主，從旱作粟作、種小米到水田種稻。

我們從大清國康熙中葉時期留下來最早一幅藏於內廷，以卷軸彩繪山水畫法的《康熙臺灣輿圖》，可以清楚顯示圖上對於各級兵營的位置、數量、防區、配置，以及道路里程的旁註，最為詳實；而對於原住民族聚落的描述也非常清晰可見。

根據該圖所畫，雖然圖上的比例、方位和幾何特徵，正確性偏低。然而，由於比工細緻，寫景逼真，圖上的許多符號反而忠實地反映了當時臺灣許多的地理景觀，如市街與村落型態、民宅與城樓樣式、牛車與船隻等交通工具，以及道路上挑貨、駛牛車的行人、荒埔的鹿群和狩獵的人群等。

(三) 臺灣前資本主義自足化

從廣義的資本主義市場經濟而言，只要存在有土地與人的私人財產權，或契約行為，以及基本市場競爭交易的活動，即會帶動資本主義商業和企業的組織與經營效率，慢慢會形成近代化較早地區或國家，如西歐的荷蘭、英國等國家企業公司的組織型態，尤其到了工業化時期，企業公司的存在與對經濟發展的貢獻更是具有火車頭的功效。

　　原住民村社會議權力體系的支配與經濟合理化過程，襄助臺灣氏族式初級農業的發展。當原住民為防止與抵抗來自大陸漢人的侵入，以及日本海盜的攻擊，雖然當時臺灣的權力體系尚未形成唯一的共同領主或政府，但是村社共同體的組織，卻是當時唯一可以被共同接受的社會圖騰，所需經費由大家共同負擔。

　　高拱乾《臺灣府志》：

> 土官有正、有副，大社至五、六人，小社亦三、四人。隨其支派，各分公廨。有事，咸集於廨以聽議；小者皆宿外供役。[13]

　　各氏族也深感生命共同體的重要，各氏族透過村社會議的決議，才能團結大家的力量，維護社會安全；村社會議的決議對經濟發展發揮了保護社會責任。檢視未開化民族的社會生活，通常是在屬於同血族(tribe, 或稱種族)的氏族(gens or sib)內部進行；這是共同生活與共同生產相互結合。

　　氏族共有的土地，是臺灣島嶼原住民賴以生產的工具與資產；氏族的各成員只要互不妨礙，都可使用共有地的一部分，即氏族的成員在共有地域內，可任意行獵、開墾山林原野、開闢道路、砍伐竹木、採集天然物及建築自宅。

　　檢視原始社會中經濟發展的變遷，大體上男子皆從事漁撈以獲取動物性的生活必需品，而女子則努力於農耕以獲取植物性的物資，女子在獲取可利用的植物性物質以後，更從事於培養繁殖，而農業乃得以漸次開展。

　　亦即在原始社會中，農務是女子的主要工作項目，而男子則以從事戰鬥與狩獵為主。以薩賽特族為例，氏族共同行其祖先的祭祀、氏族共同享有土地占有權、氏族有互相扶養並保護的義務、氏族有互相服喪的義務、氏族有共同攻守的義務、禁忌同一氏族間的結婚。

---

[13] 臺灣史料集成編輯委員會編，高拱乾纂輯、周元文增修，《臺灣府志》，(臺北：遠流，2004 年 11 月)，頁 320。

諾斯(D. C. North）指出：

隨著市場規模的成長，緊密的社會網絡轉換成不常往來的買者賣者的
關係，於是地區間貿易很快地造成更高的交易成本。因此，必須有較
多的資源用到衡量與執行的工作上。沒有集中的政治權威與單一的政
治結構或正式規則的世界裡，宗教戒律成為人們的行為規範。其降低
交易成本的效果差異很大，全看這些戒律受人們遵守的程度。[14]

就整個歷史來看，稀有資源在不同競爭意圖間的分配，是取決於風俗習慣，
而非具有強制式勢力。在傳統社會中，有關生產什麼及生產分工的決定，根本
就不算決定。每年都是依照前些年的模式去做。氣候或許不同，農作物也可能
不同，但是結果卻依據傳統規則來分配。

依慣例形成的經濟制度（customary economic system）是市場經濟或計畫經
濟的替代方案，但是它卻是個靜態的經濟制度。依慣例形成的經濟沒有因應改
變的能力，更遑論面對市場利益爭奪的改變。

高拱乾《臺灣府志》：

土番之性，與我人異者，無姓字、不知曆日；父母而外，無叔伯、甥
舅；無祖先祭祀，亦不自知其庚甲。[15]

臺灣經濟經過長時間的發展與演變，氏族式自足化經濟發展的村落型態，
雖不似早期歐洲經濟型態的因與別的遊牧民族發生接觸、爭奪及融合，從而形
構成以奴隸為基礎的古代社會；但臺灣原住民受外來入侵的中國大陸及北方的

---

[14] D. C. North, *Institutions, Institutional Change and Economic Performance*（Cambridge:Cambridge University Press, 1990）.

[15] 臺灣史料集成編輯委員會編，高拱乾纂輯、周元文增修，《臺灣府志》，(臺北：遠流，2004 年 11 月)，頁 318。

日本，都是屬於早有封建社會基礎的民族。

　　高拱乾《臺灣府志》：

> 亦有鑿穴而居，類太古之民者。性好殺人，取其頭，剔骨、飾金，懸
> 於家，以示英雄。[16]

　　大部分原住民族並不認為馘首是一種罪惡，而是符合一種對神靈的信仰，是為求豐收，對祖先忠義。男人為能有紋面，為得到少女芳心；男人中年以前，一定要馘首，否則會被認為是男子之恥；為晉身地位並增加影響力，獲得同儕敬仰程度，端賴馘首級的多寡；為解決紛爭，都由神靈審判，以出草先獲馘首級來判定誰有理。

　　另外，凡被懷疑違反部落規則者，可用馘首級來洗刷冤屈。馘首的榮譽行為可用暴虎躍林內，猛撲啃頭顱來貼切描述。

　　所以，這些外族的侵入，除了凸顯臺灣位置的極具戰略性而被爭奪之外，也導致臺灣原住民族的村落社會，不能在鞏固原有的基礎上延續存在。即其成員的大部分，在對抗入侵者失敗以後，不得不向外來者屈服而被迫漸次退居山岳地帶，凸顯臺灣原住民族社會文化是經過 7 千年孕育出來的，卻在 16、17 世紀以後，遭受新移入族群的徹底改造。

　　400 多年來，臺灣經濟社會歷經荷蘭、西班牙的宗教化運動、明清時代的歸化運動、日治時代的皇民化運動，乃至戰後中華民國統治的平地化和現代化建設運動，每一次都使臺灣原住民族被拉離原來的經濟生活方式，特別是平埔族首當其衝，其社會文化與信仰遭受到滅絕的命運。

　　正如布勞岱爾（Fernand Braudel）指出：

---

[16] 臺灣史料集成編輯委員會編，高拱乾纂輯、周元文增修，《臺灣府志》，(臺北：遠流，2004 年 11 月)，頁 320。

當 1630 年代荷蘭人初見臺灣原住民時感到十分吃驚，因為他們沒有國王或君主，長年累月在進行戰爭，一個村莊攻打另一個村莊，即使如此，一個村落就是一個群體，一個等級系統。[17]

原住民為確保經濟資源與利益的打鬥、征伐或戰爭關係到資源的生產與分配，凸顯臺灣原住民族初級農業資本主義發展時期氏族式經濟社會自足化的特色。

三、臺灣商業資本主義時期(1624-1662)

重商主義不是一個教條，也非一套既定的規則；重商主義只是一個政治經濟管理的配方，不論怎麼做，只要能強化國家的，都是好的。

(Dovid S. Lander)

(一)大航海時代資本主義思潮

臺灣在荷西時期重商資本主義發展(1624-1662)，溯自西方國家的東羅馬帝國（Eastern Roman Empire）也稱拜占庭帝國（Byzantine Empire），發展到了 1453 年(明景泰 4 年)，被東方的鄂圖曼土耳其(Ottoman Turks)所滅亡。

鄂圖曼土耳其的興起，阻斷西方國家陸路的東來，也開啟了朝向大海洋冒險的時代。當 1469 年西班牙在亞拉岡(Aragorn)王子費迪南(Fernando)和卡斯提爾(Castilla)公主伊莎貝拉(Isabel)聯姻之後，西班牙擴大了其領土，且日後佔領

---

[17] Fernand Braudel, *Civilization & Capitalism 15th-18th Century vol.2: The Wheels of Commerce*. Trans. Sian Reynolds（N. Y.: Harper & Row, 1982）.

納瓦,並在查理五世及腓力二世的銳利經營,西班牙逐漸成為一個統一的國家。

加上,15 世紀以後的西班牙受益於地理知識,促使歐洲開始海上冒險,哥倫布(Christopher Columus)先後在葡萄牙和西班牙王室支持下,於 1492 年發現北美洲新大陸,並帶動轉由西班牙商業發展的開啟東方之門,大約在同一時期,葡萄牙也挾探險與尋找市場的東來印度臥亞(Gox),再往東邊擴展到澳門(Macao)。

回溯 1492 年(明弘治 5 年)哥倫布到達加勒比海(Caribbean Sea),誤以為到了印度(India),就把那個地區叫作「印度」。後來達伽馬(Vasco da Gama)到了真正的印度,發現錯誤,歐洲人於是把加勒比海地區所指泛指南北美洲之間海域中的一個一連串的島群。北起美國佛羅里達半島南端;西起墨西哥猶加敦半島東端,總島嶼數達 7,000 個左右的叫作「西印度」(West Indies)而把真正的印度以及連繫印度的亞洲海域稱作「東印度」(East Indies),而其所稱的「東印度」泛指範圍包括南非好望角以東,經過印度洋、南中國海,以及上達日本的廣大亞洲海域和瀕臨這塊海域的國家。

市場經濟利益與戰爭的爆發,促進了西方資本主義制度的建立與發展。對強權國家而言,經濟擴展與戰爭侵略是真理的天平,是武力強弱的較量,是不同宗教信仰永不平息的瘋狂象徵。

檢視歐洲許多重商主義國家在前工業發展階段,不僅在財政上給予資助和推行國家的工業化政策,尤其是英國工業發展初期也曾有過屬行市場保護主義的關稅制度。

質言之,當時西歐資本主義市場經濟發展的所謂「重商主義」(mercantilism),它的另一面就是「民族主義」(nationalism)和「帝國主義」(imperialism)的建構。

回溯 14 世紀與 15 世紀的經濟社會發展可說是一個十分果敢的時代,是西方基本政治制度與資本主義市場經濟的發展時代,也相對地凸顯在教皇的權力式微,更導致近代西方資本主義國家開始盛行市場經濟競爭的時代。

同時,17、18 世紀歐洲各國在國內不僅是強調國家產業政策與階級社會的

對立，就國外政經利益亦受制於新興民族國家彼此市場利益的衝突。重商主義國家不但要追求在歐洲國家中地緣政治上的強權地位，而且要能控制來自美洲、亞洲地區的經濟市場利益。國家發展的目標是把政府政治權力與經濟市場利益完整地結合成為一個有生命機制的利益共同體。

因此，檢視重商主義以前的許多歐洲國家，早已認為對外市場所獲得的利益是要比在國內從事商業經營，更具有經濟利益的誘因，故特別展開對於加速往外擴大範圍的環境探險、土地開發與商業貿易，以及推向新發現地區和東印度群島的移民。大量擴張的結果更加速促成其他地區與西歐國家市場利益的結成為一體。

論其究竟，資本主義經濟發展雖然短期目標只是為了擴大市場，增加獲利機會，卻也因不斷地調適政經結構的轉變，終於創造了過去三個世紀裡以來，重商主義國家產業成長的有利條件，導致在大航海時代葡萄牙、西班牙等西方國家所扮演的多重角色。在大西洋時代，這些重商主義國家的他們猶如探險家。在印度洋時代，這些資本主義國家致使他們扮演征服者。在太平洋時代，他們又搖身一變成為徹徹底底唯利是圖的企業掠奪人。

(二) 荷西時期商業資本主義的意義

在西歐商業資本主義經濟體系出現的同時，也興起了政治的絕對君主制。主要是因為受到商業擴張和農業的崛起，以及政府權力結構本身就是新型資本主義制度的影響。

15 世紀的義大利和 16 世紀西班牙的為黃金(gold)、傳福音(gospel)、榮耀(glory)，17 世紀的荷蘭，18 世紀和 19 世紀的英國，以及 20 世紀的美國，都是實施資本主義的典型國家。

1600 年(明萬曆 28 年)英國很顯然地為了謀取在亞洲貿易市場的利益，由218 位股東，每人投資 250 英鎊，共集資近 3 萬英鎊在印度成立了「東印度公司」(East India Company)。

在伊莉莎白一世(Elizabeth I)的同意下，授予對東印度、亞非國家及港口出

口，英國所有港口、城鎮與亞、非、美洲各地之間，或越過好望角(Cape of Good Hope）與麥哲倫海峽（Strait of Magellan）以外任何一地的貿易往來，享有 15 年的獨占權。

葡萄牙則在 1610 年(明萬曆 38 年)本欲圖佔領福爾摩沙，後來卻轉而到了日本，並以大砲取代日本封建時期的武士刀，敲開欲與日本貿易和傳播宗教福音的大門。

對照英國、葡萄牙等重商資本主義國家，史上第一個有完整組織權力系統，統治福爾摩沙政權的荷蘭，是以公司企業體的政府型態，集資 650 萬弗羅林(荷幣)，在 1602 年(明萬曆 30 年)設立荷蘭東印度公司(Vereenigde Oost-Indische Compagnie, 簡稱 VOC)，其船隊即在聖赫勒拿(Saint Helena)島附近，俘虜了一艘葡萄牙船隻伊阿戈號(San Tago)上所滿載大明國絲綢、瓷器、漆器等戰利品。

1603 年荷蘭東印度公司船隊在麻六甲海峽的柔佛港（Johor Port, 位於今馬來西亞）附近又俘虜葡萄牙的聖・卡塔莉娜號(Santa Catarina)，1619 年(明萬曆 47 年)荷蘭開始在印尼(Indonesia)巴達維亞(Batavia)建立貿易館。

1621 年(明天啟元年)荷蘭西印度公司(WIC)成立，相當於大西洋上的東印度公司，壟斷了非洲及美洲的重要貿易市場。荷蘭同時期東、西印度公司的成立，其商業資本主義市場經濟的組織型態，也為其奠下日後發展成現代典型多國籍企業的先驅，最顯著的例子就是創立於 1891 年飛利浦公司(Philips Company)的跨國商業資本主義企業。

1664 年(清康熙 3 年)法國財政大臣柯貝爾(Jean Baptiste Colbert)曾以法王路易十四(Louis XIV)的名義，成立「法國東印度公司」，目的是為了與英國和荷蘭爭奪在印度殖民地的利益。

英國東印度公司總部在 1700 年(清康熙 39 年)雇用員工超過 350 人，與近代許多跨國企業的人數相當，公司永續經營長達 274 年之久。英國東印度公司最初是將每一趟航程分開，自成一單獨的冒險事業，擁有不同的股東。

回溯 17 世紀商業資本主義性質的貿易圈正在形成，誰壟斷了海上貿易，誰就掌握了世界市場。此時，荷蘭人致富方法是依靠在北海(North Sea）捕撈鯡魚

(herring)的專業技術，在壟斷北海捕魚業的獲利之後，又將資金投注於造船業。儘管荷蘭雖然土地面積狹小的新興國家，但荷蘭經濟發展的海上貿易和造船業卻規模龐大，擁有市場上強大的競爭力。

這促使荷蘭海上霸權有了強大的金融資本支援，加上有著強大的造船業和良好經營制度的保障。這種市場競爭方式的得力於強大金融資本作為後盾，加上貿易商品多元化，包括地中海的酒、瑞典的銅鐵、英國的布匹等，都提供荷蘭成為當時國際貿易大國的條件，荷蘭幾乎完全壟斷了世界貿易，成為17世紀國際市場上最具經濟實力的商業資本主義國家。17世紀不愧被稱之為「荷蘭世紀」(The Age of Holland)。

到了18世紀初，荷蘭人已經在英國和法國存進了大筆資金，更投資了英格蘭銀行、東印度銀行、南海公司股票。荷蘭大筆資金的開始流向英、法等國，這代表著當時投資在英、法國的投資報酬率高，也顯示英、法兩國國內市場的需求量逐漸增加，經濟的成長快速。相對之下，荷蘭資本主義經濟發展的競爭力也逐漸失去其具有的商業優勢環境。

臺灣地理位置正位在新的東、西洋諸航海者的路線上，當時並未單與大明國的互動關係，顯示臺灣島嶼尚為一個「自由世界」的市場。由於島上尚未建立有統一治權的政府型態組織，也就對於商人生意往來的交易行為無從管理與限制，更無任何單位擁有合法權力來負責執行稅收的工作。

回溯12世紀前半葉臺灣儘管已有漢人移居澎湖，並且到臺灣從事簡單的商業交易和短期居住。特別是在1171年(南宋乾道7年)汪大猷遣軍民屯戍平湖(今稱澎湖)，以防毗舍邪(有指臺灣或菲律賓的不同地方)侵襲，這時澎湖正式歸屬於中國版圖。[18]

尤其是到了14世紀50年代元國與明國政權更換期之際，澎湖和臺灣才逐漸成為漢人、日本人走私貿易和海盜出沒活動的地區。15世紀末葉及16世紀

---

[18] 樓鑰《攻媿集》卷88〈汪大猷行狀〉，(上海：上海書店，1989，四部叢刊初編，據上海涵芬樓景印武英殿聚珍本重印)。

更因為商業資本主義貿易新航線與新大陸的發現，為世界歷史開了一個新紀元，是為近代資本主義的發展開啟了一個大變局。

所謂新的「發現的時代」（The Age of Discovery），也正是西歐國家挾著商業資本主義市場利益航向東方的大時代，誘使葡萄牙、西班牙、荷蘭的接踵東來，亦是促成臺灣與東亞國家門戶開放與政經情勢轉變的重要因素。

特別是 1514 年 (明正德 9 年)葡萄牙探險船首度抵達大明國的廣東東莞縣屯門島，並在 1557 年(明嘉靖 36 年)佔據珠江口的一小島居留，取名澳門(Macao)作為貿易基地。1567 年大明隆慶皇帝即位，開始調整對外的貿易政策，允許民間私人透過漳州的月港對外進行國際貿易。

1571 年(明隆慶 5 年)西班牙佔據菲律賓，並將馬尼拉建立為該國遠東地區貿易中心，並於 1626 年(明天啟 6 年)抵達福爾摩沙北部海岸，以及於 1628 年(明崇禎元年)派軍隊佔領淡水而統治北福爾摩沙，這與 1624 年 (明天啟 4 年)荷蘭佔據南福爾摩沙，形成南北對峙。

到了 1642 年 (明崇禎 15 年) 8 月雞籠為荷蘭所佔領，福爾摩沙全島始成為荷蘭的殖民地，和作為亞洲，尤其是提供其對與大明、日本的貿易重心，也開啟了臺灣進入文字歷史與接觸西方文明的時代。

檢視臺灣近代資本主義經濟的發展與變遷，從原始經濟社會的演進開始，可謂經過一段相當漫長的歲月，卻未曾有過「國家」(nation)概念的出現。不論是與對岸中國大陸或來自較遠日本的市場交易活動，畢竟只限於東亞經濟生活圈。

但是從 15 世紀開始，當時東亞和西歐都有航海家從事航海、探險與貿易的活動，他們的努力成果促成了日後世界文明的交匯。尤其是在東亞海域著名的航海活動，是由大明國所發動的鄭和下西洋。

高拱乾《臺灣府志》：

宣德間[1426 年至 1435 年]，太監王三保舟下西洋，因風過此[指的是

臺灣]。[19]

　　鄭和下西洋凸顯當時大明國時期的造船技術與航海能力，可與當世歐洲國家並駕齊驅，但鄭和下西洋的目的並未如歐洲國家航海探險的具有商業資本主義的重大經濟性意義。

　　檢視鄭和下西洋的所到之處，大都侷限巡弋於古來亞洲商人熟悉的海域和航線，主要的目的也只是循著大元國海軍遠征印尼與日本的遺緒，並不具有強烈的商業動機。

　　何況當時大明國又受困於北方的邊患，實無力顧及南方海權和商業利益的發展，遂也導致大明航海事業在鄭和下西洋之後的未能持續拓展。

　　然而，西方商業資本主義霸權國家的西班牙、荷蘭人東來，先後佔據福爾摩沙的北部和南部，最後荷蘭在 1624 年(明天啟 4 年)終於統治福爾摩沙，也擴展了福爾摩沙，使其不僅僅是大明和日本這兩個國家的市場據點，更是與西方主要霸權國家接軌，成為國際市場的轉運中心，為臺灣近代資本主義發展開創了全新的契機。

　　1604 年（明萬曆 31 年）及 1622 年（明天啟 2 年）荷蘭東印度公司先後派遣韋麻郎(Wijbrant van Warwijck)、科納留(Cornelis Reyersz)率艦東來貿易與傳教，並登陸澎湖。

　　1622 年(明天啟 2 年)至 1624 年(明天啟 4 年)期間佔據澎湖馬公的建築城池，並要求割讓澎湖；且威脅大明國同意其在大陸沿岸從事貿易，遂與大明軍隊展開市場利益爭奪戰，佐證澎湖天后宮還存有當年「沈有容諭退紅毛番韋麻郎等」十二字紀念碑的遺跡。

　　回溯大明國自 16 世紀以來國勢的日趨衰退，政府管理的失序現象，導致了整個東南沿岸的商業貿易條件也產生結構性變化，東南海岸也成為海盜攻擊的

[19] 臺灣史料集成編輯委員會編，高拱乾纂輯、周元文增修，《臺灣府志》，(臺北：遠流，2004 年 11 月)，頁 65。

目標，相形促使東南沿海民眾的商業化與軍事化，因而迫使大明國於 1623 年(明天啟 3 年)9 月祭出海禁對策，斷絕荷蘭人的糧食和水源，逼使荷蘭不得不於 1624 年(明天啟 4 年)毀城撤離澎湖，向東轉進到當時大明國勢力所未能及的大員，最後掠地擴及全島。

荷蘭人於大員先入臺江，佔領赤崁，並迅速在港入口處沙汕島的北線尾(Boxembay)築妥海堡(Zeeburg)，設置東印度公司的商務辦事處，任派宋克(Maarten Sonck)為第一任「巡撫」(長官)，並接受 1619 年(明萬曆 47 年)荷屬東印度公司設置在印尼巴達維亞（Batavia，荷蘭的羅馬名）「總督」的領導，其歷任總督名單如表 2。

本文對照大清國統治臺灣時期「總督」與「巡撫」的權責關係認為，荷屬東印度公司在印尼巴達維亞的設置「總督」，督導其下大員的「巡撫」，「巡撫」在組織領導受到「總督」的節制。所以，本文習慣將荷蘭派駐在臺的「長官」與「巡撫」的職稱相互並用。

表 2　荷蘭歷任巴達維亞總督名單及其任期起訖時間

任別　　　總督名單	總督人名	總督任期	備註
第 1 任	庫恩(Jan Pietersz. Coen)	1619-1623	
第 2 任	德・卡爾本杰 (Pieter de Carpentier)	1623-1627	
第 3 任	庫恩(Jan Pietersz. Coen)	1627-1629	
第 4 任	斯排科斯(Jacques Specx)	1629-1632	
第 5 任	布勞沃爾(Hendrick Brouwer)	1632-1636	
第 6 任	范・迪門(Antonio van Diemen)	1636-1645	
第 7 任	范・代・萊恩(Comelis van der Lijn)	1645-1650)	

任別＼總督名單	總督人名	總督任期	備註
第 8 任	雷尼爾斯(Carel Reniners)	1650-1653	
第 9 任	馬特索科爾(Loan Maetsuyker)	1653-1678)	

資料來源：程紹剛譯註，《荷蘭人在福爾摩莎(De VOC en Formosa 1624-1662)》，(臺
　　　北：聯經，2000 年 10 月)，頁 i-vii。

　　1630 年（明崇禎 3 年）荷蘭東印度公司於鯤身(安平鎮)興建熱蘭遮城(Fort
Zelandia, 或稱紅毛城、安平城、赤崁城)以防禦外海，並採用打鼓山(古稱打狗
山，俗稱柴山，今名壽山)的石灰岩，與魍港(今名布袋鎮好美里一帶)盛產的牡
蠣，即以糖水、糯米、蠣灰、砂混合成土，今安平古堡仍留存一面城牆，即用
此材料砌成。

　　1650 年(明永曆 4 年)荷蘭東印度公司又於附近築普羅民遮城(Fort
Providentia, 或稱紅毛樓，現赤崁樓)為行政中心，以達成其佔領福爾摩沙，除
了作為其軍事基地，以攻擊來自伊比利半島(Iberian Peninsula)的敵人，和阻止
大明國帆船航行到菲律賓馬尼拉之外，並將福爾摩沙作為與大明國貿易的轉運
站，且透過這貿易連結到東亞和國際市場的網絡中。

　　回溯 17 世紀中葉以後，隨著東亞國家經濟的發展，促使各國對商品市場的
需求增加，面對大明國施行朝貢制度所導致市場供需的失衡現象，包括大明國
和西方的商人，就會以走私、海盜、武力的方式來尋求解決。

　　然而，走私最理想的會合地，就是要選擇能夠轉移到靠近大明國，又非大
明國統轄或是武裝力量所能及的地點。福爾摩沙遂在這情勢的背景下為荷蘭所
攻占，同時更凸顯福爾摩沙在荷蘭為發展商業資本主義市場經濟的特殊地緣政
經戰略。

　　西方資本主義發展自羅馬時代以來，亞洲國家一直是歐洲受貢階級的珍貴
物品的供應者，也因為商業交易從而與歐洲國家兌換了大量的貴重金屬。然而，
歐洲與東方國家市場的結構性失衡，強烈地刺激歐洲國家採取透過貿易或武力

征服的途徑，欲圖恢復當時正不斷由西方湧向東方流動的市場購買力，也彰顯只要控制亞洲市場就可以成為霸權國家，並有效掌控國際市場。

相較於當西班牙、荷蘭等歐洲國家發現能控制一條直接通往東方路線，其市場預期利益，要比大明國能控制一條直接通往西方路線的市場預期利益來得大。尤其是哥倫布(Christopher Columbus, 1451-1506）的發現美洲大陸，正是因為他和他的資助者在東方找到可以建立殖民地來回收利益的目的。

因而促使葡萄牙佔領澳門、西班牙佔領菲律賓，和荷蘭佔領印尼巴達維亞(今稱雅加達)的形成西方國家發展商業資本主義的三足鼎立態勢。

相對於當時鄭和艦隊在西出太平洋，橫跨印度洋，先後到達東南亞、南亞和東非等 30 多個國家和地區，卻沒有在該地區建立任何的殖民地。

表 3　荷蘭歷任福爾摩沙長官(巡撫)任期起訖時間及其工作紀要

任別	姓名	任職起訖日期	工作紀要
第 1 任	宋克(Martinus Sonck)	1624-1625	1618 年以律師身分離開荷蘭，1620 年到達巴達維亞城後，曾任東印度評議會委員；1624 年 8 月來到澎湖，隨即前往福爾摩沙，下令築一座防禦工事以阻絕原住民的擾亂，該防禦工事更進而被擴建成熱蘭遮城堡。1625 年 9 月在進入大員的水道時，不慎落水身亡。
第 2 任	德‧偉特(Gerard Frederiksz de With)	1625-1627	在宋克去世之前，擔任駐福爾摩沙高級商務員，嗣經福爾摩沙評議會推薦，出任福爾摩沙長官(巡撫)。任內遭遇最大難題是與廈門貿易之間，常受到中國海盜干擾；加上日本人在福爾摩沙與漢人和原住民進行絲綢和鹿皮等貿易，對東印度公

任別	姓名	任職起訖日期	工作紀要
			司極為不利；同時，必須面臨西班牙人在福爾摩沙北部的威脅。
第 3 任	納茨(Pieter Nuyts)	1627-1629	1627 年以東印度評議會特別委員的身分，從荷蘭西蘭省(Zeeland)被派往巴達維亞的一個月之後，即被派遣出使日本江戶，無功返回大員。任期期間的作風強硬，導致 1628 年發生「大員事件」，更被指控對待日本商人的做法粗魯、挪用公司資金與貨物為自己贖身，逼迫一名新港婦女與之成婚，和個人進行走私貿易。
第 4 任	普特曼斯(Hans Putmans)	1629-1636	1624 年以下級商務員的身分到達東印度，1626 年被擢升商務員後的一年，升任市政委員會的主席。1629 年到任巡撫的前 8 天，麻豆社發生嚴重的「麻豆溪事件」。事後經由普特曼斯的妥善處理，1635-1636 年間曾先後鎮壓麻豆、蕭壠社，以及在新港舉行首次地方會議。對荷蘭東印度公司來說，普特曼斯是荷人駐福爾摩沙長官(巡撫)中最能幹的一位，其商務日記被稱《巴達維亞日記》。
第 5 任	范德堡(Johan van der Burg)	1636-1640	1627 年擔任巴城高級商務員，1632 年被任命東印度評議會委員。1639 年對大明國人開徵人頭稅。范德堡自 1636 年任職

任別	姓名	任職起訖日期	工作紀要
			起，迄於 1640 年死於任內，被批評在加強島上工事，耗資過巨。他的遺體就葬在熱蘭遮城城角下的宋克墓旁。
第 6 任	楚尼斯(Paulus Traudenius)	1640-1643	1628-1630 年在福爾摩沙擔任評議會委員，1633 年被擢升巴城高級商務員。楚尼斯略懂中文，任內最大貢獻就是 1642 年將西班牙勢力逐出福爾摩沙。
第 7 任	陸美爾 (Maximiliaen le Maire)	1643-1644	1633 年任東印度公司商務員，1641 年升高級商務員，並接替卡隆出任公司駐日本商館館長。楚尼斯長官被召回巴城時，他被任命監管福爾摩沙事務，實際上他並未出任福爾摩沙長官(巡撫)，1644 年卡隆出任福爾摩沙長官(巡撫)時，他又被調回原職。
第 8 任	卡隆(Francois Caron)	1644-1646	1619 年卡隆以廚房伙計任職於荷蘭駐平戶的商館，嗣後由駐日翻譯升任商務員，1639 年更高升商館館長，乃至於 1644 年被任命為福爾摩沙長官(巡撫)。1645 年公司欲與新崛起的大清國進行貿易，因受制鄭成功集團的壟斷，導致公司財務出現赤字。
第 9 任	歐瓦特 (Pieter Anthonisz. Overtwater)	1646-1649	1641 年出任公司駐日本長崎出島商館館長，1644 年曾一度來福爾摩沙任職後回日本續任原

任別	姓名	任職起訖日期	工作紀要
			職。1646 年先出任駐福爾摩沙副長官，旋即晉升長官(巡撫)一職。
第 10 任	傅爾堡(Nicolaes Verburch)	1649-1653	任職東印度公司達 40 年之久。任內與牧師葛拉維 (Daniel Gravius)發生政教衝突，及 1652 年爆發郭懷一事件。
第 11 任	凱撒(Cornelis Caesar)	1653-1656	1637 年凱撒曾以商務員派駐福爾摩沙，1641 年晉升高級商務員，1644 年被任命為民事官的主管地方事務，2 年後返回荷蘭。1651 年出任東印度公司特別委員，1653 年派駐福爾摩沙長官(巡撫)。
第 12 任	揆一(Frederik Coyett)	1656-1662	1615 年揆一出生於瑞典斯德哥爾摩，1644 年被任命為巴城高級商務員，1647 年出任日本商館館長，一年後調來福爾摩沙，展開他的政治生涯，1652-1653 年間他回任日本商館館長，1656 年底巴城先任命揆一擔任議長，次年正式出任長官(巡撫)一職。1675 年著有《被忽視的福爾摩莎》一書。

資料來源：本研究。

　　臺灣在荷西時期商業資本主義發展包括西班牙於 1626 年(明天啟 6 年)至 1642 年(明崇禎 15 年)在北福爾摩沙的短期殖民統治。西班牙的佔領的北福爾摩沙地區，首先是率船沿福爾摩沙東岸經福爾摩沙東北角的聖地牙哥堡(San Tiego, 今三貂嶺)，並至雞籠港口(Santisima Trinidad)，佔領社寮島(Palm Island,

今和平島)築雞籠城(San Salvador, 音譯聖薩爾瓦多)一帶。

　　檢視當時不論是荷蘭或西班牙在福爾摩沙築城或建碉堡的技術，都是由訓練有素的工程師和測量師負責。例如三貂嶺(San Diego)是西班牙人以家鄉的名稱命名而來，三貂嶺是基隆河的源頭，其壺穴地形是基隆河最美的一段，自古以來即稱三貂嶺為古道、瀑布之外的三寶之一。三貂嶺後期更因為位在平溪與宜蘭線鐵道的交會處，為平溪線的起點，更是臺灣最早的運煤鐵路。

　　1628年(明崇禎元年)西班牙至滬尾(Casidor, 今淡水)，1629年(明崇禎2年)築聖多明哥城(Santo Domingo, 今紅毛城)。今日的紅毛城有如臺灣開發史的縮影，最早西班牙在此建城，荷蘭驅逐西班牙後有所修建，以期發揮該城堡具有軍事、探金等多項的功能。

　　尤其回溯紅毛城也因為1867年(同治6年)大清國與英國簽訂〈紅毛城永久租約〉，經大肆整修，成為英國領事、海關和洋行商人活動的據點；更於1940年代的二次大戰期間，日本攻打香港、新加坡等英屬殖民地之後，淡水的領事館遂遭封閉，英人退出紅毛城。

　　戰後的1946年英國重返該地，一直到1972年的撤館，轉而委託澳大利亞，旋又轉美國代管，並在1980年歸還中華民國。

　　檢視西班牙人在雞籠、滬尾等地興建天主教堂與學堂，從事教化工作，並沿淡水河(Kimason)經臺北盆地，再沿雞籠河至雞籠，途經原住民所居住的地區，皆納為其勢力範圍。

　　早年荷蘭曾被西班牙統治，可是到了16世紀中葉，荷蘭要求獨立，西班牙政府不得不在荷蘭用兵，光是1580年(明萬曆8年)至1626年(明天啟6年)期間，在荷蘭支付的軍費超過250萬公斤白銀之多，這些具「政治性的銀子」(political silver)，其中有大部分被留在荷蘭。

　　荷西在福爾摩沙發展商業資本主義時期，由於西班牙盤據雞籠、滬尾二港，更經常與荷蘭為爭取商業經營權及經濟利益起衝突。1629年(明崇禎2年)荷蘭東印度公司在平定麻豆社平埔族的「麻豆溪事件」之後，1641年(明崇禎14年)荷蘭率艦北上，進逼雞籠、滬尾二港。

　　時因西班牙正受困於該國內年年征戰的耗盡元氣，導致食物補給困難，加上流行瘟疫，致使菲律賓守備薄弱，對福爾摩沙的佔領持消極態度，荷蘭勢力藉此乘虛而入，西班牙不得不於 1642 年(明崇禎 15 年)9 月撤軍，結束西班牙在北福爾摩沙短暫的 16 年統治。

　　當年的西班牙雖然是個農業經濟型態的大國，終究敵不過荷蘭已是世界上手工業和商業最發達的國家，也因此西班牙在臺灣近代資本主義發展史上並未能留下比較具體的政績與建設。

　　設若沒有荷蘭統一治理福爾摩沙，和日後的鄭氏東寧治臺，臺灣有可能形成一島兩國的態勢，濁水溪以北說西班牙話，信天主教；濁水溪以南說荷蘭話，信喀爾文新教。

　　檢視當年歐洲西班牙帝國沒落的主要原因，是他們沉溺於文明所帶來的舒適和奢華，全國鮮少有人願意和荷蘭、英國、法國人一樣，跋涉至外國從事貿易、商業活動。同樣地，這個國家的人自以為高人一等，看不起其他基督教國家，也看不起從事工藝的中低階層人民。

　　西班牙在生產和生活用品大部分需要從國外進口的情況下，西班牙得自美洲殖民地的貴金屬必然最終流向國外，導致國家陷入貧困狀態，當時西班牙依賴新大陸，而養肥卻是荷蘭的彼此帝國利益之爭的怪現象。因此，大部分從事工藝勞動者，都是湧入西班牙尋找工作和機會的法國人等，西班牙經濟上的需要依賴外力，證明西班牙已經失去技術創新和企業經營的卓越能力。

　　承上論，荷西時期福爾摩沙住民散落居住的分布情形，在臺南附近為荷蘭人居住的地區，東北海岸則為西班牙盤據，嘉義、雲林一帶則是鄭芝龍等漢人出沒，其他中部的大甲溪附近地區，才是真正原住民各部落散居的處所和交易的市場。再者，企圖與上述集團交易，因而向福爾摩沙推進的，正是搭乘朱印船的日本商人。

　　荷蘭統治福爾摩沙歷任政府機關首長，從宋克到最後一任長官揆一(Frederik Coyett)，由於東印度公司內部權力體系的腐化，官吏受賄成風，常有欺侮百姓、搶奪田地與房屋的情事發生。

尤其 VOC 的人才大都從荷蘭和德國社會的中下階層徵招來的，凡是有生存本能的人，都不會想在那種地方久待，因此當他們到達當地以後，只有一個想法：趕快發了財就迅速離開。

1648 年(明永曆 2 年)大明國移住福爾摩沙人數已達 2 萬人之多，1648 年村社居民總計 61,696 人。當居住在福爾摩沙的漢人受到不公平的壓迫，積怨難平，因而於 1652 年(明永曆 6 年)發生「郭懷一事件」。

蔣毓英《臺灣府志》：

> 崇禎八年，荷蘭始築臺灣、赤崁二城，即今之安平鎮城也；赤崁城，即今之紅毛樓，名城而實非城也，規制甚小，在臺灣府治西北。荷蘭以夾板船為犄角，善用砲攻，雖兵不滿千，而南、北各土酋咸服聽命。又設市於臺灣城外，泉、漳之商賈始接踵而至焉。庚寅，甲螺郭懷一預謀逐紅彝，紅彝覺之，召土番擒懷一，戮於赤崁城。商民在臺者，被土番殲滅不可勝數，而商賈視為畏途矣。[20]

高拱乾《臺灣府志》：

> 甲螺郭懷一謀逐紅彝；事覺，召土番追殺之，盡戮從者於歐汪，商民在臺者被土番殲滅不可勝數；而商賈視臺為畏途矣。[21]

(三) 掠奪式商業資本主義政策

掠奪式商業資本主義特性凸顯在不能在不戰爭狀況下進行貿易，也不能在

---

[20] 臺灣史料集成編輯委員會編，蔣毓英撰修，《臺灣府志》，(臺北：遠流，2004 年 11 月)，頁 127-128 。

[21] 臺灣史料集成編輯委員會編，高拱乾纂輯、周元文增修，《臺灣府志》，(臺北：遠流，2004 年 11 月)，頁 66。

沒有貿易的情況下進行戰爭。從 16 世紀開始，荷蘭不但是歐洲農業技術最進步的國家，而且從中世紀教導斯拉夫人耕田開始，便是歐洲農業經營的導師，也促使荷蘭商業資本主義市場經濟的深深根植於貿易、工業和金融等產業，並致使其當年成為一個最有企業經營戰鬥力的海上強國。

荷蘭佔領印尼的貿易市場，是以巴達維亞為設防的根據地，禁止其他國家商人的涉足香料群島利益，也導致印尼土著產業的受到其宰制，酋領被任為攝政階級(regents)，並以實施封建體制接受荷蘭東印度公司的管理，土著的供應商品某些時候甚至於成為是一種朝貢制度的掠奪模式。

荷治福爾摩沙時期商業資本主義的政策制定與執行，在結構的組織和運作上主要是由亞洲總部設在巴達維亞的東印度公司，指揮分設在大員(今安平古堡)商館來推動。

檢視其重要商業資本主義政策可以從支配土地墾殖、壟斷貿易利益，和汲取承包租稅收益等三方面加以分析。

1. 支配土地墾殖

根據圖 1，荷蘭東印度公司上有荷蘭共和國聯省議會，經荷蘭東印度公司下授予大員商館為土地使用權的核心單位。檢視荷治時期福爾摩沙土地制度受到來自大明國漢人開墾的逐漸越入原住民獵場，並將其開墾為稻田或蔗園的影響，形成荷治公司政府、原住民與開墾者三者之間關係的不斷衝突與順應，而調適出來的最佳共生方式。

荷治公司政府以在大員設置商館的締結協約和頒授土地所有權機制，認可原住民利用與想用其祖傳地的權利、頒授土地所有權給大明國移民，及及頒授土地使用權與土地所有權給官員的方式，建構起既有封建形式與市場機制並存的土地制度，將所有的農民都視為荷蘭王田土地政策下的佃農，以掌控農業生產。

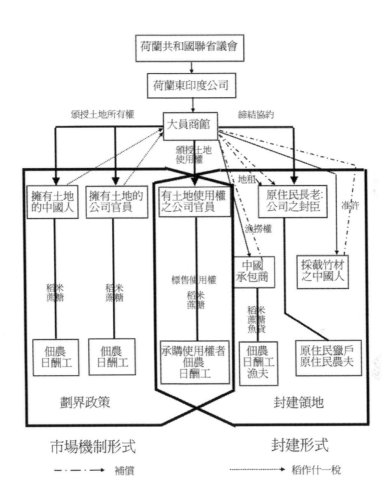

圖 1　荷治時期福爾摩沙土地制度

資料來源：Pol Heyns, 鄭維中譯，《荷蘭時代臺灣的經濟、土地與稅務》，(臺北：
　　　　播種者，2002 年)，頁 123。

　　1626 年(明天啟 6 年)之前，除了有日本人曾運牛隻來到福爾摩沙，做為搬
送東西和耕種之用外，在荷蘭治理福爾摩沙之初，由東印度公司墊款 4,000 里
耳，由牧師格拉維(Daniel Gravins)牧師從印度引進黃牛 121 頭，分配給蕭壠社
的土著耕作。

荷印公司也租用大員灣部分沿海土地飼養公司的牛、馬，如在現今嘉義(古稱天興、諸羅)地區即是由公司經營所飼養的場所，更遠從澎湖輸入各類不同的牛種和牛車，估計當時在島上公司和個人約擁有上千頭的耕牛。這些牛隻用來拉車，也用來幫助耕種。牛車從 17 世紀起，一直到 19 世紀末為止，是臺灣最重要的搬運和交通工具。

檢視荷治時期對福爾摩沙農業的經營，除了引進芒果、荷蘭豆等農作物之外，亦仿在爪哇依靠驅策奴隸的農奴制方式，並採取補助開築陂塘堤渠所需費用，提供耕牛農具籽種，以及指導耕作方法等策略，獎勵大明國人移民福爾摩沙。

所謂「自紅夷至臺，就中土遺民，令之耕田輸租。……其陂塘堰圳修築之費，耕牛農具種籽，皆紅夷資給。」這凸顯如果農民缺少資金，可以透過荷印公司的貸款方式，而荷印公司則收取利息，這是荷治時期透過資金流動的剝削佃農耕作制度，此一制度並延續影響至 18、19 世紀臺灣資本主義經濟的發展。

高拱乾《臺灣府志》載施琅〈請留臺灣疏〉：

> 崇禎元年[1628 年]，鄭芝龍就撫，將此地稅與紅毛，為互市之所，紅毛遂聯絡土番，招納內的人民，成一海外之國，漸作邊患。[22]

當漢人移民數的日漸增多，同時也將甘藷、煙草、燒酒等商品引進福爾摩沙。漢人種植甘薯，是很好的澱粉食材，但原住民不種不食；原住民則從漢人學會抽菸習慣；原住民還是習慣喝原來自己釀的椰子酒或小米酒，漢人喝的燒酒含酒精濃度較高。

奴隸制相對於農奴制就不是最有效率的制度。在奴隸制下，農民與生俱來的地位是無法改變的；但農奴制卻能有效率，並且免除艱難的執行與監督，因

---

[22] 臺灣史料集成編輯委員會編，高拱乾纂輯、周元文增修，《臺灣府志》，(臺北：遠流，2004 年 11 月)，頁 390。

為農奴為領主提供固定數量的各種勞役服務，就可以利用剩餘時間為自己生產。[23]

荷蘭東印度公司為確保勞動力的供給，和便於管理招來的農奴，特行強制集體開墾的「結首制」，這也是近代臺灣農業未曾出現奴隸制，而只存在農奴制的主要原因。

姚瑩《埔里社紀略》：

> 地方數十里，墾田數千甲，用佃多者，殆將萬人，紛紛烏合，苟無頭人經理，不但無從約束，且工本何出？昔蘭人之法，合數十佃為一結，通力合作，以曉事而資多者為之首，名曰小結首；合數十小結，中舉一富強有力公正服眾者為之首，名曰大結首。有事，官以問之大結首，大結首以問之小結首，然後有條不紊，視其人多寡授以地。墾成，眾佃公分，人得地若干甲，而結首倍之或數倍之，視其資力。[24]

如表4，當時透過大小結首制度的組織體系，與商人、獵團首領、大地主、翻譯人員、得標者、媒介者等各業界重要意見領袖相結合。

表4　荷治時期臺灣各業界領袖名單（1638-1639）

人名＼行業別	商人	獵團首領	大地主	翻譯人員	得標者	媒介者
Bauwia		○				
Boico/Boicko/Boycko/	○		○	○		
Cambingh/Cambijn/Cambing/	○	○	○	○		

---

[23] Douglass C. North and Robert Paul Thomas, *The Rise of the Western World: A New Economic History* (N. Y.:Cambridge University Press, 1973), pp.20-22.

[24] 轉自：周憲文，《臺灣經濟史》，(臺北：臺灣開明書店，1980 年 5 月)，頁 127。

人名 ＼ 行業別	商人	獵團首領	大地主	翻譯人員	得標者	媒介者
Coyongh					○	
Gonqua/Siuhouw	○			○		
Gwitsick		○				
Jacoma/Jacomey/Jacomo/	○		○	○		
Jauchijm		○				
Kastvat		○				
Kokong		○				
Lacqua	○					
Lakko/Lacco		○		○	○	
Lampack			○			○
Peco	○		○		○	○
Pidi/Pijdij	○					
Samsiacq/Samsjacque/	○				○	
Sanloe/Sanloe/Sanbec	○		○			
Sapsiko		○				
Saptia		○				
Scheiang		○				
Schitko		○				
Sianghij					○	
Siko				○		○

人名 ＼ 行業別	商人	獵團首領	大地主	翻譯人員	得標者	媒介者
Simkoi		○				
Simsiang		○				
Sina		○				
Sinco		○				
Simtock			○			
Songo		○				
Suia		○				
Swantai		○				
Thaitia		○				
Theiting		○				
Ticlouw/Ticlauw/Ticlau	○				○	
Tinsiak		○				
Tongo		○				
Tsicquian/Tzizijquan/Compadl	○					
Watbang		○				
Zinkik		○				

資料來源：Pol Heyns, 鄭維中譯，《荷蘭時代臺灣的經濟、土地與稅務》，(臺北：播種者，2002 年)，頁 71-72。

說明：○表示其身分，其中有人亦有多重身分者。

　　大小結首制的武裝開墾方式，根據表 5，1647 年(明永曆元年)赤崁地區土地面積與農作物產量，種植稻米的面積為 4,056.5 摩肯(Morgen，1 摩肯相當於

8,159 平方米，等於 0.97 公頃，約 1 甲地)，蔗糖為 1,469.25 甲，總面積由 3,000
甲增至 10,469.05 甲。

表5 荷西時期赤崁附近土地面積與農作物產量(1647 年 9 月)(面積單位：Morgen)

開墾地名	米	糖	甘藷	藍	麻	Teezee	Zabis	未耕地
Amsterdam	177	358.75	0.5	3	-	4.5		195.9
Middelburg	4	76.08	2.5	-	-	-		101.9
Delfft	110.5	257.5	2	4	0.5	4		185
Rotterdam	278	80.5	3	-	-	2		95.5
Hoorn	23.5	18	-	-	-	-		266
Enckhujsen	91	77.3	--	-	-	3.5		273
Soncxs	302.5	227.5	-	-	-	2		516
Nuijts	354	98.5	3	-	-	-	2	223.5
Putmans	817	34	-	2	-	-		888
Van der Burgh	135.5	235.5	-	-	-	-		227
Traudenius	661	87	-	-	-	1.5		846
Le Maire	282	140.5	-	42	-	-		242
未測量地	720.5	13	-	-	-	-		801.5
計	4,056.5	1,469.25	11	51	0.5	17.5	2-	4861.3
總計	10,469.05							

資料來源：1. 周憲文，《臺灣經濟史》，(臺北：臺灣開明書店，1980 年 5 月)，
頁 131。
2. 中村孝治，《荷蘭時代臺灣史研究(上卷)—概說‧產業》，(臺北：
稻鄉，1997 年 12 月)，頁 56。

荷治福爾摩沙時期赤崁附近的食糧只要還是靠日本和從東南亞進口，而砂
糖則來自大明國的華南地區。

根據表6，在鼓勵生產之後，到了 1656 年(永曆 10 年)赤崁附近開墾種植稻
米的土地面積為 6,516.4 甲，種植蔗糖的面積為 1,837.3 甲。糖業到了 1697 年(康
熙 36 年)年產糖為 20 萬 3 千擔(1 擔 picul，約 100 斤)，乃至 5,000 斤至 6,000 萬

斤。

　　土地開發面積以赤崁為中心，向北擴展至麻豆、北港、新港等地，向南延伸到今天高雄燕巢區阿公店附近，土地面積已達 8,403.2 甲。

表 6　荷治時期赤崁附近土地面積與農作物產量(1656 年 10 月)(面積單位：Morgen)

開墾地名	米	糖	薲薑(蔬菜)	大麻
Amsterdam	46.7	286.1	22	
Delfft	23.8	100.0	16	
Hoorn	113.0	70.0	3	
Enckhujsen	85.1	37.7	1	
Soncxs	238.9	271.0		
Nuijts	145.1	52.0		
Putmans	664.1	193.8		
Van der Burgh	202.5	25.0		
Traudenius	320.9	176.7		
Le Maire	76.3	82.0		
Rotterdam	1,913.1	133.6		
Middelburg	876.9	182.3		0.5
de Wit	51.5	4.5		
Koeckebacker	407.2	-		
Vaersche R. 以南	692.8	32.0		
Hamsakkam Tikarang	668.5	190.6		
計	6,516.4	1,837.3	49	0.5
總計	8,403.2	-	-	-

資料來源：1. 周憲文，《臺灣經濟史》，(臺北：臺灣開明書店，1980 年 5 月)，頁 134。

　　　　　2.中村孝治，《荷蘭時代臺灣史研究上卷—概說・產業》，(臺北：稻鄉，1997 年 12 月)，頁 59。

　　福爾摩沙糖業的基礎，從 14 世紀中葉前原住民就已有甘蔗相關產品，到了荷治時期更是奠定下來。隨著漢人人口的增多，稻作也被推廣，不過此後近百

年間，米的生產還不是很充足，福爾摩沙米有規模的出口，大概要到 1720 年代以後。

有關土地開墾的地區，到了荷蘭統治福爾摩沙末期開墾土地的面積。周憲文引王禮《臺灣縣志》：

> 以臺南為中心，北至北港、蕭壠、麻豆、灣裡、茄拔、新港、大目降，
> 南至阿公店附近，總面積(包括田園)為 9,800 步(950,521 公畝)。[25]

2. 壟斷貿易利益

大航海時代西方強國的東來，透過多種方式謀取商業的市場利益，尤其是剝削遙遠所兼併得來的土地。就西班牙帝國而言，他們最關切的商業利益就是建立起綿密的貿易網絡，將金礦與地方及區域的勞力、食物、製造供應線，和歐洲相互連結起來。

而葡萄牙在亞洲的活動範圍比西班牙更廣闊，他們商業經營的手法是首先選定一些容易防守的地點，從這些地緣經濟點放射出影響力，從事買賣交易，藉由地方商人收取保護費。

至於荷蘭和英國商人的經營方式是尋求貿易機會，然後從商業交易中逐漸介入地方爭議，開始獲取土地，然後就將土地轉化為特權和壟斷，而經營成本則轉嫁至本國或新土地的人口身上。

荷蘭在亞洲的商業資本主義經營，主要以促進地區產品的貿易與交易為主。荷蘭以福爾摩沙為市場的轉接基地，主要是使大明國的絲綢與日本及歐洲的白銀相交流，凸顯交通便利和安全的運輸貿易(carring trade)，而其主要貿易利益的多寡端賴大明國的開放市場與否與大小。

荷蘭與西班牙商業資本主義的對抗「大戲碼」，可為在福爾摩沙演了一段具有代表性的「小插曲」。荷蘭資本主義代表新興喀爾文教派、中產階級、商業；

---

[25] 周憲文，《臺灣經濟史》，(臺北：臺灣開明書店，1980 年 5 月)，頁 129。

西班牙資本主義代表傳統天主教、貴族與農民。兩個帝國主義國家在福爾摩沙市場也有不同程度的經營模式，荷蘭人是將本求利，主要是經商；西班牙則為傳教，將一切榮耀歸於上帝。

　　17 世紀荷蘭霸權使得其商業資本主義成為世界經濟一種特殊歷史社會制度的可能性，而 18、19 世紀英國霸權則奠下了它的基礎，並在國際市場確保其統治地位，到了 20 世紀以後美國霸權則進一步擴大了它的所及範圍、框架，以及滲透力。

　　從 17 世紀 20 年代到 18 世紀 30 年代的 1 百多年時間裡，上層的荷蘭人階級，一直是歐洲資本主義機制的領導者和調和者。雖然荷蘭商人是靠剝削掠奪殖民地來累積資本，但也重視新商人的刻苦成家。

　　漁人和河上的筏夫成為海上的冒險家和商業的皇子，以及窮困的法蘭德絲織工變成財力雄厚的製造家，顯示阿姆斯特丹和鹿特丹的紳商，並非在 17 世紀初期突然致富，是也有經過一段艱辛創業的背景與歷程。

　　在荷蘭商業資本主義，尤其是阿姆斯特丹將各種不同的創新和制度聚在一起，創造了有效率的現代市場的前身，促進交換與產業的成長。

　　開放的移民政策吸引了生意人，發展出融資給長程貿易的有效率方法，即如商業資本主義與金融行號的折價方法，降低承做這種貿易的成本。各種技巧發展，分散風險與轉換不確定性為精算可辨的風險。

　　商業資本主義建立大規模的市場使訊息成本降低，以及可商議的政府債信的發展都包含在當時荷蘭稱霸國際市場的故事裡。荷治政府名為獎勵大明國移民開拓福爾摩沙，而與漢人形構所謂的「非正式的合作」(informal cooperation)，以利於對福爾摩沙經濟的掠奪。

　　建立綿密的貿易網絡，不但是要追求產業獨占的目標，同時也追求區域與政治的強權，當然東印度公司透過對大明國絲綢、瓷器等商品和南洋群島香料資源的爭奪而形成市場的活動，給亞洲國家帶來了巨大的震撼，也促成東方文明的西傳。

　　荷治時期福爾摩沙商業資本主義型態，基本上可分為：第一、荷蘭公司政

府在臺灣設立的商館，是荷蘭在福爾摩沙的決策機構，幾乎控制了福爾摩沙島內商業和對大明國及對外貿易。

第二，荷蘭私商，指在福爾摩沙商館官員、牧師等經營商館以外的一般私人商務。

第三，來往於海峽兩岸的大明商人，既有專營兩岸貿易的大商人，也有乘漁船而來的小商人和兼有商人身分的漁民。

第四，在福爾摩沙島上經營商業的大明商人，他們攜帶金錢貨物渡福爾摩沙貿易。

第五，深入原住民村落的商人，這是兼為荷蘭統治者在土著各村落收稅的漢族商人。

第六，在荷蘭人勢力範圍以外的大明小商人，可見當時福爾摩沙商人中，既有經營供荷蘭人大宗貨物的批發商、零售商，及小商小販，商人人數的增加和活動的頻繁，帶動福爾摩沙商業的發展。

荷蘭商業資本主義時期大多數硬幣的成分是銀而不是金，特別是哥倫布航行以後，新大陸尤其是墨西哥發現了蘊藏豐富的銀礦。

16、17 世紀時期銀大量流入歐洲，1606 年(明萬曆 34 年)荷蘭議會宣布了貨幣交換手冊，一共列出 848 種銀幣、金幣，其中有很多在純度與重量上差異極大。品質問題造成阿姆斯特丹商人極大困擾，於是積極建構銀行體系，以解決貨幣問題。[26]

17 世紀荷蘭有「海上馬車夫」之稱，除了生絲、鹿皮輸出的貿易利益之外，在蔗糖方面 1636 年(明崇禎 9 年)巴達維亞《東印度報告書》指出：

漢人蔗農繳納公司輸往日本的白砂糖有 12,040 斤，赤糖 110,461 斤；1644 年(明崇禎 17 年)報告稱赤崁獲砂糖 3,014 擔；1649 年(明永曆 3 年)記載年產 90 萬斤砂糖；1650 年(明永曆 4 年)間臺灣砂糖輸出達 7.8

---

[26] J. K.Galbraith，杜念中譯，《不確定的年代》，(臺北：時報，1994 年 5 月)，頁 181。

萬擔，公司收益超過 30 萬盾(guilders, 荷金)；1658 年(明永曆 12 年)
砂糖年產 173 萬斤(即 1.73 萬擔)，其中 80 萬斤運往波斯，60 萬斤銷
往日本。[27]

3. 汲取承包租稅收

　　荷蘭時期福爾摩沙商業資本主義的稅制，分為直接稅與間接稅，並將課賦
對象為大明國屬民與原住民分開。對大明國屬民部分，舉凡農、漁、獵各業，
均須納稅。1636 年(明崇禎 9 年)實施獵鹿執照制，出售獵鹿執照給來自大員的
大明國獵人開始實施「稅收承包制」。

　　進出口貨有貨物稅，農墾者有耕作稅，狩鹿者有獵具稅，捕魚必須到熱蘭
遮城申請許可證，捕完須回熱蘭遮城確認漁獲量，納 10%的稅金。用罟者每月
1 西班牙利爾(real, 3 荷盾)，用陷阱者每月一利爾半，收入達 26,700 利爾之多。

　　以 1638 年(明崇禎 11 年)為例，獵鹿的數額就高達 151,400 隻之多，由於濫
捕鹿數大減而停發狩鹿執照，經移住福爾摩沙的商人請求，並保證只用罟不用
陷阱捕殺，並將鹿皮與鹿肉銷往大明國，荷蘭乃答應並以課 10%的出口稅。

　　不論是直接稅的獵鹿稅、人頭碩、關稅、烏魚稅、房地買賣稅、磚與石灰
稅，及各種執照稅：或是間接稅的標售稅權，如烏魚稅權、豬隻屠宰稅權、村
落承包稅權、米作什一稅權、漁稅權、衡量稅權、人頭稅權等等，其對財政稅
收的苛斂，不言可喻。

　　什一稅只不過是向人民徵收十分之一的產出，便發覺是土地改良的很大阻
礙，高達一半產出的稅必定會更阻礙土地的改良和收益。

　　檢視荷蘭當局開徵各項稅賦主要是為支付社會維持治安、工事、興建醫院
等開銷，所以凸顯荷蘭東印度公司直到 1640 年(崇禎 13 年)在福爾摩沙的收支
仍處在赤字狀況。

　　17 世紀大明國漁民有些是春季間來福爾摩沙，至秋天收後才返回原居地，

[27] 中村孝治，《荷蘭時代臺灣史研究上卷‧概說產業》，(臺北：稻鄉，1997 年 12 月)，頁 52-68。

成為是季節性移民，主要原因是當時福爾摩沙西南部沿海一帶發現豐富的漁場。檢視大明時期於每年 2 月間派到福爾摩沙捕魚的戎克船在 1,000 艘以上，漁獲量可達 200~300 last(1last＝2 船頓)。

　　根據表 7，從 1654 年至 1658 年從大員至大明國 19,988 人，從大明國至大員 24,606 人。荷治時期的 1624 至 1661 年，在福爾摩沙的漢人人口數已由 1,000 人增至 30,000 人。

表 7　荷治時期福爾摩沙與大明國的船客人數（1654-1658）(單位：人)

年次　　人數	大員至大明國	大明國至大員
1654	5,125	6,778（女子 105）
1655	4,660	7,069（女子 624）
1656	5,495	4,996（女子 717）
1657-58	4,708	5,823（女子 223）
總計	19,988	24,606（女子 1,669）

附註：本表數字只含直接來往於福爾摩沙與大明國的人數，不包括經由澎湖者。

資料來源：1.中村孝治，《荷蘭時代臺灣史研究上卷—概說・產業》，(臺北：稻鄉，
　　　　　　　1997 年 12 月)，頁 39。
　　　　　2.本研究。

　　當時的大員主要是一個貿易轉口站，除了大明國與荷蘭雙方維持貿易夥伴的關係外，荷蘭東印度公司還額外扮演負責維持治安，保護市民安全。漁民只要荷蘭東印度公司派出船隻伴航護漁，漁民就必須支付什一稅或十分之一的魚獲量及魚卵。

　　對原住民的稅賦部份，在 1644 年(明崇禎 17 年)至 1646 年(隆武 2 年)間將大明商人承包村社，標得村社權利金，則視為原住民取得原先地方集會時贈送給荷蘭政府的貢物。

　　然而，標得村社權利金方式，後來逐漸演變成賺取收入來源的機制，貨幣

支付正逐漸取代勞役，貢物也變成原住民負擔的一種間接稅。

根據圖 2、表 8、表 9，公司政府針對福爾摩沙住民自 7 歲以上者，每人每月合 5 辨士半的人頭稅(capitation taxes)，最高的收入金額曾達 7 萬利爾左右。而當時福爾摩沙住民人數並不多，但每年累積的總稅額就可以高達 14 萬利爾。尤其「村社承包制」的模式，是公司政府引自歐洲徵稅的「贌社」(pacht)制度。

《彰化縣誌》〈蕃俗篇〉：

> 贌社亦起於荷蘭，就官承餉曰社商，亦曰頭家。八九月起，集夥督番捕鹿曰出草，計腿易之以布，前後尺數有差，劈為脯，筋皮統歸焉，惟頭及血臟歸之捕者，至來年四月盡止，俾鹿得孳息，曰散社。[28]

換言之，「贌社」(pacht)制度係將原住民稅收發包給漢人社商、通事承辦，商人得標後即可獨佔村社的所有交易，導致後來屢屢出現利用特權欺壓、侵占原住民財產，凸顯荷蘭商業資本主義財政稅收對福爾摩沙住民的苛斂。

---

[28] 周璽，《彰化縣誌》，(臺北：銀行經濟研究室編印，1957 年 8 月)，頁 145。

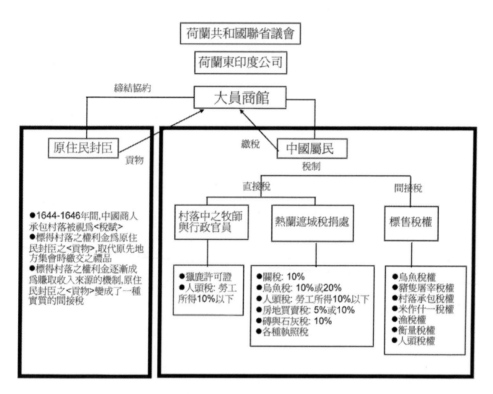

圖 2　荷治時期福爾摩沙稅務制度

資料來源：1. Pol Heyns, 鄭維中譯，《荷蘭時代臺灣的經濟、土地與稅務》,（臺
北：播種者，2002 年），頁 184。

表 8　荷治時期內地諸稅細目表(1645、1650、1654-1657)(單位：real)

年度 項目	1645	1650	1654	1655	1656	1657
村落包稅	4,532	61,580	30,970	20,880	23,155	23,675
漁撈稅	79	5,000	1,900	3,005	3,275	790
豬屠殺稅	160	2,300	3,700	3,600	2,925	3,350

項目＼年度	1645	1650	1654	1655	1656	1657
市衡量稅	--	--	36,300	39,600	47,880	49,800
大明國人頭稅	--	--	36,300	39,600	47,880	49,800
米作什一稅	1,945	6,230	10,921	12,995	7,565	18,085
其他	--	550	--	--	--	--
計	6,716	78,775	89,141	84,571	87,800	99,220

資料來源：1.中村孝治，《荷蘭時代臺灣史研究上卷─概說‧產業》，(臺北：稻鄉，
1997 年 12 月)，頁 319。

2.陳添壽，《臺灣經濟發展史》，(臺北：蘭臺，2009 年 2 月)，頁 69。

表 9　荷治時期內地諸稅統計(1636-1655)(單位：florijn:stuiver:pering)

年度	florijn:stuiver:pering	年度	florijn:stuiver:pering
1636-37	6,277：14：	1646-47	135,049：3：-
1638-39	24,494：5：8	1647-48	207,843：18：2
1639-40	21,324：4：8	1648-49	321,000：- ：-
1640-41	？	1649-50	388,311：19：9
1641-42	52,886：12	1650-51	277,794：5：7
1642-43	88,477：16：8	1651-52	302,180：14：12
1643-44	約 98,500：　：	1652-53	285,770：8：12
1644-45	117,219：10：14	1653-54	？
1645-46	115,413：3：8-	1654-55	291,282：5：4
小計	524,590：64：46	總計	2,733,820：36：92

附註：1 real 以 48 stuiver 換算。

資料來源：1.中村孝治，《荷蘭時代臺灣史研究上卷─概說‧產業》，(臺北：稻
鄉，1997 年 12 月)，頁 319。

2.陳添壽，《臺灣經濟發展史》，(臺北：蘭臺，2009 年 2 月)，頁 70。

「贌社」(pacht)制度或稱「村社承包制」、「包幹制」。檢視荷治時期實施的「村社承包制」，大員商館自 1644 年(明崇禎 17 年)起，將原住民村社進行貿易的獨占權標售出去。

此一制度為犧牲原住民，來換取公司與承包商的利益，承包商獲得於原住民村落進行交易為其一年的獨占權後，大舉鬮抬衣料、鹽等各種雜貨商品價格，壓低用來支付商品的鹿肉與鹿皮價格，再將此鹿製品外銷大明國，以獲取暴利。其間荷蘭還試圖以減少閩南地區移民福爾摩沙的人頭稅方式，促使移民皈依基督教，但效果不彰。

「村社承包制」至清領臺灣時期仍延續實施，不過取消了競標，改採「社餉制」的方式對原住民徵稅，由承包商至村社交易所得的部分利潤，作為社餉繳納給官府，直到 1737 年(清乾隆 2 年)乾隆政府進行稅制改革，此一制度才結束。

福爾摩沙商業資本主義結構下的荷蘭東印度公司被國家機關緊密控制，作為經濟勢力擴張的工具，這些壟斷性組織又變成國家在軍事出征和戰爭時所需要的重要稅收來源。國家就像資本的容器，透過管制和資本調節，以遂行國家目標。當資本對國家無利時，國家便抑制資本的成長。

承上論，荷蘭商業資本主義以推出皇家貨幣和掌控稅賦的方式，讓從事擴張行動的公司政府可以取得流通的財富。而承包稅收與發行公債，正為私人債券、合股公司組織與其他種種新金融制度打下了良好基礎。

邊疆福爾摩沙的存在，讓閩、粵地區的人民與社會有個賦予新意義，重新來過以及尋求新機會的空間，邊疆存在的重要性有如外太空之於人類，及外國市場之於跨國企業，是滿足人類擴大視野本能的需要與企業獲利存活的命脈。

邊疆是「文明與野蠻」接觸邊境之意。由於美國廣大西部的存在，形塑了美國獨特的歷史風貌，美國歷史就是一部西部開拓史。地理空間(space)說明邊疆對人類生活的持續影響。

如果要美國人自己問自己是誰？其答案可能就是美國人最早是由英國人變成美國人，然後再由早期殖民和後來移民的後代所組成的多民族。這與福爾摩

沙人最早是由閩粵地區漢人變成臺灣人，然後再由早期殖民和後來移民的後代所組成的多民族的發展背景極為雷同。

荷蘭東印度公司將尚處農業社會的臺灣農產品輸出，增加關稅收入及貿易利潤，這完全是核心國家(core state)追求「權力」(power)與「福利」(welfare)的商業資本主義，其對農業與土地的開拓，漢人和原住民都是生產工具而已。

當北美的殖民地受英國憲法保護並統治，而東印度的市場則由公司政府壓榨與宰制。也許，世界上再也沒有比這兩個地方所遭遇的不同情況，更能清楚說明英國憲法與企業公司性質上的不同了。荷蘭名為獎勵大明國的移民開拓臺灣，而實視移民為農奴。福爾摩沙在荷蘭東印度公司的掌控下，雖然國別不同，但遭到掠奪的處境卻是相同的。

根據表 10，檢視荷蘭在福爾摩沙歷年財賦掠奪金額總共獲得 3,847,576 弗羅林(florijn)。荷蘭在亞洲地區的市場，在佔領該地區的初期，必須先花費巨額軍事費用和行政開支，並為大員的築城及海道疏浚，而經常出現赤字。

在統治福爾摩沙的初期也是如此，但是福爾摩沙自 1647 年(明永曆元年、清順治 4 年)以後直至荷蘭 1662 年(清康熙元年、明延平郡王鄭成功永曆 16 年)離開福爾摩沙為止，所有的投資與貿易都獲得市場上汲取性的巨額利益。

這也凸顯荷蘭在福爾摩沙沒有投入重大建設，以及沒有大規模抗爭而減少龐大軍事費用的支出。然而，東印度公司以不斷重新定義可以免稅運回荷蘭貨品的質與量，以設法讓公司保有價值最高貨品的掠奪利益，因而對經濟發展造成衝擊。

公司對這種走私、夾帶行為，除了偶然的沒收與懲罰外，並未能提出有效的禁止辦法，致使從船長到小工，無人不積極投入這些非法的營利活動，導致東印度公司不得不開始針對職員的「假設性」利得而徵稅，更促使他們惡化地專心一致大搞自己生意的獲取私人暴利。難怪最後東印度公司的垮臺，公司 VOC 的商標被與「因腐敗而消滅」(Vergean Onder Corruptie, VOC)成為同義詞。

也因為東印度公司在地方時日久了，逐漸取代當地的勢力，並介入政治權力的爭奪活動，及其衍生非事務性支出的隱藏於正常費用之中，導致帳目不清

的敗壞財政結構。

　　同時為了取代地方勢力，導致東印度公司必須實施控制經濟(command economy)的商業資本主義措施，例如發生於 1629 年(明崇禎 2 年)的「麻豆溪事件」，即平埔族麻豆社人用計殺死 64 名荷蘭兵，起因是荷蘭人設關收稅，並強力取締走私，引起當地原住民反抗。

表 10　荷治時期在福爾摩沙掠奪金額統計(1625-1661)(單位：florijn)

年次	金額	年次	金額
1625	－ f55,824.07.10	1647	＋ f155,655.16.01
1628	＋ f11,614.11.05	1648	＋ f569,899.06.05
1630	＋ f46,114.00.12	1649	＋ f467,000
1631	－ f50,024.14.15	1650	＋ f521,934.10.15
1632	＋ f12,938.00.12	1651	＋ f369,410.08.11
1633	＋ f96,411.05.06	1652	＋ f341,435.18.10
1636	＋ f91,206.17.15	1653	＋ f338,917.01.05
1637	－ f49,504.10.02	1654	＋ f218,574.16.09
1638	－ f170,247.03.05	1655	＋ f3,348.02.09
1639	＋ f268,933.04.07	1656	＋ f117,513.08.06
1641	－ f61,315.18.05	1657	＋ f401,287.01.06
1643	＋ f196,003.05.14	1658	＋ f205,708.06.06
1644	－ f37,629.09.01	1659	＋ f7,342.09.00
1645	－ f25,970.17.09	1661	＋ f129,547.18.15
小計	＋f272,705.64.24	總計	＋f3,847,570.19.98

附註：1.f 表示荷蘭幣 guilden(盾)，1 guilden(盾)＝20 stuiver(斯多佛)，

1 stuiver＝16 duit(多特)。

2.有些金額資料因是跨年度關係，造成 1626、1627、1629、1634、1635、
1640、1642、1646、1660 等九個年度缺少詳細數字，因此本表主要用意
是要凸顯荷蘭統治臺灣掠奪的金額。

3.＋表示正數，－表示赤字，會有赤字出現的原因，除了用於建設費用外，
部分因軍事、行政人事費及船運費等開支。

資料來源：1.根據程紹剛，《荷蘭人在福爾摩莎(1624——1662)》，(臺北：聯經，2000
年)，頁 56、105、111、123、125、141、190、206、217、228、242、
256、277、287、294、304、314、327、341、351、391、448、467、
510、518、531 整理。

2.依據中村孝治，《荷蘭時代臺灣史研究上卷——概說‧產業》，〈荷蘭
的臺灣經營〉，(臺北：稻鄉，1997 年 12 月)，頁 321-342。

3.陳添壽，《臺灣經濟發展史》，(臺北：蘭臺，2009 年 2 月)，頁 72-73。

(四) 商業資本主義多國化

揆之重商資本主義的結構性政策，是為了以最低價格買進貨品，對貿易的
對方國家就必須施以終極的政治控制。

布勞岱爾(Fernand Braudel)指出：

荷蘭對亞洲的早期滲透，主要經歷三個階段，第一階段是商船可比作
一家流動百貨店或者是加重分量的一挑貨郎擔，第二階段是商行或者
「商店」像是在某地區或在某商埠設立的租界，最後階段為領土佔領。[29]

商業資本主義股份特許公司是半政府半企業性質的多國化公司，它們專門

---

[29] Fernand Braudel, *The Perspective of the World-Civilization and Capitalism, 15ᵗʰ-18ᵗʰ Century.* Vol. 3 (New York : Harper and Row, 1979), pp.194-222.

經營領土，排斥其他類似的組織，而與 20 世紀的跨國公司是純粹企業組織，在特定生產線和分配線上專門經營職能，跨越多國領土和管轄範圍，與其他類似組織一起合作和競爭有所不同。

　　把一切市場都必須置於政府管理之下，這個觀念的實際例證就是西班牙帝國，美洲的土地、礦產和居民都是用來服務西班牙人的。隨著西班牙的發展，殖民思想也逐漸定型。拯救人類的靈魂變成一個崇高的目的，就是因為傳教的目的反而把一切不正義的行為都合理化了。

　　商業資本主義的追求利潤與減少經營風險，使得每個商人都在自己比較熟悉的市場內從事經營活動，尋找減少因為不大熟悉而帶來市場風險的途徑，是比較符合企業經營者的市場利益。

　　無論是採用直接或間接方式提供的防範措施，都是在因應不確定因素所可能帶來的市場利益的傷害，凸顯商業資本主義經濟制度的變遷，在很大程度上就是尋找減少市場風險途徑的過程。

　　因此，商業資本主義時期市場利益是充分具有計畫性侵略的產物，相對地 17、18 世紀沒有任何國家像荷蘭那樣，必須承擔如此沉重的財政稅收，特別是其稅額小、名目多，是當時稅收制度的最大特徵。

　　西班牙於 1626 年曾以保護菲律賓與大明國之間的市場為由，佔領臺灣北部沿海一帶及雞籠山(基隆市)，甚至包括宜蘭、花東縱谷、蘭嶼，以及恆春半島。

　　荷治公司政府名為獎勵大明國移民開拓福爾摩沙，而與大明國移民形構所謂的「非正式的合作」(informal cooperation)，以利對福爾摩沙經濟的發展。

　　荷蘭人來福爾摩沙後最初 10 年，儘管公司總部以市場至上考量，三令五申前往亞洲的高階職員，勿涉入當地政治社會糾紛，但巴城第四任總督顧恩(Jan Pieterzoon Coen)卻違背公司總部的基本方針，對亞洲市場據點鄰近區域採用強硬、好戰的擴張政策，東印度公司在 17 世紀 20、30 年代，不斷捲入東亞海域上的大明國官兵抓強盜戰爭，正是顧恩好大喜功的錯誤決策所造成。

　　更何況戰爭費用的龐大開支對重商主義的發展無疑起了推波助瀾的作用，隨著砲兵、軍械、戰船、常備軍和堡壘修築技術的進步，現代政府的軍費開支

直線上升，戰爭即是金錢的較量，而當時政府的強大完全必須由它所擁有的白銀來衡量。然而，戰爭經費的主要來源還是依賴稅收來支應。

　　不管是對哪一個地方來說，被一羣商人所組成的一家獨占性公司治理，也許是世上最不好的治理模式。對當時英國處置殖民地的辦法，嚴厲的批評東印度公司在孟加拉種植鴉片，與荷蘭人在香料群島的政策，同屬於毀滅的性格。英國不許北美洲人民在殖民地內煉鋼，明顯侵犯了人類神聖的天賦人權。

　　北美的殖民地受英國憲法保護並統治，而東印度的殖民地則由商業公司壓榨與宰制。美利堅合眾國與臺灣當時同為歐洲殖民地的處境。然而，美利堅合眾國卻能脫胎換骨成為 20 世紀的經濟霸權。也許世界上再也沒有比這兩個地方所遭遇的不同情況，更能清楚說明英國憲法與商業公司性質上的不同了。

　　17 世紀初在美洲海岸的殖民，不知怎樣，竟把民主原則，與他們曾不得不在歐洲各舊社區中主張的一切原則區別開來，並單獨地將之移植到新世界去，這個民主原則在該處以能夠絕對自由地傳播，並用影響全國風習的辦法去和平地決定法律的性質。英國應該相信殖民地選派代表參加英國議會，有助於可以解決各項困難。

　　史密斯(Adam Smith)甚至建議：

> 如不能和平協議，則讓殖民地獨立。儘管史密斯對重商主義下的特許公司多所批評，但事實證明由政府將帝國主義包給公司去執行，要比皇室直接資助經濟帝國主義來得對市場交易和產業發展有效率。[30]

　　福爾摩沙在荷蘭東印度公司的掌控下，雖然國別不同，但經濟遭到掠奪的處境卻是相同的。在商業資本主義階段，荷治公司政府又利用福爾摩沙優越的地理位置，全力發揮轉口功能，成為大明國、日本、南洋、歐洲等地貨物的集散中心，就此經濟利益的觀點，荷治公司政府與福爾摩沙經濟發展乃有「相互

---

[30] Adam Smith, 謝宗林譯，《國富論 II》，(臺北：先覺，2005 年 10 月)，頁 201。

依賴合作」之說。

遂行商業資本主義的荷治公司政府，對臺灣產業而言，重商主義的國際貿易是政府增加財富的途徑，我們應遵守一個原則，不論對誰通商，我們每年必須多賣少買，多賣少買就會在國外賺進黃金與白銀。[31]

尤其，商業資本主義市場經濟發展多國化，亦如對於殖民地經濟的宰制，畢竟不是只單純立基於計算在競爭市場上的收益力。商業資本主義市場經濟發展多國化，也形塑了臺灣在三百年前就具備了以出口為導向的商品經濟雛型。

檢視西班牙商業資本主義市場經濟曾於 1626 年(明天啟 6 年)至 1642 年(明崇禎 15 年)掠奪福爾摩沙經濟，和在 1565 年(明嘉靖 44 年至 1898 年(清光緒 24 年)的殖民菲律賓。

相較於荷蘭東印度公司曾於 1624 年(明天啟 4 年)至 1662 年(清康熙元年)掠奪福爾摩沙，和 1596 年(明萬曆 24 年)至 1945 年(民國 34 年)的殖民印尼，如今臺灣有數量較多的菲律賓和印尼的外籍勞動人口，這些西方資本主義與東方經濟發展歷史的聯結，也提供臺灣特色資本主義發展國際化網絡的借鏡與省思。

回溯 15 至 18 世紀的威尼斯、阿姆斯特丹和倫敦，確實存在強有力的政府，它們在國內能夠做到今行禁止，強制城市居民服從紀律，必要時加重稅收負擔，保障信貸和商業自由，它們在國外實施的經濟掠奪，加上武力暴行的威脅恐嚇，無異於「殖民主義」(colonialism)與「帝國主義」(imperialism）的差別。

然而，這並不妨礙政府不同程度依附在資本主義市場利益的外衣，政府權力和資本家利益的相互糾葛，致使國家陷入國際市場本身的競逐之中。政府在為別人和金錢出力的同時，也為自己擴大權力。政府所採取嚴厲而強力的策略就是符合其實的「為了公平維護資產，你需要一手持劍動用威嚇，一手管理一般商務」。[32]

---

[31] Thomas Munn, *England's Treasure by Foreign Trade, Quoted in Dominicle Salvatore, International Economics* (New York: Macmillan , 1993), p.23.

[32] Fernand Braudel, *The Perspective of the World-Civilization and Capitalism, 15th-18th Century. Vol. 3* (New York : Harper and Row, 1979), pp.39-42.

　　或許歐洲擴張與神明啟示不完全無關，而是權力的表彰。歐洲人從力量的落差中看到機會，經過計算和成本的考量，從而採取行動，不論勝利或失敗，都是投機行為。

　　精神層面對歐洲人也很重要，對一些天主教國家的人民，尤其饒有意義，但是這層重要性還沒有高到值得阻礙利潤的追求。然而，殖民地貿易的獨占雖然幫單一階級取得的那種單一利益，就這樣在許多方面傷害了國家整體利益。

　　17 世紀英國商業資本主義曾將荷蘭資本優於英國資本的現象歸結為，在荷蘭新獲得的資本並非一股地用於土地投資。同時，由於這不僅僅是個購買土地的問題。荷蘭也不曾設法使自己轉變為封建生活習慣的一部分，以致於失去進行資本主義投資的可能性。

　　韋伯(Max Weber)指出：

　　就是那位荷蘭船長，他要穿過地獄去尋寶，那怕地獄之火烤焦了船帆
　　也在所不惜，在歷史上的任何一個時期，只要有可能，就必有置任何
　　倫理道德於不顧的踐踏獲利行為，在對外國人和非同夥人打交道時，
　　市場也像戰爭和海上利益掠奪一樣，常常是無法無天。[33]

　　17 世紀荷蘭實施的商業資本主義比較擅長於蔗糖、奴隸的買賣交易，而不願意從事於甘蔗的種植與建立實施奴隸的制度。這種商業模式亦同時出現於荷蘭在南美洲大陸地區的殖民地情形。

　　荷蘭商業資本主義時期的市場掠奪，並非單純地侷限於東西方市場和貿易，而是同時提供作為亞洲國家之間經濟活動網路的中間人角色。荷蘭將臺灣視為只是提供原料，重視生產卻不能享受消費的殖民地，這與後來日本殖民臺灣略有不同。

　　荷蘭統治福爾摩沙只強調榨取而不重視投資，是殺雞取卵不留後路的掠奪

---

[33] Max Weber, 于曉等譯，《新教倫理與資本主義精神》，(臺北：左岸：2001 年 8 月)，頁 30。

資源做法，日本統治臺灣採先投資再剝削，是為資源不斷取卵而肥雞。當荷蘭撤離福爾摩沙後，並未留下任何重大建設，而日本的殖民化經濟卻為臺灣近代化建立了基礎，具有殖民現代性的另一種比較寬容說法。

然而，東印度公司「以武力保障貿易機會」的經營方針，也使東印度公司的殖民地經營超越了西、葡兩國單純以武力抽取貢賦的經營方式。

這並非指西、葡傷人均濫用暴力劫奪，而是說西、葡王室本身並不投注固定資本，而是將合法權利分封出去，讓受封的殖民者自行投入資本來賺取自身的利益，從而納稅於王室，因此可說是以貿易來保障貴族的生存，從而保障王室的主權，其目的不在貿易，而在征服。

西、葡商人的貿易就算在商人之間也是各自為政，而官員總是比一般商人享有更多的利益。商業資本主義不僅是一種商業的事體，一半是征服佔領，也可以說一半是對缺乏抵抗能力的土著所加之的一種搶劫。

對照荷蘭對福爾摩沙與日本對臺灣的兩國資本主義發展而言，不論是重商主義或帝國主義的殖民，兩者都是經濟民族主義者，是一丘之貉，也都是殖民主義者，實難有「好殖民者」與「壞殖民者」之分。

荷蘭在海外殖民所犯的錯誤是想不以生產為基礎，不願定居和發展當地經濟，只要是在建造一種商業上層建築。商業國際資本主義市場體系到了 1763 年(清乾隆 28 年)英國的取代荷蘭及法國，成為下一個資本主義發達的國家。

承上論，荷蘭人來福爾摩沙殖民墾殖並傳播基督教，教平埔人羅馬拼音讀聖經、唱聖歌，無文字的平埔人因而步入「文明化」。傳教士中尤以干治士(George Candidius)、尤羅伯(Robert Junius)等人的傳教熱忱與精神，以及設立學校，教授拉丁字母，過著遵奉基督教義，對生活與文化的影響最為深遠。

「新港文書」普遍用在買賣、借貸、土地租借，立契約。使用乃在 1662 年(清康熙元年)起，一直至 1820 年(清嘉慶 25 年)止，流通 158 年之久。這期間平埔族群與漢人之契約，以單語契約或雙語契約並存，為西拉雅族留下許多珍貴的文化社會制度記載。

荷蘭人有文字而傳承了大量有關人類行為與歷史的知識，但臺灣平埔族人

卻對海外入侵者毫無經驗，更沒有聽或讀過歷史上，在其他時間、在其他地方發現過任何權利和利益被剝奪的事件發生。

　　總結來論，雖然荷治福爾摩沙資本主義發展與社會關係，不論掠奪經濟說、複合社會說、或是共構殖民說等三種都在凸顯荷蘭的治理福爾摩沙，當它的版圖與軍隊配置過度延伸，超過財政創收能力所能負荷時，接著就是衰敗的開始。荷治福爾摩沙時期商業資本主義即是在理性計算地不斷尋求版圖擴張與稅收之間的平衡發展過程。

　　檢視這階段的商業資本主義發展，凸顯經濟社會學家韋伯(Max Weber)指出：

> 17世紀英國重商主義者曾將荷蘭資本優於英國資本的現象歸結為，在荷蘭新獲得的資本並非一概地用於土地投資。同時，由於這不僅僅是個購買土地的問題，所以荷蘭也不曾設法使自己轉變為封建生活習慣的一部分，以致於失去進行資本主義投資的可能性。[34]

　　如果東印度公司的執行經濟政策不力，和其經營福爾摩沙所逐漸增加交易成本的因素做比較，凸顯其因為原本是「小國大業」所建立的荷蘭霸權，已喪失經濟實力來負擔治理福爾摩沙所逐漸增加投入的成本，導致1662年(康熙元年)鄭成功軍團能在臺灣建立新政權的機會，並以承續大明國末期「受封政府」體制的統治臺灣。

　　從相互主體性的角度，鄭氏政權相對於福爾摩沙島上的原住民族與荷蘭人而言，卻是在臺灣建立第一個屬於漢人的政權，而臺灣原住民族的文化社會乃要等到2016年5月蔡英文就任中華民國總統之後，宣布每年8月1日為原住民族日，也給原住民族期待的社會轉型正義帶來一道曙光。

---

[34] Max Weber, *The Protestant Ethic and the Sprit of Capitalism* (N.Y.: Free Press, 1958).

四、臺灣農業資本主義前期發展 (1662-1683)

> 如果沒有一個擁有最高權力的君主以法律加以控制的話，則根本沒有
> 國家可言。
>
> Jean Badin

(一)近世國家資本主義思潮

　　1624 年至 1662 年荷蘭的佔據福爾摩沙期間，西方世界的英國於 1625 年由查理一世(Charles I)繼位。任內由於荷蘭漁業發達，主要漁場即英國沿海，雙國為市場利益時起衝突。

　　查理一世為了造艦，加重百姓稅負；又因清教徒勢力崛起，1649 年遭到處刑，是為克倫威爾（Oliver Cromwell）領導的「清教徒革命」(Puritan Revolution)，從此英國進入「共和國時代」(The Age of Commonwealth)。

　　清教徒革命是英國資產階級的革命，是一場導致資本主義制度在英國確立起來的革命。1658 年克倫威爾過世，1660 年(明永曆 14 年)英國國會通過恢復王權，迎接查理二世(Charles II)為國王，隔年 4 月正式加冕為不列顛國王。

　　查理二世即位之初就與強勢的議會妥協，謹慎地行使其有限王權。查理二世為了增加國王的收入，並促進英國的海外殖民與商貿，查理二世繼續推行重商主義政策，鼓勵貿易特許公司的設立與擴大。

　　檢視 1660 年(明永曆 14 年)查理二世(Charles II)設立皇家非洲公司並授與特許狀，讓它壟斷西非與美州之間的奴隸貿易；1670 年不斷更新英國東印度公司的特許狀並擴大其自治權，授予東印度公司自主佔領地盤、鑄造錢幣、指令要塞和軍隊、結盟和宣戰、簽訂和平條約和在被佔據地區就民事和刑事訴訟進行

審判的權利，讓英國東印度公司逐漸能與強大的荷蘭東印度公司競爭，成為未來殖民全印度、建立大英帝國的重要基地。

同時，1670 年(清康熙 9 年)查理二世(Charles II)成立哈德遜灣公司，專責開發北美的哈德遜灣地區與商貿事項。貿易特許公司的擴張與英國海軍的積極建設，兩者互相支援，這些都讓英國的海外殖民打下深厚的根基。

在這一年更是英國在印尼萬丹的代表，曾與鄭經方面簽訂關於設立商行條約，尤其英國人可以從臺灣裝運鹿皮、糖及臺灣島之其他一切貨物至日本、馬尼拉或任何地方。

查理二世(Charles II)很重視海軍的建設與發展，除了鼓勵英國海盜，利用西班牙海上勢力的衰落去獲取利益之外，更關注英國商業的重要敵手——海上霸主荷蘭人的競爭。因此在國會的大力支持下，於 1665 年(清康熙 4 年)發動第二次英荷戰爭。

革新後的荷蘭艦隊卻有效地壓制英國海軍，後來其主帥魯伊特（Michiel de Ruyter）更利用隔年英國倫敦大火的機會，攻入泰晤士河羞辱英國軍隊，查理二世(Charles II)被迫在 1667 年與荷蘭簽訂和約，讓出不少貿易利益。

英國在這次戰爭中唯一較大的收穫，是由約克公爵攻佔荷蘭的北美殖民地新阿姆斯特丹；並且將其改名「新約克」（New York），這就是紐約的名稱由來。

查理二世(Charles II)敗給荷蘭之後，查理二世(Charles II)執意向荷蘭報仇，1670 年查理二世(Charles II)簽署多佛秘密條約（Secret Treaty of Dover），與表弟法王路易十四(Louis XIV)結盟。

路易十四提議法國與英國合攻荷蘭並瓜分之，並由法國給予查理(Charles II)資金援助，條件是查理(Charles II)必須在情況允許的時候改信天主教，並讓英國人民從新教回到天主教。查理知道英國人民改信天主教的可能性極度微弱，但他仍然秘密答允了路易十四(Louis XIV)。

1672 年(康熙 11 年)法王先向荷蘭宣戰，英王接著在未經國會同意下，就直接向荷蘭宣戰。這年法國陸軍入侵荷蘭，佔領荷蘭大片領土，造成荷蘭所謂的「災難年」（Rampjaar）。

荷蘭以決堤阻止法軍佔領阿姆斯特丹，並委由奧蘭治親王威廉三世
(William III)為聯省執政；英國同年進攻荷蘭，但是荷蘭海軍上將魯伊特（Michiel
de Ruyter）於海戰中屢屢獲勝，查理二世(Charles II)被迫停戰。

威廉三世(William III)的先與西班牙、奧地利、普魯士等結盟，迫使法國撤
兵，收回失土；再派人到英國向議員重金遊說並製造反法輿論，激化英國市民
對天主教法國的恐懼與仇恨，使得英國國會逐漸反對與法國結盟，不願繼續撥
款給查理二世(Charles II)，迫使查理二世(Charles II)中止英法聯盟，並與荷蘭議
和，英國因而得到荷蘭部分的殖民地，但必須給予荷蘭 20 萬英鎊的補償，1674
年兩國正式結束戰爭。

檢視 1665 年(清康熙 40 年)與 1672 年(康熙 11 年)查理二世(Charles II)的發
動兩次英荷戰爭，結果因為戰局不利，得失參半；國內政局反而捲入外國勢力
的鬥爭，深受法、荷的操控與干擾。

不過 1673 年(清康熙 12 年)後，因為荷蘭與西班牙聯手與法國苦鬥，反而
讓英國商人在海上漁翁得利，進佔了荷、西的大片海外市場，同時大幅擴張英
國的海權。

特別是 1672 年(清康熙 11 年)英國東印度公司打破荷蘭人對東亞商貿的壟
斷，與臺灣的鄭氏王國締結通商條約；以及英國大海盜亨利‧摩根(Henry
Morgan)於 1671 年(清康熙 10 年)攻破西班牙殖民的巴拿馬。

這些發展有效地促進了景氣繁榮，以及民生水準提高，並增加了國王的稅
收，如關稅、消費稅與特許公司之年稅，也促使查理二世(Charles II)在 1681 年
(康熙 20 年)後建立可以不依從國會的專制王權。

1688 年英國發生史上所稱的「光榮革命」(Glorious Revolution of 1688)，
從此英國確立君主立憲制，國會至上、司法獨立、言論與出版自由的政體。

(二) 東寧時期受封資本主義的意義

文本所指東寧時期(1662-1683)包括鄭成功、鄭經、鄭克塽的鄭氏祖孫三
代，是第一個在臺灣建立的漢人政權，引入大量的移民，使得漢人人口迅速超

過原住民族，臺灣成為大明國(1368-1644)的「東寧」。鄭成功既先受封「延平郡王」，並改臺灣為「東都」，而鄭經執政則稱為「東寧王」。

這種受封體制顯然是大明國、大清國時期（1636-1912）皇權體制的延伸。這種以皇權為中心的冊封體制，畢竟是由大明國、大清國掌握東亞市場之中，所呈現朝貢資本主義市場經濟的貿易具體形式。

檢視 15、16 世紀以來的東亞，是一個以大明國為盟主的冊封朝貢體系所構成，包括了琉球、安南、暹羅、朝鮮、日本等許多個亞洲國家。明太祖(1368-1398)的限制國際貿易和海禁的消極政策，雖具有維持治安的意義之外，亦有抑止自宋元以來所育成商品經濟貿易的發達，將元國(1271-1381)的重商政策復為傳統的重農政策。

惟大明成祖(1403-1424)在位時派鄭和下所謂「西洋」，指的是婆羅洲以西一切海洋，主要有交趾、暹羅、柬埔寨諸國，東洋則呂宋，除了告以即位而外，同時向各國表示，希望他們也派使臣到大明國來上表進貢，加強邦交與貿易。

大明國一向採取「小來大往」政策，在這體系中，檢視大明國從朝貢國家真正獲得的貢品其實很少，反而回報的賞賜價值往往超出更多。而來往的商人，由於他們的國家成了大明國的「入貢之番」，也可以跟隨貢使做為「隨員」，取得了把貨物運進大明國三個通商港口的權利。

大明國在這三個港口，包括寧波、泉州、廣州，各設一個提舉市舶司，予以照料，不抽關稅。不僅不抽關稅，而且對貢使及其隨員免費供給食、住，車船。大明國在這一方面花費很多，卻也贏得了宗主國的地位。

大明國強調的應該是從這個政治禮儀中對內和對外建立統治權威的宣示。參加這個體制的各國也透過這種冊封關係，鞏固其在本國內部的統治地位。如果發生問題，大都起因於市場利益的爭奪。

1624 年(明天啟 4 年)鄭成功出生於日本平戶，乳名福松，7 歲時改名為森。父親鄭芝龍由於生長於閩南，地近海濱，在出海謀生之後，並隨顏思齊縱橫閩海，終致落籍日本，娶妻生子。

1628 年(明崇禎元年)鄭芝龍被封「海防遊擊」。1642 年(明崇禎 15 年)鄭芝

龍為福建副總兵，1645 年(明隆武元年、清順治 2 年)唐王稱帝於福州，封鄭芝龍為「平國公」，封森為「忠孝伯」，賜姓朱，名成功。

1646 年(明隆武 2 年、清順治 3 年)鄭芝龍降清，鄭成功哭諫不從。1648 年(明永曆 2 年、清順治 5 年)永曆帝封鄭成功為「威遠侯」，1653 年(明永曆 7 年、清順治 10 年)永曆帝晉封鄭成功為「漳國公」，翌(1654)年封「延平王」，鄭成功上表懇辭；清順治帝則封鄭成功為「靖海將軍」、「海澄公」，鄭成功不受。

1657 年(明永曆 11 年、清順治 14 年)永曆帝封鄭成功為「延平郡王」；清政府則流徙鄭芝龍於吉林寧安，籍沒其家。

1658 年(明永曆 12 年、清順治 15 年)明延平郡王鄭成功大舉北伐，入長江，直逼江寧(南京)，師至羊山時，遇颶風，鄭成功子鄭濬、鄭浴、鄭溫皆溺死，鄭成功率殘軍退守金門、廈門。

表 11，1661 年(明永曆 15 年、清順治 18 年) 鄭芝龍及家眷計 11 人被清廷處死。同年立國 294 年的大明國被滅亡，鄭成功進攻臺灣。1662 年(清康熙元年)5 月明延平郡王鄭成功卒，子鄭經嗣位。

回溯 1644 年(明崇禎 17 年)清兵入關，將大明國殘存勢力逐出北方各地，順治帝獲得「中國皇帝」(Emperor of China)的尊稱。1646 年(明崇禎 19 年)鄭芝龍降清，以後到了 1662 年(清康熙元年)明鄭治臺時期，乃至於 1683 年(清康熙 22 年)以後的清領臺灣，臺灣一直存在的延續「中國」與「國際」概念的雙重意義。

表 11　東寧時期受封稱號及其施政紀要

項目 在位時間	受封稱號	施政紀要	備註
鄭成功 (1661 年至 1662 年)。	延平郡王	1662 年 4 月吳三桂將永曆帝處決於昆明。鄭成功任命楊朝棟出任承天府府尹為臺灣最高地方官。鄭成功 1662 年 5 月過世，時年 39 歲。	鄭成功有妻妾多位。鄭成功入錢謙益門下，錢謙益曾上呈〈請調用閩帥議〉，閩

項目 在位時間	受封稱號	施政紀要	備註
			帥指鄭芝龍。錢謙益於 1641 年(崇禎 14 年)迎娶柳如是為如夫人。
鄭經(1663 年至 1681 年)。	東寧王	1663 年清兵攻金廈,鄭經退守銅山,1664 年放棄沿海諸島,退守臺灣,1674 年鄭經趁「三藩之亂」率軍攻佔廈門、泉州、漳州,1677 年鄭經盡失大陸守地,1679 年鄭經命子克臧監國,1680 年 3 月兵敗,退守臺灣。	鄭經元配係原明廷尚書唐顯悅孫女,但是他卻與四弟的奶媽陳氏私通,生下一男。鄭經 1681 年 3 月過世,與其父同時年為 39 歲。
鄭克塽(1681 年至 1683 年)。	監國克臧被馮錫範諸人謀害,鄭成功次子克塽 12 歲襲延王位,續稱延平郡王封號,大權旁落其岳父馮錫範之手。	1683 年施琅佔澎湖,10 月施琅進佔臺灣,鄭克塽敗降,削髮蓄辮歸順,與南明宗室被移送大清北京。	

資料來源：本研究

　　而歐洲中世紀雖稱「封建」,其座主及附庸之間,有合同關係(contractual relationship),這種物質條件,既有歷史成例,不容一方片面更動,更不容以仁義道德的名目,作為更變的張本。兩方如有爭執,勢必請法官及律師裁判,如此才能培養司法獨立的傳統,大明國政府組織受制於官僚主義的壟斷,司法獨

立制度很難發揮應有功能。

正如華勒斯坦(Immanuel Wallerstein)在描寫 14、15 世紀的歐洲國家時指出：

> 國家？什麼是國家(state)呢？在這時，國家就是君主(the prince)！有聲
> 望和尊嚴並漸漸與其子民相脫離的君主。而且恰在這時，官僚體系作
> 為一個具有特殊性格和利益的獨特社會組織開始出現，它是君主的主
> 要盟友，但我們將看到，它始終是一個感情始終矛盾的盟友。君主為
> 了獲得有助於他們制定稅法的手段，還建立了各種代議機構，這些機
> 構主要由貴族組成，君主試圖利用這種機構來反對貴族，而貴族也試
> 圖利用這種機構來反對君主。[35]

歐洲莊園制由一個或多個村莊組成，由莊園主(seigneur)或領主領導，他是
全體居民的法官、保護者和領袖，有責任保護村莊和執行習慣法。他享有習慣
和繼承的權利，通常實際上就是有權以某些方式使用莊園土地，以及有權壟斷
磨坊、榨坊和作坊這些需要資本投資的活動。

伏爾泰（Francois Marie Arouet de Voltaire）指出：

> 全世界四分之三的地區，在不同時期都曾經各有其封建制度
> （feudalism）的存在。[36]

15、16 世紀的東亞，是一個以大明國政府為盟主的冊封朝貢體系所構成，
包括了琉球、安南、暹羅、朝鮮、日本等 17 個亞洲國家。在這體系中，大明國
從朝貢國家獲得的貢品其實不多，反而回報的賞賜價值往往超出更多。

---

[35] Immanuel Wallerstein, *The Modern World-System, Vol.1: Capitalist Agriculture and the Origins of the European World-Economy in the Sixteenth Century* (New York:Academic Press,1974), p.31.

[36] Marc Bloch, *Feudal Society*, Translated by Manyon（Chicago: Chicago University Press, 1974）,p.441.

　　大明國強調的應該是從這個政治禮儀中對內和對外建立統治權威的宣示。參加這個體制的各國也透過這種冊封關係，鞏固其在本國內部的統治地位。彼此之間並無剝削與叛變的政治問題，存在的是貿易利益的市場爭奪。

　　檢視秦始皇建立大一統以來，即是皇權體制的開始。權力完全集中在皇帝一人，「朕即國家」，皇帝是政權的獨占者，官僚體系也只是皇帝的工具，是君臣之間的君主式關係。

　　基本上，大明國是一個「內在的朝代」(indigenous dynasty)，受到外界干預的成份少，內在的性格強。大明國認為自己國家位在宇宙的中央，四周的蠻夷須向它借光，對它朝貢，以獲得它賜與的封號。

　　這種文化的耀武揚威主義，加上小吏從上到下的暴政心態，使得整個國家難以進步，怯於學習。傲慢自大的心態下，忙不及待地拒絕所有從外國來的事物和想法。大明國雖然非常確定自己的超然卓絕地位，在面對西方的科技挑戰之際，仍感到非常震驚。

　　大明國為應付滿族和蒙古族的入侵邊界，放棄了因有長江之利而對航海開放的南京，於 1421 年(明永樂 19 年)遷都北京，在大航海時代的意義上，不但是喪失了利用大海之便發展經濟和擴大影響的機會，大明國以後在爭奪世界政經利益的競賽中輸了一局。

　　大明國朱元璋在 1380 年(洪武 13 年)殺了宰相胡惟庸以後，皇帝除了是國家元首之外，又是事實上的行政首長，直接領導並推動行政庶務等，皇權和相權合一，加上軍隊的指揮權，再加上司法權、財政權等等，可謂集大權於一身，又可不對任何個人和團體負責，這種權力是前所未有。

　　大明皇帝自命為天子，少數獲得榮寵能夠在他面前出現的人必須對他叩頭；沒有得到榮寵的也對所有和天子沾上邊的東西叩頭，包括詔書、手諭，天子寫過的紙張、穿過的衣服，碰過的東西都因此而神聖。[37]

----

[37] David S. Lander, *The Wealth and Poverty of Nation; Why Some Are So Rich and Some So Poor* (N.Y.：W. W. Norton, 1999).

1662 年(清康熙元年、延平郡王元年)鄭成功治臺，係奉大明國為正朔，然而，正在衰弱中的南明政權並沒有真正實力的有效統治臺灣，但鄭氏東寧時期政權仍維護大明國的國家體制，乃至於延伸到臺灣來。

東寧時期的治臺，猶如自成一個王國(monarchy)，就權力的支配關係而論，是典型受封政府的組織型態。在經濟上是屬於藩鎮型經濟，而有別是荷西時期的掠奪型經濟。

高拱乾《臺灣府志》：

> 荷蘭與成功戰不利，遂退保臺灣土城，歸一王以死拒之。鄭師力攻不克，環山列營以困之。荷蘭勢窮，復整夾板船十餘艘與成功決戰；成功因風縱火，焚燒霾艦，荷蘭大敗，然終無降意。成功使人告之曰：「此地乃我先人故物；今所有珍寶聽而載歸，地仍還我，兵始罷。」荷蘭知勢不敵，爰棄城歸。[38]

東寧時期政權除了承認先來漢人和已開化原住民對於土地既得權益，先確立了財產權的方式以安撫居民之外，有別於荷蘭時期的「客居」性質，乃實施「軍屯為本、佃屯為輔、寓兵於農、展拓貿易」的政策，不僅是建立「獨立王國」的養兵設官，更欲據臺灣以進軍大陸。

1662 年(清康熙元年、延平郡王元年)鄭成功改福爾摩沙為「東都」，稱赤崁樓為承天府，改赤崁城為安平鎮，北路一帶置天興縣，南路一帶置萬年縣，澎湖別設安撫司，並於各地屯兵，自耕自給，軍民足食，粗具治國規模，從此漢人的典章制度正式移植到臺灣。是年，鄭成功 39 歲逝世。

連橫《臺灣通史》：

---

[38] 臺灣史料集成編輯委員會編，高拱乾纂輯、周元文增修，《臺灣府志》，(臺北：遠流，2004 年 11 月)，頁 66。

鄭經接掌政權，改東都為東寧，分都中為四坊，曰東安、曰西定、曰
南寧、曰鎮北。坊置簽首，理民事，制鄙為三十四里，置總理。里有
社。十戶為牌，牌有長，十牌為甲，甲有首，十甲為保，保有長。理
戶籍之事。凡人民之遷徙、職業、婚嫁、生死，均報於總理。仲春之
月，總理彙報於官，考其善惡，信其賞罰，勸農工，禁淫賭，計丁庸，
嚴盜賊，而又訓之以詩書，申之以禮義，範之以刑法，勵之以忠敬，
故民皆有勇知方。[39]

此即所謂東寧時期鄭氏封建的「王即是法律」的主要治安法制依據。鄭經
繼承位統治權之後，改「東都」為「東寧」，受封「東寧王」，廢承天府，分置
四坊，天興、萬年二縣升格為州，設安撫司於南、北二路及澎湖。執政時間雖
長達 19 年，但人在金、廈，心在漳、泉，亦年僅 39 歲逝世。

鄭經執政時期曾多次間接與大清談判，一度擬仿朝鮮模式奉大清國為宗主
國，但鄭經的堅持將泉州等四府歸其管轄的立場，致使談判破裂。同時，與英
國東印度公司簽訂通商條約，拓展商務；又加速進行伐木造船工作，透過與日
本的貿易往來，充裕購買兵器以備所需。

當時大清國仍強迫遷徙廣東福建等五省沿海 30 里內之居民於內地，化為界
外，嚴禁與臺灣來往，實行堅壁清野策略，以封鎖沿海人民同鄭成功等海外敵
對勢力的聯繫。惟鄭氏仍在廈門設秘密貿易所，保持與內地通商。

1674 年(清康熙 13 年)鄭經率遠征軍在廈門附近登陸，紮營漳州，1678 年(清
康熙 17 年)進攻泉州未果，退守廈門，為姚啟聖所指揮的清軍所敗，1680 年(清
康熙 19 年)3 月退守臺灣，1681 年(清康熙 20 年)鄭經歿。

被鄭經選為繼承人的鄭克臧，因被指非鄭經之親骨肉，不應該繼承王位，
改為嫡子克塽年僅 12 歲，繼承延平郡王位。大清國乘臺灣內亂之際，乃命水師
提督施琅征臺。1683 年(清康熙 22 年)削髮歸順，與南明宗室被移送大陸降清，

---

[39] 連橫，《臺灣通史》，(臺北：臺灣銀行經濟研究室，1976 年)，頁 631-632。

鄭氏東寧時期在臺計傳三世，歷時 22 年。

鄭成功既受封「延平郡王」、鄭經受封「東寧王」，這種冊封體制顯然與明、清時期的皇權體制有所不同。這種以國家為中心的冊封體制，畢竟是由明、清時期帝國強加在東亞國家的國際霸權關係之中所呈現的具體形式。

因而，這種冊封體制，便隨著國家的鼎革、勢力的盛衰，而有數次分裂、瓦解，乃至於重編的現象；同時也隨著國家與周邊諸國彼我情勢的變化，呈現種種不同的面貌。

回溯歷史發展與變遷，大漢國時期的領土延伸到朝鮮半島，設立樂浪郡，當時朝鮮半島政權是高句麗，大唐國則設立安東都護府。關係發展到了大元國打敗高麗王朝，一共先後冊封 7 位國王(1274-1351)，還讓他們成為大元國的駙馬，大元國並以征服日本為由，在高麗國設置征東行省，但高麗國並未因此而消失，仍保有其獨立性。之後朝鮮與大明、大清關係仍維持冊封制度的關係。

換言之，由民族的客觀特徵轉移的主觀認同，由民族內部轉移到民族邊緣的角度而言，明、清時期與這些邊緣地區人群的關係，可由所謂「天朝體制」來理解。這個制度各代雖略有不同，但是大抵是要邊緣人群對明清皇帝稱臣、貢方物。然後，皇帝再以超過其貢物價值的物品賞賜他們。

因此，皇帝經常干涉這些國家的內政，諸如對朝鮮、西藏、中南半島北部等地區的政權。為了維持此一體制，當邊緣人群不順服時，國家也經常耗費大量物資、軍力加以征伐，甚至為此常使國家元氣大傷。

1661 年(明永曆 15 年，清順治 18 年)6 月當國姓爺率軍登上臺灣島，站穩橋頭堡，派遣使者分赴熱城、普城諭降，威脅如不遵從將遭兵火，並稱此島前乃吾父所有，應由我接收，外夷必須離開。

(三) 宗主式農業發展政策

華勒斯坦(Immanuel Wallerstein)指出：

中古世紀晚期的歐洲，既沒有世界帝國，也沒有世界經濟，只有基督

教文明；歐洲大部分地區都是封建的，也就是說由相對自給自足的小經濟單位組成，這種經濟單位以這樣一種剝削方式為基礎，因為占人口比率很少的貴族階級，相對於直接擁有莊園內部生產出來的大量剩餘農產品。[40]

東寧時期的受封體制是一種創造一個富人階級的經濟體制，其目的是在自足的經濟中，由別的勞動者生產物品去滿足他們的需要。以下將分寓兵於農政策、建立商品轉運中心的兩項農業政策敘述。

1. 寓兵於農的雙軌政策

基本上，臺灣早期的生活環境，對於有意定居下來耕種的漢人而言，並非適合移居的地方。因為，當時的海盜私梟活動熱絡，又有原住民的對抗，評估開墾土地和發展密集農業就得先冒負擔沉重成本的風險。

在荷蘭人未抵臺以前，臺灣不可能出現具有規模的行政和軍事行動，願意來提供保障臺灣成為適合發展產業的經濟性和政治性投資。

然而，經由無償授田、免除稅負，和其他的獎勵策略，荷蘭人積極提供經濟誘因，鼓勵大明國沿海居民渡海來臺。荷蘭政府負責收服原住民、壓制海盜、保障契約執行，並建立有效維護社會治安的制度，使臺灣成為營生安全可以擔負風險的地區。漢人農民的開闢稻米和甘蔗田園，因而創造了一個漢人邊地移墾區(frontier state)，形成荷蘭人與漢人共構殖民(co-colonization)臺灣的一段移民和產業發展史。

從相互主體性的觀點而言，共構殖民不只是建立在互惠上，也是建立在東印度公司對漢人政經利益的支配上。荷漢共治確實在臺灣創造出漢人墾殖地的一片天。可是一但墾地成型，東印度公司就開始遭遇漢人移民者繼續對荷蘭政府的效忠度和利益分配的問題。

---

[40] Immanuel Wallerstein, *The Modern World-System,Vol.1: Capitalist Agriculture and the Origins of the European World-Economy in the Sixteenth Century* (New York:Academic Press,1974), p.37.

因此，當同是漢人的東寧時期鄭氏政權出現時，相較新政府所能提供的墾殖誘因(incentive)，荷蘭人的競爭優勢(competitive advantage)就注定要喪失其繼續被他們對島上漢人稱之為是「福爾摩沙島上唯一釀蜜蜂種」的利益剝削。

1662 年(明永曆 16 年、清康熙元年)，鄭氏政權在臺灣建立東寧王國，鄭氏王國的對抗大清雖是尊王攘夷的漢人與滿人戰爭，卻也是為贏得海上經濟利益而戰，並導致其政權走上大明國帝王專制的地方封建體制。

由於鄭成功和鄭經父子先後接受大明的延平郡王和東寧王封號，尤其是為因應大清國的〈禁海令〉及〈遷界令〉，受封政府更因為解決缺乏糧食安全的問題，而積極發展臺灣農業，遂將荷蘭時期重商主義(merchantilism)以發展蔗糖為主的產業政策，調整為重視以生產稻米為主的重農主義(physiocrats)政策。換言之，擊退荷蘭佔據臺灣的鄭氏部隊可以說是一支武裝移民集團，除了軍隊 2 萬5 千名之外，還有眷屬 5 千人，凸顯鄭氏父子的興起，非僅由武力，而其經濟方面受到與外洋通商貿易的影響亦是很大的因素。

東寧治臺的初期，為解決人口增加所帶來的糧食問題，首先必須確保土地的有效利用，尤其最擔心軍糧供應的不穩定與持續性。所以，土地經營乃行軍人屯田開墾的武裝方式，延用荷蘭時代的王田和東印度公司所屬的公司田，改稱官田，耕田之人，皆為官佃；而鄭氏宗黨及文武諸官開拓的土地稱為文武官田，招佃耕墾，自收其租，而納課於官，名曰私田；鎮營之兵，就所駐之地，自耕自給名曰營盤田，凸顯藩鎮經濟的特色。[41]

東寧時期政權的藩鎮經濟政策除了承認先來漢人和已開化原住民對於土地既得權益，先確立了財產權的方式以安撫居民之外，乃實施「軍屯為本、佃屯為輔、寓兵於農、展拓貿易」的發展墾殖農業。這種「軍兵屯墾」制度，平時則化兵為農，使能自食其力：戰時則化農為兵，期為征戰之用。

江日昇《臺灣外記》引鄭成功話指出：

---

[41] 周憲文，《臺灣經濟史》，〈臺北：臺灣開明書店，1980 年 5 月〉，頁 166。

大凡治家治國,以食為先。苟家無食,雖親如父子夫婦,亦難以和其家;苟國無食,雖有忠君愛國之士,亦難以治其國。……故以為農者七、為兵者三,寓農以散兵,非無故也。今臺灣乃開創之地,雖僻處海濱,安敢忘戰?暫爾散兵,非為安逸,……農隙,則訓以武事;有警,則和戈以戰,無警,則負耒以耕。寓兵於農之意如此。[42]

　　檢視東寧時期頒布屯墾政策後,軍隊點狀集團性的開墾,主要農業發展範圍只從臺南到新竹附近。到了鄭經占領基隆附近以後,就將該地視為流放政敵和犯人的地區。

　　荷蘭時期的領主與農奴僕傭之間的關係,也逐漸轉變成雇主和受雇者,或地主和佃農的關係。比較荷治時期對福爾摩沙土地的開發已達 8 千 4 百甲,根據表 12,東寧王國末期,開墾的田園面積約 1 萬 8 千 4 百餘甲。

表 12　東寧時期開拓的田園面積(單位:甲)

縣名＼面積(甲)	田	園	合計
臺灣縣	3,885.64	4,676.17	8,561.82
鳳山縣	2,678.49	2,369.71	5,048.60
諸羅縣	970.43	3,873.38	4,843.82
臺灣府(合計)	7,534.57	10,919.28	18,453.86

資料來源:六十七、范咸,《重修臺灣府志(上)》,(臺北:遠流,2005 年 6 月),頁 247、249、254、259。

　　營盤田的農業,目的在屯田的自給自足。不過,這些屯田與文武官田(又稱私田)及府田(鄭氏官田)的佃主(tenants in capite)不同,佃主是直接從國王那裡得

---

[42] 江日昇,《臺灣外記》,收錄:白話中國古典小說大系《臺灣歷史演義》,(臺北:河洛,1981 年 5 月),頁 178-179。

到土地的領主，他們有特權，可免納租。官田園的所有者為鄭氏，文武官田園所有者的佃主，為鄭氏宗黨及文武百官，這些貴族與官僚的佃主，對於領地佃戶而言，相對地是處在支配者的地位。

東寧時期有佃自輸粟於官者，謂之官佃；有佃輸租於文武各官，而文武又各輸粟於官者，謂之文武官佃。根據表13官佃則：上則田、中則田、下則田，每甲各分別徵粟 18 石、16.5 石、10.2 石；上則園徵粟如田之下則，中則 8.1 石、下則 5.4 石。

根據表14文武官佃則：上則田、中則田、下則田，每甲各分別徵粟 3.6 石、3.12 石、2.4 石；上則園徵粟如田之下則，中則 1.12 石、下則 1.08 石。根據表15 還有文武官田須繳交 14 石、12.48 石、8.16 石不等的稅率，而且稅重於租，兩者合計，其率大體超過官田。

比較官田園與文武官田園的租率，幾為 5 比 1，主要原因是官田園的耕作者，原非單純的佃農，又其農耕所需的農具與種子都來自配給，至於文武官田園的開墾者，則其性質為自行投資開闢田園，兩者擔負的成本與風險顯然不同。[43]

表 13　東寧時期官田租率表(單位：1 石(=10 斗=100 升))

等　則	每 甲 徵 粟〔租率〕	地　則	每 甲 徵 粟〔租 率〕
上則田	18	上則園	10.2
中則田	15.6	中則園	8.1
下則田	10.2	下則園	5.4

資料來源：周鍾瑄，《諸羅縣志》，(臺北：遠流，2005 年 6 月)，頁 163。

表 14　東寧時期文武官田租率表(單位：石(=10 斗=100 升))

等　則	每 甲 徵 粟〔租率〕	地　則	每 甲 徵 粟〔租 率〕
上則田	3.6	上則園	2.4

---

[43] 東嘉生，《臺灣經濟史研究》，(臺北：東都書籍株式會社台北支店，1944 年 11 月)，頁 54。

| 中則田 | 3.12 | 中則園 | 1.12 |
| 下則田 | 2.4 | 下則園 | 1.08 |

資料來源：周鍾瑄，《諸羅縣志》，(臺北：遠流，2005 年 6 月)，頁 163。

表 15　東寧時期文武官田稅率表(單位：石(=10 斗=100 升))

等　　則	每 甲 稅 賦〔稅 率〕	地　　則	每 甲 稅 賦〔稅 率〕
上則田	14	上則園	7.96
中則田	12.48	中則園	6.48
下則田	8.16	下則園	4.3

資料來源：周憲文，《臺灣經濟史》，(臺北：臺灣開明書店，1980 年 5 月)，頁 185。

　　通常從佃主承租土地來的領地佃戶(mesne tenants)，其勞動所得的剩餘價值，全歸土地所有者；佃戶的負擔，包括勞役及農產物的納貢，男子自 16 歲以上納額六錢的人頭稅，其他課稅如表 16，有厝餉、鹽稅、船稅等不同性質的雜稅，為東寧王國的重要收入。這時期的國家總生產和社會的總勞動力，大部份為佃戶的付出。

　　尤其東寧時期在海上市場利益銳減以後，不得不依賴這些租稅來支撐龐大的軍費開銷。同時，延續荷治時期為確保臺灣沿岸操業漁船的稅收，在港口碼頭上設置監視所，並且將漁業稅的徵收採包稅制度。

表 16　東寧時期徵收雜稅表(單位：兩)

稅　　別	年 金 額	備註
厝稅	775,2.14.02	厝稅是每間 0.62，凡 6,270 間。
墣社	3,060	墣社計 27 所。
港潭	19,388	
樑頭牌	1,500.7	每擔 0.11 兩，凡 13,637 擔。

稅　別	年 金 額	備註
澎湖船隻	73.8	計 110 隻。
安平鎮渡船	400	計 34 隻。
牛磨	648	每首 24 兩，凡 27 首。
蔗車	1,976	計 100 張。
大小網箔	200.84	計 80 張
罟層縺縗等	840	
烏魚旗	141	計 94 枝。
入港貨稅	13,000	
出港鹽稅	200	
僧道度牒	200	僧每名 2 兩，道士 5 兩。

資料來源：周憲文，《臺灣經濟史》，（臺北：臺灣開明書店，1980 年 5 月），頁 187。

　　另外，為增加稻蔗產量，則加強水利設施，採築堤儲水與截流引水的方式，這些工程分別由鄭治政府或地方有力人士，甚至指派由各營鎮的兵工協助修築。

　　東寧時期所栽培的植物，主要以稻米和甘蔗為主。

　　江日昇《臺灣外紀》：

　　親歷南、北二路各社，勸諸鎮開墾：栽種五穀，蓄積糧糗，插蔗煮糖，廣備興販。[44]

---

[44] 江日昇，《臺灣外記》，收錄：白話中國古典小說大系《臺灣歷史演義》，（臺北：河洛，1981 年 5 月），頁 203 。

相較於荷治時期的種植甘蔗，東寧王國時期則從福建引進蔗種，極力鼓勵栽種甘蔗，採用製糖新法，使得蔗園種植面積大大增加，到了 1682 年(康熙 21 年)出口超過 200 萬斤，運往日本者達 99.2 萬餘斤。同時，重視植種稻米。

周鍾瑄《諸羅縣誌》：

> 穀之屬，秔稻，秔與粳同，種類頗多。有占稻，俗名「占仔」。……有赤白二色，白者皮薄易舂。六、七月始種，十月收；稻之極美者。[45]

亦即蓄積糧糗(乾糧)，其種植期是在避開冬季的乾旱期，故其時值稻米是每年一季。耕種方式仍與原住民一樣採用轉地耕種的粗放方式。此外，力促子民作鹽，採取煎鹽法改良為曬鹽法，以增加產量。

2. 建立商品轉運中心

東寧時期遭遇清軍與荷蘭聯軍的攻擊，加上大清國在沿海地域厲行遷界與海禁，使得與大陸之間的生絲、陶器等貿易受阻，鄭治政府遂採轉運策略，而將船轉往日本、琉球、呂宋、暹羅，並且與英國進行多角貿易。

英國東印度公司更於 1675 年(永曆 29 年)至 1680 年(永曆 34 年)間曾在臺灣開設商館，並允許英船進入東寧，鄭治政府將徵收進口稅 3%，出口稅則免。至於，對日本的貿易，由於每年到長崎的商船增多，遂降低了臺灣與大陸的直接貿易。

荷蘭人雖於 1662 年(永曆 16 年)放棄臺灣，但仍以巴達維亞為總部，繼續在附近海域活動，所以更確切地說，應該是到 1683 年(永曆 37 年、大清國清康熙 22 年)正式攻陷臺灣時，才告中止。

江日昇《臺灣外紀》：

> 〔康熙五年〕遣商船前往各港，多價購船料，載到臺灣，興造洋艘、

---

[45] 臺灣史料集成編輯委員會編，周鍾瑄主修，《諸羅縣誌》，(臺北：遠流，2005 年 6 月)，頁 270。

鳥船，裝白糖、鹿皮等物，上通日本；製造銅熕、倭刀盔甲，並鑄永
曆錢，下販暹羅、交趾、東京各處以富國，從此臺灣日盛，田疇市肆
不讓內地。[46]

　　這一結果是完全出於實行海禁的大清國意料之外。從 1647 年(永曆元年)
至 1661 年(永曆 15 年)，大清國戎克船(junk)和長崎貿易的平均數減少到 48 艘，
這是受到反清活動仍在華南一帶，以及鄭治政府控制了福建沿海並掌握海上市
場的影響。

　　1662 年(鄭成功明永曆 16 年、清康熙元年)至 1672 年(鄭經明永曆 26 年、
清康熙 11 年)，鄭治政府自廈門撤軍並以臺灣為基地；1673 年(明永曆 27 年、
清康熙 12 年)至 1684 年(清康熙 23 年)，東寧王國藉三藩作亂反攻大陸未成，
竟致投降；由戎客船數不斷的減少，明顯看出大清嚴禁海上貿易，以及大陸沿
海全面遷界的政策效應。

　　junk 荷蘭文稱 zonk，舢板船或稱中式帆船，在西方文獻中通稱 junk，二
次大戰結束前的日本文獻則以譯音的方式譯作「戎克」，臺灣的學者也偏好使用
「戎克」來稱呼中國式的帆船。[47]

　　這時期，來自臺灣和東南亞口岸的戎客船平均數佔總數很大的比率，東寧
時期臺灣在東亞市場中仍然扮演非常重要的轉運站角色，17 世紀的臺灣市場宛
如亞太營運中心。

　　根據表 17，當時臺灣商品與大陸市場貿易來往，除了臺灣出產的糖、皮貨，
以及從大陸進口的生絲、單(雙)錦緞、縫衣絹絨、絲綢、絲絨、府綢、棉布、
日常生活用品等之外，也從其他國家進口白色上等棉布、印花布、床毯、棉絲、
棉紗燈心、胡椒、白檀、藤、香料、肉桂、象牙、琥珀、白銀、黃金、鉛、銅

------

[46] 江日昇，《臺灣外記》，收錄：白話中國古典小說大系《臺灣歷史演義》，(臺北：河洛，1981 年 5
月)，頁 205。

[47] G. R. G. Worcester, *The Junks and Sampans of the Yangtze* (Annapolis, Maryland: Naval Institute Press,
1971), p.28。

等產品。

表 17　東寧時期臺灣產品進出口商品結構

項目 \ 地名	臺灣出口	從大陸進口	從其他各國進口
產品名稱	糖、鹿皮、糖、冰糖、鹿茸	生絲、單(雙)錦緞、縫衣絹絨、絲綢、絲絨、府綢、棉布、日常生活用品等	白色上等棉布、印花布、床毯、棉絲、棉紗燈心、胡椒、白檀、藤、香料、肉桂、象牙、琥珀、白銀、黃金、鉛、銅等

資料來源：陳添壽，《臺灣經濟發展史》，(臺北：蘭臺，2009 年 2 月)，頁 95。

　　臺灣商品貿易所往來的國際市場活動中，除了與大陸貿易之外，還有東北亞的日本和東南亞的馬尼拉等地區的貿易來往。在商品種類方面，臺灣貿易也從日本市場進口白銀、黃金、銅，及軍用品，而從東南亞等地運回香料、蘇木等商品，這些貨物再與臺灣、大陸的貨物轉運各地。

　　至於與英國貿易往來，根據雙方於 1670 年(永曆 24 年)簽訂的〈鄭英通商協約〉，鄭方還與英商進行武器交易，在〈通商協議〉中，規定了每艘英商船供應武器的數量，還要求英商公司須經常派砲手和鐵匠等技術人員為鄭方服務；而且同意來自大明國及各國的貨物可以匯集臺灣市場，以達到其在東亞地區的通商目的。

　　檢視 1673 年至 1684 年止的 10 多年間，英國東印度公司幾乎占據荷蘭東印度公司在臺灣是常態，甚至於連他的商館，也就是當年荷蘭人的舊址，他們在臺灣的商務，也與當年荷蘭人一樣，東起南洋，遠達印度、波斯等地。

(四) 臺灣資本主義土著化

　　臺灣漢人社會的真正確立，應在鄭成功逐退荷蘭之後。東寧時期的處境，猶如歐洲國家的阿爾及爾和瑞典。

布勞岱爾(Fernand Braudel)指出：

阿爾及爾位於歐洲和土耳其兩大經濟世界的會合處，不服從其中任何一個經濟世界，它基本上切斷了對伊斯坦堡的臣屬關係，而無孔不入的歐洲商船又把它排斥在地中海貿易之外，海盜行徑是阿爾及爾對付歐洲霸權的唯一出路，是擺脫控制的唯一可能，而位於歐洲和俄羅斯接壤的瑞典，與阿爾及爾的情勢大致相同，它不是被排斥在波羅的海的直接利益之外嗎，戰爭是它獲救的唯一出路。[48]

東寧時期以後臺灣的漢人移民，已由昔日分散的部落社會(tribal society)，進入定居且足以發揮文化特色的民間社會(folk society)。東寧治理臺灣時期的「土著化」社會(native society)，是先認定初期的漢人移民心態是中國大陸本土的延伸和連續，到了後期才與中國大陸本土社會逐漸疏離，而變成以臺灣本地為認同的對象。

漢人在臺灣的開發，終於由點擴散成面，由部落游牧狩獵社會確立為民間農業社會，迄大清領臺時期，不但漢人社會得以迅速成長，並隨著漢人和平埔族人的通婚，以及平埔族的漢化，實已達到以漢人為主體的市民社會(civil society)的程度。

東寧政權的滅亡，不僅是讓追隨鄭家到臺灣島嶼尋求出路的臺灣先民希望破滅，也給兩百年後的中國人民帶來百年災難。因為，在東寧政權被滅之後，整個大清又恢復了大陸型經濟的鎖國政策，以致臺灣和大陸都錯失了在工業革命之後和西方同步發展的時機。

東西方資本主義政經體制的比較，不僅限於西方希臘民主與東方傳統中國專制政體的比較，更在於個人私有與一切歸於統治者財產權關係的社會差異。

---

[48] Fernand Braudel, *The Perspective of the World-Civilization and Capitalism, 15ᵗʰ-18ᵗʰ Century. Vol.3* (N.Y.: Harper and Raw, 1979), p.42.

東方的統治者被視為天之子，在萬人之上，當然可取所欲取，為所欲為。王公貴族只准自己擁有武器，不准百姓興武。這種家天下的資本主義觀念宰制企業經營活動，而阻礙社會公民化的發展。

常見的菁英遷移是國家或帝國經由戰爭取得新領土之後，貴族階級與其下屬前往該地定居，伴隨而來的有傳教士、商人和官僚所組成的菁英移民，以及流浪者、農民所組成的一般移民，一同前往人煙稀少的新移民地定居。

臺灣作為移墾社會，普遍存在有前人不學，窮人不能學，以至於學校不振，文風日衰的負面評價。但是鄭氏治臺時期的設立吏、戶、禮、兵、刑、工等行政組織，鄭經於 1666 年興建完成孔廟，旁置明倫堂，採中央設學院各地方設立學校的學制，舉辦科舉考試，實施教化，建立了臺灣的教育制度。[49]

鄭成功雖身陷父親鄭芝龍亦盜、亦商、亦官角色的與國際資本主義市場利益，以及國家民族大義之間糾葛，但是鄭成功深受儒家忠君思想的影響，一心想要維繫大明的政權正統，重振已經瀕臨淪亡的帝國；並在複雜的現實社會中，凸顯其出身、家世、政經作為上的儒家文化典範。

臺灣近代社會發展迄今始終存在「內地化」與「在地化」，乃至於「中國意識」與「臺灣意識」，乃至於「日本意識」與「臺灣意識」的爭論。鄭氏王國與大清國的幾輪和與戰之後。兩方幾近談成比照朝鮮的解決模式，即承認特殊關係的登岸稱臣，但保留原有生活方式的不剃頭堅持。這是 17 世紀的所謂「兩國論」，最後卻兩國雙方的缺乏互信而破局。

東寧時期為了加強軍備與儲藏戰爭物質，採取寓兵於農的屯田制，鼓勵開墾土地與增加農業生產，這是受封政府在農業政策和商品轉運的商品活動；然而，受封政府就為因應戰爭需求而從社會民間的大量徵兵、徵稅，以備不時之需的軍事和財政作為，也充分暴露了鄭氏政權府對臺灣社會的汲取資源。

尤其東寧時期大批官兵移駐臺灣，雖然為期不長，但是加速大量大陸漢人

---

[49] 江日昇，《臺灣外記》，收錄：白話中國古典小說大系《臺灣歷史演義》，(臺北：河洛，1981 年 5 月)，頁 204 。

的移民來臺，實施武裝式屯田政策，採取官兵在當地紮營，並開墾土地，為發展農業土著化的具體成效。而且，東寧王國為在臺推廣教育、立孔廟，實施各項有助於直接漢化的紮根工作，彰顯臺灣經濟發展的在地化史實。

因此，東寧時期善用透過船舶、船員、交易、語言或血緣，與周邊陸上的大清國、日本等都保持了策略性關係，其所實施的各項措施都有助於土著化或漢化的意識型態定位。東寧時期反清復明的意識型態定位，與蔣介石以復興中華為其歷史使命，以及今天在後殖民化社會，臺灣正重新追尋其相對於週邊的文化主體性，是一個有意義但仍然存在爭議性的主題。

東寧時期受封政府的中央政府就是建置在臺灣，這是與戰前其他不同歷史時期政府型態的最大不同；鄭氏時期政府在臺灣社會的權力支配與經濟合理化過程中，不但其權力機制的行使和感受的距離最為接近，其層級關係也最為直接掌控。因此，當時漢人社會的土著化成果也最具規模。

在東寧政權敗亡之後，整個大清國又恢復鎖國政策，以致臺灣和大陸都錯失了在工業革命之後和西方同步發展的契機，也佐證了臺灣在荷西時期重商主義，和到了鄭氏時期重農主義，在市場轉向的資本主義發展的導致經濟停滯現象。

然而，東寧時期的臺灣亦和大明社會一樣，已經不是一個傳統落後的農業初期社會，而是一個逐漸呈現農商的社會，其獨特的消費型態、生活方式和生產方式，有助於清領臺灣時期農業中期所出現郊商社會的發展。

綜論，東寧受封政府與臺灣社會的關係，相較於二次大戰後國民政府對臺灣的影響，在政府體現國家整體目標上實有異曲同工之妙，都曾經是為能重返中國大陸而努力，也都充滿了國家資本主義(state capitalism)的色彩。然而，東寧政權的失敗，不僅讓追隨鄭家到臺灣尋求出路的臺灣先民遭受嚴重的傷害，也給 200 年後的兩岸人民帶來幾度分合的苦難。

五、臺灣農業資本主義中期發展 (1683-1895)

有些國家因為歷經工業革命，因此變得富有；有的國家沒有參與工業
革命，因此貧窮。

David S. Lander

　　人類真正讓市場、行銷人員、消費者者之間的關係產生變化的，是帶來第
二波革命財富的工業革命。數百萬農民原本的主要生活方式是貨幣經濟外的產
銷合一，工業化將其變成貨幣經濟內的生產者與消費者，從而對市場產生高度
依賴。

　　工業革命時代的資本主義市場經濟強調顯而易見的短期貿易利益，鼓勵了
各國進行降低關稅談判，並且向國際市場敞開大門。19 世紀工業資本主義思想
並未孕育「平等社會」(eqalitarian commonwealth)的觀念，不但造成地主階層越
來越富有，而土地耕作勞動階層卻越來越貧困的社會現象，而且凸顯工業資本
家的快速累積財力，其富裕的程度更超乎地主或國王所比擬想像的。

　　回溯 18 世紀末的英國仍是一個節奏緩慢的「前現代」社會，以小農生產為
主，工業也還只是以家庭手工業為基礎，以機器和工廠制為主的生產方式還未
誕生。

　　然而，社會上倒普遍體認了「分工」善用資源的利益，有不少靠分包圖利
的企業，積極參與全球商業活動，建構形成出所謂「原始的工業」
(proto-industry)。正如中世紀的羅馬帝國在歐洲經過長期 、大範圍爭奪的廢墟
中崛起一樣，資本主義戰勝歐洲君主體制重商主義千瘡百孔的基礎，登上國際
資本主義強權的歷史舞台。

　　商業資本主義活動此時在英國工業革命之前已經發展了上百年的歷史。然

而，一直要到工業革命時代資本主義才是英國的市場轉向而建立其霸權的時期。由於中產階級掌握政府權力體系，並將自由經濟的思想發揮在國際市場利益的爭奪，並由資本主義結合工業主義，殖民主義和國家主義也遵循同樣的路徑結合起來。

(一) 西方近代資本主義思潮

在近代工業的發展上，資本主義和地主階級結合的體系結構，其所對立的統治基礎、方式和權力體系顯得非常重要。地主階級統治者將權力等同於他們領土的範圍，以及人口稠密程度，而把市場或資本看作是追求領土擴張的一種手段或者副產品。

資本主義統治者則將政府權力等同於他們在多大程度上控制了稀少資源，而視領土獲得為資本累積的副產品。

當英國在 18 世紀中葉工業革命以後，製造業與服務業逐漸取代農業所得，資金與技術也隨著向國外擴展，生產力得以持久迅速的成長，而且人員工作效率、商品品質和服務水準都可以達到利潤極大化的目標。

金德爾伯格(Charles Kindleberger)指出：

> 從拿破崙戰爭結束到第一次世界大戰爆發，是英國國際經濟體系和市場利益下的霸權時期，由於中產階級在政治上的優勢，並且堅信自由主義的思想引入自由貿易的時代，主要經濟大國接受自由思想，以及強調顯而易見的短期貿易利益，鼓勵了各國進行降低關稅談判，並且向國際市場開放。[50]

因此，大英帝國的特殊處在於經濟面而非政治面。檢視 1720 年代一種新穎

---

[50] Charles P. Kindleberger, *Power and Money: The Economics of International Politics and the Politics of International Economics* (New York: Basic Books, 1970).

的工商業資本主義浪潮實際上席捲整個歐洲大陸，這是 1820 年代荷蘭在國際資本主義經濟體系和市場利益衰落的決定性因素，荷蘭商人無力阻擋，亦無法逆轉這股工業資本主義的發展浪潮。

然而，西歐在工業資本主義發展的初期，確實受到封建貴族的層層束縛。例如英國到了 19 世紀初紡織業興盛時，也因為政治上的干預太多，為地主所把持的議會為了保護該國的農業市場，遂採取徵收很高的保護性關稅，此即《穀物法》(corn law)的立法經過，其實施結果因而威脅到英國出口市場的利益。

因為，國際經濟體系和市場在尚未實現工業化的其他地區，由於英國的實行保護政策而無法出售其農產品，又如何來購買只有英國才能夠提供的工業產品？

所以，曼徹斯特商界成為反對整個地主所有制，發動抵制《穀物法》，並作為 1838 年到 1846 年間「反穀物法同盟」(Anti-Corn Law League)的支柱。

《穀物法》的妨礙資本主義經濟發展，特別是貿易的推展，曼徹斯特商界因而聯合以紡織業為中心，形成一股自由開明思潮，要求政治和經濟的自由化。

霍布斯邦(Eric Hobsbawm)指出：

> 發生在 1789 年到 1848 年間的法國政治革命和英國產業革命的「雙元革命」(dual Revolution)，不僅是工業本身的巨大勝利，而且是資本主義工業的巨大勝利；不僅僅是一般意義上的自由和平等的巨大勝利，而且是中產階級或資產階級自由社會的大勝利；不僅僅是「現代經濟」或「現代國家」的勝利，而且也是世界上歐洲部分地區和北美少數地方的經濟和國家的巨大勝利。[51]

檢視當時崛起的英國，自從實施圈地的農業現代化運動以來，被圈住的包括養羊的農場和種植穀物的農用地，導致數千萬家庭失去了土地，農民的生活

---

[51] Eric Hobsbawn, *The Age of Revolution 1789-1848* (N. Y. : New American Library, 1962).

方式被摧毀了。相對地，也為新生工業體系迅速造就了土地和勞動力的商品化。

1760 年代至 1830 年代英國以棉工業機械化大量生產，導致資本主義貿易市場的發展。尤其是當 1815 年(嘉慶 20 年)建立第一家使用蒸汽動力的現代棉布工廠取代羊毛產品之後。

通常羊毛主要出產在英國，棉布則依賴來自英國殖民地西印度公司，和後來北美洲的種植園。為了使用蒸汽機車，就需要大量的煤，也催生了鐵路和汽船，產生比較具規模企業體與巨大市場。

當然，工業革命中的每一項技術創新與發明，都經過了相當時間的蘊釀，才會對社會造成衝擊。蒸氣機和製鋼、冶金的技術也都經過長時間的測試，才被順利運用在工業資本主義的生產上。

生產大規模化所帶來優質羊毛產品貿易的擴張，厚植了最終支配英國社會的強大市場實力，其資本主義經濟發展影響的範圍不僅在城鎮、農村，在擴及政經權力層面上的分配上，更產生結構性的改變。

因此，標榜工業資本主義經濟的英國取代以城市經濟為主的荷蘭，成為國際資本主義市場的霸權之後，即針對亞非洲大陸、大清國及其鄰近國家展開資本主義殖民地的侵略。

例如 1842 年(道光 22 年)英國占有香港，培里(Matthew Perry)總督逼迫日本打開鎖國；1859 年(咸豐 9 年)法國勢力進入交趾支那(南越沿岸)。

這種工業資本主義經濟結構體系的大變動，可追溯於資本主義的國際市場化。尤其是財產權的保障，以及公共與私人在金融資本市場方面的發展，不僅是英國後來快速募集資金的工具，當時英國若沒有經過金融革命是不可能擊敗法國，來幫助其達成工業資本主義國際市場上霸權國家的目標。

工業革命的特點就是在一個複雜化、專業化和資本化的工業發展體系中從事於高風險生產，改變了商業與工業之間的關係。

工業生產不再是商人作為從事於企業經營而組織的商業附屬品；它開始涉及到長期的投資與風險的規劃，除非生產的風險降低，評估了預期投入都能達到目標的條件下才繼續投資。

這種經營型態的改變，意味著工業生產要素的提供在 19 世紀 20 年代英國的勞力、資本、貨物，及企業家經營能力都能充分發揮效能與效率。英國也從一個商業資本主義國家轉化成為工業資本主義國家。

回溯 1815 年(嘉慶 20 年)英國確立了工業資本主義國際強權國家之後，英國開始廢止以前的一些商業保護條款，開放了過去對機械出口、工匠外移、貿易和航海的限制。

在此同時，英國高唱經濟自由的論調，主張分工專業的合作生產方式，鼓吹其他國家開放市場，透過彼此貿易來增進利益。

當全球都渴望得到廉價工業產品的誘惑下，英國為自己的工業生產創造極大利潤。如果歐洲國家不願意讓英國貨進口，英國更藉由運輸業的發展，促使大量地降低運輸成本，體現在對所有行業和貿易的影響，英國還是可以擴展到歐洲國家以外的地區來進行貿易。

這也凸顯運輸業對全球工業化發展，尤其是滋養殖民主義，和影響帝國主義的發展。同時，更加凸顯資本主義經濟權與政治權之間互動的關係。[52]

(二) 大清國時期資本主義的意義

相較於當時臺灣資本主義發展的社會基礎，同一百多年前英國「曼徹斯特自由開明主義」(Manchester Liberalism)的聲勢不可同日而語，難怪韋伯(Max Weber)指出：

> 人類甚至在 19 世紀資本主義精神的典型體現者，也不是其商業財產是世襲而來的利物浦和漢堡的那些貴族紳士，而是曼徹斯特和西伐利亞(Westphalia)的那些都在非常保守的環境中，靠佃農而發財致富的暴發戶。[53]

---

[52] Douglas Dowd, *Capitalism and Its Economics(New Edition)*, (London:Pluto, 2004), p.26.

[53] Max Weber, 于曉等譯，《新教倫理與資本主義精神》，(臺北：左岸，2001 年 6 月)，頁 35。

　　探究為何工業革命(industrial revolution)會發生在英國和北歐，卻沒有發生在中國東南方。

　　回溯 1,000 年前中國的升產技術並不比西方落後，當 18 世紀後半葉，在這兩個地區的產業結構、農業技術、個人資金等方面，都有許多類似之處，在可用土地上，兩者也呈受溫和成長的壓力。

　　原因是發生在歐洲的工業革命並不全然是技術因素，傳統中國的皇權制度導致其生產力的落後，傳統中國根本沒有一套像西歐科學與制度的演變，特別是具有相當重要影響的多元主義。

　　檢證臺灣在清領時期從 1683 年到 1874 年的兩百年間，農作的方法與工具仍是千百年的舊習，商業也限於趕集及流動小販往來，人民的生活習慣未受到新時代所帶來的好處，可謂臺灣近代資本主義發展的灰暗期。

　　回溯 18、19 世紀西方資本主義工業革命以來，歐洲人更喜歡東方傳統中國的物產，諸如當時歐洲一直到 1720 年代以後才開始生產的瓷器、生絲、茶，以及西印度已開始大量生產，但仍不能滿足歐洲人胃口的蔗糖。

　　歐洲人大量向當時的大清國購買產品，卻苦無足夠金錢來付款。歐洲人當然會思考用自己的工業產品，來與大清國人買賣，交易貨物，但是當時歐洲人有的商品，大清國人除了喜歡時鐘和手錶以外，並未能有特殊商品受到青睞。

　　英國人後來找到一種商品是大清國人最想要的商品，那就是鴉片。一種生產於孟加拉，能夠創造市場、又能讓人上癮的東西。

　　在這方面，英國人比荷蘭人展現了更厲害的手段，鴉片讓英國取代了荷蘭在國際資本主義市場上的強權地位，尤其是在東方的大清國，包括了清治下的臺灣。

　　比較世界資本主義經濟體系發展曾經有過興盛的國家，中國、印度和羅馬都曾是以帝國的型態出現，而且傳統中國是 12 世紀時期的世界五大帝國之一。

　　相形於 19 世紀工業資本主義的急速發展，大清國要能從古老中國的傳統道德，走向近世現代工業資本主義的市場經濟，其在概念轉化的過程顯得要辛苦的多。

　　檢視清領臺灣初期，大清國並不想真正保有臺灣，嗣因施琅陳述臺灣經貿市場與戰略地位的價值，並強調唯有將臺灣納入大清國版圖之內，福建、浙江、廣東和江蘇的沿海治安、國家安全才得以保障。

　　雖然施琅的建議改變了臺灣命運，並在於列入大清國的版圖時正式命名「臺灣」，但關切臺灣的是對大陸沿海地帶的治安威脅。大清國總認為臺灣僅是彈丸之地，得知無所加，不得無所損，是麻煩的負擔。

　　所以，「臺灣」一詞具有高度的中國意涵，是中華帝國政治力量向海洋延伸的代名詞。如果當時臺灣不被納入大清國，而繼續存在鄭氏時期的東寧王國，從臺灣相互主體性的角度而論，臺灣就不會在 1895 年淪為日本統治，但也可能更早被其他工業資本主義的霸權國家所侵占，這段歷史也可能會改寫今日臺灣住民的命運與發展。

　　從臺灣歷史發展的角度而論，明鄭以前臺灣與澎湖的所謂臺灣島嶼各自有其歷史的發展脈絡。

　　高拱乾《臺灣府志》：

臺灣濱山阻海，居要荒之外。明嘉靖間，澎湖屬泉同安，設巡檢守之。旋以海天遙阻，棄之。崇禎間，荷蘭人居臺，亦舍澎湖；惟建臺灣、赤崁二城，規制甚小，名城而實非城。設市於臺灣城外，遂成海濱一大聚落。順治間，鄭成功取臺灣，稍為更張：設四坊以居商賈，設里社以宅番漢；治漢人有州官，治番民有安撫。然規模不遠，殊非壯觀。至康熙二十二年歸我國朝，建置始詳。[54]

　　換言之，清領臺灣以前，臺灣係遠在海表，昔皆土番、流民離處，未有所屬，及明季時，紅夷所有，又因其征服明鄭，天威遐播，遂入版圖。

　　施琅對於臺灣主權所屬的歷史說得更明白，荷蘭人來以前，臺灣未有所屬，

[54] 臺灣史料集成編輯委員會編，高拱乾，《臺灣府志》，(臺北：遠流，2004 年 11 月)，頁 69-70。

荷蘭人是第一個政權，臺灣一直要到 1683 年(清康熙 22 年)，臺灣才正式成為大清國版圖，成為滿人政權統治臺灣漢人和原住民的歷史發展。

但就相互主體性角度，如擴大而就中華民族的立場來說，則其性質，僅僅是愛新覺羅氏取代了鄭氏，亦可說是明清「易姓之爭」的最後結果。

「帝國」(empire)通常是指一種政治體系，它地域遼闊，權力相對高度集中，且以皇帝個人或中央政治機構為代表，而自成的一個政治實體。同時，「帝國」存在的基礎通常合乎傳統的合法性，然而他們往往鼓吹一種更廣泛的、潛含統一性的政治和文化導向。

大清國和它所取代的大明國一樣都屬「內向型國家」。大清在滅掉鄭氏政權之後，江日昇《臺灣外記》：

[施]琅往福省，與部堂蘇、督、撫會議臺灣棄留。眾以留恐無益，棄慮有害，各議不一。琅遂決議主留。[55]

如果不是施琅力爭，大清政府極可能放棄臺灣，並強迫所有在臺灣的漢人遷回大陸。施琅〈請留臺灣疏〉：

臺灣一地原屬化外，土番雜處，未入版圖也。然其實中國之民潛至，生聚於其間者已不下萬人。鄭芝龍為海寇時，以為窠穴。及崇禎元年，鄭芝龍就撫，將此地稅與紅毛，為互市之所，紅毛遂聯絡土番，朝納內地人民，成一海外之國，漸作邊患。至順治十八年，為海逆鄭成功所攻破，盤居其地，糾集亡命，挾誘土番，荼毒海疆，窺伺南北，侵犯江、浙。傳及其孫克塽，六十餘年，無時不仰瘝宸衷。[56]

---

[55] 江日昇，《臺灣外記》，收錄：白話中國古典小說大系《臺灣歷史演義》，(臺北：河洛，1981 年 5 月)，頁 387。

[56] 臺灣史料集成編輯委員會編，高拱乾，《臺灣府志》，(臺北：遠流，2004 年 11 月)，頁 390-391。

　　然而，任何一個強權國家(strong state)很難容忍一個長期敵對的弱勢國家(weak state)，尤其是一個想要從根本上否定它正統合法性存在的弱勢政權。

　　傳統中華帝國自秦以後建構出來大一統的觀念，朝代的循環只是家族統治的更迭，政權的本質幾乎沒有什麼改變，仍然是統治者剝削被統治者，無論是漢唐的統一時期，或魏晉南北朝的分裂時期，社會上地主和農民的衝突、政治上皇權與官權的衝突，從來沒有停止過，除了不同朝代有些程度上的差異。

　　由於傳統中華帝國農業經濟發展的地區性與分散性，只有依賴皇權的集中與武力，才能夠把中國統一成一個社會。自漢、唐、宋、明、清時期以來的皇權體制，包括君主的領導地位、主政菁英在道德上的自我約制、官僚體系運用於百姓間的巧妙自我調節機制、備以援用的嚴酷刑法，雖然造就了自給自足長期不廢的中國文明，卻未能組織成有心追求進步的政府領導之下的單一民族國家。

　　這種皇權體制強調君權無所不在，凡事政治化，嚴禁任何對皇權的挑戰，並透過稅制的支應一切開支。

　　就政體來說，除開少數非常態皇帝(君主)個人的行為之外，大體上說，1千多年的君主政體，君權還是有限制的，如果能受制約權力的君主就普遍能贏得臣民的愛戴。

　　反之，它必然會遭遇被傾覆，破家亡國的命運，人民也都連帶受遭殃。所謂過去對君權的制約，彰顯在包括議政的制度、封駁的制度、守法的傳統、台諫的制度、敬天法祖的民俗文化，和宗教的信仰等觀念和行為表現方面。

　　大清國的政府型態，地方文治機關省之上，置總督，統轄二省或三省之政權。按總督原為行政文官，故為便於綜理軍務起見，特例加兵部尚書銜；又為便於監察行政及審理刑名的司法案件，特例加都察院右都御史銜等相關的權責。

　　省設巡撫，專理民政，在未有總督設置之省，則兼理軍務與刑名，例兼兵部侍郎與都察院右副都御史銜。省有布政使掌財政，有按察使掌刑名，有道員監督行政等權責機構。

　　省之下置府有知府，州有知州，縣有知縣；直隸州或直隸廳，直屬於省，

地位略同於府；又有廳，即分府，地位略同於州縣，置有同知或通判等屬於地方性政府的執行單位。

由於大清政府以臺灣島嶼為孤懸於海外的區域，對於地方政府的編制則略有所不同。在文官體系的最高長官設正四品分巡臺廈道有道臺，乃至臺灣即迄建省，則以巡撫全銜為最高長官，但無專設按察使的制度。

省以下並無州之設置，只設府有知府、縣有知縣、或直隸州有同知、通判等。至於道臺直接承屬的地方大員則為閩浙總督、福建巡撫、福建布政使、福建按察使，而中央管轄文官的則為吏部。

根據表 18，清領時期臺灣邊陲地方政府的組織調整，主要的行政系統變遷大致可分為前、後期：前期從 1684 年(康熙 23 年)臺灣隸屬福建省至 1884 年(光緒 10 年)臺灣建省；後期從 1885 年(光緒 11 年)建省至 1895 年(光緒 21 年)臺灣民主國成立。

表 18 清領時期臺灣重大行政變革及其施政紀要

內容＼年代	省	府	縣（廳）【州】	在臺主政者的主要施政作為	備註
清領臺灣前期 1683-1722 (康熙22年至61年)	福建巡撫，1687年4月改屬閩浙總督	臺灣知府	轄臺灣、鳳山、諸羅的所謂「一府三縣」階段。	1684 年周昌任分巡臺廈兵備道、季麟光擔任諸羅縣首任知縣，重用有「臺灣孔子」之稱的沈光文，任內編著《臺灣郡志》。1692 年高拱乾任分巡臺廈兵備道，1696 年編成《臺灣府志》。1716 年諸羅縣知縣周鍾瑄聘請陳夢林編修《諸羅縣	福建巡撫設於 1644 年，駐在福州。凡巡撫與總督同城在職權上並無太大的區分。1722 年 12 月康熙皇帝駕崩。

年代＼內容	省	府	縣（廳）【州】	在臺主政者的主要施政作為	備註
				志》。 1721 年藍鼎元隨族兄藍廷珍來台平定朱一貴事件，並編著《平臺紀略》、《東征集》。	
清領臺灣前期 1723-1787 (雍正元年至乾隆 52 年)	1729 年改屬福建巡署。1734 年 11 月再設閩浙總督。1737 年之後又多有所變動。	臺灣知府	轄臺灣、鳳山、諸羅、彰化等四知縣，及淡水廳同知、澎湖通判，並於 1728(雍正 6 年)置臺灣道，為統治全臺之首級機構。	1732 年大甲西社事件、吳福生民變。1764 年余文儀、蔣允焄、徐德峻等重修《鳳山縣志》。 1768 年黃教民變。 1787-1788 年林爽文事件。	
清領臺灣前期 1788-1874 (乾隆52年至同治 13 年)	福建巡撫	臺灣知府	轄臺灣、鳳山、嘉義、彰化等四知縣，及淡水廳同知、澎湖廳通判、噶瑪蘭廳通判。	1795 年陳周全民變。 1806 年福州將軍賽沖阿因蔡牽事件來臺督剿。 1810 年閩浙總督方維甸為漳泉械鬥的善後來臺。 1821 年姚瑩任分巡臺灣兵備道、1838 年回任。	

內容 年代	省	府	縣（廳）【州】	在臺主政者的主要施政作為	備註
				1833 年周凱權任分巡臺灣兵備道。1837 年程祖洛為處理張丙善後事宜來臺。1840 年中英鴉片戰爭，分巡臺灣兵備道姚瑩與臺灣鎮總兵達洪阿，督辦臺灣防務。1848 年徐宗幹任分巡臺灣兵備道。1862-1864 年戴潮春事件，1863 年丁日健任分巡臺灣兵備道。1874 年牡丹社事件。	
清領臺灣前期 1875-1884 (同治13年至光緒 10 年)	福建巡撫	臺灣知府	轄臺灣、鳳山、嘉義、彰化、恆春等知縣，及澎湖通判、卑南同知及埔里社廳通判。	1875 年以後福建巡撫沈葆楨、王凱泰、丁日昌先後以閩撫身份來臺。又因開山撫番，而於臺東置卑南廳，埔里社置中路撫理番同知，基隆置北路撫民理番同知；更為積極開墾山後，不惜出動兵勇，開通橫斷中央山脈道路三條，另	1875 年 (光緒元年)福建巡撫沈葆楨夏秋駐福建，冬春駐臺灣。同年 2 月臺灣正式全部開放，大陸人民終於可以自
		臺北知府	轄淡水縣、新竹縣、宜蘭縣等三知		

內容 年代	省	府	縣（廳）【州】	在臺主政者的主要施政作為	備註
			縣，及雞籠廳通判。	建設鵝鑾鼻燈塔，開基隆八斗子煤礦。1881年劉璈任分巡臺灣兵備道。	由移民臺灣，進行土地開墾。
清領臺灣後期 1885-1895 (光緒11年建省至光緒21年)	臺灣建省，設巡撫。	臺灣知府	轄臺灣、彰化、雲林、苗栗等知縣，及埔里社廳通判。	1885年劉銘傳為臺灣首任巡撫，巡撫乃兼文武統帥之職，兼理提督學政，設巡撫衙門於臺北，置布政使司理全臺財政，統籌省內兵餉、稅務、土地田畝及各省協餉事。 1886年閩浙總督楊昌濬為臺灣建省來臺與臺灣巡撫會商。 1891年6月至9月沈應奎布政使署理巡撫。 1891年11月至1894年10月邵友濂任巡撫。 1885年11月唐景崧任分巡臺灣兵備道，1891年升布政使，1894年10月至1895年5月唐景崧布政使	臺灣何時建省？雖有1885年10月12日(光緒11年9月5日)與1887年9月17日(光緒13年8月1日)的兩種說法。揆之實際情況，應是1885年建省，1888年分治，而這期間是為緩衝期的階段。
		臺北知府	轄淡水縣、新竹縣、宜蘭縣等三知縣，及基隆廳同知、南雅廳通判。		
		臺南知府	轄安平、鳳山、嘉義、恆春等四知縣，及澎湖廳通判、臺東直隸州設知州。		

內容 年代	省	府	縣（廳） 【州】	在臺主政者的主 要施政作為	備註
				署理巡撫。 1895 年 5 月 25 日 至 6 月 6 日上午唐 景崧擔任永清元 年的 13 天臺灣民 主國總統。	

資料來源：本研究

　　清領時期使用在臺灣原住民身上的一些分類判準，包括了稱原住民族群為「番」，以及進一步之區分為「生」與「熟」是帶有相當強的政治性。前者明顯的區分開所謂「民」的漢人與所謂「番」的原住民；後者則以更複雜的分類法，試圖將原住民再細分為不同的群體。

　　周鍾瑄《諸羅縣志》：

　　內附輸餉者曰「熟番」，未服教化者曰「生番」，或曰「野番」。[57]

　　「生番」是不接受政府管轄和教化的原住民族群，多居住於界外的山區；「熟番」則是聽從政府管轄，納稅(番餉)、服役(勞務)，以及願意接受教化改變習俗的漢化行為與生活，絕大部分居住於界內西部平原地帶的原住民族群。

　　但清政府雖然要求熟番接受教化以方便管理、控制，但絕非意圖使熟番變得與漢人無從區辦。因為，一旦熟番完全漢化，清廷就無從利用族群間的歧異來配合其「分而治之」的政治目的，這也凸顯皇權體制的統治本質。

　　檢視從 1728 年(雍正 5 年)到 1788 年(乾隆 53 年)的 60 年間，臺灣行政區的

[57] 臺灣史料集成編輯委員會編，周鍾瑄，《諸羅縣志》，(臺北：遠流，2005 年 6 月)，頁 236。

增設與改稱，都與清領時期治臺的封禁政策，透過限制內地人口來臺與貿易往來，以及限制漢人開墾番地及阻絕族群間互動的族群隔離措施，以防止有造亂的邊區臺灣，聚居太多難以監控的游離人口，並維持族群間平衡的安定社會。

因此，清領時期臺灣的行政劃雖有規劃，但都屬於被動性質，而且又與社會治安有密切關聯，特別是在 1723 年(雍正元年)由於中部、北部的人口增加，迫使增設彰化縣和淡水廳，並且分別在彰化和竹塹設立縣治和廳治。而當時竟發生有淡水廳的主其事者，因畏懼原住民族的襲擊不敢赴任，而是只駐在有舟運之便的臺中縣大甲一帶，來遙遙行使政務。

臺灣近代化開發一直要到清領時期臺灣的後期(1885-1895)，1885 年(光緒11 年)劉銘傳在臺灣接事，臺灣建省，改福建巡撫為臺灣巡撫。劉銘傳與清朝要員李鴻章同鄉，都是安徽合肥人。1885 年臺灣設省，劉銘傳被派擔任臺灣首任的巡撫，他在駐臺的六年任職期間，對於推動臺灣近代化工作留下許多的建樹。

但由於捲入大清國政府權力的派系鬥爭，劉銘傳在辭官回安徽之後，他所規劃建設臺灣的部分措施，遭受到出身不同派系繼任者邵友濂的抵制而中挫。然而，在劉銘傳逝世的 115 年後，其魂歸故里的安徽肥西大潛山劉銘傳墓園，與他在臺灣所留下的政績，成為當今臺灣與安徽兩岸連結旅遊文化交流的歷史意義。

由於上述行政區域組織的調整，原為荷蘭、明鄭、清國的島都府城，隨著巡撫任所，暫時遷到剛建設好的臺北新府城。因此，南部大城不再是島都，不能再稱為臺灣府，而只是臺南府了。

而官方決定在中部彰化附近的橋仔頭(橋孜圖，今臺中市南區)設置新省城，新省城規劃完畢，也著手興建衙門，新省城也是新臺灣府的所在，惟截至1895 年的臨時臺灣省會仍暫設臺北府。可惜橋孜圖作為臺灣建省省會的構想並未能實現，否則當今就比較不太可能會出現南北失衡的現象。

大清國在臺灣武官體系的全臺最高武官是總兵官，直接承屬水師提督、陸路提督、督撫、地方將軍，中央則是兵部；臺灣總兵官下屬副將，分水路、陸

路兩種，下屬參將、游擊、都司、守備等四個職位的中級武官，下屬千總、把總兩個職位的下級武官，下屬外委千總、外委把總，而最基層武職中的下級官兵，稱為額外外委，與營兵一同配渡而來。

尤其是到了 1840 年(道光 20 年)鴉片戰爭後，緊接著太平軍崛起，大清國各地督撫因組勇營剿太平軍而地方勢力大增，其地方上的用人行政權落入督撫手中，臺灣的職官也受此大勢影響。

當湘系為閩浙總督時，總兵、道臺都全是湘系，如左宗棠當閩浙總督時臺灣總兵士劉明燈，臺灣道則是吳大廷；淮系若佔優勢則自中央到地方都是淮系的天下，如李鴻章當北洋大臣，臺灣巡撫則是淮系的劉銘傳，使得朝中的湘淮派系之爭也在臺灣出現，平添施政困擾。此外，地方大員的籍貫也深深影響到行政的運作和官員的任命。

臺灣建省初期勇營的駐地、軍力和布署，不斷地發生湘軍與淮軍的派系鬥爭，彼此牽制而削弱軍力的情形。加上清政權對臺灣人不放心，班兵輪班，泉州子弟兵不能駐紮泉州人的村落，派駐臺灣的政府官員薪水，被限制在臺灣只能領取少部份，其餘部分由眷屬在大陸支領。

大清國實施臺灣建省與福建分治的結果，也是臺灣逐漸脫離中國大陸羈絆的開始，而日本的逐步取得臺灣市場利益，更堅定其強佔臺灣政權的野心。

換言之，大清國政府時期實施的總督巡撫皆帶有督御史銜，名義上雖以布政司使為行省長官，而實際權力則在督撫手上，導致偏重軍事統治的性質。

此種中央與地方的權力關係，在平時足以障礙地方政事的推動，而增加地方與中央的隔閡，而當一但中央政權削弱，各行省轉易成為反抗中央分區割據的憑藉。於是清末督撫權力關係的變化，形成民國初年的督軍，和後來的軍閥割據，以及甚至於導致中華民國政府的播遷來臺。

1895 年（光緒 21 年）日本以朝鮮內亂為由向大清國挑釁，東南沿海戒嚴，臺南為東南屏藩，清政府以布政使唐景崧(廣西壯族人)為巡撫，調兵渡臺籌畫防守，但北洋清軍戰事不利；同年 3 月 23 日清政府詔令北洋大臣李鴻章為全權大使，與日本總理大臣伊藤博文議和，割讓臺灣。

　　5 月 2 日丘逢甲倡議成立臺灣民主國，5 月 23 日宣告成立新政府，發表〈臺灣民主國自主宣言〉(Official Declaration of Independence of the Republic of Formosa)如下：

> 照得日本侵凌中國，索割臺灣，全臺身民代表入京請願，未獲俞允。局勢危殆，倭奴不日將至。如屈從，則家園將淪入夷狄；如抗拒，以實力不如人，恐難持久。屢與列強相商，咸謂臺必先能自立，始可保護。臺民誓不服倭，與其侍敵，不如死守。爰經臺民公議，自立為民主之國，官吏皆由民選，一切政務秉公處理。惟為禦敵、治理臺事，須有人統率，以保鄉衛土。巡撫兼署臺灣防務唐景崧，素為臺民敬仰，爰由士民公推為民主國總統。官章業已刻就，訂於五月初二日巳時(陽曆 5 月 25 日上午 9 點)，由全臺紳民公呈。凡我同胞，勿論士農工商，務須於是日拂曉齊集籌防局(the Tuan Fang Meeting House)，見證隆重就職典禮。盼勿遲疑。全臺人民公告(蓋紅印)。[58]

　　新政府各部門分設於臺北府舊衙門裡，議院設在前籌防局、內閣閣員包括軍務大臣、水師大臣、內部大臣、外務大臣，機關都設在前藩司衙門(布政使司署)；主要武職官員有南部總司令劉永福，義勇統領丘逢甲鎮守中部，水師提督楊岐珍統領北部。

　　新政府首要任務，即是發電通知列強，企圖贏得各國承認新的民主國。在臺灣領土已割讓給日本的情況下，除了當時兩江總督張之洞供應武器軍火、金錢支助之外，至於冀寄列強的承認主權，可謂「癡人說夢」。唐景崧總統主政下的臺灣民主國，該政權僅存在 13 日即告瓦解，大清國領臺時間的 212 年也正式宣告結束。

---

[58] James W. Davidson, 陳政三譯註，《福爾摩沙島的過去與現在》【上冊】，(臺北：國立臺灣歷史博物館，2014 年 9 月)，頁 339-340。

從相互主體性觀點而言，臺灣民主國的建立是臺灣第一個本土政權，凸顯了人民當家做主的意願與行動。但是這是一個由上而下建立的政權，其維持的時間非常短暫，而且當時權力本質與結構也充分曝露了仍然難脫大清國派駐臺灣部分官員的貪生怕死、自私自利和昏庸無能。

然而，曇花一現的臺灣民主國對日後臺灣人在對抗日本人政權的強調相互主體性思潮產生深遠的影響。

(三) 君主式農業發展政策

18 世紀許多歐洲國家實施君主專制制度，世襲君主藉上帝之，統率著土地貴族的階級制度，他們得到傳統組織和教會正統派的支持，專制君主象徵並具體實現了土地貴族的價值觀，並主要依賴他們的支持。

法國的路易十四(Louis XIV)在位(1643-1715)自稱「朕即國家」，當我看到國家時，我為它工作。一個的財富成全另一個的光榮，可見其治國時的叱吒風雲。沙俄凱薩琳二世(Catherine II)在位(1762-1796)和亞歷山大一世(Alexander I)在位(1801-1825)，同為「開明專制」期間的明主，其文治武功也和盛清時的康熙(1662-1722)、雍正(1723-1735)、乾隆(1736-1795)三朝相互比擬。

然而，實施君主專制國家的統治權力，有賴於 18 世紀及以前的政經環境與背景，當時間來到資本主義與重商主義盛行的時代，不僅這些國家的組織與結構不能與之抗衡，連其自身存在的合法性與合理性都遭遇挑戰，甚至過去形塑的制度與施政作為，反成為今朝的阻扼與障礙。

專制君主從理論上來說，可以為所欲為，但在實際上，卻從屬於受過啟蒙思想洗滌的封建貴族世界，這種君主政體在國內加強其權威，增加其稅收財源，壯大其境外力量，極易導致資本主義國際市場經濟的興起與發展。

回溯工業革命以前的資本主義發展，農業生產量佔產業結構中很高的比率。但一般農業的生產品，除了供應特權階級的需求以外，在經濟生活中主要消費對象包括生產者本身和家庭的食、衣、住三項基本需求而已，而這三項產品都與土地開發有密切關係。糧食固然如此，皮革、羊毛和植物纖維也不例外，

就是住屋的材料也是從附近的森林、石礦和磚窯採集來的。

檢視大清國皇帝之下莫非王土的體制統治，清領時期臺灣有關君主式中期農業資本主義發展，以下將從土地農產墾殖、茶糖樟腦經營，及近代工業化萌芽等三個農業資本主義的面向來深入分析。

1. 土地農產墾殖

檢視 17 世紀以來，漢人開始大規模移墾臺灣。清領初期，土地開墾主要是在恢復明鄭時代留下的荒廢田園，雖然官方宣示「荒地就是番地」的禁墾番地，卻仍出現熟番地大量被漢人開墾的現象。

回溯初期從臺灣西海岸平原，佳里興以北悉屬平埔族部落，幾無漢人足跡，祇於牛罵社時，見有漢人自海濱來者；又於中港社至竹塹社只見少數由雞籠、淡水來的漢人；進入臺北平原，猶屬滿目荒涼。郁永河《裨海紀遊》：

> 自竹塹迄南崁八九十里，不見一人一屋，求一樹就蔭不得；掘土窟，
> 置瓦釜為炊，就烈日下，以澗水沃之，各飽一餐。途中遇麋鹿……既
> 至南崁，入深菁中，披荊度莽，冠履俱敗，真狐狢之窟，非人類所宜
> 至也。[59]

但自 1720 年代康熙末期以來，大量湧入合法及偷渡的移民與伴隨而來的土地開發，開始衝擊既存的、消極性的封禁隔離政策。1722 年(清康熙 61 年)以豎石畫界，禁止漢人入山侵佔原住民土地，為令者「杖一百」，但如果越入山區的目的在於「抽藤、釣鹿、筏木、採樵」，就要加重一項「徒三年」的刑罰，來嚇阻無權伐木者遠離山地。迄 1731 年(雍正 9 年)臺北平原一帶的土地幾乎已被開墾，大加蚋堡成為面山背海的街市。

1750 年(乾隆 15 年)因八里坌的巡檢移置於此，一時成為臺北最熱鬧的區域。換言之，清領初期即使在朝廷百般抑制下，漢人移民仍然源源不斷的湧入，

---

[59] 郁永河，《裨海紀遊》，(南投：臺灣省文獻委員會，1996 年 9 月)，頁 22。

就如同時期歐洲移民大量的移入北美洲。

清政府遂劃定邊界來隔離漢人以及區隔漢人和熟番與生番的拓墾。熟番與漢人隔離的問題牽涉到番漢地界模糊不清與變動不居的難題，也就是涉及熟番地權的界定與轉讓。至於生番的獵場不限於山地，而漢人的開墾也是逐步進展的。因此，這條界線並不是一開始就劃在山地與平原的交界，而是隨著漢人的侵入墾墾而逐漸逼近山地。

18 世紀是漢人移墾臺灣的關鍵時期，漢人農耕社會的主要生產工具是土地，主要取自於平埔族(熟番)傳統生活空間的西部海岸平原。當時的土地，就其所有權而言，主要可分為兩大類：第一類是原住民活動區，稱為番地；另一類是非原住民活動區的無主荒地。

漢人所拓墾的土地，如果是番地，則需要向與原住民訂立墾約，以代輸社餉的繳地租方式，取得使用番地的許可。如果是無主荒地，則須先向政府申請開墾許可執照，拓墾完成取得土地所有權後，須定期向政府納稅。

所開墾的土地，無論是向原住民承租的，或是向政府申請的，都需要一筆可觀的「代納社餉」或「貼納社餉」。人們大多採取合租的方式來共同拓墾。清政府對於無主地，也會以公告方式，若無人表示異議，就可以由漢移民取得開墾的權利。

政府實施的公告處理無主地方式，如果因原住民不識字，而未能提出異議，從這角度，漢人對原住民具有文化優勢，尤其對當時的平埔族人確實不公平。

無論是原住民或非原住民所有，只要是所謂「民有地」或稱為「民營田」的開發，以及形成大、小租戶的「一地二主」或稱「一田二主」結構，是由有錢有勢者競向政府當局申請，取得開墾許可，將自己的資金投注於土地，而後再招募無佃農從事開墾。

這種由出力者向創業者繳納一定的租金的形成，即成為日後「番大租制」原型，而逐漸普及，直至乾隆中期的 1768 年以後的制度化。

「番大租制」在體現原來墾戶與佃戶關係的大租，是傳統中國半封建社會發展階級所規定的，並非勞動地租，而是生產作物地租，即大租所繳納的主要

是米穀或砂糖。

　　由於採生產作物地租，佃戶可根據生產作物的增加，或得更多的分配量，從而靠積蓄而改善生活和累積資金，且因其對土地具有直接關係，其經濟實力頗有凌駕於墾戶，掌握土地的實權，加上日後墾戶淪為破產者漸多，或其賣掉土地所有權，或將土地權利轉押他人，終致喪失對土地所擁有的直接關係。

　　佃戶地主化的結果，遂能從墾戶原先的複雜關係中自主出來，開始握有可自由處理原先的佃耕權，或將其所經營的土地轉租給他人的權利。時值中國大陸移民大量進入臺灣的熱潮，佃戶便將自己原先所經營的土地讓給他們耕種，形成新的現耕佃農階級，或稱現耕佃人。

　　因此，原來的墾戶與佃戶關係為之一變，佃戶每年向現耕佃農徵收一定的租額，再將其中的一部分轉納予墾戶。重複出現在同一耕地上，有墾戶向佃戶徵租，而佃戶又向現耕佃人徵租的兩個收租權，亦即形成一地二主的複雜地租關係，形成墾戶為大租戶，佃戶為小租戶，以及現耕佃農等三個層級關係，如果再加上官廳的單位，遂形成在同樣的一塊土地上擁有四個層級的關係。

　　臺灣土地的拓墾與經營，凸顯臺灣土地所有權制的特殊結構，對日後臺灣土地制度的演變與變遷造成非常深遠的影響，這一土地制度要到 1949 年國民政府到了臺灣，實施了耕者有其田的土地改革之後，這種複雜的土地結構關係才徹底獲得改變。

　　清治時期臺灣土地除了民有地之外，屬於封建身分制度的土地包括：一、政府所有的田園，即官莊的設立，主要是為修理文武衙署、修繕兵房，以及興建土木工事等等，其所有權是由政府擁有；二、莊園是鄭氏舊部將等所有的田園；三、屯田是分配給協助平定民變的平埔族屯墾的土地，禁止典賣、免稅、可世襲；四、隆恩田是在番界開墾供軍餉之用的土地。

　　官莊等政府所有土地的管理經營以及從事耕作的人，其主要分為莊頭(大租戶)、莊丁(小租戶)和現租戶。尤其在 1888 年(光緒 14 年)土地清丈以後，大租戶向政府繳納的納穀制改為納銀制，不只是促進臺灣社會商品經濟關係的擴大，很多大租戶為了繳納地租就向商人借貸，因而出現典賣大租權的情事，也

導致了大租戶的衰落和小租戶抬頭的結構性變化。

　　這土地結構到了 19 世紀中期以後,臺灣土地的結構已經轉向為以小租戶為中心的私有型態。然而,充沛的勞動力和相對稀少土地的供需失衡關係,土地造成的僵直化相對獨厚地主階層。所以,「結首制」的近似武裝開墾模式,也才會出現以武裝暴力強佔原住民土地的不法情事發生。

　　例如宜蘭有五結鄉,其名因墾殖採結首制度,墾成之後由第五個結首獲得之地。結首制的「結」雖已有股份公司的意涵,但從皇權體制的核發墾照制度論土地所有權,土地最終還是屬於皇帝一人所有,這是有違資本主義自由市場經濟的管理與發展。

　　檢視清領臺灣有關土地開墾的先後,根據表 19、20、21、22,主要從臺灣的西部,再從南部而北部。在時間上,除了部分在荷鄭時期開墾之外,臺灣土地開墾的正式化與規模化,係於 1709 年(康熙 48 年)左右開發臺北盆地的艋舺、雙園、新莊、泰山等地。

　　最有名的墾號是陳賴章,墾號有如現在的股份有限公司,當時土地經營已具有現代企業資金管理的技術與規模,產業結構也從土地性密集產品逐漸轉型勞力性密集產品。

表 19　清領時期臺灣(北部)地區土地開墾情況

廳縣州	堡里鄉澳	年代	堡里鄉澳	年代
基隆廳	基隆堡 金包里堡	(清代以前) (清代以前)	三貂堡 石碇堡	乾隆 乾隆
淡水縣	芝蘭一堡 芝蘭二堡 芝蘭三堡 八里分堡 挑潤堡	(清代以前) (清代以前) (清代以前) (清代以前) (清代以前)	大加吶堡 興直堡 擺接堡 拳山堡 海山堡	康熙 康熙 雍正 雍正 乾隆

廳縣州	堡里鄉澳	年代	堡里鄉澳	年代
宜蘭縣	本城堡	嘉慶	員山堡	嘉慶
	浮洲堡	嘉慶	清水溝堡	嘉慶
	紅水溝堡	嘉慶	羅東堡	嘉慶
	利澤簡堡	嘉慶	茅仔寮堡	嘉慶
	二結堡	嘉慶	民壯園堡	嘉慶
	四圍堡	嘉慶	頭圍堡	嘉慶
新竹縣	市北一堡	康熙	竹北二堡	雍正
	竹南一堡	乾隆		

資料來源：周憲文，《臺灣經濟史》，(臺北：臺灣開明書店，1980 年 5 月)，頁 216-219。

表20 清領時期臺灣(中部)地區土地開墾情況

廳縣州	堡里鄉澳	年代	堡里鄉澳	年代
苗栗縣	苗栗三堡	清代以前	苗栗一堡	康熙
	苗栗二堡	康熙		
臺灣縣	大肚下堡	清代以前	棟東上堡	康熙
	棟東下堡	康熙	大月中堡	康熙
	貓羅堡	康熙	藍興堡	雍正
	大肚上堡	雍正	北投堡	雍正
	南投堡	雍正		
彰化縣	線東堡	清代以前		
	馬芝堡	清代以前	燕霧下堡	康熙
	線西堡	康熙	東螺東堡	康熙
	武東堡	康熙	二林上堡	康熙
	武西堡	康熙	二林下堡	雍正
	東螺西堡	康熙	燕霧下堡	乾隆
	深耕堡	雍正	沙連下堡	乾隆

廳縣州	堡里鄉澳	年代	堡里鄉澳	年代
埔里社廳	四角堡 五城堡	咸豐 道光	北港溪堡 集集堡	咸豐 乾隆

資料來源：同上表。

表 21　清領時期臺灣(南部)地區土地開墾情況

廳縣州	堡里鄉澳	年代	堡里鄉澳	年代
雲林縣	沙連堡 蔦松堡 打貓東堡 尖山堡 布嶼島 海豐堡 溪洲堡	清代以前 清代以前 清代以前 康熙 雍正 雍正 乾隆	他里霧堡 斗六堡 大慷榔東堡 打貓北堡 西螺堡 白沙墩堡 大坵田東堡	清代以前 清代以前 清代以前 康熙 雍正 雍正 雍正
嘉義縣	嘉義西堡 鹿仔草堡 鐵線橋堡 下茄苳北堡 漚汪堡 茅港尾堡 麻豆堡 太子宮堡 哆羅國東堡 大目根堡 哆羅國西堡 白鬚公潭堡 柴頭港堡 鯉魚頭堡	清代以前 清代以前 清代以前 清代以前 清代以前 清代以前 清代以前 清代以前 清代以前 康熙 康熙 康熙 雍正 乾隆	打貓南堡 鹽水港堡 赤山堡 龍角潭堡 佳里興堡 蕭攏堡 大慷榔西堡 果毅後堡 下茄苳南堡 牛稠溪堡 打貓西堡 學甲堡 嘉義東堡	清代以前 清代以前 清代以前 清代以前 清代以前 清代以前 清代以前 清代以前 清代以前 康熙 康熙 康熙 乾隆
安平縣	臺南府城 仁和里 內新豐里	清代以前 清代以前 清代以前	新昌里 依仁里 新化東里	清代以前 清代以前 清代以前

廳縣州	堡里鄉澳	年代	堡里鄉澳	年代
	內新化里	清代以前	新化北里	清代以前
	效忠里	清代以前	廣儲東里	清代以前
	永寧里	清代以前	文賢里	清代以前
	永豐里	清代以前	外新豐里	清代以前
	新化西里	清代以前	外新化南里	清代以前
	大目降里	清代以前	廣儲西里	清代以前
	保東里	清代以前	歸仁南里	清代以前
	仁德南里	清代以前	長興上里	清代以前
	永康上中里	清代以前	內武定理	清代以前
	安定里東堡	清代以前	善化里東堡	清代以前
	崇德西里	清代以前	保西里	清代以前
	歸仁北里	清代以前	仁德北里	清代以前
	長興下里	清代以前	永康下里	清代以前
	外武定理	清代以前	西港仔里	清代以前
	善化里西堡	清代以前	楠梓仙溪西里	康熙
	羅漢外門里	康熙	羅漢內門里	乾隆
	楠梓仙溪東里	乾隆	崇德東里	乾隆
鳳山縣	大竹里	清代以前	興隆外里	清代以前
	小竹上里	清代以前	鳳山上里	清代以前
	半屏里	清代以前	仁壽下里	清代以前
	長治一圖里	清代以前	觀音上里	清代以前
	觀音下里	清代以前	港東中里	清代以前
	興隆內里	清代以前	小竹下里	清代以前
	鳳山下里	清代以前	仁壽上里	清代以前
	維新里	清代以前	長治二圖里	清代以前
	嘉祥外里	清代以前	觀音中里	清代以前
	港東下里	清代以前	港西下里	康熙
	赤山里	康熙	觀音內里	康熙
	港西中里	康熙	港東上里	康熙
	嘉祥內里	乾隆	港西上里	康熙
恆春縣	宣化里	清代以前	德和里	清代以前
	興文里	清代以前	嘉禾里	康熙

廳縣州	堡里鄉澳	年代	堡里鄉澳	年代
	善餘里	康熙	永靖里	雍正
	安定里	嘉慶	泰慶里	同治
	長樂里	同治	治平里	同治
	咸昌里	咸豐	仁壽里	乾隆
	至原理	光緒		

資料來源：同上表。

表 22　清領時期臺灣(東部、離島)地區土地開墾情況

廳縣州	堡里鄉澳	年代	堡里鄉澳	年代
臺東州	南鄉	道光	蓬鄉	道光
	廣鄉	道光	壽鄉	道光
	新鄉	光緒		
澎湖廳	東西澳	清代以前	林投澳	清代以前
	赤崁澳	清代以前	綱按澳	清代以前
	鎮海澳	清代以前	鼎灣澳	康熙
	時里澳	康熙	南寮澳	康熙
	通梁澳	康熙	西嶼澳	康熙
	水安澳	康熙	吉見澳	乾隆

資料來源：同上表。

　　1719 年(清康熙 58 年)施世榜在二水一帶興建水圳，引濁水溪灌溉二水到鹿港的土地，人稱施厝圳或八堡圳，為清代臺灣清代最大水利工程。1720 年(康熙 59 年)臺灣中部地區的神岡附近的六館業戶的墾號。

　　1830 年(雍正 8 年)金廣福墾號的開墾新竹北埔地區，「金」乃代表官方給多保護資助之意；「廣」指廣東，代表粵人；「福」即福建，代表閩人。取此公號乃意味著三位一體，協力開墾之意。

　　如此，墾地雖屬民業，但不僅帶有開疆責任，而且墾區內的治安事務，隘防汛防等原屬地方政府執行之事權，也一併委任墾首團體，隸屬淡水同知，相

當於當今的縣長之監督。金廣福墾號凸顯這墾號是閩粵合組公司，共同經營土地成功的典範。

到了 18 世紀後半期，大約在乾隆、嘉慶年間(1736-1820)吳沙從貢寮進入宜蘭地區的頭圍(頭城)、五圍(宜蘭市) ，再加上北部瑠公圳、大安圳，中部八堡圳、貓數圳，和南部的曹公圳等水利設施的開鑿完成，灌溉其附近的稻田，和供應漢人的生活所需。

臺灣土地的開發與經營到 19 世紀初期不但已經開墾完成，而且頗具現代企業的經營方式。尤其是水利工程的進步，是臺灣農業初期發展的再升級，乃至於成為大陸沿海各省「清國的穀倉」。

檢視臺灣土地的開墾與經營，從海洋移居行動，不論是出於自願或非自願，雖然面對了死亡威脅或所遭受身心的痛苦，但也為移民臺灣的漢人創造了機會和財富。

這是資本主義土地資金和農業發展的移民現象，檢證人類為了改善環境而離開，因為有人離開，又替那些沒有離開的人倍增了談判的籌碼，而在新的移居地，人們創造財富或獲取新的貨品而將其運回原鄉，也改善了原居地的生活環境。

清領時期臺灣與大陸的關係，一直要到 1875 年(光緒元年)之後，因外患日亟，清政權才正式全面開放大陸人士移民來臺，進而獎勵墾殖。但因臺灣位屬邊陲，中央與臺灣的地方政府，事實上，由於行政命令與執行之間的落差甚大，即使在嚴禁期間仍是有禁者自禁，來者自來的情況。

因此，在過去的 200、300 年間，清政府對臺灣的關係是採隔離策略，例如1661 年(順治 18 年)清廷為了封鎖鄭氏在軍事上的補給，將廣東、福建、浙江等沿海居民，強迫遷徙離海岸 30 至 50 里的內陸地區，築起境界線，嚴禁百姓在沿海地區居住與耕種，積極實施劃界遷民政策。

1662 年(康熙元年)更頒布《海禁令》實施封鎖政策，到了 1773 年(乾隆 38年)更實施《保甲法》，嚴格管控人民居住和遷徙的自由。

當時的臺灣農業生產項目，主要有米、蔗糖、茶、樟腦、鹽，及畜牧等；

礦業項目有煤、煤油、金，及硫磺等。

臺灣黃金的開採史，適逢 1885 年(光緒 11 年)臺灣巡撫劉銘傳籌建臺北至基隆的鐵路工程時，工人發現基隆河旁的金沙，而這批興建鐵路的工人，大都來自閩粵一帶，消息很快傳回原鄉，甚至美國舊金山和澳洲淘金砂的華人都移民湧入，清政府不得不於 1892 年(光緒 18 年)公佈禁止淘金的命令，但一紙公文，仍不抵淘金客懷抱一夜致富的夢想，清政府遂開辦金砂局，實施核發工人淘金許可證，並加以課稅。

相較於 1651 年(順治 8 年)英國國會通過《航海法》(The Navigation Acts)，限制荷蘭在英國本土與殖民地港口間的航運利益，以保護英國海運業，由此引起與荷蘭的戰爭，使英國從此享有更大的制海權。

雖然頒布《航海法》的促使殖民地的含蓋於不列顛帝國管轄，但是許多殖民地人民尚能自由地發展自己的經濟體系，也凸顯有時殖民地人民自己加諸在財產權的限制比母國做的還多。

這也是本文在論述臺灣近代各政權統治時期，對臺灣經濟發展的影響不採用殖民化理論，而以「殖民現代性」理論來論述的主要原因。臺灣農業發展到了清領臺灣的初期，臺灣南部是出產糖，北部是生產稻米，食糧的生產是採單一耕作方式，因而不論鄉村還是城市手工業都不發達。

清政府為增加原住民的農業生產，在 1886 年(光緒 12 年)劉銘傳設立全臺撫墾局，直屬巡撫，並以林維源為全臺撫墾大臣，襄助劉氏，其主要職責是配合防番專設的屯隘，及剿番的營汛兵勇，負責綏撫生番的善後工作，但是原住民並不是一但歸順，即永遠歸化。

雖然臺灣漢族移民社會到了 1860 年代左右已是定著化，是個在地化社會，但是對原住民族而言，實際上的被歸化，一直要到 1930 年日本殖民統治臺灣的中期以後。

檢視清領時期原住民族被依漢化程度分為生番和熟番，後者即為平埔族群，還被賜與漢姓，但在漢人(包括客家人、閩南人)侵墾下，土地大量被剝奪，凸顯文化主義理想在雍正(1723-1735)初期生番歸化政策並未達成預期以「化生

番為熟番」、「化熟番為漢人」的教化生番目標。

雍正(1723-1735)中期之後乃重新確認領臺的首要防範對象在漢人，並採取族群化界與隔離政策。甚至於更利用漢番情結，誘使熟番來壓制漢人所爆發的民變，並把熟番遷移到山腳下的生番邊界，以防堵生番鬧事，並逐漸形成從消極隔離到積極利用熟番的結盟政策。

乾隆時期(1736-1795)認為要推動番地政策，必須要先整頓漢人的私墾行為、民番土地糾紛與邊界的事端。加強保護熟番地，以及將近邊及界外平埔撥給調派守隘的熟番，用意固在防守邊界、加強與生番的隔絕，但也不乏結合弱勢族群牽制漢人日益擴張勢力的「一箭雙鵰」意涵。

到了劉銘傳階段的開山，設撫墾局，對當時的原住民族而言，是一種侵犯其財產與生命安全的措施，尤其是發生在中部以北的原住民族更感受其生命財產的威脅，凸顯原住民族，特別是高山族與漢人間長期以來的相互敵視與隔離政策，被大清政府所採用統治臺灣的重要機制。

產業與土地開發的逐漸向臺灣北部移動，促進北部經濟活動的熱絡，也影響了政治中心的北移，但是人民，尤其是來臺漢人的開墾在前，官署的服務在後，仍有許多番界土地的無所屬地段，導致當時法外變通的番漢土地爭奪現象的頻傳，凸顯於法不合的移民與地權管理的造成地籍、戶口不清，以及發生嚴重的逃稅問題，佐證當期臺灣移墾土地的開發並未廣及全臺。

綜論清領臺灣時期土地墾殖，在資本主義農業初期發展是始於鄭氏治臺時期，農業中期發展完成在大清國統一後的兩百年裡。在清治臺灣農業中期的發展約略可分三個階段：

第一階段(1683-1735)，是康熙 22 年統一臺灣起至雍正 13 年結束的 52 年間，大量土地被開墾的拓墾期，主要地區從臺灣西部，再從南部於北部，這階段農業表現在粗放農作物的種植上。

第二階段(1736-1850)，是乾隆元年起至道光 30 年的 114 年間，根據表 19、20、21、22，土地開發在經過大規模化的墾殖之後，已經大致完成，這階段農業表現在精耕細作的經濟作物上。

第三階段(1851-1895)，是咸豐元年至光緒 21 年臺灣被日本佔據的 44 年間，臺灣的呈半殖民地狀態，這階段除了農業表現在結構變化之外，亦凸顯在臺灣被迫開港的加強與外國貿易，促成臺灣農業資本主義的朝向近代化工業資本主義的萌芽。

2. 茶糖樟腦經營

19 世紀中葉，英、法、美等國以創造企業利潤為優先，透過以資本主義利益構成的國家社會基礎，挾著其軍事優勢向外侵略。對臺灣農業造成影響的關鍵性，主要發生於 1840 年(道光 20 年)鴉片戰爭、1858 年(咸豐 8 年)英法聯軍之役、1867 年(同治 3 年)美船羅發(Rover)號事件，及 1871 年(同治 10 年)日本發動牡丹社事件，臺灣農業都在國際經濟體系和市場利益的背景下展開，而這其中影響臺灣茶糖樟腦的生產與出口經營。

臺灣農業發展到了 1861 年(咸豐 11 年)的輸出品包括米、靛藍、蔗糖、樹皮(bark)、土豆油餅(ground nut cakes)、樟腦、煤炭、苧麻(grass cloth fibre or ramie)、木材、藤條(rattans)、茶葉、醬菜、豆類(pulse)、大麥(barley)、小麥，以及硫磺。

南部貿易主要輸入產品是鴉片，輸出品包括打狗的赤糖(brown suger)、府城的白糖(white)、薑黃(turmeric)、龍眼、花生，以及麻油。[60]

根據表 23 指出，其中要以茶葉、砂糖、樟腦的輸出為最大宗。由於茶樹、甘蔗、樟樹的生長條件不同，清領時期所種的茶樹主要分布彰化以北的丘陵台地；甘蔗生產地主要分布北港以南的平原；樟樹則分布嘉義以北至宜蘭等地。

---

[60] James W. Davidson, 陳政三譯註，《福爾摩沙島的過去與現在》【上冊】，(臺北：國立臺灣歷史博物館，2014 年 9 月)，頁 215-216。

表 23　清領時期臺灣重要商品進出口值(1866-1894)

年代	全年輸入 (海關兩)	全年輸出 (海關兩)	砂糖輸出 (磅)	烏龍茶輸出(磅)	樟腦輸出 (磅)	鴉片輸入 (斤)	紡織品輸入(匹)
1866	1,666,341	988,463	29,931,650	180,826	1,123,474	254,200	31,768
1867	1,655,735	890,023	33,746,888	270,790	674,310	258,600	54,107
1868	1,184,437	899,056	36,638,973	523,210	1,503,473	203,300	58,297
1869	1,334,292	963,161	35,921,837	729,243	2,035,565	257,100	68,526
1870	1,462,996	1,667,579	79,461,118	1,405,348	2,240,272	289,700	85,800
1871	1,804,882	1,712,899	77,652,582	1,982,410	1,288,903	328,000	116,992
1872	1,788,387	2,878,834	83,638,459	2,601,801	1,371,146	334,100	54,684
1873	1,939,234	2,574,811	67,493,244	2,081,324	1,430,415	359,300	88,526
1874	2,136,701	2,920,276	91,273,910	3,338,846	1,606,507	416,900	110,068
1875	2,222,048	2,926,001	65,023,168	5,543,140	949,487	415,900	166,966
1876	2,479,708	3,826,114	117,112,618	7,854,020	1,169,602	451,800	135,069
1877	2,848,594	4,092,067	80,871,980	9,230,754	1,752,408	508,200	174,343
1878	2,794,019	4,930,032	55,019,972	10,701,524	1,837,395	470,100	133,950
1879	3,258,935	5,672,902	101,792,747	11,337,710	1,478,262	555,200	179,631
1880	3,580,184	6,488,073	141,531,418	12,063,450	1,640,555	579,600	17,7984
1881	4,054,231	5,919,596	100,404,360	12,854,355	1,239,028	588,072	165,918
1882	3,139,236	5,535,646	81,589,382	12,0404,46	692,930	459,648	134,759
1883	2,620,845	5,331,781	103,172,232	13,206,726	438,767	401,833	188,254
1884	2,572,120	5,418,073	128,632,014	13,155,437	61,313	357,772	162,786

年代	全年輸入 (海關兩)	全年輸出 (海關兩)	砂糖輸出 (磅)	烏龍茶輸 出(磅)	樟腦輸出 (磅)	鴉片輸入 (斤)	紡織品 輸入(匹)
1885	3,196,382	5,615,929	74,344,340	16,364,041	399	377,506	255,189
1886	3,560,183	6,536,503	51,890,643	16,171,605	151,423	454,567	203,081
1887	3,842,050	6,833,032	73,746,904	16,816,736	336,548	424,794	147,305
1888	4,019,799	7,185,279	87,205,174	18,053,553	509,922	464,293	136,533
1889	3,630,191	6,616,894	75,827,955	17,384,164	555,541	473,487	187,758
1890	3,899,556	7,533,023	96,283,073	17,107,257	1,064,133	504,276	194,252
1891	3,748,186	6,986,816	75,808,670	18,055,149	2,793,266	558,200	210,022
1892	3,768,208	7,328,576	79,946,433	18,230,000	2,906,715	514,100	207,439
1893	4,839,493	9,452,055	6,7919,227	21,908,530	5,321,463	468,700	201,970
1894	-	-	97,831,342	20,533,783	6,827,297	390,900	305,529

資料來源：1.黃福才，《臺灣商業史》，(江西：人民出版社，1990 年)，頁 99-100。

2.有關茶、糖、樟腦的數字，參閱：林滿紅，《茶、糖、樟腦業與臺灣之社會經濟變遷(1860~1895)》，(臺北，聯經，1997 年 4 月)，頁 20、25、35。

　　由於茶葉的經濟價值高，茶商等於是臺灣貿易的尖兵。根據圖 3(右圖)，當時臺灣茶葉市場舊的交易系統，是由在山產地生產人交給在山產地販茶人或販茶人，分別交到茶棧與再製茶館，再分別由蕃庄交給洋行出口，和舖家直接出口。根據圖 3(左圖)當時臺灣茶葉的市場交易系統，到了日治時期才有共同販賣所設置的茶葉出口路線。

　　洋行外商競相收購粗茶結果，刺激茶葉價格上漲，暴利誘使農民擴大種植規模，以因應外商出口市場的需求。

```
┌─────────────────┐          ┌─────────────────┐
│  共同販賣所的設置  │          │   舊的交易系統    │
└─────────────────┘          └─────────────────┘

┌─────────────────┐          ┌─────────────────┐
│ 在山產地共同製造所 │          │  在山產地生產人   │
└─────────────────┘          └─────────────────┘
         │                            │
         ▼                            │    ┌─────────────────┐
┌─────────────────┐                   │    │  在山產地販茶人   │
│  台灣茶共同販賣所  │                   │    └─────────────────┘
└─────────────────┘                   │              │
         │                            ▼              │
         ▼                      ┌──────────┐          │
┌─────────────────┐            │  販茶人   │          │
│     再製茶館      │            └──────────┘          │
│ ┌────┬────┐    │                   │     ┌──────────┐
│ │番庄│舖家│    │                   │     │   茶棧   │
│ └────┴────┘    │                   │     └──────────┘
└─────────────────┘                   │          │
     │        │                       ▼          │
     ▼        │                ┌─────────────────┐
┌────────┐    │                │     再製茶館      │
│  洋行   │    │                │ ┌────┬────┐    │
└────────┘    │                │ │番庄│舖家│    │
     │        │                │ └────┴────┘    │
     │        │                └─────────────────┘
    出        出                    │        │
    口        口                    ▼        │
                               ┌────────┐    │
                               │  洋行   │    │
                               └────────┘    │
                                   │         │
                                  出        出
                                  口        口
```

圖 3(左)、(右)　　臺灣茶葉出口路線

資料來源：參閱臺灣總督府茶樹栽培試驗場，陳添壽，《臺灣經濟發展史》，(臺北：蘭臺，2009 年 2 月)，頁 125。

　　1860 年(咸豐 10 年)臺灣對外開港以後，英美資本直接通航通商，導致臺灣經濟發展與國際貿易起了結構性的重大變化，即使臺灣本地資本勢力並未遭受嚴重打擊，反而沖淡了臺灣一直與大陸緊密的貿易關係。

　　同時，加速促進臺灣島內商品經濟的發達，臺灣市場一方面雖受制於外商資本，但是由於進入臺灣市場的外商資本，其本質上並非屬於產業資本，而僅是一般商業資本，比較不重視深入島內市場的交易過程，而未能有效突破本地

既有的商業體系，而直接與生產者交易。因此，外商的積極介入，另一方面也加強了臺灣產業本地資本的累積和成長。

加上，在沈葆楨和劉銘傳等人積極的推動近代化改革，臺灣農產品的貿易結構和出口數量上，更出現明顯的影響與變化。1863 年(同治 2 年)、1865 年(同治 4 年)大清海關陸續在淡水與安平分別開徵。

根據表 23，1866 年至 1894 年臺灣重要商品進出口值顯示，臺灣從 1866 年全年總輸入的 1,666,341 (海關兩)及總輸出的 988,463 (海關兩)，在逆差 677,878(海關兩)的惡劣經濟環境下，經沈葆楨在職期間的 1874 年輸入 2,136,701 (海關兩)、1875 年輸入 2,222,048 (海關兩)和 1874 年輸出 2,920,276 (海關兩)、1875 年輸出 2,926,001(海關兩)。

以及劉銘傳 1885 輸入 3,196,382(海關兩)，至 1890 年離職時輸入的 3,899,556(海關兩)，和 1885 年輸出 5,615,929(海關兩)，至 1890 年離職時輸出的 7,533,023(海關兩)，乃至 1893 年總輸入的 4,839,493 (海關兩) 及總輸出的 9,452,055 (海關兩)，已改變成順差 4,613,562(海關兩)，其中 1868-1895 年茶葉佔了全臺出口總值的 54%，遠高過第二位佔 36%的糖，以及第三位佔 4%的樟腦輸出。

當臺灣貿易總額已經是順差時，而大清國的總額貿易還處在逆差狀況。然而，不幸的是當時佔臺灣進口大宗卻是鴉片，幾乎近 60%，其次是棉紡織品，約占 30%。

因此，在茶葉出口方面，從 1866 年的 180 千磅、1870 年的 1,405 千磅，經沈葆楨在職期間 1874 年的 3,338 千磅、1875 年的 5,543 千磅，以及劉銘傳 1885 年 16,364 千磅、1890 年離職時的 17,107 千磅，到 1894 年已增至 20,533 千磅。主要影響的因素還包括臺灣茶葉在 1867 年(同治 6 年)首次輸往澳門，1869 年(同治 8 年)又開始大量銷往美國市場。[61]

臺灣茶葉以銷美國為例，1871 年 1,502,100 磅、1876 年 6,487,800 磅、1881

---

[61] 重量單位：1 擔(picul)=100 斤=59.7 公斤=133 又 1/3 磅。

年11,978,600磅、1886年13,798,000磅、1891年15,029,500磅、1896年19,327,500磅，每階段的外銷美國市場都有成長。[62]

這其中因素還加上1881年臺灣從大陸引進包種茶的製造技術，臺灣茶葉在出口市場上的重要性已提高到可與稻米相等的地位。同時，凸顯臺灣出口市場結構變化，臺灣已出現大規模的生產茶葉技術和市場。

根據〈淡水海關10年報告〉(Tamsui Decennial Report, 1882 to1892)更指出，在1882年到1891年的10年間，該海關的出口貿易，茶葉就占了94%。[63]

根據表24，從茶葉成長率檢視臺茶出口 (1866-1895)受到影響的因素，1867年至1870年之所以每年分別能有49.38%、95.06%、38.06%、92.72%的成長率，主要是因為受到杜德(John Dodd)引進安溪茶、獎勵種植、改進生產技術，和載臺茶外銷至紐約的影響。

1873年成長率的-20.00%，主要是受到茶商競買虧本、政府加課茶稅，以及福州、廈門出口多的影響。至於1882年成長率的-6.37%，1889年成長率的-3.71%，乃至於1895年成長率的-65.38%，主要是受到國外銷售市場因素的影響。

表24 影響臺茶出口之因素(1867-1895)

年代	成長率	因素	備註
1867	49.38	杜德(John Dodd)獎勵種植安溪茶後，載臺茶至澳門	
1868	95.06	杜德引進茶葉再製法	
1869	38.06	杜德載臺茶至紐約	

[62] James W. Davidson, 陳政三譯註，《福爾摩沙島的過去與現在》【下冊】，(臺北：國立臺灣歷史博物館，2014年9月)，頁454。

[63] H. B. Morse, 謙祥譯，〈1882年至1891年臺灣淡水海關報告書〉，《臺灣經濟史》第六集，(臺北：臺灣銀行經濟研究室，1957年3月)，頁88。

年代	成長率	因素	備註
1870	92.72	外商從事茶葉加工、有信用、銷路大。	
1872	31.24	五洋行競買。	
1873	-20.00	1872 年茶商競買虧本；1873 年政府加課茶稅，以及福州、廈門出口多。	
1875	68.93	福州、廈門出口少，對臺茶需求增加，華商大量參與製茶。	
1878	15.93	臺灣因土質適宜種植茶葉，茶香品質為市場歡迎。	
1881	6.59	包種茶首次由臺灣運銷南洋。	
1882	-6.37	歉雨，冬季過暖，茶業歉收，茶商仍競買，紐約拒買，損失慘重。	
1883	9.69	臺灣烏龍茶取代廈門烏龍茶、福州烏龍茶之美國市場。	
1884	-0.38	法軍封鎖臺灣。	
1889	-3.71	摻雜多，價格暴跌。	
1890	-1.59	臺茶獨特味道，因廈門茶商摻雜嚴重而漸消失，在美國售價降低；中國政府課重稅；日本茶競爭。	
1891	5.54	臺茶摻雜多，品質稍受影響	
1892	0.71	9 月颱風以前，茶質佳，廈門需求多。	
1894	-8.61	茶收成量多，受銀價貶值，茶農、茶商均獲利。	
1895	-65.38	臺灣割日。	

資料來源：根據林滿紅，《茶、糖、樟腦業與臺灣之社會經濟變遷(1860~1895)》，
　　　　　(臺北，聯經，1997 年 4 月)，頁 51-52 增修。

　　進出港口的商業利益，是所謂的爭取「好碼頭」。臺灣被強制開港後，僅管增加外國商人的實力，但對砂糖的交易結構並未有大幅度調整，不論臺南地區或鹽水港至斗六地區，買辦依然是透過鉆腳、出庄、糖割、糖行、以及港郊進行收購，只是原以大陸對岸貿易為基礎的北郊商人，因其對日出口的糖業利益被剝奪泰半而沒落。

　　由於砂糖交易過程不存在茶葉交易市場由大陸商人直接交易或介入金融借貸，而不管其交易金額多少概由由本地商人承辦，因而本地商人在砂糖業方面的經營環境遠較茶葉界為優勢。砂糖業營運資金的融資借貸多為洋行親自兼任外國銀行的代理店來進行，也有本地人經營糖行兼任的情況。

　　對於砂糖的運輸成本，由於臺灣陸上交通的不便，導致臺灣境內南北之間的市場交易反不如臺灣與大陸間的市場關係密切，臺灣行郊在市場利益較豐碩的城市中扮演政治、經濟、社會和文化方面的領導地位。

　　因此，就臺灣郊商與政府之間的關係，雖然部分本地糖業資本尚須仰賴外國資本，但相對於傳統中國也有的所謂「錢莊」的類似公司制度，也都有助於產業發展條件的改善，和加速社會地位的提升，臺灣郊商的財力在政經社會地位上顯然能享有相對的自主性。

　　根據表 23，在砂糖出口方面，從 1866 年(康熙 5 年)的 29,931 千磅，經 1874 年(同治 13 年)91,273 千磅、1875 年(光緒元年)的 65,023 千磅、1877 年(光緒 3 年)及 1878 年(光緒 4 年)輸出大減、1879 年(光緒 5 年)稍恢復、1880 年(光緒 6 年)大增，到了 1885 年(光緒 11 年)的 74,344 千磅、1890 年(光緒 16 年)的 96,283 千磅，增至 1894 年(光緒 20 年)的 97,831 千磅。

　　最高出口紀錄是在 1880 年(光緒 6 年)的 141,531 千磅，其中雖然受到 1884 年(光緒 10 年)中法戰爭的影響，法國艦隊封鎖臺灣，並受到甜菜糖傾銷而致世界糖價下跌的影響，臺灣糖業亦受連累，所以 1885 年(光緒 11 年)才會明顯減至 74,344 千磅。

　　早期臺灣砂糖在荷治 26 年後的 1650 年前後，輸出數量就多達 7 萬擔至 8 萬擔，主要輸出地是日本；鄭成功入臺以後更加獎勵，產糖的數量日益增加，1860 年前後，美、英等外商亦加入砂糖的出口貿易。

　　1880 年(光緒 6 年)更因產量大增，輸出計 106 萬擔〔按 141,531,418 磅，是清領時期的最大輸出額〕；1895 年(光緒 21 年)在日本佔領臺灣當時，年產量約 70 萬擔至 80 萬擔。[64] 根據 1868 年(同治 7 年)至 1895 年(光緒 21 年)海關資料統計，糖佔該期臺灣出口總值的 36%，僅稍次於佔 54%的茶葉。

　　根據表 25，從茶葉成長率檢視臺糖出口 (1866-1895)受到影響的因素，1866 年至 1869 年(同治 8 年)平穩成長，1870 年(同治 9 年)的成長率 37.19%、1874 年(同治 13 年)的成長率 76.68%主要受到廉價吸引日本、澳洲、美國舊金山、煙臺、英國進口均增，和法國、模里西斯、西印度群島減產的影響。

　　1877 年(光緒 3 年)的成長率-33.34%主要受到英國主要糖供應地西印度群島、模里西斯增產，加上歐洲使用機器壓榨，較臺糖成本低、品質好，對臺糖需求減少，臺糖價又漲，運銷歐洲成本高，大陸進口亦減。

　　1878 年(光緒 4 年)的成長率-30.96%、1881 年(光緒 7 年)的成長率-27.97%、1882 年(光緒 8 年)的成長率-20.24%、1886 年(光緒 12 年)的成長率-27.56%、1889 年(光緒 15 年)的成長率-11.63%、1893 年(光緒 19 年)的成長率-13.98%主要是受到歉收和減產的影響。

表 25　影響臺糖出口的主要因素(1866-1895)

年代	成長率	主要因素	備註
1866	89.39		
1867	11.56		
1868	3.48		

----

[64] 矢內原忠雄，周憲文譯，《日本帝國主義下之臺灣》，(臺北：海峽學術出版社，1999 年 10 月)，頁 242。

年代	成長率	主要因素	備註
1869	0.69		
1870	114.51	日本進口量由 1869 年之 1 萬 4 千擔增為 15 萬擔，佔臺糖出口之 1/3。	
1874	37.19	日本、澳洲、美國舊金山、煙臺進口均增。	
1876	76.68	1874 年銷路好，農民增產，廉價吸引外商；法國、模里西斯、西印度群島減產，英國進口額增加、中國大陸、日本進口仍多；匯率貶值使糖價提高。	
1877	-33.34	英國主要糖供應地西印度群島、模里西斯增產，加上歐洲使用機器壓榨，較臺糖成本低、品質好，對台糖需求減少，臺糖價又漲，運銷歐洲成本高，大陸進口亦減。	
1878	-30.96	1877 年夏秋無雨，1878 年歉收、價漲，除日本以外，其他外國進口減少。	
1880	42.18	法國甜菜歉收，臺灣甘蔗豐收。	
1881	-27.97	臺灣大颱風，歉收，本身糖價漲，競爭力降低。	
1882	-20.24	歉收。	
1883	28.18	臺灣甘蔗豐收。	
1884	-19.24	歐洲糖產多，俄、澳、荷、比甜菜供過於求，德國採取獎勵糖出口政策，使出口價低於內銷價，英國、澳洲不買臺糖。	
1885	-15.62	法軍侵臺，人民多種糧食作物而不種甘蔗。	
1886	-27.56	1884-1885 年法軍封鎖，種蔗少，1885 年秋大颱風，故 1886 年歉收；日本另於爪	

年代	成長率	主要因素	備註
		哇、馬尼拉、香港買糖；澳洲自己產糖，臺灣製糖技術落後。	
1889	-11.63	施九緞之亂燒毀蔗田；山東水災，天津進口少，1888 年夏天多雨、1889 年減產，日本需求稍減。	
1890	24.36	豐收，糖價高。	
1891	-19.42	減產，馬尼拉與臺灣競爭日本市場。	
1893	-13.98	1892 年夏秋兩次大颱風，減產。	
1894	39.84	收成好，戰訊傳來，商人出口多。	
1895	-15.03	臺灣割日。	

資料來源：根據林滿紅，《茶、糖、樟腦業與臺灣之社會經濟變遷(1860~1895)》，(臺北，聯經，1997 年 4 月)，頁 53-54 增修。

　　臺灣所有的物產，沒有比樟腦業發展史的研究更有意思的了。臺灣樟腦的問題就是原住民經濟與生活的課題，因為它是掠奪自原住民出沒的叢林。16 世紀期間，臺灣的樟樹從山上延伸到平原，到了 19 世紀更擴展至西海岸，乃至於清政府在 18 世紀初宣布臺灣樟腦為官產。

　　1869 年(同治 8 年)廢除樟腦專賣後，馬上顯現以往的壟斷抑制效果。停止專賣 6 個月內，樟腦出口量達 7,637 擔，而 1867 年(同治 6 年)同期只有 1,313 擔。1867 年上半，洋商不得不以每擔 16 元購買；廢止專賣後，立即跌到 9 元，短期還曾一度跌到 7.8 元。專賣壟斷者的高價雖獲巨利，但卻遏止貿易發展。

　　根據表 26，在樟腦出口方面，從 1886 年(光緒 12 年)的 1,123 千磅，在 1870 年(同治 9 年)曾增至 2,240 千磅，臺灣是樟腦油的出口王國，約佔全世界的 70%。1874 年(同治 13 年)則減至 1,606 千磅、1875 年(光緒元年)則減至 949 千磅，1885 年(光緒 11 年)減至歷年來最低量，只有輸出 399 磅(約 3 擔)，實際上處於終止狀態。主要係因原住民體認西部土地快速落入漢人手中，因此反抗活動頻繁，

經常出草襲擊客家樵夫、腦工，造成熬腦樟木片取得困難所致。

　　1886 年(光緒 14 年)統領林朝棟率領兵勇進入大嵙崁東南及內山的部落，以及巡撫劉銘傳和其姪兒劉朝帶在宜蘭附近大舉討伐原住民，雖無具體成效，惟以後逐年增加，1890 年(光緒 16 年)已恢復到 1,064 千磅，到了 1894 年(光緒 20 年)的輸出量則達 6,827 千磅。

　　另外，檢視其中有部份樟腦輸出量減少的年份，應該是受到 1887 年(光緒 13 年)11 月樟腦收歸官方專賣品的影響，乃至於 1891 年(光緒 17 年)再度取消專賣，改採一種「樟腦灶稅」(camphor stove tax)，也就是每一口腦灶每月都須繳納固定的稅捐，以及樟腦運到港口裝載外銷，還要繳納釐金的影響。

　　1895 年(光緒 21 年)日本統治臺灣，樟腦實際出口量為 52,145 擔(6,935,285 磅)。雖然 1899 年(明治 32 年)以律令第 15、16 號，分別頒布〈臺灣樟腦及樟腦油專賣規則〉、〈臺灣樟腦及樟腦油製造規則〉，規定樟腦和樟腦油均須售予總督府，私人不得持有、讓渡、抵押、轉讓或輸出。

　　有意從事樟腦或樟腦油製造業者，須事先獲得總督府許可。但是日治時期樟腦產量最高的 1916 年也僅有 3,125,801 公斤(51,649 擔)，仍然是比不上清領臺灣時期的樟腦產量，乃至於最後被人工合成樟腦(artificial Camphor)所取代。

　　根據表 26，影響臺灣樟腦出口因素除了 1868 年(同治 7 年)訂定〈樟腦條約〉，該年成長率大增為 200.86%，以及 1886 年(光緒 12 年)因劉銘傳將樟腦業改為專賣，設隘勇保障腦業，該年成長率 420.06%之外，臺灣樟腦業出口主要受到香港、日本腦價的競爭，以及政府並未做好保障製腦者安全的工作，和受到原住民阻擾為主要原因。

表 26　影響臺灣樟腦出口之因素(1861-1895)

年代	成長率	因素	備註
1861		專賣	根據 1870 年淡水的《英國領事報告》，第一次樟腦專賣開始

年代	成長率	因素	備註
			的時間是 1861 年 7 月，而非 1863 年。
1863	142.9		
1864	-39.56	香港腦價低。	
1865	-11.61		
1866	8.52		
1867	-39.99		
1868	200.86	訂立廢除專賣的《樟腦條約》，腦價降。	怡記洋行(Elles & Co.)因私運樟腦，該行職員必麒麟被毆，導致英國海軍登陸安平。
1869	0.34	樟腦需求減少。	
1870	9.64		
1871	-42.25		
1872	6.92		
1873	3.80		
1874	12.31	香港腦價不高。	
1875	-40.90	香港滯銷，樟木利用方法不經濟，侵入番界更甚，原住民與客家腦丁敵意日深。	

年代	成長率	因素	備註
1876	23.18	受香港腦價影響，未因番亂。	
1877	49.83	香港腦價低、製腦地增。	
1878	4.85	非因香港需求多，乃因銀價貶值，以樟腦易煥洋貨較以銀幣買洋貨伐算。	
1879	-19.55	製法粗劣，番害嚴重，華商以樟腦易煥洋貨，樟腦售價低，經營樟腦之外商難以競爭，紛紛退出。	
1880	10.98	非因香港需求多，乃因輪船競爭，運費廉。	
1881	-24.47	香港腦價降；番亂；山地日開，樟木日少，腦業無法振興。	
1885	-99.32	法軍封鎖，因腦丁退守，改守海防，番害嚴重。	
1886	420.06	劉銘傳將樟腦業改為專賣，設隘勇保障腦業，但臺灣樟腦製法較日本粗造，不敵日本競爭。	
1889	8.92	無煙火藥發明，以樟腦為原料，腦價漲。	
1890	73.39	樟腦專賣取消；賽璐珞工業勃興。	
1891	160.73	不受番害嚴重影響。	
1892	-7.10	南部出口日增。	
1893	89.96	南部出口日增，腦價提高，銀價貶值，日本減產。	

年代	成長率	因素	備註
1894	18.69	年底因海防吃緊，隘勇他調，番害嚴重。	
1895	-60.04	臺灣割日。	

資料來源：根據林滿紅，《茶、糖、樟腦業與臺灣之社會經濟變遷(1860~1895)》，(臺北，聯經，1997年4月)，頁55-56增修。

　　換言之，臺灣的開口通商和推動近代化改革，促進了北部茶葉與南部砂糖業的興起，而樟腦生產規模的不如茶、糖，主要還是因為政府收歸官營制度的專賣壟斷，使得民間和外商企業要在臺灣市場上充分展現自由競爭的活力仍然受到相當的限制。

　　諾斯(D. C. North)指出：

> 交易成本的發生是因為訊息既要發成本，並且市場交換的雙方而言並不對稱，而且也因為不論以任何方法發展出制度來安排人類互動的結構，都會造成某種程度的市場不完全。[65]

　　清領以來，臺灣企業在貿易上的國際市場地位，由於北方的貿易主要是從寧波與南京前往日本；南方的貿易則是自廈門與廣州的港口前往東南亞，導致臺灣在東亞市場路線的定位，又回到荷治以前的邊陲區域，不在能扮演東亞航路要衝的樞紐地位。

　　1895年以前的19世紀下半葉，臺灣郊商也分享世界經濟景氣，因為國際貿易為臺灣增加的財富使臺灣買了更多的中國大陸商品，郊商做的兩岸貿易反而更為擴大，郊商並不完全依附於英國資本之下，反而非常倚重中國大陸上的

---

[65] D. C. North, *Institutions, Institutional Change and Economic Performance*_(Cambridge:Cambridge University Press, 1990).

山西票號與錢莊資本，顯示臺灣郊商不但發展對以歐美為中心的世界資本市場，及本土原有的資本市場之雙重依附關係。

經濟發展能加速社會地位的提升，而且經濟活動和發展迅速的沿海商業城市，人們的社會地位比在內陸城市更加容易。

19 世紀和 20 世紀初的資本主義和帝國主義對國際經濟體系和市場利益的觀點，不但不可劃分，更是一體的兩面。英國是典型的例子，一方面在國內從事改革，形成企業組織的卡特爾(cartel)。

另一方面是對國外發動殖民地擴張，例如鴉片戰爭和英法聯軍之役侵佔臺灣、強力取得蘇伊士運河的主權、維多利亞稱印度皇后、進入中東，迄至第一次世界大戰，這種帝國主義的行徑完全暴露了資本主義和帝國主義的本質。

根據表 27，1878 年(光緒 4 年)以前臺灣的出口值與進口值仍然互有高低，但 1878 年以後，臺灣市場的出口值一直多於進口的貿易順差。對臺灣資本主義企業經營的角度而言，英美資本的不斷進入臺灣市場。

尤其在 1860 年(咸豐 10 年)臺灣被迫開港，及正式對西方開放貿易之後，西方文化也深深影響臺灣企業的組織與經營型態，不但創造了臺灣家族企業的出現，而是具有「資本主義精神」(capitalism spirit)的近代企業經營理念，有助於日後資本主義市場經濟的發展。

表 27　清領時期臺灣進出口淨值比較(1868-1895)(單位：萬海關兩)

進出口 港口 年代	進口			出口			出口－進口
	淡水	打狗	總計	淡水	打狗	總計	
1868	51	64	115	27	61	88	-27
1869	49	85	134	25	73	98	-36
1870	56	89	145	40	125	166	21
1871	70	109	179	51	119	170	-9
1872	72	96	168	77	119	197	28
1873	89	90	179	55	93	148	-23
1874	91	110	201	61	120	181	-20

進出口 港口 年代	進口			出口			出口－進口
	淡水	打狗	總計	淡水	打狗	總計	
1875	102	120	222	73	108	182	-40
1876	119	128	247	121	142	263	15
1877	132	151	283	143	133	276	-7
1878	130	137	275	167	112	279	4
1879	155	178	333	209	204	413	80
1880	160	199	359	231	256	487	128
1881	173	237	410	241	175	416	6
1882	145	165	310	253	152	405	95
1883	120	140	260	234	177	411	152
1884	123	132	255	240	177	417	162
1885	176	140	316	274	108	382	66
1886	203	151	354	338	107	445	92
1887	223	157	380	337	119	456	76
1888	261	138	399	306	148	454	59
1889	218	142	360	309	133	441	81
1890	222	162	384	330	195	426	141
1891	220	150	370	310	163	474	104
1892	235	140	375	343	153	496	121
1893	309	172	481	477	157	634	153
1894	342	203	545	488	236	725	189
1895	190	918	281	188	154	342	61
合計	4,439	3,878	8,317	5,948	4,021	9,969	出口/進口 ＝120

資料來源：《海關報告》，轉引自林滿紅，《茶、糖、樟腦業與臺灣之社會經濟變遷
(1860~1895)》，(臺北，聯經，1997 年 4 月)，頁 154。

韋伯(Max Weber)指出：

現代資本主義精神不只是精神，而且也是現代文化構成性組成成分之
一的「以職業觀念為基礎的理性的生活經營」，同時也必須是職業人乃
是我們文化時代中的每一個人的命運，必須正視此一命運的嚴峻面
貌，才能做我們自己命運的主人。[66]

換言之，真正能讓國家脫離貧困的還是工作、節儉、誠實、耐心和不屈不
撓的韌性，對生活於飢餓和痛苦中的人，說這樣的大道理似乎顯得自私、冷漠，
但到頭來，沒有一種力量大於自己本身的力量。

杜拉克(Peter F. Drucker)指出：

創業精神對企業發展的效用，有時並非完全經濟事件，其原因可能存
在於價值、認知以及態度，也可能是因為人口統計資料、機構(如 1870
年代創立於德國與美國的創業型銀行)和教育的改變。[67]

對臺灣的企業經營者而言，雖然企業經營者在產業上沒有能力發明任何新
的技術，但是藉著思索顧客所重視的「價值」，應用管理觀念與技巧，使產品標
準化，或設計製程與操作工具，以及基於分析工作流程的結果而設定標準，並
依據標準訓練人員，不但大幅提高了資源的產出，而且開創了一個新市場和新
顧客層。

19 世紀英國與德國企業界在以工業為基礎重建世界資本主義市場時所提
出的挑戰和機遇所做出的反應是，英國企業界是「金錢理性」，而德國企業界是
「技術理性」。英國企業界往往把技術當作追求資本的最大金錢利潤的一種手
段，而德國企業界往往把手段當作目的。[68]

---

[66] Max Weber, 于曉等譯，《新教倫理與資本主義精神》，(臺北：左岸，2001 年 8 月)，頁 XXIX。

[67] Peter F. Drucker, *Innovation and Enterpreneurship: Practice and Principles* (N. Y.: Harper & Row, 1985)

[68] David S. Landes, *The Unbound Prometheus: Technological Change and Indrustrial Development in Western Europe from 1750 to the Present* (Cambridge : Cambridge University Press, 1969).p.354.

因此，清領臺灣初期，大陸與臺灣的市場交易，不斷地透過郊商角色的發揮功能，大陸成為臺灣唯一的貿易對象，但是 1860 年(咸豐 10 年)臺灣被迫對外開港通商，英美公司與臺灣的市場來往頻繁，這是臺灣對外貿易繼荷蘭、西班牙佔據臺灣以後的再度與國際市場接軌，也因為如此，由華商(含臺灣與大陸資本)所擁有的資本，雖在工業資本主義的英美資本的競爭與壓榨下還得以生存。

但隨著大陸對岸出口市場的衰退和外國貿易的進入，尤其到了日治時期更因為日本政府強力的轉移為臺灣依賴與日本的貿易關係，因而臺灣與中國大陸的市場關係逐漸淡化與弱化，迫使本地性資本實力的臺灣企業面對一個新資本主義發展型態的挑戰與機會。

3. 近代工業化萌芽

近代中國的工業化運動是在一個經濟發展水平相當落後的傳統社會中興起的，長期的積弱積貧，造成產業啟動階段的初始資金來源十分困難，成為制約工業化的一個瓶頸。因此，清政府在推動自強新政的近代工業化策略中提出「官辦」、「官督商辦」、「官商合辦」或「商辦」等企業的不同經營模式。

傳統中國畢竟是個以官為本的國家，而在西風東漸之初的中國經濟環境下辦洋務，沒有官股本是辦不成的，純依賴民間商人的資本力量還是太小，但單靠官辦企業也辦不成，因為官僚體系有太多的累贅，而無法充分發揮高度的經營效率。人是為了他的企業而存在，而不是企業為了人而存在。所以，普遍主張在「官」的領導下，官方也入股，扮演監督、指導和連絡，而以「商」為主體去具體運作的經營模式。

大清國最早實施的「官督商辦」方案是李鴻章接受盛宣懷建議而成立的輪船招商局(臺灣陽明海運公司的前身)，以從原先被洋行霸佔的船運市場中分出一些油水來，招商局透過「官」方的監督力量把漕運的生意攬回來。

所以，招商局自 1872 年(同治 11 年)設立到 1949 年(民國 38 年)遷臺為止的 70 多年中，經歷了 1873 年(同治 12 年)至 1884 年(光緒 10 年)的官商合辦時期；1885 年(光緒 11 年)至 1909 年(宣統元年)的官督商辦時期；1910 年(宣統 2 年)

至 1926 年(民國 15 年)的商辦隸部時期；1927 年(民國 16 年)至 1932 年(民國 21 年)的官督整理時期；1933 年(民國 22 年)至 1948 年(民國 37 年)的國營時期等五個不同結構階段。除了輪船招商局之外，陸續成立的企業包括電報事業、中國通商銀行，和中國第一個近代鋼鐵企業漢冶萍公司。

這些企業在資本結購與企業經營型態上，不論是由原先「官辦」、「官商合辦」、「商辦」或「官督商辦」，其目的都是將市場利益直接置於官權的控制之下，並且利用民間資本的力量為企業及其主持者牟利，導致出現「挾官以凌商，挾商以蒙官」的「官商共生」關係，是早期國家資本主義(state-capitalism)企業發展模式的濫觴。

傳統中國之有自辦的近代工業，肇始於 1860 年代清政府所辦的軍事工業。1870 年代以後進而有官督商辦以及純粹民營的輕重工業。比較 1840 年代雖然原則上外人不得在中國區內設立工廠，但因為外人從事貿易及在口岸地區居住的需要，已有出現粗具近代工業化萌芽。

臺灣近代化工業發軔於 1874 年(同治 13 年)展開求新、求強、求變的自強新政，比起大陸內地雖然已晚了 15 年，但因為臺灣物產豐饒，茶、糖、樟腦的外貿暢旺，且因地處邊陲，來自中央政府法令的羈絆較少，地方官員比較能放手推動各項建設事業。

除了當時臺灣已具備相當規模的社會經濟基礎，及逐漸形成擁有商品交易實力的資本家，以從內部支撐自強運動之外；再加上臺灣是海島，住民的接觸外界普遍早開化於內地大陸，因此不僅未形成改革的阻力，反而是促成近代工業化的幕後助力。

清領臺灣的末期，中央與地方政府雖然合力在臺灣積極推動自強運動，特別是對大規模建設計劃必須有大臣出來主持，按照「官督商辦」等不同模式辦理。這些官商合體的結構模式，本是大清國船堅砲利自強運動下的產物，不論是由原先官商合辦，或轉為官督商辦，其目的是將企業直接置於官權的控制之下，並且利用民間資本的力量為企業及其主持者牟利。

清領臺灣末期政府所推動官辦、官商合辦或官督民辦的生產性角色，以加

速促進臺灣資本主義社會定著化，不但為時已晚且時間不長。何況「官督商辦」等模式要能成功，務必由官方給商方以特權，使他們不受任何歧視的待遇，而突出於法制的功能之外，也就是政府的左手要防制政府的右手向企業利益濫用職權，而實際的結局則是貪腐的右手以通常的方法取勝。

大清國處在「千年未有之大變局」的國際情勢，面對變法自強，本屬相因之兩事，非徹底變法不足自強，而當時主其事的言富強者，知有兵事，不知有民政；知有外交，不知有內治；知有朝廷，不知有國民；知有洋務，不知有國務的盲點。也難怪清末政府只能勉力周旋於帝國主義的列強國家之間，而將臺灣拱手與人，從臺灣歷史整合性和相互主體性的發展思維而論，臺灣的生存與發展凸顯著充滿邊陲臺灣島民的許多無奈與悲哀。

檢視人類史上鐵路的興建或稱為第二次產業革命，鐵路有能力打開由於高昂的運輸費用而被阻斷於世界市場的國家大門，大大提高了以陸路運輸人員、貨物的速度和數量，增進企業競爭的能力。

1830 年(道光 10 年)世界第一條以火車頭帶動的定期客運服務的鐵路，開始行駛於利物浦與曼徹斯特之間，乃至於影響以後美國鐵路事業的興起，雖然當時鐵路造成了兩種竊盜行為中的有趣選擇，不是搶劫顧客，就是搶劫股票持有者。

對照比較 1876 年(光緒 2 年)12 月 26 日通車的淞滬鐵路是由怡和洋行(Jardine Matheson)負責建造完成，後來因發生壓死人事件，大清國由李鴻章出面以申銀 28 萬 5 千兩贖回路段，怡和洋行不再參與管理，而官府收回之後又經營不善，最後遭到全線的拆除，並組裝後運到臺灣來，凸顯鐵路運輸對於近代工業發展的重要性。

劉銘傳在推動臺灣近代工業化的過程中，主要政績凸顯在設立商務局，加強對外貿易；提倡殖產興業，招上海、蘇州及浙江富紳投資設立一個名叫興市公司的大型客棧，裝置電燈建設臺北市街，以利交通；推動「縮富捐」措施，臺灣富商李春生、林維源等人紛紛在現今德惠街與南京西路一帶興建洋樓作為市場交易中心；以及 1884 年(光緒 10 年)的完成臺北城牆，1885 年(光緒 11 年)

興建巡撫衙門，期將有利於臺灣資本主義產業結構逐漸由農業轉型為工商業的發展。

劉銘傳特別重視交通建設，除了引進人力車(jinrikisshas,黃包車)，興建臺灣與各地的交通路線，設立輪船公司，開闢香港、上海定期航線，並與西貢、新加坡通航。同時，透過愛爾蘭籍赫德(Robert Hart)的協助，於 1882 年(光緒 8 年)安平、1883 年(光緒 9 年)南岬(今鵝鑾鼻)、旗後山等重要地點興建燈塔。

郵政則於 1888 年(光緒 14 年)參酌大陸海關郵政等例，訂立〈臺灣郵政局章程〉，在臺設立郵政總局，並在全島設立正站、旁站等站；電報除了在福建巡撫丁日昌建安平經府城到達打狗旗後的兩條陸路電報線，全長 95 里；興建從臺灣淡水通往福建廈門的中國第一條海底電報電纜線，和臺澎海底電纜線，以及臺南至基隆的旱線；道路則興建自臺北府城的大南門向今景美經深坑、石碇、坪林尾，遠通宜蘭的道路，另由臺北關接基、淡舊路至淡水，拓建路面與架設橋樑。

首築基隆經臺北至新竹這一段，其中位在基隆獅球嶺的隧道工程最為艱鉅，從 1888 年(光緒 14 年)春動工至 1890 年(光緒 16 年)夏天才鑿通。獅球嶺隧道全長約 235 公尺，劉銘傳題額「曠宇天開」，而有史稱「劉銘傳隧道」的係位於現在基隆市安樂路後段，今基隆市政府已將其列入三級古蹟加以維護。

1887 年(光緒 13 年)劉銘傳上奏〈擬修鐵路創辦商務摺〉陳述在清賦、水陸電報次第完成後，能籌措經費修建鐵路，以俾利於海防、建立省城及興建鐵路的利益，並即著手動工，建設第一條原由私辦後改制官營的鐵路。

第一段從大稻埕到松山的 11 哩鐵路在 1889 年(光緒 15 年)後通車，臺北到基隆的 20 哩鐵路也順利在 1891 年(光緒 17 年)完工通車，1893 年(光緒 19 年)底延伸到新竹(原竹塹)，嗣因經費和技術的雙重因素而不得不停工，總計由基隆到新竹的鐵路線共鋪設大約 60 哩，耗費 1,295,960 兩，鐵路長度已占當時全中國鐵路長度的四分之一。

劉銘傳在臺灣積極投入交通的重大工程，是資本主義凱因斯經濟理論主張政府存在必要性的加強對基層公共建設，以帶動經濟發展。然而，當臺灣還是

福建一府時，只徵收茶葉、樟腦及鴉片等稅捐，也徵收田賦、鹽稅，福建省每年另撥發 66 萬墨西哥銀元津貼。改制後，上述的經費不足於涵蓋「變胖」的組織，又要改善防衛、修築鐵路，以及其他多項創新建設。[69]

由於劉銘傳在臺灣推行新政並非按部就班，而是一時俱起，以致造成財政困難，民生困苦的境地。加上，劉銘傳的工業化政策所引起臺南到劉璈的臺灣南部與北部政治情勢的對立。

劉銘傳的推動自強新政，銳意經營臺灣，有意將臺灣朝向資本主義化的開發，卻使政府支出費用增加，尤其為充裕財源及達到產業自立的目標，並解決土地佃人有大、小租戶所形成一地二主的雙重結構，藉由實施清丈土地，以廣增稅源。

劉銘傳的丈田清賦，從規模、效果、意義上而言，可以說是臺灣歷史上一次重大的制度性改革，就性質而言，可稱為臺灣史上第一次賦稅改革。這方面的成績，表現在全臺入冊的畝數為 4,774,468 畝，比原來多出 400 多萬畝，多徵田賦 974,000 兩，比過去多出 570,000 兩。劉銘傳的財政改革，造成社會巨大變動，招致既得利益者的反彈。

主要起因為大地主對於個人所擁有的權威，是封建領主的權力基礎，加上社會治安的混亂。劉銘傳推動清丈土地，實行土地調查，雖未竟全功，卻也充分反映出小租權興起與大租權沒落，以及單一地權逐漸形成的事實，有助於日後日本統治臺灣，由兒玉源太郎、後藤新平所推動的土地政策，奠定了臺灣工業發展的基礎。

劉銘傳的改革由於大幅增稅及與大租戶作了相當的妥協，使得原本欲仰賴小租戶支持的改革無法推動下去。劉銘傳因為增稅而失去與小租戶結盟的機會，另一方面因土地改革而得罪並削弱原本是政府最堅定支持者—大租戶的力量，結果造成兩面不討好，近乎與整個移墾社會對立，並導致他最後的去職。

---

[69] James W. Davidson, 陳政三譯註，《福爾摩沙島的過去與現在》【上冊】，（臺北：國立臺灣歷史博物館，2014 年 9 月），頁 301。

　　檢視劉銘傳的臺灣資本主義近代化開發計畫，就計畫的本身而論原本是很好的；而劉氏亦曾真摯執行，不遺餘力，但其結果卻挫折重重，究其最大原因之一，亦由於社會治安的混亂。

　　1890 年(光緒 16 年)劉銘傳稱病返故里，清政府為因應劉銘傳推動近代工業化運動所造成的施政偏差、清丈的缺失、吏治不良與民心浮動等問題，調派具有豐富辦理涉外經驗的邵友濂繼任，遂改採保守策略的撤廢撫墾制及清理街道局、煤油局、伐木局、煤務局等局務；停修鐵路；裁撤西學堂、番學堂與電報學堂等緊縮財政的措施。

　　回溯日本出兵恆春事件，大清國洋務運動派為了擴充並確保東南七省防務與安全，調派來臺的官吏都是一時之選，在船政大臣沈保楨、福建巡撫丁日昌、岑毓英，臺灣道劉璈、福建臺灣巡撫劉銘傳的銳意興革下，臺灣近代工業化的工作，不僅未因起步較遲而落後於內地各省，反而成績斐然，這時臺灣資本主義近代化工業發展早就是大清國統治下的模範省了。

(四) 臺灣資本主義定著化

　　臺灣移民對原鄉的認同與臺灣主體意識的遲遲未能形成，在加上經濟利益的衝突，清領時期漢民族移民臺灣的歷史，好比美國西部邊疆是東部那些不滿現實人們的「安全瓣」，美國歷史的形成，是由於無人土地的邊疆逐漸向後退，許許多多不同種族的人民，自歐洲各國移民來美，在邊疆的環境中融結而成為一種新的美國的「複合民族」，也正如整個人類歷史，由最原始的發展到最文明的階段。

　　臺灣相對於中國大陸的邊疆地理位置，有如化外之地、化外之民，多少也具有了相同的冒險拓荒特質。邊疆代表是一個地理區域，與無人的荒原相連，土地與人口的比率很低，自然資源尚未被開發，誘使某些薄於貲財的人比較多的機會，去改善或創造他們的經濟與社會地位。

　　從相互主體性的義意上，清領臺灣專制君主政權控制著人口向臺灣的流動，以及天然資源並不是那麼豐富，或者是老百姓並不被允許充分開發資源，

凸顯臺灣僅是大清國的邊陲地方。

　　大清國的統治中國，是滿人統治漢人，對臺灣的漢人而言，其情勢亦然，是大清國的殖民臺灣，亦具有殖民現代性特質。在大清統治之初，以臺灣孤懸海外，容易成為奸民盜徒逃亡的處所，是以禁內地移民臺灣。

　　1684 年(康熙 23 年)臺灣設縣後頒令，欲渡臺者，先向原籍地方政府申請，經分巡臺廈兵備道查核，最後由臺灣海防同知審驗批准。渡臺者不准攜帶家眷，業經渡臺者亦不得招致；廣東地區屢為海盜聚集出沒的地方，遂以積習未改，禁止其人民渡海來臺。但此禁令，雖諸多限制，並未產生實際的遏止作用，私渡來臺的人仍絡繹不絕。

　　由於清政府對臺灣採取消極的統治，特別是從原住民族，1716 年(康熙 55 年)閩浙總督覺羅滿保的〈生番歸化疏〉可以凸顯實行文化主義的感化與包容原則。

　　然而，平埔族土地逐漸失去的因素，主要由於漢人不斷拓墾荒地，導致鹿場喪失，而鹿皮是平埔族重要收入之一；其次，漢人的巧取豪奪，不能不說是造成原住民族地權流失的最大原因；最後是番產漢佃地導致平埔族喪失土地。

　　漢人大舉來臺拓墾，有原鄉的「外推」(push)力量，也有臺灣本地的「吸引」(pull)因素。漢人對於平地的開拓，當時以臺北盆地及淡水溪平原為最多，前者為閩人所開，後者為粵人居多。另因山地是逃犯、遊民喜歡聚集藏匿的地方，政府遂頒封山令。

　　然而，大清國既不能全然遏止移民來臺。加上 1871 年(同治 10 年)又有琉球民眾被原住民殺害，引起日本向中國交涉，清政府不得不於 1875 年(光緒元年)勉強臺灣全境開放移民，然這時間距離與 1895 年(光緒 21 年)日本開始統治臺灣僅隔 20 年。清末在臺灣的開山撫番，從原住民族的角度來思考，卻是移民者入侵其土地的心中永遠的痛。

　　臺灣在皇權體制下的民間組織與活動，大都只是同鄉、同宗等聯誼性質，比較不具強烈的政治意識，甚至屬於經濟性的組織與活動也不是很多。傳統中國歷史上早期的貴族階級和後期世族大姓，的確具有龐大的組織力量，足以與

政府體系相抗衡，但這些人的利益都建立在政治權貴的特權上，不僅不會對抗政府，而都只是會為維護自己政經利益與政府官僚體系相結合，把政府權力視為獲得私人利益的工具。

資本主義社會下農民抗爭有時也可以發揮摧毀政權的力量，檢視過去歷次王朝革命，最後幾乎都依賴農民參加，而扮演後代推翻前代王朝的角色出現，但這種凝聚農民力量所產生的結果，總是為政客的投機份子所利用。

革命暴力等到取得了政權，建立新的王朝，農民仍然淪為被統治、被剝削的對象，並沒有建構起民間社會和改善人民生活的機會。相較於英國皇權體制的轉變，首先是轉變到地主的特權政治，然後再經過一連串的和平變動，才得以轉型成年人普選的代議政治。

對照清領臺灣時期，尤其是 1862 年(同治元年)戴潮春事件，起事者的號召係為了要求更換貪官污吏，和建立有個廉能政府的目標，最後演變成宣稱他們想脫離大清國統治，達成「臺灣獨立」的企圖，致使臺灣幾乎分裂成二個王國，領軍的大元帥戴潮春、千帥林日成分別自稱「東王」、「南王」。[70]臺灣進入以凸顯資本主義社會為訴求的抗爭運動。

回溯清領臺灣初期，漢人已逐漸從原住民手中取得對臺灣土地和產業經營的控制權，臺灣也逐漸由一個海外的邊疆成為中國大陸本土的延伸。到了清領臺灣末期，臺灣漢人的社會意識顯然已經逐漸拋棄祖籍觀念，而以現居的聚落組織為其主要的生活單位，也可以看出村落的寺廟神和宗族組織擔任著最重要角色。

尤其是移民來臺的漳州人、泉州人、潮汕地區的客家人、同安人、安溪人等大陸祖籍地緣作為社群分類指標，促成地方寺廟信仰和宗教祖先崇拜的轉型，原來每年回大陸祭祖的漢人，開始在臺灣興建祠堂和建立祖產，並以「來臺開基祖」作為奉祀對象，後來這些村廟反而成為融合不同族群的源頭，也促

---

[70] James W. Davidson, 陳政三譯註，《福爾摩沙島的過去與現在》【上冊】，(臺北：國立臺灣歷史博物館，2014 年 9 月)，頁 114。

成大陸文化定著化的主要因素。整個清領時期臺灣的漢人由移民社會
(immigrant society)走向「土著化」，形塑土著社會(native society)的「定著化」
過程。

上述的抗爭事件，反映了君主政體受到現存資本主義農業階級結構和政治
制度的制約。舊體制國家的發生革命危機，是因為現存結構使得它們不能應付
它們在現代環境中所面臨的挑戰。

清領時期除了地方上資本主義政經社會問題多，常有民變和分類械鬥發生
之外，地方上也常有村莊為了建守護神廟，發展成宗教和信仰中心所引發的社
會問題。政府對臺灣教育的實施，是促使中國社會和文化在臺灣的延伸，由於
書院的全成官辦性質，確實達到收攬讀書人的向心力。

清政府除了在臺灣建孔廟之外，還廣設校，有府縣儒學、書院、義學、社
學、土番社學、民學六種。府縣儒學為官立最高學府，是為行政機關，而非學
校。先後成立有臺南府儒學等九個。

書院設於省城府縣及各地，設山長(院長)掌之，為臺灣文運中心，計有臺
南海東書院、臺北學海書院和鹿港開平書院等 30 個。

義學亦稱義塾，由官方或鄉紳富戶設立，延師以教育鄉里子弟的貧困者。
社學為士子結社敬業樂群之所，土番社學為專教原住民的學校。民學為私學，
普設民間。因此，清領時期強調祖籍地緣的問題，有別於 1945 年戰後國家認同
和文化定位因素的複雜議題。

從民族與文化的角度檢視清領政府，其畢竟是以滿人為主，漢人為輔所建
立的政權。而當時居住在臺灣的，除了原住民族之外，大多還是以漢民族為主
體。科舉制度在清領臺灣後的第三年就配合全國一致的方式在臺灣實施，1879
年(光緒 5 年)首度在臺灣舉行秀才科舉考試，2 年後武科接著舉行。

科舉制度是地方人才進入中央官僚體系的重要途徑，對當時邊陲臺灣社會
階層的變動產生極大影響。科舉制度不但是形塑了社會中名望與地位的標準，
導致社會上普遍性認為知識份子代表的士是四民之首，而代表資本主義市場經
濟的商人則居末。

　　如此一來，科舉功名便成為有能力的人一生努力的方向，而資本主義的經濟發展難被視為終身追求的志業。這與英國在 19 世紀末期，由於無可救藥的自命清高，看不起商業，精英子弟所唸的學校總是指導有才華的學生接觸古典文學等比較不實用的科目，任何事物只要沾有商業氣息，他們就百般不屑，也因此英國社會偏好家族企業和個人經營公司，因而喪失探究科技和管理知識，最後導致將公司現代化大規模經營與管理的機會拱手由美國企業公司所取代。

　　然而，1895 年以前，臺灣所累積的知識與制度，主要還是受到中國文化的影響。清領時期推廣臺灣教育卻是影響臺灣社會定著化的重要因素，相較於日治臺灣時期，由於日本政府不許臺灣人學習文、法等學科，臺灣人轉而習醫和習商，臺灣資本主義企業的經營管理反而有了結構性改變的機會，臺灣家族企業的規模化才逐漸形成，現代企業的管理技術和文化才有大幅度的改變。

　　由於臺灣特殊地理位置，和移民性格的強悍，加上時常發生的官逼民反事件，導致清國統治臺灣的對於戰略與治安考量，尤勝於財政上能否負擔的問題。檢視臺灣住民的反清與民間械鬥事件，不但阻礙國家政治發展的進步，更影響資本主義市場經濟發展的勞力供給，及嚴重破壞地方秩序，致使臺灣社會停滯不前。

　　臺灣也因為長期社會發生的民間械鬥事件，這種社會的混亂現象也一直延續到 1895 年清國割讓臺灣。臺灣人在面對新統治政權的欺壓，才深感自身的亡國喪家之痛，加上受到儒家文化意識的啟迪，已能逐漸的淡化族籍觀念，醒悟不能再繼續有分閩、粵，或漳、泉的族群對立，必須一致團結來對抗日本帝國主義的殖民統治。

　　檢視清領臺灣最後階段短短的 20 年期間，尤其從早期文化寬容的生番歸化改採武力強制的開山撫番政策，在沈葆楨經丁日昌到劉銘傳等人積極的推行原住民族大陸內地化，與召募大陸內地居民進入山區及山後地帶的移墾，有助於加速大陸移民者在老家與臺灣的移民社區，建立起兩岸社會的新關係。

　　無論其與原來的居住地有無聯繫，移民社區的建立，終究會創造或改變移入地區文化主義或社會認同的型態；也無可避免地與當地原來的文化產生磨合

與衝擊。隨著大陸移民腳步而來的宗教、媽祖信仰和中華文化的傳播，這正是清領時期促使臺灣社會加速定著化的黃金時期。

六、臺灣農業資本主義後期發展(1895-1945)

殖民地最有用的功能，便在供應母國一個現成的市場，讓母國發展工業，進行貿易，並供應母國的公民，包括工業家、工人、消費者更多的利潤、薪資及貨物。

Paul Leroy-Beaulieu

　　歐洲社會自中世紀以來長期處在封建主義下主權分立的狀態，但為配合著資本主義生產模式的興起與層級式國際經濟分工的形成，得以在 16 世紀以民族國家為單位，產生一個聯國體系(interstate system)。

　　發展到了 19 世紀、20 世紀初，歐洲列強更是牢牢地主宰國際經濟體系和市場利益，歐洲幾個帝國的版圖更是遍及全世界。

　　歐洲成為是市場利益龐大的國際政經中心，歐洲強權國家的海外市場和投資，推動了國際經濟體系和市場的發展。歐洲強權國家在科學和技術方面的超前，也是導引資本主義市場轉向與政權興替的關鍵因素，凸顯了當時沙皇俄國和曾經強大的大清國崩潰了，並成為帝國主義國家的市場獵物。

(一)民族主義的殖民思潮

　　帝國主義(imperialism)的發生，導因於資本主義體系的失調，資本家把剩餘的資本轉投資於海外賺錢的事業，以其在國內無法銷售或使用的貨品和資本，創造海外市場和投資，使帝國主義國家變得更依賴海外市場。政府結合產業資本家，強勢運用公共政策、公共財力和公共武力，擴展投資地區，宰制國際市

場利益。

　　殖民主義(Colonialism)的出現，與 16 世紀中葉歐洲新興民族國家(nation-state)的興起息息相關。在統治政權與產業資本家結成聯盟後，政府實行有利於產業及資本家的政策。

　　此種政經利益的結合發展，導致帝國主義的崛起。國際強權國家為達成資本累積及擴大市場需求，隨之殖民主義出現，形成國際市場間的剝削關係，資本主義乃大行其道。殖民主義的出現，恰為新興民族國家提供了快速累積市場資源的溫床。

　　在國際經濟體系和市場利益的激烈競爭環境中，成立國際聯盟組織的理想也由於美國始終沒有加入而失敗。從殖民國家的立場看，殖民國家利用船堅砲利的優勢，在亞、非等落後地區強行建立貿易據點，並以公司(company)型態的經營與管理模式，無非是希望進行華勒斯坦(Immanuel Wallerstein)所稱「核心－邊陲」的移轉財富，增加母國及產業資本家的立即經濟剩餘；資本家將經濟剩餘又轉投資在工業生產上，以提昇國家競爭力。

　　這種由政府擔負強化國權、累積資本，以鞏固國家主權基礎的經濟發展策略，自16世紀到二次世界大戰結束，統稱為殖民化歷程。

　　「殖民地」一詞在使用之初，並沒有任何負面意義。在古代僅代表一群人進駐至遠方的一個居留地，如迦太基至腓尼基的居留(殖民)地，或希臘人在義大利的居留(殖民)地，乃至閩粵人在臺灣的居留(殖民)地。

　　但是，正如現在我們所知道的，當一群人進駐另外一個地方後，必定會發生某種程度的取代作用。而取代過程則不可能完全完美無缺。至少從受害者的角度來論，必定在手段、道德上有所缺憾。因此，到外地居留的體系「殖民主義」顯然無法得到好評。

　　在近代，我們將殖民主義擴張解釋為「任何經濟上或政治上依存的情況」。不論最後是否發生人口取代，只要有依存關係發生，便可稱之為「殖民主義」，而為「殖民」兩字帶來無限的貶損之意。許多人在批評現代外國或西方對世界的統治支配時，改用殖民主義，而不在使用舊的帝國主義，因為殖民主義聽起

來更糟糕。

(二)日本殖民時期資本主義的意義

日本自 1860 年明治維新以來，即以「殖產興業」、「文化開明」和「富國強兵」三大政策，做為建設國家的指導方針。依據《馬關條約》，臺灣由清領時期的邊陲地方政府型態，被迫接受日本政權的帝國殖民統治。

檢視日本對臺灣的統治，歷經了不同階段的策略運用，從臺灣相互主體性和歷史整合性的角度而論，其殖民化統治過程對臺灣而言，亦不能完全無視於日本以明治維新精神的現代化制度與建設，在傳統社會的臺灣繼沈葆楨、劉銘傳推動臺灣近代化之後擴展開來。

19 世紀帝國主義的出現，起因於英國在國際市場霸權的式微與現代民族主義(nationalism)思潮的興起，美國、德國等新興國家在政治、軍事與經濟力量相對增強。典型帝國國家(imperial state)的特點，即以專制君主為首、由中央協調、行政和軍事體職能分化的行政和軍事體。

帝國不是一個「主權」國家，而是擁有不同「治權」的結盟機構所組成的政治實體，其政策是由皇帝、選舉人和帝國議會(imperial diet)所決定。這種勢力近乎均等的國際關係與新興民族主義，導致一個高度競爭的國際市場體系；帝國主義者之間的相互競爭，造成國際市場利益的衝突，加上科技與通訊交通的發展，加強了對海外市場的控制。

有人認為從有歷史以來，帝國主義便已存在，有人堅持到 19 世紀時，形式上已登峰造極的帝國主義，可以說是現代資本主義的發明或副產品。帝國主義是資本主義的最高發展階段，不但要支配專賣制度、壟斷財務資本與資本輸出，還要透過國際性的托拉斯(trust)瓜分市場利益，在資本主義強權之間完成國際市場和世界土地的劃分。

帝國主義是政府運用策略和外交以獲得被保護國的土地，並增加工業發展、貿易和投資的機會。但帝國主義初期成本與損失的算計，相對地，並沒有引起世界國家的注意批評。

　　檢視歷史發展的軌跡，資本主義和帝國主義之間雖沒有必然的關係，從過去歷史上的大帝國，如埃及、中國、波斯、羅馬，或觀察沙皇時代的俄國，都可以得到印證，殖民主義是帝國主義的灰暗面。

　　帝國主義甚至殖民主義(colonialism)的觀點認為，海外擴張與資源略奪式工業化，就像自然法則一樣的具有強大經濟誘因，使得東方原本缺乏資源資源，國力孱弱的日本幕府末期，在 1860 年明治維新的全面學習西方現代科技文明，而且學到了西方的「野蠻」，也就是帝國主義的擴張與侵略。

　　日本為整個國家與社會的躍進資本主義市場經濟體制，證明其在工業化與軍事化所獲得的成就，應該與西方國家平起平坐，遂出現強調「國權皇張」的「脫亞入歐」理論，而當時殖民地的最佳目標就是臺灣、朝鮮與衰弱的大清國。

　　日本在 1592 年豐臣秀吉就曾有過佔領朝鮮的王京漢城，並準備攻取大明國北京的舉動，特別為 300 年後的日本軍國主義發揮了示範作用。所以，才重複發生有 1895 年和 1905 年明治政府在分別打敗大清國，和俄國沙皇的兩大戰役之後，1902 年英國接受日本在東亞的霸權地位，並與日本簽屬「英日同盟」，乃至於 1910 年的占領朝鮮，再再證明其自 1860 年明治維新的成功。

　　根據表 28，1895-1945 年日本在臺灣長達 50 年的統治期間，其政治權力機制依歷任總督的統治策略，可分為：第一任到第四任的武力壓制階段(1895-1898)、第五任到第六任的政治建樹階段(1898-1918)、第七任到第十六任的安撫策略階段(1918-1936)，第十七任到第十九任的同化政策階段(1936-1945)等四個階段。

　　檢視歷任的 19 位總督中，任期時間超過三年者只有兒玉源太郎、佐久間左馬太、安東貞美、田健治郎、中川健藏，和小林躋造等 6 位，占不到總數的三分之一；持有軍職的武官一共有樺山資紀、桂太郎、乃木希點、兒玉源太郎、佐久間左馬太、安東貞美、明石元二郎、小林躋造、長谷川清，和安藤利吉等 10 位，超過總數的二分之一，而且合計執政的時間有 28 年，也超過日本在臺 50 年的一半。

　　一般對軍國主義的定義，其本質與帝國主義的意涵相同，只是軍國主義更

凸顯其強調軍事武力戰爭的必要性，日本軍國主義治臺也因此得名。

表 28　日治時期軍國體制歷任臺灣總督的施政紀要

項目／階段	總督姓名	任職起訖日期	出身	在臺的主要施政作為	類別
武力壓制（第一任）	樺山資紀	1895.5.10~1896.6.2	海軍大將	實施三段警備制	初期武官總督時期
武力壓制（第二任）	桂太郎	1896.6.2~1896.10.14	陸軍中將	任期只有四個月	
武力壓制（第三任）	乃木希點	1896.10.14~1898.2.26	陸軍中將	以身殉天皇，被日本軍人奉為「軍神」。	
政治建樹（第四任）	兒玉源太郎	1898.2.26~1906.4.11	陸軍中將	任用後藤新平為民政長官，主張生物學政治論；頒布保甲制度及〈匪徒刑罰令〉；設立臺灣銀行強收酒、食鹽、樟腦、煙草、鴉片為專賣；成立臺灣電力株式會社，建設日月潭水力發電；修築高雄港、基隆港，完成縱貫鐵路；實施土地調查和人口戶籍調查。	
政治建樹（第五任）	佐久間左馬太	1906.4.11~1915.5.1	陸軍大將	是歷任臺灣總督任期最久的一位，制定兩次〈五年計劃理番事業〉；推動林野調查；建築基隆港與打狗港；興建總督府；經營阿里山森林；發行彩票；開設日本移民村；改良作物品種；加強防	

項目 階段	總督姓名	任職起訖 日期	出身	在臺的主要施政作為	類別
				疫工作；曾參與牡丹社事件，殘酷鎮壓原住民，以掃蕩生蕃，促進蕃地開發，攫取山地資源為最重要的施政方針，有「鐵血的理番總督」之稱。	
政治建樹(第六任)	安東貞美	1915.5.1~ 1918.6.6	陸軍大將，發生西來庵事件	開南洋航路；收買福州華文閩報及廈門全閩新日報；奠定臺灣子國為日本母國南進的基地。	
政治建樹(第七任)	明石元二郎	1918.6.1~ 1919.10.26	陸軍中將	恢復司法三審制；修改臺灣總督以陸海軍大將或中將出任的規定，確立文官得任臺灣總督。	
安撫策略(第八任)	田健治郎	1919.10.29 ~1923.9.2	政友會，首任文人，	修改《六三法》；強調台民自治，內台一體，主張內地延長主義，創設臺灣總督府評議會。	文官總督時期
安撫策略(第九任)	內田嘉吉	1923.9.6~ 1924.9.1	政友會	任期不到一年。	
安撫策略(第十任)	伊澤多喜男	1924.9.1~ 1926.7.16	憲政會	發生二林事件及農民請願運動；舉辦國勢調查；成立全島性的農民組合。	
安撫策略(第十一任)	上山滿之進	1926.7.16~ 1928.6.16	憲政會	解除臺灣銀行金融危機，設置文教局；設立臺北帝國大學。	

項目 階段	總督姓名	任職起訖 日期	出身	在臺的主要施政作為	類別
安撫策略（第十二任）	川村竹治	1928.6.16~ 1929.7.30	政友會	任期正滿一年。	
安撫策略（第十三任）	石塚藏英	1929.730~ 1931.1.16	民政會	完成嘉南大圳的水利工程。	
安撫策略（第十四任）	太田政弘	1931.1.16~ 1932.3.2	民政會	設置臺北廣播電台與臺灣新民報。	
安撫策略（第十五任）	南弘	1932.3.2~ 1932.5.26	政友會	任期只有兩個月。	
安撫策略（第十六任）	中川健藏	1932.5.26~ 1936.9.2	民政會	通過臺灣地方自治案；成立臺灣拓殖株式會社；舉辦大型博覽會。	
同化政策（第十七任）	小林躋造	1936.9. ~1940.10.	海軍大將	主張臺灣人民皇民化、臺灣工業化與南進政策。	後期武官總督時期
同化政策（第十八任）	長谷川清	1940.11~ 1944.12	海軍大將	提倡皇民奉公運動；公佈陸海軍特別志願兵制；發起儲蓄報國運動	
同化政策（第十九任）	安藤利吉	1944.12~ 1945.8	陸軍大將	復行軍政。	

資料來源：本研究。

　　根據表 28，檢視日本統治臺灣的軍國主義體制，日治在臺總督從樺山資紀

至明石元二郎，屬於前期武官總督；從田健治郎至中川健藏，屬於文官總督；從小林躋造至安藤利吉，屬於後期武官總督。

　　至於行政區域的變遷，根據表 29，從 1895 年 6 月的軍政時期由 3 縣 1 廳 7 支廳，同年 6 月改為 1 縣 2 民政支部 1 廳 4 支廳 9 出張所；1896 年 3 月至 1898 年 6 月的縣廳時期，由 3 縣 1 廳改為 7 縣 1 廳；1901 年 11 月至 1909 年 11 月的廳治時期，由 20 廳改為 12 廳；1920 年 9 月以後的州廳時期，由 5 州 2 廳至 1926 年 7 月改為 5 州 3 廳。

表 29　日治時期臺灣行政區域變遷

時期	軍政時期(縣、廳、支廳及民政支部)		縣廳時期			廳治時期		州廳時期	
	1895.6	1895.8	1896.3	1897.5	1898.6	1901.11	1909.11	1920.9	1926.7
區域數	3縣 1廳 7支廳	1縣 2民政支部 1廳 4支廳 9出張所	3縣 1廳	8縣 1廳	7縣 1廳	20廳	12廳	5州 2廳	5州 3廳
區域別	臺北縣 基隆支廳 宜蘭支廳 新竹支廳 臺灣縣 嘉義支廳 臺南縣 鳳山支廳 恆春支廳 臺東支廳 澎湖島廳	臺北縣 基隆支廳 宜蘭支廳 新竹支廳 淡水支廳 臺灣民政支部 嘉義出張所 彰化出張所 雲林出張所 苗栗出張所 埔里出張所 臺南民政支部 鳳山出張所	臺北縣 臺中縣 臺南縣 澎湖島廳	臺北縣 新竹縣 宜蘭縣 臺中縣 嘉義縣 臺南縣 鳳山縣 臺東縣 澎湖廳	臺北縣 宜蘭縣 臺中縣 臺南縣 恆春縣 (1901.5增設) 臺東縣 澎湖廳	臺北廳 基隆廳 宜蘭廳 深坑廳 桃仔園廳 新竹廳 苗栗廳 臺中廳 彰化廳 南投廳 斗六廳 嘉義廳 鹽水港廳	臺北廳 宜蘭廳 桃園廳 新竹廳 臺中廳 南投廳 嘉義廳 臺南廳 阿猴廳 臺東廳 花蓮港廳 澎湖廳	臺北州 新竹州 臺中州 臺南州 高雄州 (包括澎湖) 臺東廳 花蓮港廳	臺北州 新竹州 臺中州 臺南州 高雄州 臺東廳 花蓮港廳 澎湖廳

時期	軍政時期 (縣、廳、支廳及民政支部)		縣廳時期			廳治時期		州廳時期	
	1895.6	1895.8	1896.3	1897.5	1898.6	1901.11	1909.11	1920.9	1926.7
		恆春出張所 臺東出張所 安平出張所 澎湖島廳				臺南廳 蕃薯寮廳 鳳山廳 阿猴廳 恆春廳 臺東廳 澎湖廳			

資料來源：本研究。

　　當日本記取 17 世紀日本勢力的從臺灣撤出，而讓荷蘭勢力完全掌控臺灣市場利益的慘痛經驗，促使日本政府決心排除英、俄、法、德等西方強國的勢力，並移轉以往臺灣與對中國大陸市場利益的依存關係，以有利於提供作為其軍國主義南進侵略的基地。

　　對於日本統治下，臺灣經歷殖民地化與近代化的雙重歷史過程，殖民地化是十分負面的經驗，近代化則正面的評價居多。相較於工業革命時期的歐洲與日本的產業發展，日本在整體發展上，佔了幾項比歐洲更為優勢的條件如：長達 250 年的和平，沒有戰爭，沒有革命；廉價而且便利的水陸運輸；單一文化與語言；廢止舊貿易障礙，並防止新障礙的設立；發展出共同的商業文化。

　　從相互主體性的角度而論，臺灣與日本的關係，日本是母國，臺灣是日本的子國。殖民現代性資本主義產業政策的主軸是「工業日本、農業臺灣」，迨至發動太平洋戰爭後才有所調整為「工業臺灣、農業南洋」，形成日本、臺灣與南洋之間資本主義產業不平衡發展的結構關係。

　　如果以日本殖民統治下的朝鮮與臺灣互相比較，由於日本在戰前的擴張政策，北進一直重於南進，朝鮮則為日本北進的基地，其資本主義經濟發展以配合軍需發展的工業為主，農業則不像臺灣如此的強調發展。

若相較於清領臺灣末期英美商業資本雖掌握了臺灣市場利益的支配權，但對臺灣資本主義市場經濟的發展並沒有做長遠規劃與建設。

(三) 殖民式農業發展政策

檢視日治臺灣資本主義發展的過程，基本上始於 1900 年代後期製糖業的勃興，經過 20 年代中期蓬萊米的普及，最後是 30 年代後期工業化的推展。

1895-1905 年總督府開始從事資本主義產業發展的基礎工程；到了 1905 年至 1920 年代前半期的 20 年，是推動現代化製糖業的蓬勃發展，該階段臺灣產業以製糖業及蔗作農業為中心，導致臺灣農業發展成為生產單一作物的產業結構。

1920 年代中期到 1930 年代後期的 15 年，即種植蓬萊米與蔗作並存且相剋的階段，臺灣除原有的砂糖生產之外，還須進行蓬萊米的大量生產，形成該階段以糖、米兩大出口商品為主的複合性產業結構。

1930 年代後半期起算，特別是 1937 年盧溝橋事變爆發到 1945 年日本戰敗的 8 年間，亦即推行軍需工業化階段，臺灣除進行糖米的生產之外，亦成為生產戰時所需作物及軍需工業產品的基地，臺灣產業進入多種型態的階段。

承上論，日治時期在臺灣實施軍國資本主義殖民政策，可以從推動現代化製糖業政策、種植蓬萊米與蔗作並存且相剋政策，和推行軍需工業化來加以深入分析。

1. 推動現代化製糖業政策

總督府為配合推動臺灣現代化製糖產業的發展，首先展開對臺灣資源調查。除了完成人口調查的顯示殖民政府已在臺灣達成有效的控制力之外，主要還是凸顯在土地及林野調查等兩大項目。

根據 1898 年 7 月公佈的第一份的〈臺灣地籍規則〉和〈土地調查規則〉，當時日本的統治範圍僅限於臺灣北部地區，但根據表 30 顯示，1898 年 7 月至 1900 年的約兩年半時間，政府在臺北、基隆、宜蘭三地所測量的土地面積約為 129,121 甲，大部分集中在臺北地區。

　　當全島反抗勢力勢力被平定告一段落的 1902 年夏天，正是土地調查的巔峰時期，總共投入 1,760,000 人，耗資經費達 5,220,000 元，調查地區已擴及新竹、臺中、臺南，和屏東等地，面積總計高達 823,366 甲。

表 30　日治時期臺灣土地調查狀況

年別	測定筆數(件)	測定面積(甲、概數)	主要對象(地域)
1898	16,227	3,650	臺北
99	173,944	30,361	臺北　基隆
1900	196,978	95,110	宜蘭
01	266,377	127,410	新竹
02	647,036	364,259	臺中　臺南
03	352,894	202,576	臺南　屏東

資料來源：涂照彥，李明峻譯，《日本帝國主義統治下的臺灣》，(臺北：人間，1993年)，頁 37。

　　土地調查工作的完成，具有殖民地政府對臺灣統治的宣示和掌控意涵，以及完成規劃建設資本主義現代化臺灣的基礎工作。林野調查與整頓，由於山林地與農耕地不同，尚未形成明確的私人所有權，因而日本在進行林野調查時，即暴露其殖民地政府透過強權沒收，侵害私有財產制，來累積帝國主義的國家資本手段。

　　總計總督府共賣出 204,912 甲林地，獲利金額為 5,459,863 圓，而且殖民政府為有效耕作這些田地，也開始從日本內地招來大量的人力。

　　高橋龜吉指出：

日治以後每年大約有一萬人的勞工來臺，從事採茶、採礦，及金銀工、漆工、鞋工、人力車夫、理髮師、廚師等工作。[71]

---

[71] 高橋龜吉，《現代臺灣經濟論》，(東京：千倉書房，1937 年)，頁 397。

根據表 31 顯示，1906 年至 1942 年間：

屬於日本無業者來臺佔總數 50%以上者有 1906 年的 52.3%、1910 年的 51.2%、1913 年的 55.6%、1917 年的 56.8%、1923 年的 51.8%、1942 年的 50.3% 等 6 年，另外佔 30%以上者有 27 年，其他的年間都在 30%以下。

屬於商業者佔總數 40%以上者有 1933 年的 44.4%、1934 年的 44.02%、1935 年的 41.1%、1936 年的 40.5%等 4 年，另外有 30%以上者有 12 年，其他的年間都在 30%以下。

屬於公務自由業者佔總數 20%以上者有 1915 年的 20.9%、1921 年的 22.8%、1922 年的 21.6%、1924 年的 20.0%、1925 年的 20.0%、1933 年的 22.6%、1934 年的 22.2%，以及 1936 年至 1942 年的分別 22.8%、24.1%、21.1%、21.8%、20.3%、30.0%等 13 年，佔 10%以上者有 20 年。

其餘為工業、農業及家事使用人所佔的比率大約都在 10%以下，工業部份的來臺人數在所有的職業別中所佔比率最低。

這樣職業類別所占的比率凸顯日治初期的臺灣是日本無業者、牟利商人及不屑公務官吏淘金的天堂。這階段來到臺灣的日本人有如教皇烏爾般二世 (Urban II)，在 1095 年為第一次十字軍東征祈禱時指出：

> 聖地的財富是每一個基督徒都可以自由取用的。當然這樣的說法對那些無產無業的法蘭克貴族子孫是一個很大的鼓勵。這就是為那些歐洲的遊手好閒之徒尋找適合的工作，而且這種工作在亞洲要比在他們自己的家鄉更具有建設性。[72]

---

[72] R. E. Oakeshott, *The Archaeology of Weapons* (London: Lutterworth Press, 1960), p.183.

表 31　日治時期日本人來臺人數與職業別比率(1906-1942)

年份	總數	農　業		工　業		商　業		公務自由業		家事使用人		無　業	
		人數	%	人數	%	人數	%	人數	%	人數	%	人數	%
1906	18,278	770	4.1	522	2.9	6,265	34.3	1,166	6.4	—	—	9,555	52.3
1907	17,966	1,285	7.2	968	5.4	5,352	29.8	2,050	11.4	—	—	8,311	46.2
1908	20,360	1,422	7.0	919	4.5	6,201	30.5	1,900	9.3	—	—	9,918	48.7
1909	21,178	1,461	6.9	869	4.1	7,237	34.2	1,921	9.1	—	—	9,690	45.7
1910	29,848	2,134	7.1	1,102	3.7	8,842	29.6	2,517	8.4	—	—	15,253	51.2
1911	30,975	3,245	10.5	1,202	3.9	6,508	21.0	4,602	14.9	—	—	15,418	49.7
1912	37,575	4,361	11.6	142	0.4	10,060	26.8	4,237	11.3	—	—	18,775	49.9
1913	37,995	3,996	10.5	1,227	3.2	7,660	20.2	4,007	10.5	—	—	21,105	55.6
1914	34,675	3,007	8.7	851	2.5	2,460	35.9	6,748	19.5	—	—	11,609	33.4
1915	37,262	3,355	9.0	772	2.1	11,303	30.3	7,796	20.9	—	—	14,036	37.7
1916	37,681	4,681	12.4	736	1.9	7,942	21.1	7,491	19.9	—	—	16,831	44.7
1917	35,970	2,930	8.1	872	2.4	6,382	17.7	5,402	15.0	—	—	20,384	56.8
1918	45,569	4,111	9.0	1,379	3.0	15,560	34.1	7,451	16.4	—	—	17,068	37.5
1919	44,011	3,934	8.9	1,396	3.2	11,027	25.1	6,734	15.3	—	—	20,920	47.5
1920	50,552	3,281	6.5	1,689	3.3	13,645	27.0	7,563	15.0	—	—	24,374	48.2
1921	46,456	3,562	3.4	1,352	2.9	10,820	23.3	10,580	22.8	—	—	21,142	47.6
1922	40,045	2,214	5.5	605	1.5	9,196	23.0	8,636	21.6	51	0.1	18,333	48.3
1923	34,916	2,016	5.8	361	1.0	8,617	24.7	5,604	16.0	261	0.7	18,057	51.8
1924	39,652	3,261	8.2	618	1.6	8,624	21.7	7,918	20.0	59	0.1	19,172	48.4
1925	40,154	2,969	7.4	831	2.1	10,757	26.8	8,135	20.0	102	0.3	17,360	43.1
1926	45,901	2,994	6.5	969	2.1	13,382	29.2	7,684	16.7	148	0.3	20,724	45.2
1927	55,870	1,529	3.3	1,018	2.2	17,523	38.2	8,340	18.2	28	0.1	27,432	38.0
1928	52,444	2,294	4.4	684	1.3	18,841	35.9	8,138	15.5	56	0.1	22,431	42.8
1929	57,536	3,531	6.1	1,200	2.1	19,673	34.2	10,735	18.7	63	0.1	22,334	38.8
1930	59,964	4,220	7.0	1,243	2.1	20,083	33.5	10,181	17.0	81	0.1	24,156	40.3
1931	56,743	3,142	5.5	1,128	2.0	20,257	35.7	9,993	17.6	77	0.1	22,146	39.1

年份	總數	農 業		工 業		商 業		公務自由業		家事使用人		無 業	
		人數	%	人數	%	人數	%	人數	%	人數	%	人數	%
1932	60,181	3,855	6.4	1,286	2.1	21,468	35.7	10,571	17.6	83	0.1	22,918	38.1
1933	58,494	4,300	7.4	2,934	5.0	25,957	44.4	13,223	22.6	149	0.3	11,931	20.3
1934	58,160	4,375	7.5	3,198	5.5	25,731	44.2	12,918	22.2	219	0.4	11,719	20.2
1935	65,391	6,223	9.5	5,069	7.8	26,846	41.1	12,983	19.0	454	0.7	13,816	21.1
1936	68,429	6,933	10.1	6,924	10.1	27,687	40.5	15,632	22.8	1,021	1.5	10,232	15.0
1937	68,523	4,511	6.6	5,505	8.0	12,838	18.7	16,488	24.1	1,039	1.5	28,142	41.1
1938	61,722	7,408	12.0	5,858	9.5	15,241	24.7	14,430	23.4	147	0.2	18,638	30.2
1939	96,137	6,609	6.9	7,103	7.4	15,494	16.1	20,275	21.1	128	0.1	46,528	48.4
1940	105,079	7,263	6.9	8,317	7.9	16,021	15.2	22,951	21.8	190	0.2	50,337	48.0
1941	95,130	5,092	5.4	10,985	11.5	18,433	19.4	19,332	20.3	457	0.5	40,831	42.9
1942	72,647	2,673	3.7	1,660	2.3	9,271	12.8	21,801	30.0	685	0.9	36,557	50.3

附註：農業包括水產業，工業包括礦業，商業包括交通業，無業一欄包括少數「其他各業」。

資料來源：周憲文，《臺灣經濟史》，(臺北：開明書局，1980 年)，頁 446-447。

　　日治臺灣後的 4、5 年間，初期糖業衰退的原因主要是受到下列因素的影響：臺灣富商、望族內渡清國，使得蔗農失去融資管道；團匪蜂起，減少男工，田園任由荒蕪；土木建築、修築鐵公路吸引勞工，導致農力大減；因為防匪需要，道路兩旁 70 公尺，乃至於後增為 270 公尺以內禁栽甘蔗，減少了蔗園面積；課稅嚴過昔時，降低栽種誘因；糖價雖漲，但蔗農並未獲得應有的利潤，生產成本卻相對提高，致使糖業的種植與產量衰退。

　　總督府於是在 1899 年從夏威夷引進切支甘蔗(cane cutting)，每英畝生產的甘蔗遠超過「在來蔗種」(local plant)。對總督府的財政收入而言，移植現代製糖業一方面可以解除每年高達 1 千萬圓的砂糖進口，防止外匯流出，每年還可結餘近 1 千萬圓的臺灣所需財政經費，以達成臺灣財政獨立的目標。

　　1901 年 10 月 1 日起在臺灣實施《砂糖消費稅法》，1902 年 6 月設糖務局，

由新渡戶稻造出任臨時局長，提出《糖業改良意見書》，對臺灣糖業有重大影響，被譽為「臺灣糖業之父」，可惜他在職的時間並不長，1904 年 6 月即卸任。

新渡戶任職期間提出直接增產的做法，包括：改良蔗種、建立灌溉系統，實施施肥、開發新蔗園、收成不佳的稻田改栽甘蔗、引進新式製糖法，以及改良傳統壓榨法等措施。

以及政府擬出的間接獎勵措施，包括：提高日本內地外國糖進口稅率、實施退稅法、增進運輸便利、擴張銷路管道、推行公定糖價、推行糖業教育、鼓勵成立糖業組合、刊行蔗作製糖新知刊物、設置甘蔗產物保險、保護牛畜、製造酒精副產品等，來促進糖業產量的成長。[73]

根據表 32，日治時期臺灣砂糖佔日本市場比率，由 1903 年的 9.9%，經 1908 年的提高到 26.5%，到了 1911 年更高達到佔有 81.0%的比率。

臺灣現代製糖業的砂糖生產，由 1905 年佔舊式糖業總生產量 750 萬斤的 10%，到 1909 年產量已升為兩倍，達到 11,880 萬斤，占臺灣糖產量的三分之二以上，甚至高達 98%。1911 年整個臺灣糖產量高達 4 億 5,000 萬斤，創下歷史最高紀錄，滿足了日本國內 80%以上的市場消費需求，充分凸顯臺灣作為日本市場的砂糖生產基地，居於關鍵地位。[74]

表 32   日治時期臺灣砂糖佔日本市場比率(單位：10 萬斤)

項目\年別產量	日　本　總　生　產　量			日本總消費量
	臺灣	其他	合計	
1903 生產量(%)	507(9.9)	850(16.6)	1,357(26.5)	5,117(100)
1908 生產量(%)	1.092(26.5)	900(21.8)	1,991(48.3)	4,121(100)

---

[73] James W. Davidson, 陳政三譯註，《福爾摩沙島的過去與現在》【上冊】，(臺北：國立臺灣歷史博物館，2014 年 9 月)，頁 539-540、550。

[74] 臺灣總督府，《砂糖關係調查書》，(臺北：臺灣總督府，1930 年)，頁 176-177。

項目　　　　年別產量	日　本　總　生　產　量			日本總消費量
	臺灣	其他	合計	
1911 生產量(%)	4,506(81.0)	1,143(20.6)	5,648(101.6)	5,558(100)

資料來源：臺灣總督府，《砂糖關係調查書》，(臺北：臺灣總督府，1930 年)，
頁 176-177。

2. 蓬萊米與蔗作的相互存剋政策

　　日治初期殖民政府強調「工業日本、農業臺灣」，因此臺灣農業發展的目的，首先是在提供日本工業化後所短缺的糧食，以節省日本外匯的支出。加之，1903年日本內地稻作歉收，和受到 1904-1905 日俄戰爭，以及 1914-1918 年第一次世界大戰的衝擊，導致日本轉變為糧食進口國，臺灣米出口到日本的支援角色日趨重要。

　　根據表 33，從 1914 年到 1920 年日本稻米的總生產量分別是 50,259(千石)、57,008(千石)、55,924(千石)、58,452(千石)、54,568(千石)、54,700(千石)、60,819(千石)，都小於該年總消費量的 51,327(千石)、58,921(千石)、58,226(千石)、61,220(千石)、62,740(千石)、62,078(千石)、62,318(千石)，凸顯日本面臨稻米供需嚴重失調的窘境。

　　尤其 1919 年(大正 8 年)總督府規定臺灣米的輸出，和 1920 年的撤銷輸出限制，到了 1923 年日本關東發生大地震，臺灣米價再度掀高潮，如此暴漲暴跌現象，導致 1925 年總督府開始實施《米穀法》來平抑價格。

表 33　日本米穀供需狀況(1914-1920)(單位：1000 石)

米穀年度	總生產量	總消費量
1914	50,259	51,327
1915	57,008	58,921
1916	55,924	58,226

米穀年度	總生產量	總消費量
1917	58,452	61,220
1918	54,568	62,740
1919	54,700	62,078
1920	60,819	62,318

資料來源：涂照彥，李明峻譯，《日本帝國主義統治下的臺灣》，(臺北：人間，1993 年)，頁 72。

　　根據表 34，1925 年至 1935 年的稻米生產量係在穩定中成長，產量是由 6,443(千石)至 9,122(千石)逐年增加；而甘蔗的生產量則從 1925 年的 8,340(萬斤)，1927 年的 7,412(萬斤)，1929 年的 12,292(萬斤)，1934 年的 8,884(萬斤)，1935 年的 13,477(萬斤)儘管每年呈現數量與金額仍有稍微的波動。

表 34　稻米、甘蔗之生產量與金額(1925-1935)

項目 年度	稻米		甘蔗	
	生產量 (1000 石)	金額 (1000 圓)	生產量 (10000 斤)	金額 (1000 圓)
1925	6,443	162,438	8,340	47,873
1926	6,214	144,081	8,610	51,990
1927	6,899	130,797	7,412	45,718
1928	6,795	133,953	9,697	57,718
1929	6,481	127,872	12,292	72,906
1930	7,371	107,189	11,618	67,053
1931	7,480	85,187	10,945	56,549

項目 年度	稻米		甘蔗	
	生產量 (1000 石)	金額 (1000 圓)	生產量 (10000 斤)	金額 (1000 圓)
1932	8,949	134,935	13,415	65,565
1933	8,362	124,935	8,811	29,034
1934	9,089	165,175	8,884	30,343
1935	9,122	197,288	13,477	55,233

資料來源：涂照彥，李明峻譯，《日本帝國主義統治下的臺灣》，(臺北：人間，1993 年)，頁 434。

　　根據表 35，1906-1934 年改良在來米(秈米)金額 511,228 圓，獎勵蓬萊米(粳米)金額 136,179 圓，相對於日本蓬萊米的移植臺灣，在費用金額上顯然並未完全受到總督府的積極保護與照顧。但也不能抹煞總督府在水利灌溉設施方面的投入，透過對水權的控制，操縱臺灣種植稻米的利益。

　　總督府投入稻米增產事業的總資金 47,457,777 圓，幾乎完全用在灌溉排水設施上。有關灌溉排水設施占 98%，近 46,615,581 圓，其餘金額才花費在獎勵二期稻作、旱田獎勵費，然其背後尚隱藏對糖業的獎勵政策，但實際上對稻米產業的增產產生極大效果。

表 35　日治時期臺灣總督府投入增產稻米金額 (1906-1934 年) (單位：圓)

項　　目	金　　額	明	細
改良在來米	511,228	一般補助費 (1906-20 年)	415,228 圓
		育種場補助 (1915-20 年)	106,000 圓
獎勵蓬萊米	136,179	原種田補助	136,179 圓

項　　目	金　　額	明	細
		(1930-33 年)	
獎勵二期稻作	163,602	只限台東廳及花蓮港廳 (1920-25 年)	
灌溉排水設施	46,615,581	國庫補助 (1920-33 年)	27,632,774 圓
		使用公費之工程 (1907-33 年)	18,249,002 圓
		地方費補助 (1901-33 年)	733,805 圓
旱田獎勵費	31,187	以種植甘蔗為目的 (1929-34 年)	31,187 圓
合計	47,457,777		

資料來源：臺灣總督府殖產局編，《產米的改良與增殖》，(臺北：臺灣總督府，1930
　　　　　年)，頁 8-34；涂照彥，李明峻譯，《日本帝國主義統治下的臺灣》，(臺
　　　　　北：人間，1993 年)，頁 76。

　　蓬萊米的出現，改變了過去北米南糖的現象。在 1930 年代以前，大抵在臺
中、臺南兩州的蓬萊米水稻種植面積已達 60%左右，使得蓬萊米作面積侵蝕甘
蔗作田。1930 年由總督府技師八田與一設計與監造的嘉南大圳完成，嘉南平原
不但廣植蓬萊米也有利於甘蔗種植，亦使土地生產力增加，但蓬萊米是用來輸
出日本，臺灣人仍以食在來米為主。

　　到了 1934 年因為蓬萊米的大量輸出日本，使得日本中央政府不得不祭出
「減反案」，試圖限制耕地面積。臺灣的成為以蓬萊米為中心的擴大出口市場，
終致形成米糖相剋的嚴重市場利益競爭。

　　米糖市場相剋的爭議問題，直接衝擊到臺灣原有的土地制度。日本以發放
國家債權的方式補償「大租戶」，其目的在確立「小租戶」為土地的唯一所有者，

而佃農仍維持傳統的租佃地位，以簡化所有權關係。

總督府對大租權的整頓，使得本地大地主或多或少獲得轉向近代資本主義市場發展，尤其是有機會在資本累積的金融投資管道方面，儘管臺灣人成立銀行的成員和資金所佔的比率都受到嚴格的管制。

總督府更依據無主土地國有化原則，強行沒收無法提出所有權證明的臺灣人土地，同時透過墾荒和掠奪收購破產農民的土地，並將其以低價出售給來自日本內地的退休官員及日本企業公司。

這些被徵用的土地都成了日本企業公司的壟斷地產，主要用於種植甘蔗，導致大多數臺灣的農民都被迫成為隸屬在日本公司組織下的蔗農，形成資本主義或半資本主義的生產關係，臺灣農民的利益嚴重遭受日本帝國殖民化的掠奪對象。

傳統地主和佃戶家長式關係的沒落，加上農地價格取決於農民依附土地作為維生工具的程度，非以追求利潤為生產目的，又習慣不把自家勞動算入成本，導致臺灣高昂的地價，這也間接造成日本糖業資本家收購土地的障礙。

米糖互剋的爭議問題，凸顯在 1909 年反抗林本源製糖株式會社的強制收購臺灣農民的私有土地，以及到了 1924 年至 1926 年間，因為彰化二林地區蔗農不滿林本源製糖株式會社的甘蔗收購價格太低，導致蔗農為要求合理待遇與警察的偏袒日本公司所爆發的衝突事件，並擴及鳳山、麻豆等地的成立農民團體。

尤其在桃園大圳、嘉南大圳等水利灌溉工程，蓬萊米取代在來米的種植，種植香蕉、鳳梨，以及森林的開發等方面，雖然改變了農業的生產項目，但農民的強烈抗爭事件，凸顯資本主義日本公司藉由總督府的公權力，強行掠奪臺灣市場的經濟利益，並削弱或取代臺灣人企業和以土地資本為主的經營空間，更徹底逐出英美資本主義在臺灣的市場利益。

山本有造指出：

1911 年至 1938 年間，朝鮮人口雖約臺灣之五倍，但日本政府在朝鮮

的農業投資約僅臺灣的一半。[75]

　　檢視總督府在臺灣推動農業發展所導致米糖相剋的政策，除了由地方性的「二林蔗農抗爭事件」所組的農民團體之外，並擴及南部地區，最後發展成為全國性「臺灣農民組合」的組織，團結全國農民展開對殖民政府農業問題抗爭的政治事件。

3. 推行軍需化工業政策

　　基本上，總督府在臺灣實施資本主義的經濟政策，在初期的強調「工業日本、農業臺灣」的經濟政策，導致農業與工業的不均衡發展結構，儘管在農業發展上凸顯了富於生產力的農業基礎，以及與農業相關的基礎設施。

　　而在工業發展方面，為配合日本經濟利益，僅以開發食品加工業為主。一直要到了日治後期臺灣產業的發展才轉而重視與軍備有關的工業規劃和開發。主要的原因是受到戰爭的影響，尤其 1931 年在中國大陸發生了「九一八事件」之後，總督府在臺灣實施的資本主義經濟政策才有機會得由「工業日本、農業臺灣」調整為「工業臺灣、農業南洋」。

　　當時臺灣工業發展，大部分皆屬與總督府相關的獨占企業，例如依據相關特別法創立的臺灣青果株式會社、臺灣銀行及臺灣電力株式會社；林業及鐵路完全由政府資本獨占；鴉片、樟腦、菸葉、酒等專賣制度不但促成官營企業獨占市場，且依靠指定委託方式，授予民間資本獨占經營的特權。

　　總督府為推行與軍備有關的軍需化工業政策，包括了紡織、機械、化學及金屬等工業在臺灣的迅速發展，尤以 1934 年與 1937 年日月潭發電所的第一期與第二期分別完工，其電力設施與供應除了有助於發展煉油、肥料類的化學工業與醬油類的食品工業之外，對於國內紡織工業和鍊鋁、機械金屬類工業的發展影響更大。

　　根據表 36 顯示：紡織工業從 1921-1924 年的 3 百萬圓佔 1.7%，至 1940-1942

---

[75]　山本有造，《日本植民地經濟史研究》，(日本：名古屋大學出版會，1992 年 2 月)，頁 161。

年已增加為 11 百萬圓佔 1.7%；金屬工業從 1921-1924 年的 3 百萬圓佔 2.1%，至 1940-1942 年已增加為 46 百萬圓佔 7.0%；機械設備從 1921-1924 年的 4 百萬圓佔 1.7%，至 1940-1942 年已增加為 30 百萬圓佔 4.5%；化學工業從 1921-1924 年的 13 百萬圓佔 7.9%，至 1940-1942 年已增加為 80 百萬圓佔 12.1%；食品工業從 1921-1924 年的 122 百萬圓佔 74.6%，至 1940-1942 年已增加為 406 百萬圓佔 61.0%。

比較各種工業年平均生產金額的成長比率，最高的是金屬類從 1.7%成長到 7.0%；其次機械設備類從 2.1%成長到 4.5%，第三紡織類是從 1.7%的維持不變；食品類則是從 74.6%降到 61.0%。

表 36 日治時期臺灣各種工業年平均生產金額與比率 (單位：100 萬圓，%)

項目 年別	總 計		紡 織		金 屬		機械設備		雜業(含木材、印刷等		化 學		食 品	
	金額	比率	金額	比率	金額	比率	金額	比率	金額	比率	金額	比率	金額	比率
1921-1924	165	100	3	1.7	3	1.7	4	2.1	20	11.9	13	7.9	122	74.6
1925-1929	217	100	3	1.5	4	2.0	5	2.2	32	14.7	20	9.3	153	70.3
1930-1934	228	100	3	1.1	6	2.5	5	2.3	29	12.9	18	7.8	167	73.3
1935-1939	387	100	6	1.5	17	4.5	12	3.1	45	11.6	38	9.9	269	69.4
1940-1942	664	100	11	1.7	46	7.0	30	4.5	91	13.7	80	12.1	406	61.0

資料來源：George W. Barclay, *Colonial Development and Poplation in Taiwan* (Princeton: Princeton University Press, 1954), p.38.

至於工業與其他產業的比率，根據表 37 顯示：臺灣農業是從 1915-1919 年的佔 55.0%降至 1940-1942 年的 41.0%；臺灣礦業是從 1915-1919 年的佔 2.8%

增加到 1940-1942 年的 4.5%；臺灣漁林業是從 1915-1919 年的 3.4%增加到 1940-1942 年的 6.6%；臺灣工業生產從 1915-1919 年的佔 38.8%，到 1940-1942 年已增加到佔 47.4%。

表 37　日治時期臺灣工業年平均增產金額與比率 (100 萬圓，%)

項目 年別	總計		農業		礦業		漁林業		工業	
	金額	比率	金額	比率	金額	比率	金額	比率	金額	比率
1915-1919	267.7	100	144.5	55.0	7.2	2.8	9.1	3.4	101.9	38.8
1920-1924	411.5	100	207.0	50.3	12.0	2.9	23.0	5.6	169.5	41.2
1925-1929	559.0	100	293.6	52.5	16.8	3.0	31.8	5.7	216.8	38.8
1930-1934	525.5	100	255.8	48.7	15.5	3.0	26.5	5.0	227.7	43.3
1935-1939	901.0	100	432.7	48.0	39.6	4.4	41.5	4.6	387.0	43.0
1940-1942	1,388.4	100	576.4	41.5	62.8	4.5	91.8	6.6	657.4	47.4

資料來源：Ibid.

　　臺灣農、工產業結構的變動，工業產值的超越農業產值，顯示臺灣資本主發展已由農業轉型為工業，特別是軍需工業的發展。

　　根據表 38，殖民政府透過成立與合併的機制，並充分運用海外資源來擴大公司資本額與技術，組織獨占或寡占性的大企業集團，來發展臺灣初期的工業。

　　諸如在鋁業方面，有日本鋁業公司，資本來自三菱系統，海外原料進口自荷屬東印度的鐵礬石；

　　有鎂業的南日本化學工業，資本來自日本曹達、臺拓，海外原料進口自中國東北的菱苦土礦，還有旭電化公司，資本來自日本古河系，海外原料進口自中國東北的菱苦土礦；

有鎳業的東邦金屬公司，資本來自日本古河、赤司系，海外原料進口自緬甸的砒化鎳、西伯利亞的礦砂鎳礦；

有合金鐵業的臺灣電化公司，資本來自日本電器化學系，海外原料進口自旅順大連的礦石、日本八幡的鐵屑；

有電氣製鐵業的臺灣電力公司，資本來自公私合同企業，海外原料進口自越南鐵礦、菲律賓的雲母礦；

有硫安業的臺灣化學工業公司，資本來自日本礦業系統，原料主要來自新竹天然瓦斯；

有尿素石膏業的新興窒素工業公司，資本來自日本三菱、日本化成系統，原料主要來自花蓮石灰石；

有燐酸肥料的東洋電化公司，資本來自臺拓、日本礦業系統，原料主要進口自新南群島；還有東洋電化公司，資本來自南方拓殖、東邦電力系統，原料主要進口自南洋安高爾島的燐礦石；

有水泥業的臺灣水泥公司，資本來自淺野系統，原料主要是高雄的石灰石；還有臺灣化成公司，資本來自臺拓、赤司系統，原料主要是蘇澳的石灰石；

有硫酸業的臺陽礦業公司，資本來自顏家系統，原料主要是瑞芳金礦的硫化鐵礦；

有耐火磚業的臺灣特殊窯業公司，資本來自赤司系、日本玻璃、大日本麥酒、麒麟麥酒等系統，原料主要是金門的特殊黏土；

有玻璃業的臺灣玻璃公司，資本來自前川系統，原料主要是臺灣的礦砂及天然瓦斯；還有臺灣高級玻璃公司，資本來自臺灣精機工業系統，原料主要是臺灣的礦砂及天然瓦斯；

有發電業的臺灣電力公司，資本來自公私合同企業系統，水利資源主要是日月潭；還有東臺電力興業公司，資本來自日本鋁業、東邦金屬、東洋電化、鹽水港製糖等系統，水利資源主要是東部水系；

有鑄鋼的櫻井電氣公司的設立於臺北；和有鐵材的北川產業海運公司、北川製鋼公司設立於臺北松山；有鋼業的興亞製鋼公司，資本來自杉原系統，原

料來自於廢鐵製鋼；

　　有海綿銑業的南海興業公司，資本來自東洋產業系統，資源主要是移自朝鮮純度 60%以上銑礦，及臺灣自產的焦煤；

　　有人造橡膠業的臺灣有機合成公司，資本來自高砂化學、旭電化、帝國人絹、日本電力等系統，原料來自於公司設置於新竹附近的竹東石灰石製成的電石；有橡膠業的臺灣橡膠公司，資本來自日本護膜、石橋等系統，原料來自南洋及臺灣廢樹橡膠的再製；

　　有礦用火藥業的南進火藥公司，資本來自日本火藥系統，原料來自臺灣產的原料鹽、木炭、澱粉、麻、甘油；

　　有工業鹽業的南日本鹽業公司，資本來自臺拓、大日本鹽業、日本曹達等系統，原料來自臺灣鹽。

　　這其中最主要公司資金來源是日本的企業集團，而進口的工業原料主要進口分別進口自荷屬東印度(印尼)的鐵礬石、中國東北的菱苦土礦與旅順大連的礦石、緬甸的砒化鎳、西伯利亞的礦砂鎳礦、越南鐵礦、菲律賓的雲母礦、新南群島與南洋安高爾島的燐礦石，以及日本八幡的鐵屑等海外資源，來供應發展臺灣的工業需求，以及充分支援日本在二戰時期的發動大東亞戰爭。

表 38　日治末期臺灣利用海外資源及其相關工業產品概況（1937-1941）

產品	公司名稱	資本系統	資本額（千元）	成立時間	地點	產地及原料	附註
鋁	日本鋁業	三菱系	60,000	1935	高雄花蓮	荷屬東印度的鐵礬石	
鎂	南日本化學工業	日本曹達、台拓	15,000	1939	高雄	東北的菱苦土礦	
鎂	旭電化	古河系	10,000	1939	高雄	東北的菱苦土礦	兼製鹽
鎳	東邦金屬	古河、赤	10,000	1938	花蓮	緬甸的砒化	

產品	公司名稱	資本系統	資本額（千元）	成立時間	地點	產地及原料	附註
		司系				鎳、西伯利亞的礦砂鎳礦	
合金鐵	臺灣電化	電器化學	2,000	1935	基隆	旅順大連的礦石、日本八幡的鐵屑	
電氣製鐵	臺灣電力	公私合同企業	77,000	1934	松山	越南鐵礦、菲律賓的雲母礦	
硫安	臺灣化學工業	日本礦業系	10,000	1937	新竹	新竹天然瓦斯	
尿素石膏	新興窒素工業	三菱、日本化成	5,000	1939	花蓮	花蓮石灰石	
燐酸肥料	開洋燐礦	臺拓、日本礦業	1,000	1938	新南群島	新南群島	
燐酸肥料	東洋電化	南方拓殖、東邦電力	5,000	1939	花蓮	南洋安高爾島的燐礦石	
水泥	臺灣水泥	淺野系	5,000	1940	高雄	高雄的石灰石	設備來自淺野水泥
水泥	臺灣化成	臺拓、赤司系	5,000	1939	臺北蘇澳	蘇澳的石灰石	設備來自日本盤城水泥及名古屋豐國水泥
硫酸	臺陽礦業	顏家	10,000	1939	瑞芳	瑞芳金礦的	

產品	公司名稱	資本系統	資本額（千元）	成立時間	地點	產地及原料	附註
						硫化鐵礦	
耐火磚	臺灣特殊窯業	前川系	450	1939	高雄	金門的特殊黏土	
玻璃	臺灣玻璃	赤司系、日本玻璃、大日本麥酒、麒麟麥酒	3,000	1940	景尾	臺灣的礦砂及天然瓦斯	製玻璃量器、醫療器皿、高級容器
玻璃	臺灣高級玻璃	臺灣精機工業系	100	1939	新竹	臺灣的礦砂及天然瓦斯	
發電	臺灣電力	公私合同企業			日月潭		
發電	東臺電力興業	日本鋁業、東邦金屬、東洋電化、鹽水港製糖	30,000	1939	花蓮	東部水系	
鑄鋼	櫻井電氣鑄鋼所		1,000	1939	臺北		
鐵材	北川產業海運、北川製鋼		3,000	1941	松山	打撈沉船予以解體再行鎔鑄鋼鐵	
海綿銑	南海興業	東洋產業系	4,000	1940	汐止	移自朝鮮純度60%以上銑礦及台灣自產的焦煤	

產品	公司名稱	資本系統	資本額（千元）	成立時間	地點	產地及原料	附註
鋼	興亞製鋼	杉原系	800	1940	臺北	廢鐵製鋼	
人造橡膠	臺灣有機合成	高砂化學、旭電化、帝國人絹、日本電力	5,000	1941	新竹	竹東石灰石製成的電石	
橡膠	臺灣橡膠	日本護膜、石橋	3,000	1941	臺北	南洋及臺灣廢樹橡膠的再製	
礦用火藥	南進火藥	日本火藥	5,000	1941		臺灣產的原料鹽、木炭、澱粉、麻、甘油	
工業鹽	南日本鹽業	臺拓、大日本鹽業、日本曹達	10,000	1938	臺南	臺灣鹽	

資料來源：張宗漢，《光復前臺灣之工業化》，（臺北：聯經，1980 年 11 月），頁 109-111。

　　臺灣資本主義現代企業組織的形成，在經營資金的來源，除了依靠早期以經稍具基礎土地墾殖的土地資本、農事經營的農業資本，及行郊交易的商業資本所累積的本地資本外，日治以前，英美資本比較重視在臺灣沿岸從事貿易活動，對於改良生產結構與提高生產力，並未有具體作為和進展。這方面的成長，要到日治時期才有顯著的改變。

　　日治初期，英美資本對臺灣的產業發展尚具政經支配勢力。總督府想要取代這股影響力，唯有靠推動臺灣土地、林野調查，及確立貨幣金融制度等改革，才能一步步達成。

　　於是從日本內地技術與商業資本的大量進入臺灣，促使臺灣資本主義發展

成為日本政經的附屬，一方面供給母國消費的食料品，一方面為消費母國的工業品，致使臺灣企業經營者與總督府、母國資本家的利益結合。

這種政商結構的利益共同體，改變了臺灣自明清時期以來資本主義市場的利益依存關係，其占臺灣整體對外貿易的比重相對於日治時期已出現顯著下降，日本市場成為是臺灣進出口的最大地區。

對照臺灣的對外貿易輸出，在 1902 年以前，以對中國大陸貿易為主。然自 1905 年日本對臺灣統治基礎確立後，臺灣對日本市場的輸出急遽增加，臺灣的對日市場輸出有集中少數商品的傾向。

根據表 39，日治時期的 1896 年至 1939 年臺灣出口主要商品種類，還是以米糖為主，茶、樟腦則是出現逐年減少的現象。另外，如 1910 年的砂糖，及 20 年代中葉以後的稻米與鳳梨、香蕉、酒精等農產品及其加工品，雖然 1937 年當日本發動對中國大陸侵略戰爭的開始階段，臺灣對中國大陸的貿易一時中斷，嗣後隨佔領區的擴大及當地物價高漲的影響，臺灣對日圓流通區域的市場輸出大為增加。

表 39　日治時期臺灣出口主要商品種類(1896-1939) (%)

項目＼年別	米	糖	米糖小計	茶	香蕉	鳳梨	樟腦	酒精	木炭	其他	計
1896	8.01	13.42	21.43	51.37	---	---	21.48	---	0.20	5.52	100.0
1900	15.86	14.78	30.64	32.26	---	---	15.61	---	0.90	20.59	100.0
1905	24.28	24.24	48.52	26.14	---	---	11.05	---	0.47	13.82	100.0
1910	11.67	58.81	70.48	10.72	0.58	0.06	6.60	0.31	0.11	11.14	100.0
1915	10.98	47.96	58.94	10.86	0.91	0.19	6.65	7.21	0.25	15.08	100.0
1920	7.94	65.75	73.69	3.09	0.84	0.39	3.52	4.62	4.90	8.95	100.0
1925	27.40	42.38	69.78	4.45	3.50	0.73	1.72	2.22	3.55	14.05	100.0

項目＼年別	米	糖	米糖小計	茶	香蕉	鳳梨	樟腦	酒精	木炭	其他	計
1930	16.03	58.79	74.82	3.67	3.55	1.47	0.97	1.69	1.34	12.49	100.0
1935	30.10	43.20	73.30	2.67	2.92	2.3.	1.25	2.06	0.38	15.12	100.0
1939	21.67	43.82	65.49	3.61	2.87	2.25	1.01	2.79	1.55	20.43	100.0

資料來源：涂照彥，李明峻譯，《日本帝國主義統治下的臺灣》，(臺北：人間，1993年 11 月)，頁 159。

根據表 40 顯示，從 1897 年至 1939 年臺灣出口主要商品對日本依存度的全體總比率，自 1905 年以後已經從 1897 年的 14.17%、1900 年的 29.48%，躍升到 56.24%，乃至於之後的 1939 年期間，其全體總比率都占 80% 以上，只有是在 1915 年占 79.60%，最只要是受到第一次世界大戰剛爆發的影響，臺灣對日出口的依存度完全取代了清治臺灣時期的對大陸依存度。

表 40　日治時期臺灣出口主要商品對日依存度(1897-1939) (%)

項目＼年別	米	糖	茶	香蕉	鳳梨	樟腦	酒精	木炭	全體總比率
1897	0.04	44.42	---	---	---	11.93	---	---	14.17
1900	0.04	69.69	---	---	---	40.54	---	---	29.48
1905	89.93	99.56	1.81	---	---	23.51	---	---	56.24
1910	98.27	98.43	9.15	100.00	100.00	0.66	100.00	---	80.01
1915	97.00	99.05	13.39	100.00	99.29	35.65	98.83	---	79.60
1920	99.69	95.10	4.38	99.94	99.06	43.01	99.69	15.26	83.74
1925	99.99	94.71	2.01	98.67	99.43	20.23	65.99	20.33	81.78

項目 年別	米	糖	茶	香蕉	鳳梨	樟腦	酒精	木炭	全體總 比率
1930	99.99	99.95	2.00	97.65	98.28	53.65	63.53	11.17	90.55
1935	99.97	96.33	11.20	92.51	90.46	53.66	93.52	---	89.58
1939	97.50	88.23	12.83	97.14	84.03	67.05	99.85	48.97	85.97

資料來源：同上表。

另一方面，根據表 41、42，臺灣在總進口市場上呈現強烈的分散性。其中肥料與鐵製品類有取代香煙、酒、鴉片等商品市場的趨勢。若再加上紡織品，這三項商品佔總輸入額幾近三分之一，顯示臺灣對日本市場的進口依存度日深。尤其到了 1937 年以後，臺灣肥料已全部轉為依賴性進口的結構關係。

表 41　日治時期臺灣進口主要商品種類(1896-1939) (%)

項目 年別	麵粉	大豆	水產	乳品 及罐 頭食 品	煙、 酒、 鴉片	紡織 品	紙類	肥皂 火柴	鐵及 鐵製 品	車輪 及零 件	木材 及木 板	肥料	其他	計
1896	2.54	---	0.79	0.42	18.28	18.27	2.21	1.10	0.21	0.02	---	0.34	55.82	100
1900	1.62	0.51	1.19	0.74	16.33	8.69	2.04	1.00	1.67	0.02	---	0.45	65.74	100
1905	1.72	0.49	1.78	0.74	17.57	17.42	2.70	1.20	1.30	0.17	15.11	0.46	49.34	100
1910	1.78	0.10	4.67	1.08	12.75	12.22	1.68	0.84	3.10	0.93	5.52	4.37	50.96	100
1915	1.99	1.04	7.84	1.41	11.19	12.43	2.06	2.95	4.57	0.97	3.28	10.42	39.89	100
1920	1.17	1.39	5.54	1.02	8.30	5.90	1.66	1.51	5.15	1.66	4.92	11.93	49.82	100
1925	2.15	1.94	5.82	1.18	5.32	14.22	2.00	1.25	5.06	1.02	2.55	15.66	41.83	100
1930	1.41	1.75	3.72	1.96	5.74	12.93	2.01	1.17	7.48	2.86	4.09	14.85	40.03	100

項目 年別	麵粉	大豆	水產	乳品及罐頭食品	煙、酒、鴉片	紡織品	紙類	肥皂火柴	鐵及鐵製品	車輪及零件	木材及木板	肥料	其他	計
1935	1.72	1.75	2.80	1.56	6.21	12.99	1.93	1.44	8.33	3.61	4.34	16.51	36.59	100
1939	1.87	1.79	3.30	2.04	5.43	9.32	1.82	2.05	3.34	1.98	5.11	14.85	47.10	100

資料來源：涂照彥，李明峻譯，《日本帝國主義統治下的臺灣》，(臺北：人間，
　　　　　1993 年 11 月)，頁 160。

表42　日治時期臺灣進口主要商品對日依存度(1897-1939) (%)

項目 年別	肥料	紡織品	鐵及鐵製品	煙、酒、鴉片	木材及木板	車輪及零件	水產	紙類	大豆	麵粉	乳品	肥皂火柴	全體總比率
1897	---	---	---	---	---	---	---	8.38	---	---	61.90	1.06	22.73
1900	---	---	17.17	---	---	---	66.03	26.44	---	---	75.46	95.93	38.34
1905	25.00	57.60	51.72	42.73	67.09	38.10	85.09	49.39	---	46.67	66.30	98.29	55.15
1910	58.97	67.11	46.54	29.68	81.72	21.15	99.08	72.11	---	74.63	80.04	95.61	59.42
1915	57.85	87.08	96.52	44.41	79.82	88.01	99.26	79.05	25.49	100.0	80.09	98.54	76.07
1920	38.72	79.71	98.05	44.77	71.98	92.96	93.02	91.29	34.69	88.82	68.69	99.42	64.99
1925	22.92	83.36	95.06	61.25	63.98	99.74	94.18	91.84	8.28	98.28	83.97	99.96	69.69
1930	23.34	86.17	90.72	83.28	78.20	99.46	94.04	96.07	8.39	100.00	96.97	99.95	73.18
1935	52.41	88.85	95.07	90.39	98.46	99.65	90.85	99.68	7.20	100.00	100.00	100.00	82.91
1939	61.42	92.86	100.00	96.60	99.63	99.91	97.82	100.00	10.78	100.00	100.00	100.00	88.36

資料來源：同上表。

就日本內地市場利益的角度衡量，促進臺灣資本主義發展可以增加日本投資利潤，累積日本資本。根據表 43 顯示，1895-1915 年臺灣對中國大陸貿易從 55.2%降至 10.1%的呈現萎縮趨勢。

1916-1929 年又從 10.6%的逐年呈現增加的情況，這一改變主要是因為受到第一次世界大戰的影響，歐美列強放鬆對中國大陸市場的控制，加上戰爭的需要，又回到了帶動臺灣與中國大陸之間兩岸貿易的發展。

然而，1930-1937 年又因中國大陸受到日本的侵略，發動抵制日貨運動，加以 1930 年世界經濟大蕭條，消費減少，貿易再呈現萎縮趨勢。

1938-1945 年兩岸貿易又有明顯成長，主要是因為日本佔領東北、華北，為滿足戰爭的需要，增加輸往該區的物資，但已無法回復到 1900 年前後所占那麼高的比率。

這數據凸顯總督府將原本以英美資本為主的臺灣與中國大陸經貿關係，移轉為以日本資本為主的臺灣與日本經貿關係，達到總督府將臺灣產業「去中國化」的目的。特別是在中日交戰期間，更導致臺灣原在東南亞的茶市場因當地華僑抗日而縮減，同時也因九一八事變、七七事變，使滿洲國不再買中國茶而改買臺灣茶。

表 43 日治時期臺灣對日本與大陸的貿易總額及比率對照(1897-1945)

項目＼年度	對外貿易總額(千元)	對日貿易額(千元)	對日貿易額佔總額(%)	對大陸貿易額(千元)	對大陸貿易額佔總額(%)
1897	31,237	5,828	18.7	17,242	55.2
1898	38,141	8,410	22.1	20,972	55.0
1899	37,028	11,662	34.8	14,992	40.5
1900	36,944	12,841	43.4	13,788	37.3
1901	37,172	16,128	41.1	12,140	32.7
1902	40,468	16,643	48.8	13,307	34.4
1903	42,921	20,924	45.3	12,023	28.0
1904	45,465	20,588	55.6	13,017	28.6

項目 年度	對外貿易總 額(千元)	對日貿易額 (千元)	對日貿易額 佔總額(%)	對大陸貿易 額(千元)	對大陸貿易額 佔總額(%)
1905	48,739	27,145	60.1	10,406	21.4
1906	56,410	33,894	64.1	11,111	19.7
1907	58,347	37,385	62.2	7,316	12.5
1908	71,723	43,350	71.3	7,719	10.8
1909	84,595	60,316	70.8	7,731	9.1
1910	108,846	77,047	72.3	9,430	8.7
1911	118,114	85,383	72.7	10,159	8.6
1912	125,424	91,157	72.9	12,302	9.8
1913	114,248	83,282	76.7	10,544	9.2
1914	111,633	85,637	78.1	10,954	9.8
1915	129,033	100,821	73.5	12,974	10.1
1916	177,369	130,287	73.9	18,746	10.6
1917	234,691	173,376	72.5	26,156	11.1
1918	243,576	176,627	70.0	33,803	13.9
1919	332,536	232,781	75.4	45,274	13.6
1920	388,702	293,162	77.7	45,142	11.6
1921	286,393	222,418	75.6	30,667	10.7
1922	276,960	209,475	77.9	3,222	11.6
1923	308,724	240,460	77.0	32,444	10.5
1924	386,700	297,700	76.7	50,406	13.0
1925	449,610	345,155	74.4	60,212	12.1
1926	434,838	323,514	76.6	60,273	13.9
1927	433,625	332,187	79.0	53,158	12.3
1928	439,071	346,840	79.5	45,317	10.3
1929	476,804	379,075	83.4	50,620	10.6
1930	409,700	341,760	86.3	34,194	8.3
1931	366,495	316,187	87.9	25,610	7.0
1932	405,226	356,140	87.7	29,077	7.2

項目 年度	對外貿易總 額(千元)	對日貿易額 (千元)	對日貿易額 佔總額(%)	對大陸貿易 額(千元)	對大陸貿易額 佔總額(%)
1933	433,802	380,659	87.6	30,956	7.1
1934	520,950	456,401	86.7	36,433	7.0
1935	613,864	532,341	88.6	48,056	7.8
1936	680,635	602,727	90.3	47,857	7.0
1937	762,299	688,154	90.9	42,309	5.6
1938	823,113	748,054	86.6	54,958	6.7
1939	1,001,588	867,353	84.5	106,594	10.6
1940	1,047,867	855,040	81.8	134,075	12.8
1941	918,411	751,637	83.4	146,446	15.9
1942	907,658	757,248	79.0	140,180	15.4
1943	739,629	584,640	70.8	133,471	18.0
1944	475,926	336,975	66.8	124,106	26.1
1945	46,424	31,023		14,230	30.7

附註：對外貿易總額除了對日本與大陸貿易額之外，尚包括對福建的貿易金額

資料來源：黃福才，《臺灣商業史》，(江西：人民出版社，1990 年)，頁 232-233。

　　另外，日本政府為了維持臺灣成為其資本主義發展的附屬經濟區，以提昇米糖的生產量和輸出量，從中獲取利益。為達成臺灣資本主義發展內地化，總督府使用各種手段，除了極力防止臺灣金融產業的崛起之外，特別藉由設立以臺灣銀行為中心的貨幣及金融制度，全力來保護、培育以母國資本為中心的企業。

　　鑒於臺灣與中國大陸貿易往來的熱絡及外國洋行對市場的滲透，必須建立完善貨幣與金融制度，並將臺灣錯綜複雜的幣制與母國的金融體系相結合。

　　由於總督府本身參與投資和保證虧損，臺灣銀行遂成為政府掌控的一部分，1927 年春，爆發的臺灣銀行對鈴木商店不良貸款的金融事件，導致臺灣銀行瀕臨破產。另外，1905 年金圓券的流通與 1911 年貨幣法的適用，使臺灣與日本同步，完全被置於金本位制度的支配下。

　　因此，臺灣資本主義市場雖然部分地主是殖民經濟的受益者，但只要積累農業剩餘而想創辦工業或金融企業，就會發覺自身是差別待遇的受害者。1926年由地主林獻堂發起創辦的大東信託公司，其股東完全是臺籍人士組成的臺灣金融企業，在經歷初創時期總督府無端的阻擾成立介入之後，該公司仍被視為支持民族運動的背後財力支援者，終究被迫停止營業。

　　例如 1944 年 5 月臺灣總督府以《信託法》將於 8 月起在臺灣實施，並因應戰時統制需要，開始籌畫將當時比較具規模的臺灣興業信託、大東信託與屏東信託合併，三家信託資本合計 455 萬圓，臺灣銀行等銀行再出資 545 萬圓，增資至 1 千萬圓，改名臺灣信託株式會社。

　　總督府只允許臺灣產業發展集中於三井物產、三菱商事、杉原產業及加藤商會等與政府關係密切的母國大資本家手中，對外貿易完全受母國財閥控制。另外，日本明治維新，不管出兵臺灣或西南戰爭的時候，都必須用船輸送軍隊，造就航海業的發達，政府委任岩崎瀰太郎主持的三菱，就是在這時候成立，奠下經營的基礎。[76]

　　雖然總督府及資本家採取激烈手段極力剷除臺灣本地企業勢力與外國洋行，但以臺灣人為主體投資的企業資本仍逐漸累積，不斷地增強了臺灣資本主義發展的自主性。

　　另外，同樣在日本的殖民統治下，臺灣的本土商人較朝鮮的本土商人更有力量，在日治時期的朝鮮，日本商人滲入地方基層，但日治時期臺灣地方基層的本土中小商人較日本來臺的中小商人更有勢力。

　　臺灣當時的企業基本上還是屬於家族式的組織結構，相較於 16 和 17 世紀法國上層的資產階級或士紳，他們的父輩或祖輩因經商致富，但到了他們這一代，已不再開設店舖或商行，不再依靠買賣貨物的賤業維生，而是改以經營大片土地，展開金融業和捐納官職。因此。日治臺灣家族企業的組織型態，由於大企業多為日人所掌控與經營，臺灣人所經營的企業尚多只限於比較小規模的

---

[76] 小島政二郎，李學熙譯，《明治天皇》，(臺北：水牛，1973 年 7 月)，頁 255。

手工業等。

溯自清末移民臺灣以來，較著名且比較有實力家族公司的企業其所經營項目分別是經營米業、糖業的板橋林家，開採煤礦、金礦的基隆顏家，專營樟腦的霧峰林家，貿易起家的高雄陳家與鹿港的辜家等五大家族，當時臺灣企業發展仍只限於集中在少數家族手中。

分析這五大家族的企業經營模式，除了勤勉、冒險的經營特質、擅於把握經營時機、特別重視教育，以及善盡社會責任外，最重要的是維持與日本和總督府之間的良好政商關係。

因此，臺灣企業的經營與生存發展，部份就是透過日本資本的引進而壯大，並抵制臺灣本地資本的成長，終致弱化對抗關係而逐漸實現的，這與北美洲新大陸的商人與其母國的資本家之間存在著衝突和敵對態度是完全相同的處境。

同樣地，朝鮮人企業的組成和經營亦與臺灣人遭受相同的命運，例如著名的三星企業集團，成立於 1938 年三星商會(三星集團的前身)的設立與成長。[77]雖然在日本統治下的臺灣人民，相對日本殖民的朝鮮人民具有經濟理性，只要利之所在，不必訴諸政治的驅迫，就願嘗試新的技術或經濟發展的機會。

整體而言，臺灣企業的逐漸形成與壯大，導致五大家族企業都曾被日本強迫合併或遭受日本支配的慘痛經驗，如霧峰的大東信託、辜顯榮的糖廠、林本源製糖會社、高雄陳家的新興製糖等被日方合併，而在基隆顏家的臺陽礦業株式會社，其領導階層仍以日籍幹部居多，其企業組織結構可謂與日本母國政府和民間資本相結合而獲取政經利益的寄生性承包階級。

回溯日本企業的成長過程，當日本在 1868 年幕府時代結束，維新政府強迫武士擺脫封建時代的習慣。政府為了創造商機，賤賣了國營的工廠、制定了股份有限公司，廢除行會與其他限制職業選擇的措施，並且強調資本主義市場競爭的精神，大肆宣揚賺錢絕對不違背神道和佛家思想，以及愛國行為。許多武士因此再造自己成為商人，他們往往拿著政府命令他們放棄兵役所發的補償金

---

[77] 李秉吉，《湖巖自傳》，(漢城：中央日報社，1986 年 2 月)，頁 33-40。

去籌組公司。

　　對照當時臺灣的公司組織情況，根據表 44 顯示，1912 年臺灣本地企業投資的公司只有 34 家，不及總計 146 家的 5%，其中還包括受總督府指導而設立的林本源製糖會社，及彰化與嘉義銀行。從資本額分析，如果將總額 337.4 萬圓，減去林本源製糖會社的 115 萬圓，及彰化與嘉義兩家銀行的 47 萬圓，剩下只有 175.4 萬圓為本地人自發性成立的公司。

　　根據表 45，1911-1912 年公司家數從 58 家急增到 93 家，增加率高達 60%，但實收資本額僅從 516 萬增到 635 萬，只增加 25%；合資公司從 34 家增加到 41 家，資本額卻從 484.3 萬圓減到 224.8 萬圓，減少率達 50%以上。公司家數亦出現停滯趨向，凸顯臺灣本地企業資本受到政府機關的強力介入，在市場競爭的無情打擊之下，不是被日本資本所吸納或兼併，就是只好暫時將其資本從企業的市場上退出。

表 44　日治時期在臺灣投資成立的公司家數與資本額狀況 (1912 年，千圓)

家數資本額　　業別	全部家數與資本額		本地人投資成立的家數與資本額	
	公司家數	實收資本額	公司家數	實收資本額
製糖業	20	54,935	3	2,065
銀行業	4	7,113	2	470
各種製造業	23	1,701	7	194
土地及信託業	6	1,604	0	-
各種商業	20	823	3	125
礦業	1	750	0	-
農業	14	702	4	38
製冰業	8	823	1	63
水產業	5	539	1	51
輕鐵運輸	12	584	4	162
承包業	3	320	0	-
新聞發行業	3	320	0	-
運輸、倉庫業	7	130	2	33

家數資本額　　業別	全部家數與資本額		本地人投資成立的家數與資本額	
	公司家數	實收資本額	公司家數	實收資本額
製酒業	9	216	6	143
樟腦業	2	160	0	-
電氣業	3	88	0	-
雜業	6	169	1	30
總計	146	70,987	34	3,374

資料來源：臺灣銀行，《臺灣產業及金融統計摘要》，(臺北：臺灣銀行，1913 年)，
　　　　　頁 25-36。

說明：——表示數字缺。

表 45　日治時期不同公司與銀行結構變遷(1906-1914) (單位：千圓)

項目　　年別	公　　司		合　　營		合　　資		總　　計	
	家數	實收資本額	家數	實收資本額	家數	實收資本額	家數	實收資本額
1906	13	8,432	4	183	14	640	31	9,255
1907	16	15,244	5	212	18	798	39	16,254
1908	24	19,079	8	512	15	635	47	20,226
1909	27	25,652	12	2,628	21	3,868	60	32,148
1910	40	39,091	12	2,603	26	4,403	78	46,097
1911	58	51,567	10	2,590	34	4,843	102	59,000
1912	93	63,534	10	1,196	41	2,248	144	66,978
1913	99	66,805	12	1,301	47	2,773	158	70,879
1914	102	73,610	15	1,250	59	3,090	176	77,950

資料來源：臺灣銀行，《臺灣金融事項參考書第 12 次》，(臺北：臺灣銀行，1918
　　　　　年)，頁 198。

　　比較日本統治朝鮮，亦以同樣策略分別設立朝鮮銀行、朝鮮殖產銀行、朝
鮮儲蓄銀行、普通銀行，以及地方性金融組合，以掌控殖民地資本與產業發展。

[78]1913 年由日本人「YOSHIWARA」負責興建，位在廣州城區西南的沙面設有臺灣銀行的分行。

　　該沙面係珠江沖積而成的沙洲，宋、元、明、清時期為對外通商要津和風景勝地，鴉片戰爭後，1861 年淪為英、法租界，直到二次大戰後才歸還中華民國，中共建政後，「臺灣銀行」四個字被水泥封住，直到 20 世紀 90 年代沙面重新整裝，四個字才又顯露出來，「沙面臺灣銀行」資產現歸沙面管理局管理，屬於大陸國有財產。

　　日治以來臺灣資本主義企業資本的形成，根據表 46 辜顯榮、表 47 顏雲年、表 48 林獻堂、表 49 林本源、表 50 陳中和等臺灣五大家族企業集團的資本結構和其發展變遷，以及針對表 51 日治時期日資、在臺日資與在地資本投資工業金額對照(1938-1941)，凸顯鹿港辜家、基隆顏家、霧峰林家、板橋林家和高雄陳家等這五大家族所投資的企業集團，不但深受總督府與日系企業利益的制約，而且新設立的企業，也大多由日本人出資，臺灣本地企業出資金額與比率，除 1938 年外，均未超過 10%。

　　承上述，臺灣這五大家族實際上都很難掌控企業經營的自主性，但藉由與日本政府權力及日系在臺企業的利益共生，形成新的政商特權階級，卻可以保存了舊有地主的勢力，也在臺灣農工轉型的過程中扮演關鍵性角色。

　　這股力量不但影響總督府在臺灣的政經作為，甚至到了國民黨政府統治臺灣之後，這五大企業集團的政經勢力仍迅速與新的政權結合或調整，形成另一種型態的政府與產業關係。

表 46　日治時期辜顯榮企業集團投資概況 (單位：千圓)

項目 公司	代表人	投資日期	資本額	實收金額	主要營業項目及其他
大和行	辜顯榮	1897	—	—	製樟腦、製鹽，合資

---

[78] 趙璣璿，《韓國經濟史》，(漢城：日新社，1965 年 4 月)，頁 373-385。

項目 公司	代表人	投資日期	資本額	實收金額	主要營業項目及其他
臺灣官煙販賣	辜顯榮	1809	180	180	獨資
商工公司	辜顯榮	1900	—	—	土木建築，合資
鹿港鹽田開設	辜顯榮	1900	300	300	鹽田
臺北大稻埕鹽務支店	辜顯榮	1900	—	—	
鴉片煙膏推廣人	辜斌甫	1900	—	—	承包鴉片
大和製糖工場等18所	辜顯榮	1901~14	300	300	
大租公債買收所	辜顯榮	1905	—	—	
彰化銀行	辜顯榮	1905	220	220	
大豐館開墾事務所	辜顯榮	1907	—	—	開墾、灌溉，獨資
臺灣地所建築	辜顯榮	1908	1,500	900	與本地日資合資
臺灣日日新報社	辜顯榮	1910	200	150	成立於1900年
大正拓殖	辜偉甫	1910	80	—	
臺灣製麻	辜顯榮	1912	—	—	40,000股中佔180股
大和興行	辜偉甫	1913	1,000	500	
臺灣倉庫	辜顯榮	1915	1,000	1,000	20,000股中佔200股
高砂鐵工所	辜顏碧霞	1917	120	120	器具鑄造
臺灣漁業	辜偉甫	1919	200	—	
臺灣製鹽	辜偉甫	1919	5,000	250	

項目 公司	代表人	投資日期	資本額	實收金額	主要營業項目及其他
大和製糖	辜顯榮	1920	5,000	5,000	
大和商行	辜顯榮	1920	2,000	500	由大和行改組
集成材木商行	辜顯榮	1920	300	180	1938 年代表人改為辜偉甫，木材業
南洋倉庫	辜顯榮	1920	5,000	1,250	50,000 股中佔 1000 股
大成火災海上保險	辜皆的	1920	5,000	1,250	
臺洋漁業	辜顯榮	1921	200	50	辜顯榮於 1924 年出任社長，更名為臺陽漁業
大豐拓殖	辜顯榮	1922	5,000	2,000	土地開墾，米、麥、肥料之進出口
明治製糖	辜顯榮	1922	32,500	14,500	大和製糖併入明治製糖，辜顯榮任監察人，佔 2,977 股
大豐精米工場	辜顯榮	1922	—	—	
中部漁業	辜顯榮	1922	55	30	
大和農鐵	辜顯榮	1923	—		
大和興業	辜顯榮	1925	1,000	500	農業
鹿港製鹽	辜斌甫	1925	500	125	
大和製冰	辜顯榮	—	300	—	辜顯榮任董事
臺灣商工銀行	辜顯榮	1926	—	—	
大龍同信用組合	辜顯榮	1929	—	—	

項目 公司	代表人	投資日期	資本額	實收金額	主要營業項目及其他
大查殖產	辜振甫	1931	160	40	農場經營
臺灣鳳梨罐頭販賣	辜顯榮	1932	320	—	後併入臺灣鳳梨拓殖
大和拓殖	辜顯榮	1933	1,200	1,200	不動產、製糖
臺灣合同鳳梨	辜顯榮	1935	7,200	—	
臺灣鳳梨拓殖	辜顯榮	1936	2,200	—	後與臺灣合同鳳梨合併
大裕茶行	辜振甫	1938	300	150	製茶及進出口業
顯明商行	辜斌甫	1939	100	25	債券買賣
天然水泥	辜偉甫	1940	195	49	與日系資本合資
臺灣植物	辜斑甫	1941	150	—	與日系資本合資
大和物產	辜振甫	1942	180	90	農林業
有邦工業	辜斌甫	1943	180	90	木材

資料來源：涂照彥，李明峻譯，《日本帝國主義統治下的臺灣》，（臺北：人間，1993 年 11 月），頁 412-417；陳添壽，《臺灣經濟發展史》，（臺北：蘭臺，2009 年 2 月），頁 193-201。

說明：－表示數字缺。

表 47　日治時期顏雲年企業集團投資概況（單位：千圓）

項目 公司	代表人	投資日期	投資金額	實收金額	主要營業項目及其他
金裕豐號	顏雲年	1898	—	—	採礦、獨資

項目\n公司	代表人	投資日期	投資金額	實收金額	主要營業項目及其他
金盈豐號	顏雲年	1899	—	—	採礦、獨資
金盈利號	顏雲年	1900	—	—	採礦、獨資
雲泉商號	顏雲年	1903	1,500	1,500	與蘇源泉合資，土木承包，1918年代表人變更為顏國年
三瓜仔礦坑	顏雲年	1904	—	—	取得礦權
猴硐，瑞芳礦坑	顏雲年	1906	—	—	取得礦權
石抵，五堵，三峽礦坑	顏雲年	1909	—	—	取得礦權
臺灣水產	顏雲年	1911	300	—	本地日資
基隆輕鐵	顏雲年	1912	200	—	本地日資
臺灣興業信託	顏雲年	1912	1,000		
義和商行	顏雲年	—	—	—	顏系合資
海山煤礦	周碧	1915	1,000	500	
臺灣倉庫	顏雲年	1915	1,000	1,000	
臺陽礦業	顏國年	1918	1,000	250	藤田組佔60%
基隆煤礦	顏國年	1918	250	250	
基隆船渠	顏國年	1919	1,000	500	本地日資
大正醬油	顏國年	1920	—	—	20,000股中佔1,500股
南洋倉庫	顏國年	1920	5,000	1,250	

公司 \ 項目	代表人	投資日期	投資金額	實收金額	主要營業項目及其他
臺洋漁業	顏國年	1921	200	50	與辜氏家族有投資關係
海山輕鐵	顏國年	1921	500	125	
瑞芳營林	顏國年	1921	1,000	250	
彰化銀行	顏雲年	1921	—		
臺陽拓殖	顏欽賢	1922	1,000	250	
基隆商工信用組合	顏國年	1922	—	—	
禮和商行	顏國年	1923	1,000	1,000	土地、建築買賣
華南銀行	顏國年	1923	10,000	2,500	
臺灣水產	顏國年	1925	727.5	363.8	本地日資
大成火災海上保險	顏國年	1926	5,000	1,250	
中台商事	顏德修	1926	200	50	
德興煤礦	顏窗吟	—	—	—	
臺灣電化	顏欽賢	1935	2,000	1,000	
和隆木材	顏欽賢	1936	200	200	林木業
臺灣船舶、溝渠	顏欽賢	1937	5,000	5,000	
德大公司	顏德修	1938	100	25	
臺北州自動車運輸	顏欽賢	1938	1,500	750	
臺灣化成工業	顏欽賢	1939	7,500	6,250	
金包里開發	顏欽賢	1939	150	—	休閒

項目 公司	代表人	投資日期	投資金額	實收金額	主要營業項目 及其他
顏斗猛興業	顏德修	1940	100	40	不動產業
昭陽礦業	顏德修	1940	1,000	700	
臺灣煤礦	顏欽賢	1941	700		
蘇澳造船	顏欽賢	1943	1,000		與本地日系合資
東洋窯業	顏德修	1944	180		

資料來源：同上表。

說明：一表示數字缺。

表 48　日治時期林獻堂企業集團投資概況（單位：千圓）

項目 公司	代表人	投資日期	投資金額	實收金額	主要營業項目 及其他
臺灣製麻	林獻堂	1905	2,000	500	
彰化銀行	林獻堂	1911	220	220	
帝國製麻	林烈堂	1911	500	175	
製樟腦業者	林烈堂	—	—	—	政府指定人
臺灣製紙	林獻堂	1919	1,500	450	與本地日資合資
華南銀行	林烈堂	1919	10,000	5,000	
海南製粉	林獻堂	1919	2,000	500	與本地日資合資
臺灣電力	林獻堂	1919	30,000	28,200	
臺灣鐵路	林獻堂	1919	1,000		
南洋倉庫	林獻堂	1920	5,000	1,250	獻堂 1,000 股，

公司 ＼ 項目	代表人	投資日期	投資金額	實收金額	主要營業項目及其他
					階堂 200 股，烈堂 1,000 股
大成火災海上保險	林獻堂	1920	5,000	1,250	
禎祥拓殖	林烈堂	1922	1,000	1,000	土地開發
臺灣商工銀行	林烈堂	1923	10,000	5,180	被新高銀行合併
三五實業	林獻堂	1923	500	125	建築物買賣
大東信託	林獻堂	1926	2,500	625	
五郎合資公司	林階堂	1926	100	100	土地、有價債券買賣
東華名產	林階堂	1926	350	82	
臺灣新民報社	林獻堂	1929	—	—	1932 年 1 月辭職
大安產業	林獻堂	1930	2,000	1,240	農作物買賣
臺灣瓦斯	林獻堂	1934	1,000	512.5	
三茶拓殖	林樊龍	1942	195	195	不動產買賣
三五興業	林階堂	1942	196	196	不動產，造林

資料來源：同上表。

說明：一表示數字缺。

表 49　日治時期林本源企業集團投資概況（單位；千圓）

公司 ＼ 項目	代表人	投資日期	投資金額	實收金額	主要營業項目及其他
臺灣土地建築	林熊徵	1908	1,000	1,000	與本地日資合資

公司＼項目	代表人	投資日期	投資金額	實收金額	主要營業項目及其他
林本源製糖	林鶴壽	1909	2,000	1,146	
臺北製油	林熊徵	1910	150	150	與本地日資合資
臺北製糖	林熊徵	1910	3,000	1,050	與本地日資合資
臺北肥皂	林嵩壽	1911	200	50	與本地日資合資
埔里社製糖	林嵩壽	1911	2,000	860	與本地日資合資
臺灣日日新報社	林熊徵	1911	200	150	
臺灣物產	林嵩壽	1912	200	50	與本地日資合資
大同米穀	林熊徵	1913	3,000	—	與本地日資合資
臺灣紅磚	林柏壽	1914	500	500	
中國漢治萍煤鐵工廠	林熊徵	1915	—	—	
臺灣倉庫	林熊徵	1916	1,000	1,000	總數萬股，林氏為 737 股
新高銀行	林熊徵	1916	500	250	
九州安川製鐵	林熊徵	1917	—	—	日系資本
保路內歐護膜	林熊徵	1917	—	—	橡膠業
臺灣煤礦	林熊徵	1918	1,000	250	本地日資
臺灣紡織	林熊徵	1918			
臺灣商事	林熊祥	1918	200	—	機械五金買賣
華南銀行	林熊徵	1919	10,000	5,000	

公司＼項目	代表人	投資日期	投資金額	實收金額	主要營業項目及其他
臺灣製鹽	林熊徵	1919	2,000	1,000	與本地日資合資
臺灣紅磚	林熊徵	1919	3,000	1,335	與本地日資合資
日本拓殖	林熊徵	1919	10,000	3,000	與本地日資合資
臺北商事	林熊徵	1919	100	50	
臺華興業信託	林崇壽	1919	500	125	
建興公司	林熊祥	1919	—	125	
臺陽礦業	林熊徵	1920	5,000	2,360	與顏氏家族企業集團合資
內外製糖	林熊徵	1920	—	—	
南洋倉庫	林熊徵	1920	5,000	1,250	
大成火災海上保險	林柏壽	1920	5,000	1,250	
臺灣興業信託	林熊徵	1920	1,000	250	與顏氏家族企業集團合資
大安製糖	林鶴壽	1920	2,000	500	與本地日資合資
大永興業	林熊徵	1921	5,000	1,250	不動產，商品買賣，農林礦管理
林本源柏記產業	林柏壽	1922	2,000	500	土地房屋，農林，有價證券買賣
朝日興業	林熊光	1922	1,000	350	土地房屋，有價證券買賣
大有物產	林熊祥	1923	3,000	750	土地房屋，有價證券買賣

項目 公司	代表人	投資日期	投資金額	實收金額	主要營業項目及其他
林本源松記建業	林松壽	1923	1,000	250	土地房屋買賣，農業造林信託
林本源維記興業	林祖壽	1923	2,000	500	土地房屋，有價證券買賣
大安商工銀行	林柏壽	1923	—	—	
臺灣製冰	林熊祥	1924	250	62.5	
林本源彭記興業	林忠	1925	500	250	不動產買賣，借貸
鶴木產業	林鶴壽	1925	1,000	250	
興南新聞社	林柏壽	1929	—	—	
大同米穀	林柏壽	1931	200	60	
高雄興業	林熊祥	1933	100	100	煤礦製造販賣
福興建業	林熊光	1934	200	50	出租土地業
東陽護膜	林熊徵	1934	62.2	62.2	
臺灣麻袋	許丙	1939	180	45	與顏氏家族企業集團合資
常盤住宅	林柏壽	1940	180	—	住宅建築，與本地日資合資
臺北交通	林熊徵	1940	350	350	交通業，與本地日資合資

資料來源：同上表。

說明：一表示數字缺。

表 50　日治時期陳中和企業集團投資概況（單位：千圓）

公司＼項目	代表人	投資日期	投資金額	實收金額	主要營業項目及其他
順和棧	陳中和	—	—	—	進出口貿易
和興公司	陳中和	1883	—	—	進出口貿易
打狗南興公司	陳中和	—	—	—	進出口貿易
中興精米所	陳中和	—	—	—	獨資
臺灣製糖	陳中和	1900	1,000	1,000	
新興製糖	陳中和	1903	240	240	
臺灣倉庫	陳中和	1915	1,000	1,000	持有 600 股
華南銀行	陳中和	1919	10,000	5,000	
大成火災海上保險	陳啟貞	1920	5,000	1,250	
陳中和物產	陳中和	1922	1,200	1,200	農產品買賣，土地建物借貸
烏樹林製糖	陳中和	1923	300	240	
高雄製冰	陳啟峯	1925	500	125	
臺灣商工銀行	新興製糖	1926	10,000	5,180	
臺灣新民報社	陳啟川	1929	362.5	272	
興南新聞社	陳啟川	1929	300	—	
東港製冰	陳啟川	1930	100	98	
民報商事社	陳啟川	1936	4,000	—	文具用品進出口
烏樹林製鹽	陳啟貞	1937	500	240	

項目 公司	代表人	投資日期	投資金額	實收金額	主要營業項目及其他
三文興業	陳啟雲	1939	100	44	
興南製作所	陳啟安	1941	120	60	木材，製材業

資料來源：同上表。

說明：－表示數字缺。

表 51　日資、在臺日資與在地資本投資工業金額對照(1938-1941)(單位：千圓)

項目 年別		日 資	臺 灣 資 本			其他	合 計
			在臺日資	在地資本	合計		
1938	金額	253,376	80,650	38,249	118,899	1,985	374,260
	比率	67.7	21.5	10.3	31.8	0.5	100
1939	金額	272,728	92,390	39,094	131,484	2,187	406,399
	比率	67.1	22.7	9.7	32.4	0.5	100
1940	金額	303,532	109,980	39,343	149,332	2,379	455,241
	比率	66.7	24.1	8.7	32.8	0.5	100
1941	金額	359,467	125,155	43,757	168,912	3,450	531,829
	比率	67.6	23.5	8.3	31.8	0.6	100

資料來源：張宗漢，《光復前臺灣之工業化》，(臺北：聯經，1980 年 11 月)，頁 211。

　　至於 20 世紀資本主義的巨大企業與巨大銀行之間的關係，與 19 世紀有本質上的不同，其最主要表現在固定資本(設備資金)調度關係上形成新的資本關

係，而形成這種新資本關係的實體資本，一般稱為金融資本(financial capital)。

但日治臺灣時期，雖然大多數的資本主義國家都進行帝國主義的事業，但在英法資本帝國主義的強權歷史中，資本主義政府和殖民地人民之間不純粹是一種剝削關係；甚至在第一次世界大戰之前，西方帝國主義政府對於殖民地的服務，帶給他們教育、行政體系、醫療和技術的基礎。客觀而論，部分帝國主義仍有它殖民現代性的正面意義。

反之，西方壟斷資本與落後國的支配階級相結合，落後國的商人和資本家深受封建積習感染，講求奢侈浪費而不從事資本累積，扼殺民族資本家的企業，使一個富於活力和競爭力的私人經濟部門無法建立。

民族資產階級無法茁壯，就不能成為推動企業發展與工業化的主導力量。換言之，發動第二次世界大戰的日本和德國，其政府主導操控經濟去追求國家的最高利益，凸顯了國際強權的帝國主義本質。

承上論，根據表 52，臺灣資本主義發展，在資本的運用方面凸顯戰前臺灣產業資本的形成，歷經原住民的土地資本、荷治的荷蘭資本、鄭治與清領 1860年以前的中國大陸資本和 1860 年以後的英美資本為主，以及日治的日本資本階段。

整體而言，雖然臺灣企業資本的累積，大部分還是依賴外來的資本，但是臺灣本地企業資本的逐漸聚成，相當程度佐證了臺灣殖民現代性產業發展，和其開放的在地化特質。

表 52　1945 年以前臺灣早期產業資本結構的形成

產業發展(時間)	資本形成
原住民時期(~1624)	土地資本為主
荷治時期(1624-1662)	荷蘭資本為主
東寧時期(1662-1683)	中國大陸資本為主
清領時期(1683-1895)	1860 年以前以中國大陸資本為主，1860 年以後以英

	美資本為主
日治時期(1895-1945)	日本資本為主

資料來源：本研究。

(四) 臺灣資本主義皇民化

　　從臺灣相互主體性的角度論日本統治臺灣期間的社會運動，臺灣人反殖民、反帝國的主要抗爭運動，約略可分為兩階段：第一階段即是始於上述 1895 年 5 月臺灣民主國的成立，是以武裝戰爭的方式直接反抗日本統治，大有以「臺灣為中國的大陸化」對抗「臺灣為日本的內地化」態勢。

　　臺灣民主國的倡議者多為清廷官吏以及臺灣本土士紳，其運動並未建立在臺灣一般大眾基礎上，是屬於前近代式的士紳集團反抗外來統治者的行動，尚未建立基於主權在民的國民國家之抵抗運動。

　　第二階段起於 1914 年林獻堂與日本自由黨黨魁板垣退助共倡「臺灣同化會」的成立，該階段的源起主要是受到現代自由民主、民族自決及馬克思主義啟發的知識份子普遍覺醒，領導了非武裝的、社會及政治的抗日活動。第二階段可再分為前後兩個時期，前期即民族主義運動的聯合陣線時期，後期則為民族主義運動與階段鬥爭運動的對抗時期。

　　當時對日的抗爭運動，基本上，公開的政治運動具備右翼、合法的改良主義色彩，主張民眾與本土資產階級都是殖民壓迫的受害者，應緊密團結一致反對殖民者，資產階級和普通老百姓不應因意識型態不同而分裂。

　　然而暗地裡的左翼政治活動，則以社會主義思想的傳播、農民運動及工人運動為核心，其終極目標是透過革命手段，推翻帝國主義的統治，馬克思主義思想也因而在這階段於臺灣傳播開來。

　　那些被征服、主宰和統治的殖民地，它們沒有什麼選擇餘地，它們的命運是由殖民者決定。因此，被殖民的國家，有的採取抵抗策略，有的採取妥協讓步，有的全心全意西化，有的選擇某種改革，以獲取西方的科學技術，又不失

去本國的文化機制。美洲地區的歐洲殖民地是無條件學習西方；而另外一系列的獨立國家或古老帝國——從大西洋的摩洛哥到太平洋的中國，發現它們再也無法擺脫西方的擴展，遂開始採行某些改革。

具體而言，1921 年以前，臺灣人民為要求結束對臺灣統治的專制制度與不公平待遇，極欲爭取廢除《六三法》。當帝國議會決議延長《六三法》，不顧臺灣人民的意願時，臺灣人民要凸顯臺灣人與日本人的特殊性，則改以爭取地方自治為目標，成立「臺灣文化協會」，以提高文化之名，行農民與勞工運動之實，使其自覺投入對殖民統治的抗爭。

這訴求一直延續到 1927 年部分左翼民族主義者因以不贊同無產階級路線，而退出「臺灣文化協會」，另組「臺灣民眾黨」，這一政黨成為了近代臺灣第一個成立的本土政黨。「臺灣文化協會」也因此在臺灣共產黨的影響下迅速向左轉，成為總督府鎮壓的目標。

「臺灣文化協會」的分裂，導因雙方對於臺灣是否已具有資本主義發展的爭論，一方謂臺灣根本尚未有資本主義的存在，必須促進臺灣人資本家的發展，俾能達成與日本資本家抗衡的地位，因而主張推動民族運動；一方謂臺灣是有資本家，只是受制於日本資本家而未能獨力發展，且集中少數資本家和地主，為解放大多數被壓迫的勞工及農民，則主張非階級鬥爭不可，並退出臺灣文化協會，另組臺灣民眾黨。

然而，社會主義和共產主義思想的受到壓制，相對地也延續了資本主義市場經濟在臺灣的發展。英屬印度殖民政權，印度人有結社的自由，而且學校可以使用自己語言出版自己的報紙書刊；有自己的政治團體和政黨，在各省議會有發言權；某些重要工業由印度人控制。

在印度，這些權利以及行使這些權利的機會不管多麼有限，總比臺灣人幸運許多。例如針對思想調查為首務的高等警察，為掌握臺灣人民對「回歸祖國」、「爭取獨立」的思潮，從 1941 年 11 月至 1945 年 4 月，大肆檢舉叛亂份子，統

計被起訴者達 200 餘人。[79]

　　因此，軍國體制對臺灣教育文化思想的控制，亦完全是受到國家武力與政治權力實際運作的影響，也是幕後文化傳播的支撐。因此，文化軍國主義必須建立起殖民教育與教師訓練的體系。在文化、教育政策上，透過國語傳習所與國語學校，發展現代化教育和移植日本語言。

　　1922 年以前，採取初等與中等教育區別的方式。在初等教育方面，臺灣有兩種不同的學校，一是專為日本幼童設立的小學校，另一種則是臺灣幼童唸的公學校。在中等教育方面，日本人就讀的學校是獨立的，臺灣人的學校則附屬於日本語學校。

　　這種教育制度的改變要延續的 1922 年發布新的教育令，推行「共學制」，臺灣整個教育制度才逐漸一致，但臺灣人受高等教育的機會仍受到歧視而不平等待遇，如 1928 年設立臺北帝國大學，本質上仍是為日本人而設置的學校。

　　整體而論，在教育政策上，臺灣在日治以前的傳統社會，受教育是少數人的專利，每個人都應該受教育是近代社會的進步觀念。所以，到了 1944 年，臺灣學齡兒童就學率高達 71.1%，在亞洲可能僅次於日本。[80]

　　而其中凸顯日本除了在統治上最為實用的醫師養成教育之外，重點大多集中在產業技術面，對文法等社學科學教育方面臺灣人仍是受到相當大的限制。

　　總督府藉引導臺灣青年從事既賺錢又遠離政治的醫師職業，防止具有政治覺悟和文化意識的臺灣菁英向日本統治挑戰。文化是人類歷史上年齡最高的老人，經濟型態曾先後更換，政治體制可被摧毀，社會可以新舊交替，但文化繼續走自己的路，文化同時也是政治、經濟的擴張，更凸顯了帝國主義政府積極推動黨向內地日本化政策的目的。

　　英國對美洲殖民的特點，是結合領土擴張和中央集權的過程；而領土擴張

---

[79] 寺奧德三郎，《臺灣特高警察物語》，〈日本殖民統治下之「高雄叛亂事件」/代譯言〉，(臺北：文英堂，2000 年 4 月)，頁(3)-(4)。

[80] 臺灣省行政長官公署統計室編，《臺灣省五十一年來統計提要》，(臺北：臺灣省行政長官公署，1969 年【復刊版】)，頁 1211-1213。

和中央集權則在貿易、殖民地和海上霸權上實現。殖民政策的目的，在保護商人的貿易利益，和確保一個更嚴密和有效的殖民地政府；但對殖民地的人民而言，儘管他們接受効忠王權的臣民責任，卻早就開始為政治上的自由而奮鬥了。

相對於臺灣人民對日本統治的抗爭，似乎力有未逮；加上日本政府嚴厲箝制臺灣的言論和出版自由，新聞紙的發行，要得總督府的許可，但臺灣人日刊新聞紙除了「臺灣民生報」之外，從未獲得許可。只有過去在東京以周刊方式發行的《臺灣民報》，其遭遇及發展過程甚為曲折。

溯自 1918 年林獻堂在東京以撤廢《六三法》為目標組成「啟發會」，1920 年改名「新名會」，並與「臺灣青年會」共同創立機關雜誌《臺灣青年》月刊，1922 年 4 月改稱《臺灣》，翌年改為漢文半月刊的新聞型態《臺灣民報》，同時 10 月改為旬刊，1925 年 7 月發展改為週刊。

1927 年 8 月《臺灣民報》把發行所遷回臺灣，1930 年 3 月改稱《臺灣新民報》(週刊)，1932 年 4 月 15 日起發展為日刊報紙，這是日治臺灣唯一由臺灣人所辦的新聞報，也是持續刊行最久的機關報。

其他即使是日本出版的雜誌期刊，輸入臺灣時也必須接受嚴格檢查，有時甚至禁止進口。這是一種嚴格的文化思想的箝制，臺灣人意識受到非人道壓制。

18、19 紀英國在北美洲的殖民地初期，少不得要母國軍備的保護，在重商政策之下，當然要考慮母國資本家的利益，殖民地的目的無非就是為了農產品和工業原料，以及為英國製成品提供市場。因此，北美洲的殖民地並無需成為一個獨立的經濟單元。

同樣地日本統治臺灣，除了統一度量衡與貨幣、建設現代化基礎設施、引進工業基礎建設、避免其他殖民地常見的大都市現象等殖民現代性的作為之外，尚包括：剷除臺灣傳統式政治菁英與教育體系，以日本人和親日臺灣商人取代；指導民間投資，直接改善民眾健康、衛生及物質生活。

日治臺灣的建設，也不全然是殖民政策的內地化結果，在推動殖民化的過程中實亦意涵著現代性的功用，而相當地具有文明化的效果。臺灣人儘管大部分被排除在實際的政治參與之外，臺灣人仍可能被容許取得產業發展上的成

果，前提是必須配合強大政府機關的運作。

　　所以，日治時期臺灣經濟發展內地化的同時，也建構了總督府透過政治力可以完全控制，且滲透到民眾最基層的社會結構體系。

　　從相互主體性的觀點而論，臺灣「去殖民化」(decolonization)真正的內涵，除了在反殖民運動成功地推翻外來政權之後，對原住民、婦女、農工階層而言，殖民主義仍然存在，而且將繼續存在，直到種族中心、階級、異性戀和父權結構被剝除和去殖民化。

　　邊緣資本主義之所以能夠發展，乃是因為帝國主義的功能變化。昔日帝國主義之所作所為，皆在阻止邊緣國或殖民國經濟發展和工業化；新帝國主義則透過邊緣經濟創造活力，並實現其控制。臺灣產業對日本技術的依附，削弱了臺灣資本主義發展的自主性。一但主要經濟部門受制於進口技術，想發展與社會及經濟目標更密切的技術就十分困難。

　　就技術合作而言，短期內或可增強本地產業的競爭力及獲利力，但就長期來看，技術依附將削弱本地研究開發的能力和國家產業自主。同時，帝國主義主張拓展殖民地，從而剝削殖民地利益，大都是資本家及官吏階級所為。

　　因此，「臺灣意識」做為一種精神現象，展現反抗強權壓迫，尋找本土認同，不只要維護當時漢民族占多數文化尊嚴的強韌生命力，這也是臺灣社會內地化過程中特有遭遇的歷史。

　　一般將帝國主義分為「新」帝國和「舊」帝國。舊帝國指的是 1500 年至 1800 年代奪取的地域，如西班牙的南美洲、英國和法國的北美洲，葡萄牙、荷蘭和英國的印度洋國家。

　　然後在 19 世紀以後幾乎所有「舊帝國」的美洲部分國家都從母國分離。對許多歐洲人而言，這些損失證明了整個殖民事業是一椿錯誤。這也深切道出 19 世紀以來日本強調軍事帝國主義統治臺灣，迫使臺灣社會日本化的沉重心聲。

七、 臺灣工業資本主義發展(1945-1987)

要把一個民族的心靈作一番改頭換面的工作，既非專斷的理智、道德、
宗教規律所能辦到，亦非立法者或政治家、教士或哲人所能勝任，必
須幾百年的苦難和經歷，才能磨練那些渴望生存的人去適應人生。

約翰・克利斯多夫

(一) 極端主義時代資本主義思潮

英國後續實施的航海法案，則讓英國政府對殖民地航運貨物徵稅，尤其以
1733 年的《糖漿法》(Molasses Act)與 1764 年的《糖業法》(Sugar Act)引起美洲
殖民地強烈不滿，終於導致美國獨立革命。

西方建構主導的世界秩序，從 19 世紀的「歐洲化」，到 20 世紀的「美國化」，
是隨著美國內戰而掀開進入美國世紀的序幕。這是個人主義不受抑制的時代，
完全服膺亞當・史密斯(Adam Smith)的哲學。

霍布斯邦(Eric Hobsbawn)指出：

短促的 20 世紀彷彿一張三聯畫，或者說，像一個歷史的三明治。從
1914 年起，到二次大戰結束，視為大災難的時期(Age of Catastrophe)。
緊接著，是一段經濟成長異常繁榮，社會進行重大變遷的 25 年至 30
年；這短短數十年光陰對人類社會造成的改變，恐怕遠勝任何長度相
當的歷史時期。[81]

---

[81] Erin Hobsbawn, 鄭明萱譯，《極端的年代 1914-1918)》(上冊)，(臺北：麥田，1996 年 11 月)，頁 11。

　　1945 年以後到 1970 年代的初期，它可以視為某種黃金年代(Golden Age)，
而自 1970 年代晚期至該世紀末，則是一個解體分散、徬徨不定，危機重重的年
代。亦即將從二次大戰結束後極端主義時代(extremism)的冷戰開始，探討美國
霸權與國民黨政權統治臺灣之間，如何在糾葛複雜的政經變遷，和美、蘇兩大
集團的軍事衝突之中，維繫彼此之間的互動關係。

　　在第一次工業革命之後，英國經濟被小規模、單一功能、單一商品和個人
經營的企業型態所主導，雖然長期發展下來遭遇瓶頸而遲滯不前，但到 1879
年，英國仍是世界第一工業強權，佔世界工業生產總值的 32%，美國是佔 23%，
居第二位，而俾斯麥主義(Bismarkism)領導下的德國則佔 13%的生產總額。

　　然而，在 1870 年代早期的紐約金融業的經濟實力已經茁壯足與政府權力機
制相抗衡。1871 年到 1879 年之間，當美國為內戰的債務再度籌款，需要大筆
資金時，華盛頓(George Washington)發現美國已不必再透過條件嚴苛的歐洲銀
行進行磋商，凸顯倫敦和紐約之間的權勢平衡正在移轉。

　　對美國而言，具有促進經濟發展火車頭的鐵路帶來了革命性的產業結構變
化。分佈非常遼闊的鐵路建設在管理、組織與行銷上都率先使用新的手法與技
術，並在 19 世紀下葉引發一場激烈的市場利益爭奪戰。

　　企業競爭結果產生一連串的公司合併浪潮，成為集團跨國企業的的雛形，
因而開創了管理性資本主義新紀元，交織發展成一個正在擴張的現代美國經
濟。[82]

　　因此，檢視戰後資本主義發展的國際強權，是由美國主導權力體系和市場
財富的變遷，主要凸顯在不穩定的國際貨幣、不安全的國際金融，和不公平的
國際貿易等三個國際政經層面上。

　　根據 1944 年布萊頓森林(Bretton Woods)會議決定，依黃金建立貨幣價值，
但是布萊頓森林體系因為貸款不足以因應歐洲戰後重建經費的龐大需求，無力
處理國際經濟體系所發生的貨幣問題；同時，黃金的生產量也未能配合國際貿

---

[82] Thomas Kessner，廖宜方譯，《金錢城市》，(臺北：麥田，2004 年 12 月)，頁 368-369。

易及投資成長的需要。布萊頓森林體系只好從國際組織有限度的管理制度，演變完全依賴由美國霸權為主導的單邊管理體系。

吉爾平(Robert Gilpin) 指出：

> 美元在國際貨幣制度中的關鍵性作用，推動了美國聯盟體系和世界經濟的運轉；美元同時扮演國際儲備和交易貨幣的角色，並奠定了美國在全球經濟和政治中的地位。基於政治和經濟的因素，美國的主要盟友和經濟伙伴都願意持有美元，美元的國際性角色賦予美國獲得「鑄幣利差」(seigniorage)的特權而成為名符其實的強勢貨幣，正如戴高樂在 60 年代所抱怨的「美元的霸權」(hagemoney of the dollar)，因為只有它可以印刷美鈔來打國外戰爭，可以收購他國企業，還能債臺高築而不怕產生消極效果。[83]

1950 至 1960 年代，美元持續採用與黃金的 35 美元兌換 1 盎司的固定比例，導致美元的大量短缺，美元當時雖是國際強勢貨幣，美國也成為世界中央銀行，但當國外美元數額遠遠超過美國黃金儲備量時，美國的龐大財政赤字再也無法獲得控制，投機客開始大量將美元兌換成黃金。

1971 年美國政府鑒於美元擠兌、貿易赤字、黃金存量持續減少、通貨膨脹和失業嚴重等多重因素的壓力之下，宣布放棄固定匯率，不再堅持金本位制度，導致布萊頓森林體系(BWS)瓦解，進而由經濟合作暨發展組織(Organization for Economic Cooperation and Development, OECD)所取代。

尤其在 20 世紀 60 年代的末期，英國由於經濟相對弱勢而未能繼續維持與美國之間的親密夥伴關係；70 年代末期，西德開始拒絕支援美國卡特(Jim Carter)政府的經濟政策，並隨同法國一起建立歐洲貨幣系統(European Monetary

---

[83] Gilpin, Robert. *The Challenge of Global Capitalism: the World Economy in the 21ˢᵗ Century* (Princeton: Princeton University Press, 2000), p.61.

System, EMS)。

　　西歐這個「貨幣穩定區」(zone of stability)的事件，是歐洲經濟努力擺脫美元頻繁波動影響的第一步。國際貨幣的管理分別交由市場本身機制，和部分交由各國中央銀行在合作的基礎上干預外匯，避免匯率過度的波動，因而終結美國單邊貨幣體系的掌控，逐漸形成多邊管理的貨幣體系。貨幣體系的管理將不再依賴單一強權的偏好，而是透過美國、西德和日本等主要強國的協商。

　　1970 年代以後，由於重要國際貨幣體系國家普遍的國內資本移動自由化，加速金融投資國際化；銀行體系作為金融中介的媒介功能，已逐漸被以市場媒介為主的證券化、債券發行和衍生產品取代，已從政府逐步轉型由市場主導的國際貨幣體系。[84]

　　戰後資本主義服務業的國際金融流動，主要是南北體系關係中的先進國家對開發中國家的資金援助，再加上技術援助，增進國家經濟成長。尤其在冷戰初期，美國透過國際金融體系的提供，幫助美國外交政策和軍事安全體系的建立與維護，而造成 1970 年代以後流動資金的政治化與私有化。[85]

　　到了 1980 年代中期，由於經濟不景氣，和國際環境的轉變，導致非優惠資金貸款的增加，和透過私人市場來解決，以及援助金額的減少。世界性的經濟危機，使私人銀行的貸款變成了外債危機。

　　檢視 1997 年所發生的東亞金融風暴之前，其實戰後世界經濟已經歷了許多次的金融性危機，而在國際金融機構扮演重要角色的是國際貨幣基金(IMF)和世界銀行(WB)。[86]

　　IMF 設立的目的，是協助處理先進國家之間發生的收支平衡問題，保護國

[84] Paul Hirst & Grahame Thompson, *Globalization in Question: The International Economy and Possibilities of Governance* (Cambridge: Polity Press,1996), p.202.

[85] J. E. Spero, *The Politics of International Economic Relations* (N. Y.: St. Martin's Press,1990).

[86] Robert E. Rubin and Jacob Weisberc, *In An Uncertain World: Tough Choice from Wall Street to Washington* (N. Y.: Random House, 2003), pp.212-228; Gilpin, Robert. *The Challenge of Global Capitalism: the World Economy in the 21ˢᵗ Century* (Princeton: Princeton University Press, 2000).

際金融體系運作正常，而不是現在積極在第三世界國家發生經濟危機時提供金援的角色。

IMF 雖然對保護國際金融安全頗有成效，但被人詬病的是對國際貸款人、各大企業與總體經濟發展的干涉過深，IMF 常常利用緊縮財政的「震撼療法」(shock therapy)，要求債務國加速經濟自由化與民營化，導致增加失業人數，和拉大國民所得的落差。

特別是在 1997 年亞洲金融發生危機時，IMF 對南韓等國家就是採用此一金融策略，以協助解決南韓因為過分依賴以外幣標價的短期貸款，因為這種貸款在利率升高或貨幣貶值時會使該國經濟處於非常脆弱的情境。

為改善國際金融不安全的 IMF，在全球化時代應轉型變成為主導國際流動資金保險系統的機構。在平常或金融危機發生前，IMF 可以提供審核通過的第三世界國家必要的國際流動資金保險，若符合條件的國家遭受國際性的金融危機，仍可接受 IMF 原先承諾的資金援助。

至於，世界銀行成立的目的就是要協助第三世界國家取得基礎建設的資金，幫助貧窮國家快速發展經濟，但現在全球資本主義市場資金充沛，且極樂意資助高獲利的第三世界國家進行基礎建設計劃，世界銀行應該轉型為全球性多邊的教育援助部門。

因為，先進國家金援貧窮國家時，可以優先將資金投入國民教育已步入正軌的國家，若能辦好教育，等於社會系統具備融入發展經濟的優勢，便可吸引外商直接投資。

在布萊頓森林會議上，勉強達成建立國際貿易組織(ITO)的協定，為了促進國際貿易，美國及其重要經濟伙伴乃於 1947 年在日內瓦行簽訂關稅暨貿易總協定(General Agreement on Tariffs and Trade, GATT)，確認毫無歧視信條是實現自由貿易的原則。

回溯 1950 年國際貿易組織被美國否決後，GATT 遂成為世界促進「更自由和更公平」(freeer and fairer)的貿易組織。GATT 的核心要素就是最惠國原則和國家待遇條款，同時也建立傾銷及補助的國際性規範，以及一套多邊貿易談判

的規則。

但在 1967 年甘迺迪回合 (Kennedy Round)之後，卻因為對美元的高估及相對的日圓與馬克的低估，造成美國貿易赤字，導致國際貿易因此轉而趨向保護主義。[87]

保護主義的興起，破壞 GATT 所規範的自由國際貿易秩序，致使 GATT 為因應新的國際貿易情勢，進而於 1995 年 1 月 1 日起改名世界貿易組織(World Trade Organization, WTO)。

基本上 WTO 是國際貿易的治理組織，是一個經濟性質的機構，而非全球性的政府。許多不公平的國際貿易治理仍必須藉由國際組織制定規範，和強權願意遵守規範的並行機制，才有可能實現全球共享貿易利益的成果。

例如美國接受 WTO 對它不利的裁決，美國願意改變行為或繳納罰款，但有些爭議部分，各國政府尚未能達成協議，也沒有專責的國際組織，只有依賴強權國家嘗試建立規範加以監督，也逐漸導致區域經濟的興起。

特別是會員國對主要爭議的農產品補貼，及工業產品市場開放等談判議題未能達成共識下，中止了杜哈(Doha)回合談判。該談判失敗的影響，將可能使世界貿易組織多邊自由貿易體系的信用與合法性受到侵蝕，更可能使貿易保護主義捲土重來。

總結戰後由西方資本主義主導的國際霸權體系體，經過百年發展，戰後美國紐約已經儼然成為世界經濟的金融中心，美國取代英國成為 20 世紀的國際強權。

美國著名小說家馬克吐溫(Mark Twin)對紐約曾經有這麼一段描述：

在紐約，每個人似乎都感覺到自己的本分就是要在今世完成兩輩子的人生，因而總是匆匆忙忙、庸庸碌碌，從來沒有時間好好和其他人打交道，從來不會將掌握的時間揮霍在不涉及金錢、職務和生意的事情

---

[87] J. E. Spero, *The Politics of International Economic Relations* (N. Y.: St. Martin's Press,1990).

上。所以，20 世紀 80 年代以前，在人類生活中的一項具體事實，就
是不能和解發生在共產主義與資本主義、極權體制與個人自由、無神
論與宗教信仰之間的衝突。[88]

(二) 中華民國時期資本主義的意義

國共戰爭的時戰時和，統計國共戰爭自 1940 至 1946 年總共經過七次和談
的失敗；其中因素尚參雜著 1940 年 3 月 30 日成立，而結束於 1945 年 8 月 10
日由汪精衛所建立的南京國民政府。

國際霸權利益的夾乎其中，亦導致蔣介石主持的國民政府失敗而遷佔來臺
的最主要因素之一，例如最著名的 1940 年代史迪威(Joseph W. Stilwell)事件所
牽及中美戰時合作政策，與戰後亞洲世局轉變。

梁敬錞指出，其實國共奪權，實即美蘇之爭霸。[89]所以，1945 年 2 月美國、
英國和俄國簽訂的〈雅爾達秘密協定〉，和 8 月俄國和國民政府〈中蘇友好同盟
條約〉的簽訂，都讓俄國和中國的共產黨在策略上的成功，而得以獲致壯大的
最好機會。[90]

1947 年是蘇聯獨霸世界的一年，正是西方國家毫無武裝力量可以抵抗蘇聯
集團的時期，那正是毛澤東自誇紅軍打垮了蔣介石的攻勢，從此紅軍取得優勢
的一年，也正是東歐的許多國家一個個被蘇聯攫取的一年，也是杜魯門到國會，
請求國會授權他援助土耳其與希臘兩年，但那一年美國的軍力只有「一個師和
三分之一個師」可以作戰。

此時正是蘇聯獨霸時期 (1946-1950)，可稱為「The Period of a
One-Power-World」，因為當時美國已解除武裝，所以沒有力量加以阻止東歐及

---

[88] J. K. Galbraith, *The Age of Uncertainty* (N. Y.: Houghton Mifflin, 1977).

[89] 梁敬錞，〈自序〉，《中美關係論文集》，(臺北：聯經，1982 年 12 月)，頁(四)。

[90] 胡適，《史達林策略下的中國》，(臺北：胡適紀念館，1967 年 12 月)，頁 1-48；吳相湘，《俄帝侵
略中國史》，(臺北：正中，1970 年 5 月)，頁 459-490。

中國大陸的淪陷。

　　究其關鍵除了蘇俄支持中共的主要因素之外，就是以馬歇爾(George C. Marshall)的和平商談與軍事調處的失敗。也因為中共反美策略的成功，迫使美國放棄支持國民政府，並在大陸局勢危急之時，發表〈中美關係白皮書〉，指稱國民政府之失敗係自己貪污腐敗，而非美國援助不足，以推卸其在華政策失敗的責任。[91]

　　溯自戰後 1945 年 12 月至 1949 年 8 月，美國對中華民國的政策行動四部曲是：1945 年至 1946 年的特徵是「壓迫」；1947 年的特徵是「拖延」；1948 年的特徵是「拋棄」；1949 年的特徵是「斷絕」。[92]

　　從戰後國民政府在外交上的節節潰敗，間接導致日本在撤出臺灣之後政經社會情勢的複雜化。其實早在大戰結束之前，為了有效解決經濟上的就業問題，美英各國就已未雨綢繆策劃，希望那些冒著生命危險對抗德國納粹(Nazi)主義，和日本軍國主義的人民，在戰後應該享受清福，而不是在經濟蕭條的歲月中失業，過著絕望無助的生活。可惜，這個發展目標並未在遭受國共內戰摧殘的中華民國與臺灣地區出現。

　　依據 1943 年 11 月〈開羅宣言〉(Cairo Declaration)，協議日本將東北四省、臺灣、澎湖群島，須於戰後歸還中華民國。但從 1949 年 8 月美國發表〈對華白皮書〉、10 月 1 日毛澤東在北京天安門廣場宣布成立中華人民共和國，至 1950 年 6 月韓戰爆發，美國雖仍在表面上承認中華民國政府，但拒絕繼續給與軍援，並將臺灣摒棄在美國西太平洋防線之外。[93]

　　北韓共黨閃電發動了韓戰，改變了美國對遠東的新政策，其要點為：美國決以海空軍援助南韓；除已令美國第七艦隊防止中共攻擊臺灣外，同時要求臺灣中國政府停止一切對大陸之海空攻擊；臺灣未來地位等太平洋安全恢復後，

[91] 許介鱗，《戰後臺灣史記》(卷二)，(臺北：文英堂，2001 年 10 月)，頁 3。

[92] 梁敬錞，《中美關係論文集》，(臺北：聯經，1982 年 12 月)，頁 148-149。

[93] Franz Schurmann, and Orville Schell, *Communist China* (London: Penguin Books,1967), pp.301-312.

由對日合約予以解決；已令美軍增強對菲律賓之防禦及軍援；加強對越南法軍之支援；其次是聯合國安全理事會的援韓決議。[94]

杜魯門(Harry S. Truman)認為中共若佔領臺灣，勢將直接威脅美國在太平洋區域的安全與利益，才恢復對中華民國的支持，並恢復原已中斷的軍事援助。

杜魯門總統任期屆滿，艾森豪(Dwight D. Eisenhower)以結束韓戰做他就任新政策。當時停火談判重點為：確定38度線違停火線；撤走外國軍隊；交換俘虜。由於英國主張由中共代表中國簽字，美國主張應由中華民國代表中國，最後由美國徵求中華民國同意，暫不參加舊金山對日合約，另在3年內與日本單獨簽訂合約。[95]

換言之，中華民國取得臺灣統治權並為國際承認是從波茨坦宣言、開羅會議，乃至於〈舊金山和約〉及〈中日合約〉的陸續外交上努力才正式確立中華民國在臺澎金馬的主權地位。

從法理上來說，1952年4月28日在美國國務院顧問杜勒斯(John Forester Dulles)的催促下，日本國與中華民國在臺北簽訂〈中日合約〉，才是界定當前臺灣主權歸屬的國際條約。

許介鱗指出：

> 舊金山對日合約以及中日和平條約簽訂後，基本上確保了在實際上只有統治臺灣和澎湖群島的中華民國在國際上繼續代表中國的地位。但是，卻也粉粹了中國在抗戰勝利初期，希望藉著向日本求取大量賠償，以加速中國工業復興的美夢。[96]

1953年2月艾森豪改變對臺灣海峽的中立政策，宣布第七艦隊不再用來防

---

[94] 邵毓麟，《使韓回憶錄》，(臺北：傳記文學，1980年11月)，頁166。

[95] 曾虛白，《談天下事—韓戰年代集》(上冊)，(臺北：商務，1970年9月)，頁32。

[96] 許介鱗，《戰後臺灣史記》，(卷二)，(臺北：文英堂，2001年10月)，頁10。

禦中共免於臺灣國民政府軍隊的反攻,結束杜魯門時期對中國「放手」(hands off)策略,認為中華民國繼續存在於臺灣的這一事實,不僅為大陸人民及廣大海外華僑之希望寄託,也是在圍堵政策上是美國一個最可靠的盟邦,可以共同防堵共產主義的擴散。

1954 年 12 月美國與中華民國在華盛頓簽訂〈中美共同防禦條約〉(The Sino-U.S.A. Mutual Defense Treaty),條約內容旨再重申:

> 締約國對聯合國憲章之宗旨與原則之信心,及其與所有人民及政府和平相處之願望,並欲增強在西太平洋區域之和平機構;以光榮之同感,追溯上次大戰期間兩國人民為對抗帝國主義侵略而在相互同情與共同理想之結合下,團結一致並肩作戰之關係;願公開並正式宣告其團結之精誠,及為其自衛而抵抗外來武裝攻擊之共同決心,俾使任何潛在侵略者不存在有任一締約國在西太平洋區域立於孤立地位之妄想;並願加強兩國為維護和平與安全而建立集體防禦之現有努力,以西太平洋區域更廣泛之區域安全制度之發展。[97]

美國參眾兩院聯席會並於 1955 年 1 月 29 日通過艾森豪總統的要求,授權艾森豪如果總統認為必要時,得使用美國軍隊保衛臺灣澎湖及與協助臺灣澎湖有關的其他地區,這是〈臺灣決議案〉(Formosa Resolution)通過的重要性,它確保了中華民國的國際地位,和臺澎金馬的安全,建構完成美國西太平洋防禦體系最後一環的戰略,鞏固美國在亞洲的圍堵力量,可是國會授權總統在必要時以武力協防金門、馬祖的〈臺灣決議案〉,在 1974 年 10 月因福特(Gerald R. Ford)接受參議院的決議而宣布廢除。

然而,1957 年 8 月 23 日中共以猛烈炮火轟擊金門,繼續執行「血洗臺灣、解放臺灣」策略,發動「八二三炮戰」,造成臺海第二次危機,引起美國霸國和

[97] 袁文靖,《美國對華政策—繼續協防臺灣》,(臺北:國際現勢週刊,1978 年 12 月),頁 283。

國際與論的關切與恐懼，致使美國思考和檢討是否有必要改變對中共的外交政策。

因此，美國決定調整不再視中共為一過渡性政權的策略，尤其是到了 1961 至 1968 年間的甘迺迪(John F. Kennedy)與詹森(Lyndon B. Johnson)總統任內，受到國際姑息主義瀰漫、越戰和中共與蘇聯關係惡化的影響，開始謀求改善與中共的關係。

尤其是 1961 年 1 月甘迺迪繼艾森豪之後出任美國總統，其政府在內政外交倡導「新境界」(New Frontier)，在國際裁軍問題、中共對東南亞自由民主國家的威脅，和聯合國中華民國代表權問題僵局所引起困擾的情勢下，極欲對中華民國的外交關係有所突破。

1969 年尼克森(Richard M. Nixon)提出以「談判」(negotiation)代替「對抗」(confrontation)，1971 年 7 月 8 日季辛吉(Henry Kissinger)於訪問巴基斯坦期間，密訪中國大陸，與周恩來會談有關「中華人民共和國」加入聯合國等問題。美國政府採取的初步行動，設法結束中國大陸在世界上的孤立何以重要的原因，預睹世界上將出現五大經濟超級強權，美國、西歐、日本、蘇聯，和中共，它們的關係將決定我們這一代的和平架構。[98]

因此，美國曾向聯合國提出兩項議案，一是將「驅逐中華民國」列為重要問題，須三分之二絕對多數才能通過；一是「雙重代表權案」，要求同時承認「中華民國」和「中華人民共和國」。而季辛吉的訪問北平，無疑被各國視為美國已改變立場的跡象，認為美國已從反對中共加入聯合國，轉而歡迎其加入。[99]

1971 年 10 月 25 日聯合國投票的結果致使中華民國退出聯合國，並通過重置中華人民共和國在聯合國的一切合法權利，重創中華民國在國際上的活動空間。據了解當時外交系統有部分人士曾建議，為讓中華民國的聲音能夠在國際上被聽到，希望能以「中華臺灣共和國」的名義，試圖留在聯合國，但被蔣介

---

[98] 時報公司特譯，《季辛吉回憶錄—中國問題全文》，(臺北：時報文化，1969 年 12 月)，頁 166。

[99] 沈劍虹，《使美八年紀要》，(臺北：聯經，1982 年 10 月)，頁 52。

石悍然拒絕。

1972 年尼克森與周恩來共同發表〈上海公報〉(Shanghai Communique)，聲明「中」美關係走向正常化是符合所有國家的利益，而美國對臺灣的立場則為信守對同盟國的條約、美國政府獎勵美國企業的對臺投資、美國輸出入銀行將繼續給與臺灣大量融資，以及對臺軍事援助案，凸顯美國一方面想要與中華人民共和國樹立外交關係，另一方面也想要防衛臺灣的安全。

1978 年卡特(Jimmy Carter)宣佈與中華民國斷交並廢止共同防禦條約，承認中華人民共和國才是代表中國唯一合法政府。

檢視美國與中華人民共和國建交，美國既可利用中華人民共和國對第三世界的影響力，亦可加強美國與蘇聯進行戰略武器限制談判；中共急於與美國建交，乃欲形成「反蘇統一戰線」，蓋與日本建交時加入「反霸權條款」，即被俄共認定為「反蘇包圍網」的陰謀。

而國民政府在國際上的唯一外交憑藉就是依據 1979 年美國國會通過的〈臺灣關係法〉(Taiwan Relations Act)，認定任何試圖以和平手段以外之方式，包括經濟抵制或禁運，決定臺灣之未來，將被認為乃對西太平洋和平與安全的一項威脅，為美國所嚴重關切，美國將提供臺灣防衛性武器，維持美國之能力，以抵抗任何可能危及臺灣人民安全、或社會經濟制度之武力行使，或其他形式之強制行動。[100]

扮演戰後世界霸權國家的美國，由於 1960 年代末期越戰的創傷，美國在外交上曾以和解為主要策略，以犧牲盟友來換取敵人的合作，以爭取敵人的敵人來彌補美國權力的下降，但世局的發展並未如和解政策設計人所預期，爭取到足夠的時間使美國重造國際社會的新秩序。

1980 年 11 月雷根(Ronald W. Reagan)當選美國總統之後，根據〈臺灣關係法〉和〈八一七公報〉的「一個中國原則」來發展與臺灣的關係。因此，臺灣政府將以往所採用「零和遊戲」(zero-sum game)的外交競逐中，中華民國改採

---

[100] Jay Taylor 著，林添貴譯，《蔣經國傳》，(臺北：時報，2000 年 10 月)，頁 376。

「彈性外交」來推動對外的實質關係與經貿活動。

1986 年 9 月民主進步黨成立，1987 年臺灣解嚴，1988 年李登輝轉以「務實外交」取代「彈性外交」，1990 年政府以「臺灣、澎湖、金門和馬祖」關稅區名義申請加入 GATT。

1996 年中華民國舉行第一次總統、副總統直接由臺灣全體住民以民主投票的方式選出，雖然中共宣布在臺灣鄰近的東海和南海海域進行導彈試射，但臺灣選舉結果是由代表國民黨的李登輝與連戰當選中華民國第九任總統、副總統。

從相互主體性的角度論本土政權，從 1996 年的總統、副總統由臺灣民主化結果的本土產生。因此，從 1996 年以後的執政政黨所組成的執政團隊，都應被視為臺灣的本土政權。

1999 年 7 月李登輝在接受「德國之聲」專訪時，首度將兩岸關係定位為國家與國家、至少是「特殊國與國關係」的關係，來爭取中華民國的生存與發展。[101]這已經跨越中華民國《憲法》所指出，兩岸是一個中國包括大陸地區與臺灣地區的特殊關係的說法。

2000 年總統選舉，由代表民進黨的陳水扁當選，中華民國政府改由民主進步黨執政，結束了中國國民黨政府自 1945 年以來在臺灣的 55 年統治。

承上論，根據麥克利迪斯(Roy C. Macridis)將威權主義(authoritarianism)的政體特質界定為：

> 軍隊的份量格外吃重；大眾參與通常很低；公民權利尤其是政治權利並不存在，既便容許某種程度的公民權利存在，也受到相當程度的限制；通常欠缺用以動員民眾的政治意識形態；威權政體壓制社會團體以及利益團體，不過，其對社會的滲透卻非全面而廣泛，其目的也不在於重新改造該社會，統治集團通常由社會上不同菁英團體共同組成，他們已公開或非公開的方式聯合遂行寡頭統治(oligarcy)，以保障

---

[101] 鄒景雯採訪紀錄，《李登輝執政告白實錄》，(臺北：INK，2001 年 5 月)，頁 227。

其自我權益並維護統治權於不遂。[102]

　　戰後亞洲新興工業化國家(Newly IndustrializingCountries, NICs)大部分採取軍、經援助或國際之間軍產複合(military-indrustrial complex)策略，及關稅、非關稅障礙、配額等對外貿易政策，與財經、公共投資，及科文教等國內的政策。[103]
溫克勒(Edwin A. Winckler)指出：

　　戰後臺灣政經體制的演變是從「硬性威權主義」(hard authoritarianism)
　　到「軟性威權主義」(soft authoritarianism)」的轉移過程，並在九○年
　　代的中期以後，出現從威權主義轉型到自由民主的體制。[104]

　　另外，日人中嶋嶺雄將臺灣政治的發展過程分為：

　　從蔣介石的獨裁體制，蔣經國的威權體制，到李登輝的民主體制，這
　　三段過程堪稱政治發展的典型，更是二十世紀最成功的典範。[105]

　　然而，戰後中華民國的生存與發展首先是面臨國共內戰，導致喪失大陸政權而僅保有臺澎金馬地區迄今。在權力的結構與運作的本質上，都是強調黨對政、軍、警、情治，及社團等機關的一元化領導，是鞏固以黨為領導中心的「黨國體制」(party-state)。

....

[102] Roy C. Macridis, *Modern Political Regimes:Patterns and Institutions*(Boston:Little,Brown, 1986),P.216

[103] R. J. Barry. Jones,*Conflict and Control in the World Economy: Contemporary Realism and Neo-Mercantilism* (Great Britain: Wheatsheaf Books, 1986),pp.150-223.

[104] Edwin A. Winckler, *"Institutionalization and Participation on Taiwan : From Hard to Soft Authoritarianism ？"* The China Quarterly 99 (Sep. 1984),pp.481-499.

[105] 中嶋嶺雄，〈臺灣的選擇─擴大了亞洲的可能性〉，李登輝、中嶋嶺雄合著，駱文森、楊明珠譯，《亞洲的智略》，(臺北：遠流，2000 年 11 月)，頁 17。

(三) 黨國資本主義發展政策

中華民國經濟政策與發展從政府統治地區的歷史角度來論，基本上可以將其分為在大陸時期與臺灣時期的統治階段；按時間來區分，統治大陸時期是從1911 年推翻滿清政府開始，到 1949 年底國民政府中央的撤退到臺灣；而統治臺灣時期可溯自 1945 年 8 月日本歸還臺灣開始迄今(2019)年。

以下將分中華民國大陸時期經濟政策與發展(1912-1949)，與中華民國臺灣時期經濟政策與發展(1945-迄今)的二個時期，來深入探討其資本主義經濟政策與發展。

1. 中華民國大陸時期經濟政策與發展(1912-1949)

中華民國大陸時期經濟政策與發展的分期，可以分為三個階段：第一階段是 1912 年至 1928 年建國初期階段經濟政策與發展，主要在政治結構上，可分為臨時政府與政黨國會競爭(1912-1914)，和南北分治政府與軍閥割據離合(1915-1928)；在經濟政策主要分為首創近有計劃性質自由經濟思想的發展國家資本主義，和首要解決民生問題的實施三民主義經濟現代化政策。

第二階段是 1928 年至 1937 年黃金十年國家基礎建設的經濟政策與發展，主要在政治結構上，是形成中央與地方的分權政府型態；在經濟政策上主要分為加強實施農業與推動工業的政策與發展。

第三階段是 1938 年至 1949 年對日抗戰與國共戰爭動員統制經濟政策與發展，主要在政治結構上，是國民政府的抗日與國共戰爭；在經濟政策上採取戰爭動員式統制經濟政策。

（1）建國初期國家資本主義階段(1912-1928)

1912 辛亥革命成功，建立民國以後，由於孫中山在南京擔任臨時政府大總統只有 3 個月時間。4 月 1 日孫中山正式解職，9 日臨時政府遷往北京，由第二任臨時大總統袁世凱主其政，致使南北之間的形塑成為有名無實的統一，導致袁世凱與革命黨人之間權力鬥爭又進入嶄新的階段。

1913 年 10 月袁世凱被選為正式大總統，1914 年 1 月袁世凱就下令解散國

會，以集中權力於自身。1916 年元旦袁世凱於稱帝 6 個月死於北京後，黎元洪
依《新約法》行使職權，導致護法運動中北洋軍閥的分裂與西南軍閥的離合。
1917 年廣州護法軍成立至 1923 年孫中山重返廣州設立大本營，中華民國的統
治地區陷入南北兩個政府，至於未受到控制地區的軍閥則呈現各自為政型態。

　　1922 年孫中山在未決定採取「聯俄容共」政策時，中國共產黨在北方的李
大釗與軍閥吳佩孚、南方的陳獨秀與軍閥陳炯明，早已在俄共指使下從事政治
與經濟利益的結合。蔣永敬指出：

> 其時〔1922 年〕南陳(炯明)北吳(佩孚)正聯合向國民革命進攻，如果
> 再加上俄共、中共的興風作浪，其危害中國之大，將是不堪設想的。
> 孫先生此時的聯俄容共，非僅孤立敵人；也是絕其外援，牽制「洛(陽)
> 吳(佩孚)利其(俄)內侵。[106]

　　孫中山「聯俄容共」的策略上運用，他深信此時只有使中共份子能在國民
黨領導下，受國民黨統一指揮，才可以防治其製造階級鬥爭來妨礙國民革命的
進行，其目的要使「共產黨國民黨化」，絕非「國民黨共產黨化」。特別是要求
蘇俄的代表越飛(Adolf A. Joffe)承認共產主義及蘇維埃制度均不適用於中國，而
且共產黨員係以個人身分參加國民黨為黨員，信仰三民主義。

　　1924 年中國國民黨改組，1925 年孫中山為召開國民會議，以謀中國的統
一；及為廢除不平等條約，期能實現國家的自由與獨立，導致最後不幸的病逝
於北京；1926 年 7 月蔣介石就任國民革命軍總司令，並舉行誓師大典，申明北
伐目的在造成獨立的國家，以三民主義為基礎，維護國家及人民的利益。

　　然而，1927 年 3 月俄共鮑羅廷(Micheal Markowich Borodin)利用在武漢召
開「中國國民黨第二屆中央執行委員會第三次全體委員會議」後，組就一個聯
合政權的形式，以汪精衛為中心，致使國民黨陷入「寧(南京)、漢(武漢)分裂」

---

[106] 蔣永敬，《鮑羅廷與武漢政權》，(臺北：傳記文學，1972 年 3 月)，頁 2。

的黨爭，乃至於影響國民黨與共產黨之間的關係，從而在 1920 年代至 1930 年代，出現「容共」演變成「聯共」、「清共」，而「剿共」的戰爭。

1928 年 1 月蔣介石復職，重整黨與軍，並派宋子文積極與美國駐華公使展開談判，美國同意中華民國恢復關稅自主，等於是確認了中華民國在國際上的地位。4 月間儘管日本軍隊進駐濟南，製造事端，企圖阻擾國民革命軍北伐，以及 6 月 4 日在北寧鐵路皇姑屯車站炸斃奉軍主帥張作霖，但至 12 月 29 日東北的奉軍在張學良主導下改掛青天白日旗，全國趨於統一的局勢。

承上述，檢視該時期經濟政策與發展，正是中國經濟由傳統經濟要轉型的進入現代化經濟時期，主要凸顯在兩大主軸議題上，第一項主軸議題是首創具有計劃性自由經濟思想的國家資本主義市場經濟政策，第二項主軸議題是首要實施三民主義中民生主義在推動經濟現代化政策的解決民生問題。

1870 年代清末維新運動的陸續實施官辦、官督商辦、官商合辦，乃至於商辦企業的政策，惟實難以因應當時國家經濟發展的需要。於是郭松燾、張騫、張之洞、劉坤一等有識之士就曾主張國家求富與強，將導民以從，因民之利，而為之制，只知西國之富以商，而不知西國之富以工的弊病，力倡政府應該積極擬定工業政策，以促進經濟發展的理論。

1890 年代以後，清政府推動國家資本主義的近代化運動，許多重要新設的機械製紡紗工廠紛紛成立，尤其外國資本亦以 1895 年簽訂《馬關條約》為契機，積極展開對紡紗產業的投資。

從 1890 年與 1895 年中國資本的分別 35,000 錠與 174,564 錠，自 1900 年含德國、美國總計 497,270 錠，其中中國資本 336,722 錠、英國資本 80,548 錠；1905 年含德國、美國總計 540,048 錠，其中中國資本 355,588 錠、英國資本 80,548 錠、日本資本 23,912 錠；1910 年含德國、美國總計 713,292 錠，其中中國資本 497,448 錠、英國資本 80,548 錠、日本資本 55,296 錠；1919 年含德國、美國總計 1,235,758 錠，其中中國資本 658,748 錠、英國資本 244,088 錠、日本資本 332,922 錠；1925 年含德國、美國總計 3,339,728 錠，其中中國資本 1,866,232 錠、英國資本 205,320 錠、日本資本 1,268,176 錠。

　　在政府組織結構上，1901 年清政府命各省設農務、工藝學堂，興辦農工諸務，定礦務章程。1903 年制定商律，籌劃工藝、路礦、農務公司。商部為最早設立的新機構，執掌商務、公、路、電、農、桑、畜牧、銀行、貨幣。

　　儘管 1905 年受到國內經濟抵制美貨，以及日、俄戰爭的刺激，各種民營企業遂逐漸展開來。政府從 1904 年至 1907 年間亦陸續頒布獎勵公司章程、公司律、公司註冊章程、商標註冊章程、保護獎勵工商辦法、勸工陳列所、商標註冊局、礦政調查局，商部改組為農工商部及郵傳部、制定〈華商辦理實業爵賞章程〉等經濟政策。

　　1906 年政府更自江南製造局分出的江南船塢，專造商船。「官辦」的漢陽鐵廠由於經營不善，乃委之盛宣懷，改為「官督商辦」；1908 年改組為漢冶萍煤鐵礦公司，轉型為商辦，資本結構內有日資預付的鐵砂款及借款。

　　當黃興在籌建臨時政府時，從日本三井洋行借到日金 30 萬元。這是一宗私人交涉，由張謇作保。1912 年南京臨時政府成立，主要面臨兩個問題，一是財政問題，另一個是袁世凱問題。因此，為了核發軍餉的財政所需，曾經以招商局和滬寧鐵路作抵押，向外國借債。

　　由於南京臨時政府成立之初，孫中山和黃興也曾要盛宣懷以漢冶萍公司名義向日本借款，嗣因日本國內工業發展急需要大量的鋼鐵，而日本本身又沒有出產鐵礦，遂雙方研議將漢冶萍公司改成「中日合辦」的經營型態，集股 3 千萬元，中日各半，由公司轉借 5 百萬給政府。

　　針對漢冶萍公司的改成「中日合辦」方案，儘管當時的孫中山認其恐有流弊，然由政府接任，亦嫌非妥當辦法，不若公司自借鉅款，由政府擔保，先將各欠款清償，留一、二百萬做重新開辦費，再多借款百萬轉借民國。

　　這一方案，因日方堅持「中日合辦」，否則就不出借的強硬態度，亦即受到當時臨時參議院和湖北當局的反對，該項合約最後被南京臨時政府取消了，但也凸顯了當時臨時政府在財政收支上的窘境。

　　檢視國家資本主義為發展工業建設的募集資金與技術，最具代表性的漢冶萍公司從 1902 年起就開始向日本大倉組舉債 25 萬圓、1904 年又從日本興業銀

行借 300 萬圓，又歷經國民初年的政府亂局，以及 1916 年盛宣懷的過世，乃至於拖到 1920 年代中葉因財務、技術無法與日本八幡製鐵所競爭，最後導致經營破產，也宣告工業發展的受挫，凸顯「官辦」、「官督商辦」並不能帶動和引導民間的經濟投資與促進生產。

1921 年 10 月孫中山發表〈實業計劃〉，主張以〈實業計劃〉作為經濟建設與發達國家資本的藍圖，並利用外資合作發展中國實業。1924 年中國國民黨第一次全國代表大會通過政綱的「制定土地法及國營企業」，孫中山並於 1 月 27 日起至 8 月 24 日，共講 16 講，有系統的講演《三民主義》，這就是普遍流行《三民主義》講演本中凸顯節制資本、平均地權、改良農工生產的主張。

1929 年中國國民黨在第三次全國代表大會第十次會議，即通過〈訓政時期經濟建設實施綱要方針案〉，正式把墾荒移民列為中央與地方，在具有計劃性自由市場經濟思維的凸顯國家資本主義，以促進國家發展經濟的建設，來強調社會正義和彰顯國際公義的本質。

質言之，孫中山重視發展國家資本主義的強調發達國家資本與節制私人資本，具有調和經濟計劃與經濟自由的思維，而並非如共產主義所主張的集權式計劃經濟。

中華民國建國初期(1912-1928)的經濟政策與發展，主要還是依據孫中山先生於 1894 年(民國前 18 年)在〈上李鴻章書〉，即提出「人能盡其才，地能盡其利，物能盡其用，貨能暢其流」的救國四大綱領；同年，在興中會政綱主張「興大利以厚民生」。1905 年在同盟會的十大政綱中，提到「採用國家社會政策，和注重移民墾殖政策」。

1912 年 1 月孫中山以臨時大總統身分，宣告了內政與外交方針。內政方面，認定「國家之本，在於人民」，屬行民族、領土、軍政、內政、財政之統一。在外交方面，以平等互惠、睦誼和平為原則，期能建立國格的尊嚴，並將見重於國際社會。[107]

---

[107] 中國國民黨中央黨史委員會，《至公至誠的中國國民黨》，(臺北：近代中國出版社，1998 年 12 月

　　同年 3 月臨時參議院正式通過內閣成員，袁世凱正式任命黃興為南京留守，此乃當南京臨時政府爾後不復存在時，革命力量仍然能夠完好無損。[108]4 月 1 日孫中山解職及 6 月黃興亦辭留守職之後，分別從事於鐵路及礦業的建設工作。

　　1915 年起的北洋政府主政階段，先將實業部調整為工商與農林兩部，後又合併改稱農商部。1916 年孫中山完成《實業計劃》(初稿)，已具有國家負責計劃性自由經濟的思維，來推動國家重大的經濟政策與發展。

　　1919 年除了爆發重大的五四運動之外，孫中山開始在上海發行的《建設雜誌》分期發表，提出節制私人資本，發達國家資本，以及引進外資、外才的促進經濟發展理論。

　　到了 1920 年孫中山完成《建國方略》，以及 1924 年發表在《三民主義》的演說，特別是在〈民生主義〉的演講中，強調要解決食、衣、住、行四大需要。

　　孫中山在〈民生主義第三講〉指出：

民生主義和資本主義，根本上不同的地方，就是資本主義是以賺錢為目的，民生主義是以養民為目的，有了這種以養民為目的的主義，從前不好的資本制度便可以打破。但是我們實行民生主義來解決中國的吃飯問題，對於資本制度，只可以逐漸改良，不能夠馬上推翻。[109]

　　回溯 1911 年 10 月武昌革命成功後，1912 年元旦中華民國臨時政府在南京成立，孫中山先生就任臨時大總統。依照《中華民國臨時政府組織大綱》，設置

增訂 2 版)，頁 31-32。

[108] 薛君度著，楊慎之譯，《黃興與中國革命》，(香港：1980 年 9 月，【原 1961 年史丹佛大學出版】，頁 117。

[109] 孫文，《三民主義—增錄民生主義育樂兩篇補述》，(臺北：中國國民黨黨史會，1985 年 1 月)，頁 296-297。

陸軍、海軍、司法、財政、外交、內務、教育、實業、交通 9 部，而主管國家經濟發展的實業部，由張謇擔任總長、次長為馬君武。

同時，1912 年 3 月中國同盟會總章中之政綱第九條，1913 年國民黨政見宣言中之政綱第二項第五條，1914 年中華革命黨總章的宗旨為「實行民權、民生兩主義」，以及 1918 年、1921 年孫中山分別著成的《孫文學說》、《實業計劃》，與創刊的《建設》雜誌，以指引五四運動時代分歧複雜的思潮，和鼓吹與闡明建設的原理之外，亦於《實業計劃》中再詳細提到，移民墾地的開發，以增加農業生產，強調建設民生的政策，以解決重大民生的問題。

檢視孫中山所提出這些國家重大建設的計劃，和以促進經濟建設方案的發展階段，由於當時國內戰爭頻傳，治安敗壞，國事蜩螗，政府既無暇也無力於發展國家經濟，也無導民興業之心，更別說想提倡合作、保險及配給制度。

換言之，由於受到袁世凱稱帝的野心，以及孫中山與黃興主張發展工業和鐵路的促使中國現代化影響，加上受到軍閥割據的內部紛擾與外患頻生影響，不僅在農業政策上未有革命性政策的推出，乃至毫無進展；再加上支離破碎財政的舊式金融機構難與西方國家現代化銀行的競爭，導致民國初期建國階段經濟政策的難以有重大發展。

至於民間企業的小規模經濟發展，由於受到資本結構和技術問題實難協助政府帶動國家經濟發展，導致民生凋蔽，國民所得與生活水準的程度難有先進國家的進步，而無法達成解決民生的重大問題。

（2）黃金十年國家基礎建設階段（1928-1937）

1928 年 8 月蔣介石出任國民政府委員會主席，政府權力結構依其功能分為行政、立法、司法、考試、監察等五院，首都南京已取代北京為權力核心。10 月張學良接受甫於南京成立國民政府的任命，擔任國民政府委員，年底張學良宣誓效忠南京國民政府，致此北伐成功後的國民政府其所主導的政局漸趨穩定，有利於國家建設與經濟發展。

中國國民黨政府為實現孫中山的《實業計劃》，特別設立「建設委員會」，統籌國家重大公共建設，包括電力、水利及國營事業單位。建設委員會以張人

傑為委員長，孫科等人為委員，下轄各省建設廳，每月經費僅約 5 萬銀元。[110]

　　成立後的國民政府亦如袁世凱時期的同樣面臨財政困窘的壓力，1928 年底宋子文出任新成立的中央銀行總裁，並積極與列強談判，放棄內陸過境稅以及自孫中山主政廣州政府以降所開徵的特別附加稅，以換回關稅自主。結果關稅的歲入遽增，從每年的 1 億 2 千萬元增加至 1929 年的 2 億 4 千 4 百萬、1931 年的 3 億 8 千 5 百萬元。[111]

　　1929 年立法院依據國民黨中央政治會議決議，將首先完成度量衡與幣制的統一，以利於推動經濟建設。例如「廢兩改元」制度，在各地以銀兩 7 錢 1 分 5 厘折合銀元 1 元的標準，以銀元收付。但是 1929 年廣西的黃紹竑、李宗仁，1930 年的馮玉祥、閻錫山，1931 年的胡漢民，1933 年福建軍人與人民的結盟等權力分配問題，不但導致行政效力不彰，更造成政府財政上的困難。

　　1931 年「九一八事件」之後，蔣介石軟禁胡漢民而面臨政治危機，無力再發動另一場大規模軍事行動，於是命令張學良的部隊調至長城以南，避免與日軍正面對抗，導致東北淪陷。1932 年 3 月溥儀接受日本主導下滿州國的「執政」這一頭銜。

　　1933 年全國經濟委員會成立，取代原有的建設委員會，由行政院副院長兼財政部長宋子文主持，下轄 8 個單位，負責推動全國經濟建設工作，特別是在推動農業經濟的發展上。

　　從 1928 年到 1937 年的黃金十年(golden decade)期間，中國大陸工業每年平均增長率約 7.6%。尤其是受到 1929 年全球經濟大蕭條的影響，國民政府在經濟政策上積極推動。以下將依分實施農業政策與推動工業政策等二方面的發展，來加以論述。

　　1930 年 3 月中國國民黨中央委員會全體會議通過〈關於建設之方針案〉，

---

[110] 經濟部，《荏苒時光：中華民國百年經濟發展》，(臺北：經濟部，2011 年 10 月)，頁 15-16。

[111] 史景遷(jonathan D. Spence)，溫洽溢譯，《追尋現代中國(中)－革命與戰爭》，(臺北：時報文化，2001 年 5 月)，頁 480。

1931 年蔣介石在中國國民黨中央委員會全體會議上提出〈實業建設程序案〉，
其中特別針對農業發展的問題指出：

> 按農業生產為中國民生問題最為普遍之基礎，……農業科學化為增進
> 農業生產與改進農民生計不易之原則，應切實注重，將研究與推廣二
> 者，同時並進，……應即由國民政府擬訂計畫，限期辦理。[112]

　　根據這項方案，國民政府從 1931 年到 1937 年這段期間，除了依據 1932
年 12 月中國國民黨中央委員會全體會議上所通過的開發西北案，和 1933 年 2
月公布〈獎勵輔助移墾原則〉，透過具體計畫在國民政府行政院直轄下，設置西
北拓殖委員會，分設國道局、勘業局、採礦局和墾殖菊等四個工作單位，全盤
推動西北區的開發工作，以增加農業生產。

　　同時，更設立中央農業實驗所、中央棉產改進所、全國稻米檢驗監理處、
全國稻麥改進所、全國小麥檢驗監理處，以主持全國農業改良問題，並設立行
政院農村復興委員會、全國經濟委員會等單位之外，1934 年 3 月公布《合作社
法》，已推進農村合作社組織、農業合作社的投資，和促進農業運銷等。主要在
強調第一、改良糧食品種，改進棉作，防治病蟲害；第二、整頓農村金融制度；
第三、減輕田賦。

　　1935 年 11 月中國國民黨中央委員會全體會議通過〈努力生產建設以圖自
救案〉，12 月通過〈確定國民建設實施計畫大綱案〉，以及 1937 年 2 月通過〈中
國經濟建設方案案〉等，最主要的目的就是要實踐孫中山「地盡其利」的主張，
以增加農業的產出。

　　根據 1933 年海關的統計報告，食米進口約 129 萬公噸，小麥約 35 萬公噸，
棉花約 12 萬公噸。到了 1937 年已分別下降到，米只有 34 萬公噸，小麥 8 萬多

---

[112] 中國國民黨中央文化工作會主編，范錦明，〈建國初期中國國民黨與中國現代經濟發展，《中國國
民黨與經濟建設》，(臺北：正中書局，1984 年 11 月)，頁 12。

公噸,棉花 15,000 多公噸。整體而言,從 1921 年至 1936 年間糧食總產量增加了 30%,平均每年成長率 1.76%。

1930 年 3 月中國國民黨中央委員會全體會議通過〈籌辦基本工商業之經過並請議決促其實現案〉提出,舉辦國營鋼鐵事業、舉辦國營水電事業、設立國營機器製造廠、設立國營精鹽廠、設立國營酸鹼工廠、設立國營細紗工廠、設立國營紙漿工廠、設立國營酒精工廠、設立國際匯兌銀行,其中舉辦的鋼鐵、機器製造和酸鹼工廠是政府發展基本工業建設的重點。

同時在發展工業政策上,還特別強調第一、實施關稅自主,提高進口稅率,以保護本國工業,廢除重要農產品港口稅,減輕機械工具的進口稅;第二、加強交通建設,建立國貨產銷系統;第三、為成立國營事業,獎助民營工業,獎勵華僑回國投資,以解決資本與技術不足的問題;第四、推動貨幣金融制度的改革,採用統一的標準化度量衡,以整頓市場的交易秩序;第五、利用全國地質調查所的調查報告,提供工業發展的參考;第六、改良農業礦業,以增加工業原料的供應。

此外,在稅制上廢除釐金及免除雜稅,依據 1928 年在全國經濟會議和全國財政會議的決議整頓稅務。根據 1936 年 21 省市報告,共廢除複雜稅目 6,304 種,廢除款金額達 5,844 萬銀元。以及實施《海關新稅則》,1928 年 7 月 7 日國民政府取消不平等條約,實現關稅自主。根據 1924 至 1928 年的每年平均關稅收入為 1 億 2 千餘萬銀元,到了 1931 年增加為 3 億 8 千 5 百萬銀元。[113]

1931 年與 1937 年分別爆發〈九一八事變〉與〈七七事變〉,政府為支援對日抗戰,政府積極開發西北與西南地區的交通建設,特別是在西南的修建中印公路和滇緬公路,在西北則改善西安到蘭州的公路,並修建蘭州到迪化的甘新公路,不僅突破日軍的經濟封鎖,也帶動這兩個區域的經濟發展。同時,加強水利建設,以提振農業發展。

(3) 抗日國共戰爭動員統制階段(1938-1949)

---

[113] 經濟部,《荏苒時光:中華民國百年經濟發展》,(臺北:經濟部,2011 年 10 月),頁 20-22。

中日戰爭未爆發之前，政府深知無論是物資方面的或是人員方面的，都還無法與日本較量，因而慎重避免任何刺激日方的行動。

然而，促成國共談判的主要因素，起於日本侵華戰爭，以及蘇聯所面臨受到來自德國和日本的壓力，因而指使中共與國府合作，共同抗日。因此，才有〈八一宣言〉和「西安事變」等重大事件的發生與影響。

1937 年 7 月「七七事變」正式揭開日本侵華的戰爭，中共一方面發表共赴國難宣言，另一方面卻決定利用抗戰展開全面的擴張。[114]11 月國民政府宣布遷都重慶。

1938 年 3 月中國國民黨在武昌召開臨時全國代表大會，確定三民主義暨總理遺教為一般抗戰行動及建國的最高準繩，並制定〈抗戰建國綱領〉，乃有非常時期經濟方案的訂定，對於促進農業、振興工礦、移民開墾、便利運輸、靈活金融、管理貿易，以及厲行節約等等，均有詳細的規定。

1939 年 2 月國防最高委員會成立，蔣介石以國民黨總裁出任委員長。由於戰爭受到敵人經濟封鎖的牽制，1941 年 3 月中國國民黨在重慶召開第五屆第八次中央委員會議，作成〈積極動員人力物力財力確立戰時經濟體系方案〉的決議，交由政府主管機關確實擬具實施的具體辦法，制定〈戰時經濟體系基本綱領十則〉。

同年 12 月日本偷襲珍珠港，太平洋戰爭爆發，為加強動員，國民黨第五屆第九次中央委員會議，作成〈加強國家總動員實施綱領案〉的決議，以達到：全國人民力量充分發揮，合理使用；士兵之糧秣械彈，供應無缺；土地之使用，竭盡其利；一切物力之補充，繼續不匱；全國人民之生活，能維持健康之水準等目標。

此次全會又為因應戰爭需要的調整經濟形勢，貿易政策與金融政策均須從新檢討，轉移重心，確立自足自給的方略，並奠定戰後經濟復興的基礎，特通

---

[114] 關中，《中國命運關鍵十年：美國與國共談判真相(1937~1947)》，（臺北：天下文化，2010 年 7 月），頁 17。

過〈確定當前戰時經濟基本方針案〉，提示綱領如次：

(一)對國民經濟之活動，應樹立全盤計畫，加強管制。並使生產部門
之相互間及生產與消費間趨於平衡，以消除戰時經濟之畸形現象。(二)
加強對敵經濟戰，嚴密防止走私，並加緊搶購及搶運淪陷區物資。為
達成此項目的，應裁併駢枝機關，統一事權，人力財力，配合運用，
一掃過去重複牽掣之弊。(三)嚴格實施管理銀行辦法，使絕對不能經
營投機事業，以免助長物價。商業銀行，由應切實管理。(四)徹底管
理投資，集中運用於必要而有效率之生產事業。對於國防及民生有關
之生產事業，由政府多方獎助。(五)非戰時必須之工業建設，未辦者
暫時一應停止舉辦，已辦者應設法將其資金與設備，轉移於國防及民
生必需品之用途。(六)扶助小工業之發展，應督促政府，照例次決議，
加緊確實施行。(七)因國際運輸之困難，對外貿易之業務，應加調整，
其不能輸出之產品，應推廣內銷，以實國用。(八)指定負責機關設法招
致淪陷區及其他口岸之技術人員與熟練工人，從事後方生產事業。[115]

抗戰時期國府在重慶最大的困難，是政府無法將中國僅有的貧乏資源集中
使用到戰爭上。1939 年國民政府儘管曾經舉行第一次全國生產會議，但為配合
〈確定當前戰時經濟基本方針案〉的實施，乃於 1943 年 6 月舉行第二次全國生
產會議，以落實：戰時戰後統籌並顧，產業合理化與科學管理，調整礦業統籌
運銷，糧食增產與農田水利，人力動員與人力節約的目標。

檢視重慶時代國民黨及政府所發表的最重要指示：「抗戰建國」，冀望以實
施動員式統制經濟政策，全力管制各項的戰爭物資，建立戰時經濟體制的因應
和支援戰爭需求。特別是針對戰時糧食、戰時棉花紗布、戰時工業器材、戰時

---

[115] 陸民仁，〈抗戰時期的經濟與財政〉，《中華民國經濟發展史》(第二冊)，(臺北：近代中國，1983
年 12 月)，頁 617-618。

外銷物資、戰時物資專賣，以及戰時貨幣金融政策等實施管制措施。

此外，根據 1937 年 12 月國民政府公布〈非常時期農礦工商管理條例〉、1938年 12 月公布〈查禁敵貨條例〉及〈禁運資敵物品條例〉來管制戰爭物資，尤其1939 年因國內物價上漲轉劇，乃實施〈非常時期評定物價及取締投機操作辦法〉，以期遏止漲風。

到了 1941 年 2 月抗戰進入艱困階段，物資益形短缺，市場更出現囤積居奇現象，嚴重影響民心士氣，政府透過〈非常時期取締日用重要物品囤積居奇辦法〉的實施，嚴厲管制國民日常生活所需的重要民生物品。

然而，抗戰時期實施的動員經濟管制政策，雖然人們口頭上叫「軍事第一」，但社會上仍瀰漫有一股渙散民心士氣的思維，導致出現有許多不利於戰事規定的事。也由於戰爭的拖延下去，導致財經問題的越來越嚴重、越複雜。

蔣廷黻指出：

現代化戰爭很容易解釋為包括所有的活動。在重慶有許多人為了強調他們所屬機關的重要性，於是把「抗戰」一詞擴大解釋。一但把「建國」曾列為首務，於是有如黃河開開門板一樣，人力物力就被分散了。固定稅收減少了，鹽稅減少了百分之七十五，工業稅減少了百分之八十，土地稅減少了百分之五十強。中國領土只膡下一半，而且是最落後的一半。[116]

1945 年 5 月國民黨第六次全國代表大會在重慶召開，除了重視民生經濟的通過了〈勞工政策綱領〉、〈農民政策綱領〉、〈戰後社會安全初步設施綱領〉、〈民眾保育政策綱領〉、〈工業建設綱領實施原則〉、〈農業政策綱領〉、〈土地政策綱領〉、〈土地資金化〉、〈戰士授田〉等案，並對戰時中共破壞抗戰及歷次談判做成決議：尋求政治解決之道，寄望中共黨人共體時艱，實踐宿諾，在不妨礙抗

[116] 謝鍾璉譯，《蔣廷黻回憶錄》，（臺北：傳記文學，1979 年 3 月），頁 213-214、218。

戰、危害國家之範圍內，一切問題，可以商談解決。[117]

1945 年二次世界戰爭結束的乃延續至 1947 年間，特別是政府宣示〈第一期經濟建設原則〉及其他相關文件，均顯示了一個重要的政策和制度概念上的轉折，「計劃自由經濟」、「企業自由」和「扶持民間企業」等概念逐漸形成新的理念共識。[118]

換言之，1945 年戰後國共內戰時期的國民政府經濟政策與發展，主要是在延續民國建國初期，尚未能充分實踐孫中山三民主義建設的國家資本主義理論與政策。

隨著戰後初期復員工作的目標，主要仍是強調國家整體動員的「發達國家資本」力量，凸顯政府在計劃性自由經濟發展的功能，來達成國家資本經濟發展的目標；相對地出現「節制私人資本」的壓制了民間企業發展。

此外，政府財政赤字的持續擴大，再加上國共戰爭的漸趨於白熱化和規模化，導致物價不斷上漲的形成惡性通貨膨脹(Hyper-inflation)。

郭廷以指出：

> 日本投降後，大家以為戰爭已了，封鎖解除，今後物資供應無虞，於是囤積的貨物湧入市場，物價突然回穩，黃金美鈔下跌。不意兩個月後，又復回漲，私營銀行錢莊為之倒閉，工商業為之停歇。(一)因內戰轉烈，中共以種種手段困擾政府，阻斷鐵路，攻奪礦區、鄉村、煤炭及農產品供給與消費中心隔絕。(二)因軍用浩繁，逃入政府區的難民，又須救濟，開支增大。(三)因重工業重心所在的東北為蘇俄佔據，華北大半為中共控制，向該地區推進的政府軍給養，悉賴後方。(四)因接收混亂舞弊，日本的企業或被肢解、或陷停滯，復有不少民營工

[117] 中國國民黨中央黨史委員會，《至公至誠的中國國民黨》(修訂版)，(臺北：近代中國社，1998 年 12 月)，頁 94-96。

[118] 徐振國，〈從何廉的口述歷史看「計畫自由經濟」概念在大陸時代的萌芽與發展〉，國父建黨革命一百周年學術研討會，(臺北：2004 年 11 月 19 日至 23 日)，頁 1。

廠被軍政及特務人員指為偽產，擅行封閉，以致工人失業，坐吃山空，原料被盜，機器銹蝕。加之輪船、火車、工廠缺乏燃料，無法照常行駛、生產。[119]

這凸顯戰後中國東北的工業設施早已遭到俄國的破壞與拆遷，戰後復員工作的面對國家建設資金的缺乏與工人的罷工，加上生產成本的不斷提高，導致貿易出口量的減少，以及外匯的短缺。同時，物價上漲的通貨膨脹壓力，其影響結果致使得工業生產無法按計劃的達成目標。

1945 年戰後國共內戰的結果，也助長民間企業寧可囤積獲取暴利，而不願意投入增加生產的投機心態，造成許多企業的破產，和資金籌措的更加困難。加上，戰爭對政府財務產生排擠效應的結果，國府能用在經濟發展的經費與軍事支出的比率逐年降低。

承上論從政治經濟學探討政府以甚麼方式和甚麼程度來介入或者干預經濟，會產生甚麼樣正面或負面的後果，就中華民國政府大陸時期不論是在建國初期國家資本主義的經濟政策與發展(1912-1928)、黃金十年國家基礎建設的經濟政策與發展 (1928-1937)、抗日國共戰爭動員統制的經濟政策與發展(1938-1949)，其所推動中華民國在大陸時期經濟政策與發展，都主要因受制於國內政局動盪與對外戰爭的環境因素影響，致使其實施類似凱因斯式(Keynesian)國防經濟政策與發展的成效不彰。

換言之，檢視中華民國大陸時期經濟政策與發展，深深受到國內政局不安、政權更迭頻繁的影響，致使孫中山首創三民主義思想，和發展國家資本主義的未能有效地推展於全國各地。

縱使在國民黨從 1923 年孫中山與越飛簽署《孫越宣言》，到 1927 年汪精衛武漢政權在鮑羅廷協助下，推動所謂聯俄，聯共、農工「三大政策」，遂致孫中

---

[119] 郭廷以，《近代中國史綱》，(香港：中文大學，1980 年)，頁 777。

山原擬以國民黨為主體而來運用的「聯俄容共」政策，根本發生了質的變化。[120]

戰爭環境因素下的經濟政策與發展處境，導致孫中山三民主義理論的變質，及其在國民黨蔣介石政權的主政，乃至於 1937 年對日抗戰與國共內戰期間，所有推動的經濟政策與經濟發展未臻理想。

至於遭致被批評國民黨已死，祇有國民黨人，而不復有國民黨，尤其國民黨在北伐之後，即告失去政黨必須有其真正思想性、理想性的領導本質，而當時的國民黨人已提不出任何令人嚮往的國家建設前景，亦有欠公允。

2. 中華民國臺灣時期經濟政策與發展(1945-迄今)

大部分西方工業國家經歷了戰後初期的經濟成長之後，在 1950 年代都已恢復其成長潛力。以國民生產毛額為例，在 1950 年西歐總和約美國的 71%，日本只及美國的 8%；在 1960 年此項比率分別提升到 85%及 14%。同時，1950 年代世界貿易也打破 1930 貿易減縮的局面，貿易量以平均每年 8%的速度成長。

相對此時期，由於絕大部分開發中國家仍處於貧窮落後狀態，貿易量有集中於珠工業國家趨勢。尤其，1957 年歐洲自由貿易區及歐洲共同市場相繼組成，西歐區內貿易成長相對較快，促使西歐貿易佔全世界比率逐漸提高。此一趨勢對其後世界貿易有重大影響，對臺灣貿易發展影響更鉅。

在貿易成長初期，除美國外，絕大部分國家都處於國際收支逆差狀態，美國除對許多國家進行經濟援助外，其民間企業也展開對外投資，進行跨國公司的新國外投資型態。不論事援助或對外投資的演進，對當時即其後臺灣的經濟發展都有重要的影響。[121]

國民政府為順利完成接收臺灣的工作，早在 1944 年便在中央設計局內成立「臺灣調查委員會」，作為收復臺灣的籌備機構，並在 1945 年完成〈臺灣接管計劃綱要〉。主要的基本目標是要解除日本對臺灣人民的壓制、重建臺灣的社會秩序、改善臺灣人民的生活、保障臺灣人民的權益、盡速恢復臺灣經濟的運作，

---

[120] 蔣永敬，《鮑羅廷與武漢政權》，(臺北：傳記文學，1972 年 3 月)，頁 1。

[121] 林鐘雄，《臺灣經濟發展四十年》，(臺北：自立晚報社，1993 年 3 月)，頁 38-39。

以及政府儘可能提供各種支援等。

政府得依據《臺灣省行政長官公署組織條例》的成立「臺灣省接收委員會」與「日產處理委員會」，對日治政府壟斷及日資企業接收及處理結果，將其部份企業配合政府政策撥為公營，其劃歸國營、國省合營及省營的企業總計 383 個單位。

根據 1945 年國民政府除了提出《臺灣接管計畫綱要》之外，政府也特別擬定兩項有關經濟接管的計畫，主要針對為〈臺灣地政接管計畫〉和〈臺灣金融接管計畫〉，開始實施所謂的計劃性自由經濟。

戰後臺灣資本主義發展的歷程，根據李國鼎對臺灣經濟發展的策略演變指出：

> 1950 年至 1960 年代為第一期，其間的主要策略是優先抑制通貨膨脹，以農業培養工業，以工業發展農業；力求預算平衡、改革外匯制度、實施單一匯率。1960 年至 1970 年代為第二期，其間的主要策略是追求經濟自主目標——節約消費、鼓勵儲蓄、增加內資財源、減少對美元依賴；鼓勵發展勞力密集出口工業加速經濟發展。1970 年以後是第三個時期，其間的主要策略是以貿易為前導的經濟發展，以支援第二回合的進口代替工業；工業快速發展，導致政府負責之各項公共設施產生瓶頸現象(包括公路、鐵路、港口等)，亟需大量投資；國際經濟不穩定——貨幣危機、糧食危機及能源危機相繼發生；其他外在因素(包括退出聯合國後遭遇的政治斷交之影響。[122]

臺灣經濟發展階段基本上可分為戰後重建時期的發展民生工業、輕工業時期的發展勞力密集工業、重工業時期的發展資本密集工業、策略性工業時期的

---

[122] 李國鼎，《國鼎文集之八——臺灣的經濟計劃及其實施》，(臺北：資訊與電腦雜誌社，1999 年 2 月)，頁 43-55。

發展技術密集工業，及高科技工業時期的發展高科技工業。或將臺灣經濟發展分為戰後重建期、第一階段進口替代時期、出口擴張期、第二階段進口替代及出口擴張期，及技術密集產業拓展期等五個階段。

然而，根據臺灣產業結構的變化，臺灣工業產值到了 1963 年已由 28.1%超過農業產值的 26.8%，而到了 1988 年服務業產值已由 49.3%超過工業產值的45.7%。換言之，臺灣產業在 1988 年以前皆可稱之為工業發展時期。

以下將依其家父長式(paternalism)黨國資本主義發展政策分為發展民生消費性工業階段(1945-1953)、發展勞力密集輕工業進口替代階段(1953-1960)、發展勞力密集輕工業出口擴張階段(1961-1970)、發展重化工業進口替代階段(1970-1980)與發展高科技技術密集工業時期(1981-1999)等五個階段加以深入分析。

(1) 發展消費性民生工業階段(1945-1953)

戰後中國東北的工業設施早已遭到俄國的破壞與拆遷。復員工作的資金缺乏與工人罷工，生產成本不斷提高，導致貿易出口減少，外匯短缺。同時，由於物價膨脹的影響，使得工業生產無法按計劃達成目標。

另外，助長民間企業寧可囤積獲取暴利而不願意增加生產的投機心態，造成嚴重的通貨膨脹和許多企業破產，資金籌措更加困難。加上，國共戰爭對財務的排擠結果，國府用在經濟發展的經費與軍事支出的比率也逐年降低。

政府採行各種措施，包括把工資盯住生活費用運動、凍結物價與工資，工業物資及消費物品實施配給等等，但是統統不能奏效。1 包米在 1948 年 6 月售價法幣 670 萬元，8 月已漲到 6 千 3 百萬元。[123]

當時的國民政府頒布命令，要求老百姓交出所有的金、銀及舊鈔法幣，換取新鈔金圓券，兌換率是 300 萬法幣換 1 元金圓券。國民政府的三大經濟管制區集中在上海、廣州和天津，其中以上海的成敗最具關鍵。

因為，當時的上海市長是吳國楨，蔣介石還特別任命俞鴻鈞為上海經濟管

---

[123] Jay Taylor 著，林添貴譯，《蔣經國傳》，(臺北：時報文化，2000 年 10 月)，頁 166。

制督導員，賦予警察權。不過，命俞鴻鈞只是名義上的督導員，蔣經國奉派擔任他的副手，是實際權力的執行者。

蔣經國在父親蔣介石的同意授權之下，基本上，他主持上海的經濟、金融、商業和相關警察功能，不需請示別人。可是，最後在未能全國普遍一致執行幣制改革，整個工作還是失敗。

1945 年的上海物價已較戰前上漲 884 倍，到了 1948 年物價更較 1945 年飛漲了 998 倍。1947 年下半年，大陸局勢惡化，幣制改革失敗，引起通貨膨脹，因法幣及金圓券兌換新臺幣比率偏高，乃致使大量資金從大陸流向臺灣，臺幣隨之膨脹。

臺灣經濟發展也受到大陸局勢的影響，不但發生通貨膨脹，除了臺灣光復後不到 4 年之間，舊臺幣發行額從 30 億元，增加到 5 千 2 百 70 多億元，另外還有 1 兆 2 千 1 百多億的即期定額本票在市面上流通。

臺灣受到嚴重物價上漲與大陸金圓券貶值的拖累，政府遂以上海運來的 200 萬兩庫存黃金、白銀作為準備，於 1949 年 6 月 15 日頒布〈臺灣省幣制改革方案〉及〈臺灣省進出口貿易及匯兌金銀管理辦法〉，規定改用新臺幣以取代舊臺幣。[124]

發行新臺幣限額 2 億元，每新臺幣 1 元合舊臺幣 4 萬元，每 5 元新臺幣合 1 美元，並另設發行準備監理委員會，每月末清點新臺幣發行數額及準備情形予以公告，臺灣的物價才受到控制而慢慢穩定下來。

其實，國民政府為順利完成接收臺灣的工作，早在 1944 年便在中央設計局內成立「臺灣調查委員會」，作為收復臺灣的籌備機構，並在 1945 年完成〈臺灣接管計劃綱要〉。其基本目標是：解除日本對臺灣人民的壓制；重建臺灣的社會秩序；改善臺灣人民的生活；保障臺灣人民的權益；盡速恢復臺灣經濟的運作；政府儘可能提供各種支援。

---

[124] 張導民，〈柏園先生對臺灣經濟發展之貢獻〉，錄自《徐柏園先生紀念集》，（臺北：未註明出版處及年月），頁 36。

　　政府得依據〈臺灣省行政長官公署組織條例〉成立臺灣省接收委員會與日產處理委員會，將重要鐵公路運輸、電話電報通訊系統，及菸酒樟腦等專賣事業，併歸國營或省營，同時藉由銀行的公營與貿易的壟斷，控制臺灣較具規模的大企業及金融貿易等相關的發展。

　　臺灣在二次大戰期間由於受到盟軍的轟炸，經濟發展受到很大傷害。戰後臺灣農業增產的關鍵，除了延續日治時期農業建設的基礎，和記取大陸時期土地改革失敗經驗的外，可說是靠一場有計畫性平和的社會及經濟改革。

　　政府市場轉向以因應當時環境的需要，最迫切者，為「安定」，而安定之道，莫先於解決民生問題，政府遂採取「以農業培養工業，以工業發展農業」策略。政府陸續採取三七五減租、土地放領，及耕者有其田等三個階段的策略完成土地改革工程，以增加農業生產，安定農村社會。[125]

　　在農業生產方面，政府為迅速恢復農業生產，緊急將大量的救濟肥料撥運來臺，在 1946、1947 年間合計達 121,550 公噸。1948 年政府設立中國農村復興聯合委員會(簡稱農復會)，以運用美援協助農業發展。

　　國民黨政府 1949 年底來臺之後，隨即採取溫和漸進式的方式，透過一系列政策的三七五減租、土地放領，及耕者有其田等三個階段來完成土地改革，奠定農業培養工業發展的基礎。

　　近代臺灣比較重大、具體的土地改革政策，可以溯自清領時期劉銘傳「清賦」，和日治臺灣時期後藤新平「臨時臺灣土地調查」的階段。檢視戰後臺灣從土地改革前後，農業生產指數，平均每一勞動者工作日數及複種指數皆有大幅增加。

　　在土地改革前，如 1943 年農作物生產指數為 76.04%(以 1941 年為基期)，到了 1953 年土地改革完成時，生產複種指數由 133.9%，增加了 39%。同期間，平均每一勞動者的工作日數，則由 159.5 日提高為 167.6 日，而複種指數由 133.2

---

[125] 陳誠，〈臺灣土地改革紀要自序〉，錄自《陳故副總統紀念集》，(臺北：未註明出版處及年月)，頁 32。

提高為 172.5。就分配方面而言，在 1943 年時，土地所得佔農業生產值之比率高達 45.65%，1953 年降為 37.39%，勞動所得分額在同一時期，則由 44.31%提高為 54.38%。[126]

1950 年 1 月政府成立「貨幣平準基金」，除拋售美鈔外，亦拋售黃金，接連實施幣制改革、黃金儲蓄、高利率等貨幣政策，並借助美援來穩定經濟局勢。

1953 年當耕者有其田政策開始實施時，政府基於財政困難，外匯存底短缺，為避免因徵收與補償地價造成通貨膨脹，政府採取發行公債的因應方式，以七成實物土地債券，及三成的四大公營企業，包括臺灣水泥、臺灣紙業、臺灣工礦、臺灣農林等股份公司的股票即時交付，以建立農民對於政府實施土地改革的信心。

檢視政府推動土地改革時的社會環境，由於當時土地所有權、立法權及政治權並未集中於少數利益集團；因而在規則、立法及執行上較具成效，特別是 1949 年中央政府播遷來臺的特殊政治環境，政府採取有步驟的民主漸進方式，使地主的資產不受激烈衝擊，因而配合政府推行土地改革方案，得以讓臺灣的經濟發展順利。

加上土地改革前，大部分農民所耕作的土地，雖為地主所有，但土地的實際經營與管理皆由農民及其家屬負責。所以，到了耕者有其田政策實施的時候，政府放領給佃農的耕地，即為其原耕作的土地，土地的移轉僅為所有權狀而非使用權，不致於影響農民對土地的經營管理。

土地改革當然也會導致財產重分配的現象，而土地分配分散及自耕農比例的增加，其所產生農民增產意願的提高也是事實。因此，在當時美援項目下農復會所提供的作物及牲畜品種改良、水資源開發、土壤保持、農業組織與推廣、農村衛生感善等項目的積極配合下，農業生產得以保持較高且穩定的成長，協助仍處於農業經濟型態的奠定培養工業發展的基礎。

以 1952 年與 1946 年的重要農產品作比較，稻米增加 75%、香蕉增加 1 倍

---

[126] 林鐘雄，《臺灣經濟發展四十年》，(臺北：自立晚報社，1993 年 3 月)，頁 46-48。

整、鳳梨增加 2.63 倍、茶葉增加 2.97 倍、甘蔗增加 3.77 倍，菸葉則增加 24.56 倍之多，從農業生產總額的增幅約為 1.3 倍。

在工業生產方面，食品工業因受到製糖業所佔比重的減少而急遽下降，紡織工業則從戰前最高時期的未佔超過 2%，而在 1952 年已增至占製造業總值的 19%，而化學品及其製造工業品所佔比重亦都遠高於日治時期，唯有金屬工業和機械工業都比日治後期在太平洋戰爭爆發前後的最高時期相距甚遠。[127]

1945 年日本離開臺灣和 1949 年國民政府的大遷徙到臺灣，對臺灣經濟產生結構性改變。臺灣身處中國大陸邊陲，基本上經濟發展仍屬於外導的 (extra-induced)型態，不但容易受到大陸型經濟的影響，加上戰後國共內戰的因素。

檢視當時臺灣經濟的實力只能提供有限的糧食、原料，及消費性民生工業產品，支援當時國民政府中央在大陸戰爭的需求。這樣的經濟情勢，一直延續到國民政府整個中國大陸的淪陷，蔣介石政權迫遷來臺，臺灣經濟發展才得以重新進入一個發展時期。

因此，1945 年至 1952 年可視之為臺灣「戰後恢復期」(The Recovery Period)，1952 年更是臺灣經濟發展的起點年。

(2) 發展勞力密集工業進口替代階段(1953-1960)

1953 年當政府積極推動耕者有其田策略時，為避免徵收與補償地價造成通貨膨脹，政府乃以七成實物土地債券及三成的四大公營企業(水泥、紙業、工礦、農林公司)的股份交付。

這四大公營企業的開放民營，不但解決了土地改革地主的補償金問題，也促成臺灣傳統大地主從農業生產開始轉型企業經營。企業經營項目的類別，除了糖與肥料等重要輕工業產品之外，也特別對於水泥與紡織等勞力密集輕工業的經營。

在戰後的 50 年代，臺灣原可供外銷的農產品米、香蕉與鳳梨等，已因日本

[127] 袁穎生，《光復前後的臺灣經濟》，(臺北：聯經，1998 年 7 月)，頁 110-122。

與大陸市場的流失而出口量大減，無法再為國家獲取外匯；在國內市場又由於
為數眾多的大批軍民來自大陸，消費量增加，可供外銷的產品數量所剩不多。
加上，剛萌芽的部份勞力密集產品，又受制於日貨的強勁競爭。

　　政府決定採行進口替代策略，以自製非耐久性消費品代替進口貨，一方面
對外可以節省外匯，另一方面對內又可以保護幼稚工業的發展。因此，當時政
府外匯與貿易政策，是由行政院「外匯暨貿易審議委員會」(外貿會)主持，由
於中央銀行直到 1961 年 7 月 1 日才正式在臺灣復業，而之前的實際的外匯業務
是由臺灣銀行獨家辦理。

　　1950 年代初期，臺灣不但外匯存底枯竭，且對外積欠外匯達 1 千餘萬美元，
臺銀開出的 L/C 已被國外銀行所拒絕接受，政府除採取金鈔只許持有不許買賣
的新金融措施之外，另一立刻措施就是建立外匯審核制度，在臺銀之下，分別
設立進口外匯初審小組及普通匯款初審小組，開始實施外匯管制，按需要的優
先次序，以樽節寶貴的外匯支出。

　　至於對外貿易的實際業務，則由政府授權中央信託局統辦。例如政府所有
對外採購，包括國防部的軍事採購，均由中信局代為辦理。又例如凡是美國援
華物質，也悉數由美援會委託中信局獨家辦理。再者，當時糖類產品為臺灣最
大宗出口商品，臺糖公司所有糖類外銷業務，亦委託中信局辦理。

　　除此之外，中信局還受臺鹽公司委託，代辦臺鹽銷日業務；受省糧食局委
託，負責對日銷售食米換取日本化學肥料進口業務。總計糖、米、鹽三類商品
佔當時全臺灣出口總值四分之三以上，這些產品的出口業務，全部由中信局代
辦。這樣的外匯暨貿易管制政策，也是後來容易導致類似 1955 年 3 月爆發監察
院糾舉中央信託局不法貸款高雄楊子木材公司的案件。

　　該案爆發，同年 4 月尹仲容辭去中央信託局局長一職，10 月再辭經濟部長
與工業委員會召集人。楊子公司案後經法院審理，尹獲判無罪，1957 年 8 月尹
仲容復出，就任經安會秘書長。

　　楊子公司案的影響所及，乃至於擔任外貿會主委、兼中央銀行總裁的徐柏
園牽涉 1969 年 3 月爆發的「香蕉案」(即所謂的金盤金碗案)，影響外貿會組織

的調整，於是外匯部份並入央行，成立外匯局；貿易部份併入經濟部，成立國貿局。

「香蕉案」儘管若干官員入獄，但徐柏園僅負行政責任。當時蔣介石尚有保全之意，案發之後，蔣介石曾在主持國民黨中常會時講過這樣的話：「國家培養一個人才很不容易，但要毀掉一個人才卻很容易。大家應該以本案為殷鑑，注意做事細節。」[128]

換言之，當時政府採取的經濟發展政策是既保護又鼓勵的雙軌並行方式，而進口替代策略的最直接措施就是由當時擔任外貿會主委的徐柏園決定採用複式匯率，在出口時用的是基本匯率，而進口時除基本匯率之外，還加上給匯證、防衛捐等，進口與出口的差別匯率，遂形成以變相徵收額外進口稅的方式，加重進口產品的成本，減少外國產品的進口，來保護國內產業，但見進口商將本求利，匯率一但提高，國內批發價及零售價格也會隨之提高。

政府曾有一度除了一般進口匯率之外，為配合僑資，還設計了一種投資觀光匯率：美金 1 元比新臺幣 35 元，以鼓勵外資來臺投資觀光。而出口率也有兩種：1 比 18 與 1 比 24，至於哪一種貨品應用哪一種匯率，並沒有什麼固定的標準，反正當時出口都是糖、鹽等公營事業。這些匯率的差額最終雖然都繳到國庫，但是這種多元匯率不利於出口，也導致資源分配不當和許多不法行為。

同時，採用高關稅稅率與外匯分配等方式，管制消費性產品進口，確保進口替代產業的國內市場；而且，透過公營金融機構對若干進口替代業的優惠資金融通，來促進企業投資的成長與減低經營成本；並且透過提供原料，保障工廠線的穩定生產。

然而，因受到政府保護的廠商獲利甚豐，常引起外界不滿。所以，才有尹仲容提出的外匯改革政策，一共歷經四個階段，第一階段由多元匯率改為二元匯率，而二元匯率改為一元匯率共分三個階段進行，最後終於在 1960 年 7 月固定在美金 1 元比新臺幣 40 元的匯率。

[128] 王駿執筆，俞國華口述，《財經巨擘—俞國華生涯行腳》，(臺北：商智，1999 年 5 月)，頁 230。

1950 年代政府更以「代紡代織」模式，解決資金及原料的難題扶植了國內棉紡織業的發展。臺灣原來不產棉花，因此衣著向來仰賴進口，在加上日本或低價傾銷，更使臺灣紡織業無法發展。

政府有鑒於美援物資中有大量的棉花與棉紗，而大陸紡織業遷臺時亦帶來了不少機器，因此主張管制棉布、棉紗進口，以保護本國的紡織業。

所謂「代紡代織」，指的是政府批發美援的棉花、棉紗給業者，並支付業者一筆加工費，最後成品也由政府收購。加工費通常定得很高，以降低紡織業者風險，保障利潤。

「代紡代織」政策剛實施時，因成品品質低劣，民眾多怨聲載道，但 1953 年當政府將「代紡代織」的保護政策取消，國內紡織業已能穩定成長了。

檢視臺灣自 1953 年至 1960 年期間經濟發展對美援的依賴，特別是對臺灣紡織工業的影響，雖然因為棉花的自美國進口，而有所幫助，可是臺灣肥料工業的發展，就沒有那麼幸運了。

美國為了解決盟軍佔領下日本的缺糧與工業復建問題，曾於 1950 年 9 月透過盟軍總部的安排，要我國和日本簽定〈中日貿易協定〉，規定中華民國自日本進口肥料及其他工業產品，並出口米、糖及其他農產品。

這協定透過每年的更新，使政府在 1950 至 1965 年間不得不將肥料進口稅固定於 5%的管制措施，這是所有進口項目中稅率最低者。日本肥料的入侵完全破壞政府原先的整建與發展計劃。

雖然保護政策頗受經濟自由主義國家的抵制或批評，但對部分開發中國家的經濟發展則有不得不然的苦境。縱使經濟實力強國的美國在 19 世紀亦曾採取同樣的產業保護策略，甚至在 20 世紀的 70 年代，由於日本經濟的崛起，以及來自南韓和臺灣的貿易競爭力，美國國內產業界亦不得不再發出要求產業保護的呼聲。

檢視 1950 年代的經濟政策，尹仲容贊成工業民營化，卻反對自由放任式的自由經濟。尹仲容指出：

在落後國家，民間還沒有具經驗的人才和經濟力量，因此政府不宜放
手讓民營企業隨意去做，而應該由政府來統籌全局，從整體經濟利益
著眼，決定某一個時期工業發展的方向與目標，亦即哪些工業應優先
發展，哪些應暫緩，哪些應在某一段時期內發展到某種程度。

這種經濟計劃，並不同於共產集權國家的經濟計畫，因為在那些國家
中，政府並不掌握生產工具，也未控制所有的經濟活動；政府的計畫
只涉及工業的種類，而沒有牽涉到各類工業中的生產單位企業，因此
這些單位企業仍有充分的活動自由。因此，這種經濟為「計畫式的自
由經濟」。[129]

從國家(state)是否掌握「所有權」(income power, 或稱收益權)和「使用權」
(control power, 或稱控制權)的產權標準來衡量，如國家同時擁有生產工具的所
有權和使用權，便是「統制經濟」(command economy)。

如果國家對於生產工具有所有權，但是沒有使用權，便是「市場社會主義」
(market socialism)；如果是私人有所有權，而國家有控制權，便是「國家資本
主義」(state capitalism)；最後，如果私人同時擁有所有權和控制權，這就是自
由放任的資本主義。

所以，1950 年代臺灣採行的是計畫性自由經濟制度，是以市場機能為基
礎，但政府可視實際需要，另做必要而合理的干預。因此隨著經濟發展階段的
不同，自由與計畫的相對成分會有所變異。

其實臺灣經濟的自由化直到 1980 年代中期，也只能算是局部自由化(partial
liberalization)。臺灣經濟政策已從戰後原先的「節制私人資本」的原則，逐漸
轉化成「扶植民間企業」的方向。也就是「計劃經濟」逐漸轉變成「計畫性自
由經濟」的道路上去了。

檢視 1953 年至 1960 年的八年間，年平均成長率 10.6%，仍較農業部門的

---

[129] 康綠島，《李國鼎口述歷史—話說臺灣經驗》，(臺北：卓越，1993 年 9 月)，頁 87-88。

4.6%高出一倍以上，故工業產值比重自 1952 年的 17.4%上升至 1960 年的 24.6%，然此項比重仍低於農業部門所佔的比重，臺灣地區仍未脫離以農業經濟為主的型態。

另外，臺灣地區因礦業資源比較缺乏，礦業及水電煤氣發展領域受到限制，因而這時期的工業成長主要反映在製造業的成長上。在這期間製造業生產指數增加 166.7%，較水電、煤氣業的 121.5%及礦業的 65.9%高出不少。因此，製造業產值佔工業產值的比重已由 1952 年的 60.2%提高至 1960 年的 67.6%。[130]

（3）發展勞力密集輕工業出口擴張階段(1961-1970)

與臺灣同時發展輕工業的許多第三世界國家，在推行進口替代策略一段時間，同樣會面臨國內市場飽和的壓力，政府明智地不是深化進口替代，而是改採出口擴張策略。實施〈外匯貿易改革方案〉；推動〈加速經濟發展方案〉的十九點財經改革措施；頒布〈獎勵投資條例〉；通過〈加工出口區設置管理條例〉等吸引僑外投資人來臺投資。

從 1963 年起是臺灣有效推廣輸出的轉振點，自此以後，臺灣已逐步擺脫對美元的依賴。檢視當時政府所推動的鼓勵出口政策，包括：

第一、是對於直接生產者的鼓勵，由於直接生產者農民不諳國際市場情況，受到中間商的剝削，故欲加強推廣輸出，必須保障直接生產者利益，提高其增產興趣，並使其有財力作增產的投資，改進生產技術，以提高品質，政府實施「香蕉出口五五制」，便是對生產者的鼓勵。

第二、對國際市場有計畫的拓展，對洋蔥、柑橘採統一供應方式，鳳梨罐頭則實施聯購原料，香茅油辦理統一報價，洋菇及蘆筍罐頭更實施全面性之產製銷。

第三、對工業廠商的鼓勵，對棉紡、毛紡、鋼鐵及橡膠等生產廠商，採取各項鼓勵措施，諸如出口獎勵金、出口退稅及低利貸款等。[131]

---

[130] 秦孝儀主編，《中華民國經濟發展史》(第三冊)，(臺北：近代中國出版社，1983 年 12 月)，頁 1050-1052。

[131] 何顯重，〈悼柏公憶往事〉，錄自《徐柏園先生紀念集》，(臺北：未註明出版處及年月)，頁 63-64。

第三、社會的存在決定人們的意識。[14]

因此，凸顯經濟基礎與上層建築的相互關係：

第一、上層建築是基礎所決定，在基礎的根基上成長起來，當基礎發生變化和被消滅時，那們它的上層建築也就隨著變化，隨著被消滅。當產生新的基礎時，那麼也就會隨著產生適合於新基礎的上層建築；

第二、上層建築對基礎具有服務的作用，它不能對自己基礎的命運，對制度的性質採取漠不關心的、中立的態度，新的上層建築積極促進自己的基礎形成起來和鞏固起來，幫助新制度消滅舊基礎和舊階級；

第三、上層建築是每一基礎存在著和活動著的一個時代的產物；它隨著每一基礎的消滅而消滅；每一基礎的消失而消失；

第四、上層建築與生產及人的生產活動沒有直接聯繫，只有基礎上折射出改變以後，上層建築才反映出生產力發展水平上的變化。[15]

檢視韋伯(Max Weber)對權威(Authority)型態的分類有三種：

第一種是神性化的英雄崇拜，這種領袖是一切權力的根源，是先知或英雄，其行徑顯示「神寵」是一種非理性權威的表現；

第二種是傳統的習尚之尊崇，此種統治的權力根源是習俗，發號司令者源於承繼的身分，其固然是該照習俗做事，但也可肆意作為；

第三種是合法而理性的服從，有權發號司令者既無「神寵」，也非繼承身分而得，而是由合法的程序指定或被選出來的，其目的是維護法律的秩序，他們之被遵從不是由於他們的地位或身分，而是由於他們所

---

[14] 馬克斯，〈政治經濟學批判(序言)〉，《馬克斯恩格斯選集第二卷》，(北京：人民出版社，1972年12月)，頁82。

[15] 郭從周等譯，《馬克斯列寧主義》，(北京：人民出版社，1955年3月)，頁41。

遵行的是法律，由於法律一套經過一定的程序而合理地制定出的。[16]

所以，韋伯稱之為合法而理性的，而官僚政治(Bureaucracy)則只能在此一型態中產生，是一種理性權威的表現。如果檢視中共領導型態和經濟發展的非理性權威，可以以毛澤東領導型態為代表。[17]

就中共政治演變而言，以 1950 年的土地改革和 1958 年的「三面紅旗」運動，及 1966 年的「文化大革命」為最顯著。非理性權威，強調政治掛帥，忽視了客觀經濟規律，導致經濟衰退，理性權威因之產生，在官僚政治下，獲得較好的經濟成就，然而又囿於共黨意識型態的教條和現實的衝突，於是又產生了非理性權威，如此周而循環。

羅斯托(Walt Rostow)指出：

大躍進運動的目的是利用大量的人力，通過大煉鋼鐵來支撐中國的工業革命，而文化大革命運動的本意，則是想利用熱情洋溢的年輕革命者，來肅清毛澤東在 1949 年建立起來的政府中存在的官僚主義作風。[18]

基於意識型態，中共認為政策是革命政黨一切實際行動的出發點，並且表現於行動的過程和歸宿。一個革命政黨的任何行動都是實行政策。準此而論，共黨的行動係以革命的意識型態為準則的，因此表現在中共經濟政策的目標為：

第一、為共黨極權專制，壓制政權內部的反抗，瓦解外來的威脅，鞏固共黨極權政權，並為中共成為世界強權提供物質基礎。

第二、為瓦解資本主義社會，建立神話烏托邦的共產主義社會，及為摧毀

---

[16] Max Weber "The Three Types of Legitimate Rule"trans. Hans Gerth in *a Sociological Reader on Complex Organization* (N.Y.: Holt Rinehart & Winston, Inc, 1969) pp.1-15.

[17] 金耀基，《現代人的夢魘》，（臺北：臺灣商務印書館，1967 年 6 月），頁 129。

[18] Walt Rostow, 王琛、鄺艷湘譯，《概念與交鋒──市場觀念六十年》，（北京：中央編譯社，2007 年 6 月），頁 347。

可識別的敵人的行動指導方針等提供服務。

至於中共如何達成其經濟政策的目標，愛克斯坦(Alexander Eckstein)指出：

在經濟落後和技術水平落後的國家，越有可能採用意識型態作為經濟
政策的推動力，克服停滯的經濟成長。然而，意識型態的束縛也成為
經濟發展的障礙。[19]

所以，「精神誘因」是意識型態的重要功能，為求突破停滯的經濟成長，以
「精神誘因」即描述共產主義的理想世界，「各盡所能，各取所需」，為求未來
的憧憬，要求人民自我犧牲。中共為求經濟政策的目標達成，試圖以意識型態
做為推動力，透過群眾運動、群眾參與、群眾介入等從事經濟建設。

中共自 1949 年取得政權以來，經過四個〈五年經濟計畫〉，1977 年開始實
施第五個〈五年經濟計畫〉。實際上，這些所謂的五年經濟計畫都因為內部政治
或權力鬥爭而無法實施，徒具宣傳口號而已。

鄭竹園指出，中國大陸經濟政策的遞嬗演變如下圖：

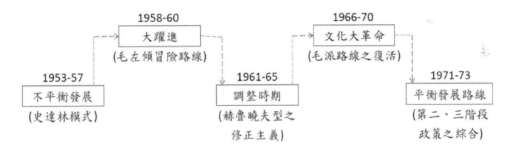

因此，從中共三十多年經濟政策的轉變，大略可以分為：第一階段，國民
經濟恢復時期(1950-1952)；第二階段，第一個五年經濟計畫時期(1953-1957)；
第三階段，生產大躍進時期(1958-1960)；第四階段，經濟調整時期(1961-1966)；

[19] Alexander Eckstein, *China's Ecnomic Development* (U.S.: The University of Michigan Press, 1975) p.70.

第五階段，文化大革命前時期(1966-1969)；第六階段，文化大革命後時期(1970-1975)；第七階段，批周批鄧時期(1976-1978)；第八階段，鄧小平改革體制時期(1979-2012)。[20]乃至於到了第九階段(2012-迄今)，習近平經濟成長時期。

中共經濟政策之所以有如此改變，主要是權力鬥爭的各派系在政治立場上對經濟政策的路線互有爭執，亦即經濟路線乃隨著政治上權力鬥爭的成敗為依歸；在權力鬥爭之後，得勢者即將舊的經濟政策全部推翻，經常產生矯枉過正的現象。此外，也有因為經濟政策的錯誤，不得不對原有的政策加以修正。

基本上，在1958年以後，中共經濟政策是蘇聯史達林時代的經濟模式；1960年至1965年是劉少奇的修正主義路線，利潤掛帥成為新的經濟政策指導原則；文化革命後，又改為毛澤東經濟政策路線，其路線並無一定的立場。[21]

1976年毛澤東的逝世，如果說毛澤東建構了龐大的共產體制，那麼鄧小平在那軀殼下建構了有中國特色的市場經濟。毛澤東的共產革命，再也無法持續；鄧小平的經濟改革，則勢不可擋，走上了一條再也無法回頭的路。[22]

中共經濟的改革放可以溯自1978年至1979年鄧小平採取向日本和美國的開放政策，期以對外貿易及吸引外來投資來改善大陸的經濟落後，亦即觸及到了毛澤東發動和領導文化大革命的錯誤。

然而，在實施開放初期，中共內部尚一直受制於姓「社」、姓「資」的爭論，也就是所謂到底要走社會主義路線或資本主義路線的爭論，及所謂的保守派與改革派的鬥爭。一如鄧小平在1980年代初說過的「摸著石頭過河」。

鄧小平指出：

[20] 鄭竹園，〈大陸經濟循環變動的分析〉，本文係1973年12月在第三屆中美大陸問題研討會上所提出之論文，刊載於《匪情月刊》第16卷第12期，收錄：《政治經濟論集》，（臺北：聯經出版公司，1983年5月），頁243。

[21] 魏萼，《中共經濟論述》，（臺北：中央文物供應社，1984年12月），頁100。

[22] 高希均，〈出版者的話：鄧小平改變中國─傅高義在「天下文化」第四本著作〉，錄自：傅高義(Ezra F. Vogel)，馮克利譯，《鄧小平改變中國》，（臺北：天下文化，2012年6月），頁12。

封建社會代替奴隸社會，資本主義代替封建主義，社會主義經歷一個長過程發展後必然代替資本主義。這是社會歷史發展不可逆轉的總趨勢，但道路是曲折的。資本主義代替封建主義的幾百年間，發生過多少次王朝復辟？所以，從一定意義上說，某種暫時復辟也是難以完全避免的規律性現象。一些國家出現嚴重曲折，社會主義好像被削弱了，但人民經受鍛鍊，從中吸取教訓，將促使社會主義向著更加健康的方向發展。[23]

所以，中共自 1980 年代開始，中國共產黨開始排除意識型態問題和數個非共產主義的政黨維持交流，其中包含許多採取民主制度的一黨制國家執政黨，以及在其他國家佔有主導地位的社會民主主義政治團體。

而在 1989 年東歐共產主義在政權瓦解後的走向民主化，以及 1991 年蘇聯解體後，中國共產黨於 1991 年時開始強調和其他社會主義國家的執政黨發展政黨交流，並且繼續維持和世界各地非執政黨的共產黨聯繫。

直到 1992 年初，鄧小平南巡，在參觀深圳世貿中心之後，發表了具有意義的「南方談話」，其重點是：

計畫不等於社會主義，市場也不等於資本主義。資本主義也有計畫，社會主義也有市場。貧窮不是社會主義，要走共同富裕的社會主義道路。

為了達到這個目標，先富起來的地方要多繳稅，用來幫助落後地區。但各地的情況不可能很快拉平，不能搞「大鍋飯」，這會打擊人們的熱情。這時鄧小平才為走向市場經濟的道路掃除障礙，為中國經濟體制改革確定了市場經濟的目標模式。[24]

---

[23] 鄧小平，《鄧小平文選》(第 3 卷)，(北京：人民出版社，1993 年)，頁 382-383。

[24] 童懷平、李成關，《鄧小平八次南巡紀實》，(北京：解放軍文藝出版社，2002 年 10 月)，頁 245-246。

　　尤其到了 1993 年 11 月，中共十四屆三中全會通過了「關於建立社會主義市場經濟體制若干問題的決定」，提出了轉換國有企業經營機制、培育和發展市場體制、轉變政府機能、建立健全宏觀經濟調控體系、深化對外經濟體制改革、進一步擴大對外開放等一系列重大措施。

　　1997 年 2 月鄧小平過世，中共總書記江澤民發表「五·二九」談話，將「鄧小平理論」提升到可以與「毛澤東思想」平起平坐，讓人們能夠像幹革命一樣集中精力搞四化。

　　換言之，從鄧小平提出「中國特色的社會主義」理論，採用「社會主義初級階段」的說法，鄧小平「理論」正是按他所希望的樣子完成的：它們為支持繼續擴大市場的實用主義政策提供意識型態的合法性。[25]

　　因此，中共社會主義市場經濟的確立，歷經第一次思想解放的一石激起千重浪—1978 年戰勝「兩個凡事」、第二次思想解放的東方風來滿眼春—1992 年破除姓「社」姓「資」的束縛，和第三次思想解放的晴空排雲上碧霄—1997 年衝破姓「公」姓「私」的疑惑；亦即第一次思想解放衝破了「個人崇拜」、第二次思想解放衝破了「計劃經濟崇拜」，和第三次思想解放衝破了「所有制崇拜」。

　　「兩個凡事」的思想，最早是由華國鋒在 1976 年 10 月提出，這是以華國鋒為首的黨中央的主張，「凡是毛主席作出的決策，我們都堅決維護；凡是毛主席的指示，我們都始終不逾地遵循。」

　　「兩個凡事」的直接目的，是阻撓鄧小平出來工作，不許為天安門事件平反。因為 1975 年再次批鄧，以及天安門事件定為反革命事件，都是毛澤東批准的，這兩個案不能翻。

　　1977 年 7 月中共十一屆三中全會上，鄧小平恢復了中共中央副主席、中共中央軍委副主席、國務院副總理、解放軍總參謀長的職務，這對於否定「文化大革命」，否定極左，否定「兩個凡事」，是真理標準的討論戰勝「兩個凡事」，

---

[25] Ezra F. Vogel，馮克利譯，《鄧小平改變中國》，(臺北：天下文化，2012 年 6 月)，頁 899-900。

為中國開闢新的道路具有極其重大的意義。[26]

　　也就是要拋棄「階級鬥爭為綱」、「無產階級專政繼續革命」理論，標舉「實踐是檢驗真理的唯一標準」的主張，確立以「經濟建設」為中心，堅持四項原則與堅持改革開放的所謂戰略路線。

　　中國大陸歷經三次的思想解放，標誌著大陸改革開放的進程已經跨越了摸索起步的階段，不但已將馬列主義的政治信仰束之高閣，代之以初級階段論的託辭，從而進入為人民謀福祉的發展經濟成長時期。

　　2010 年以後的改革，特別是中共十八大後擴大反腐，遏制了當時出現的全面潰敗趨勢，2013 年十八大三中全會更提出 60 項改革措施，以進行經濟改革。

　　習近平在 2017 年 10 月中共十九大報告中，除了要成立「中央全面依法治國領導小組」，以加強對法治中國建設的統一領導。同時提出「更中國」、「更共產黨」、「更前瞻」的報告，在臺灣議題上提出更具指標的「絕不允許任何人、任何組織、任何政黨、在任何時候、以任何形式、把任何一塊中國領土從中國分裂出去」。在對臺工作將「統一政策」與「對臺政策」做出區隔，不再有必然的邏輯關係，從雙方「共促」統一轉變到單一「推進」統一，並布局全球反獨統一戰線。[27]

　　2018 年 3 月中共中央印發「深化黨和國家機構改革方案」稱要組建「中央全面依法治國委員會」。8 月 24 日習近平主持中央全面依法治國委員會第一次會議，會議審議通過「中央全面依法治國委員會工作規則」等多條規定與修訂法院、檢察院組織法草案。

　　習近平指出：

　　　強調要加強黨對全面依法治國的集中統一領導，堅定不移走中國特色
　　　社會主義法治道路，更好發揮法治固根本、穩預期、利長遠的保障作

---

[26] 馬立誠、凌志軍，《交鋒：當代中國三次思想解放實錄》，(臺北：天下文化，1998 年 6 月)，頁 11-23。

[27] 蘇起，〈習近平新時代的對臺政策〉，《聯合報》，2017 年 10 月 29 日。

用。堅持和發展中國特色社會主義需要依靠法治，需要加強黨對全面依法治國的領導。黨中央決定成立中央全面依法治國委員會，是貫徹落實黨的十九大精神、加強黨對全面依法治國集中統一領導的需要。要健全黨領導全面依法治國的制度和工作機制，繼續推進黨的領導制度化、法治化，把黨的領導貫徹到全面依法治國全過程和各方面，為全面建成小康社會、全面深化改革、全面從嚴治黨提供長期穩定的法治保障。[28]

2018 年是鄧小平改革開放 40 年，回顧鄧小平的開放企業、接班人制度和與外界建立友誼的 3 大決策，奠定了中國大陸這段期間穩定的政經發展，以及當前習近平執政的建設基礎，建構其所謂的「習近平新時代中國特色社會主義思想」，並在 2025 年，乃至於 2050 年的達成「中華民族偉大復興」。

五、 兩岸關係的差異性與平衡性

兩岸關係從「相互主體性」與「歷史整合性」的思維，臺灣歷史作為中國歷史的一個組成部分，它與全國的歷史有著共同的平衡性；但臺灣作為中國一個比較特殊的地區，它的歷史也必然有其特殊的差異性。

檢視中國大陸對臺策略，溯自 1949 年佔據大陸後，雖先後有二次對臺的軍事行動，惟在受挫後改採「和平解放」策略，陸續發布「告臺灣同胞書」、「三通四流」、「葉九條」、「鄧六條」、「一國兩制」等和平統戰伎倆，其最終目標就是要「收回臺灣，完成統一」。

現階段中共在對臺策略的運用，主要是採取政治上矮化、外交上孤立、軍

---

[28] 〈習近平：加強依法治國的集中領導〉，(https://udn.com/news/story/11323/3329054)，(瀏覽日期 2019/07/14)

事上恫嚇，及經貿上利誘的「四合一」策略，以分進合擊的多元策略目標，希冀「以商圍政、以民逼官、以經促政、以通促統」，以遂其「和平統一」、「一國兩制」的最終戰略目標。

　　然而，兩岸分治已超過 70 年的變動發展，仍然存在著彼此有著特殊的差異性與有著共同的平衡性。

(一) 兩岸特殊的差異性思考

　　羅斯托(Walt Rostow)指出：

> 共產黨與國民黨都以前蘇聯模式來創建最初的政權組織。實際上，中國人最初感興趣的並不是共產主義的意識型態，而是列寧在一個幅員遼闊的大陸國家建立起了強有力的中央政權這一事實。[29]

　　然而，1949 年兩岸分治之後，兩岸關係發展基本上是政治經濟學的課題，特別是從中共的對臺策略，及回顧過去數年來兩岸關係的發展，已存在有兩岸的差異性。

　　第一、由上而下對由下而上的統一步驟：中共對兩岸之間事務性議題的商談，或是兩岸彼此在國際社會上的活動，都必須透過「統一」的顯微鏡檢視。

　　檢視兩岸關係不乏劍拔弩張的氛圍，中國大陸對臺研究學界向來也有「北派」、「南派」之分。

　　「南派」以廈門大學臺灣研究院為代表，對兩岸關係偏向溫情、反戰，倡議「包容理解」、「溝通對話」，期待兩岸回到和平發展的正軌；但「北派」總不免隨著戰鼓叫陣。臺灣則一本求同存異，暫時擱置無法妥協的主權問題，設法在困擾雙方的當前迫切議題中，謀求解決方案。

---

[29] Walt Rostow, 王琛、鄺艷湘譯，《概念與交鋒—市場觀念六十年》，(北京：中央編譯社，2007 年 6 月)，頁 343~344。

　　第二、中央制式對多元協商的社會和決策模式：中共的對臺政策採一條鞭制，成立從中央到地方的對臺辦公室；臺灣則是因民主化的程度較深，修憲或其他大議題均先凝結全民共識。

　　第三、極端的排他式民族主義對新興的臺灣地區意識：冷戰結束後，共產主義式微，僅存共產政權也快速的自我求變，以免遭致覆敗，在這種自我否定的意識型態真空期，中共大力宣導民族主義，以仇外的情緒凝結內部統合力，形塑政治主體支配政治以外的社會、經濟、思想等主體的「一元論」；在臺灣由於進行民主試驗，增加了臺灣地區文化意識的「多元論」，使得兩岸對比更形突出的特質。

　　第四、根據古典經濟學派理論指出，每一個人的自由，亦即每一個人認為自己很安全的那種感覺，就是建立在司法公正無私的基礎上的。如果一個政權不是建立在司法公正無私的基礎上的，縱使經濟走向市場化了，政治民主化的路也可能還必須要再走一段很長的路才會出現。這也凸顯臺灣實施資本主義經濟與中國大陸實施社會主義經濟的區別之所在。

(二) 兩岸共同的平衡性思考

　　由於中共的對臺策略，及兩岸存在制度上的差異性。所以，臺灣在思索兩岸經貿的發展時，就必須從維持兩岸關係的平衡性著眼，也就是在兩岸合作與衝突的平衡、大陸政策與外交政策的平衡，及兩岸經濟與政治之間的平衡。

　　除此之外，政府更不能局限於兩岸關係的思維邏輯，而應把它界定在國際政經體系的框架中，應善用臺灣乃位居「美、日（核心），四小龍（半邊陲），東南亞（邊陲）」與「美、日（核心），四小龍（半邊陲），中國大陸（邊陲）」兩大政經體系的中介位置，臺灣在「美、日、四小龍、東南亞」分工體系中的運用，不僅可分散來自大陸政經的風險，同時，亦具強化自由陣容在政經上的策略聯盟，將有助於共拒中共軍事的威脅。

　　尤其是中華民國在中國大陸與美國之間的採取平衡策略，一方面通過和大陸的 ECFA 作為槓桿，爭取和美國貿易的協商談判，甚至要求美國助我加入區

域性經濟組織；而另一方面可以通過和美國的經貿關係的強化為槓桿，和中國大陸展開有關華人經濟圈的討論和協商。

　　然而，在全球化的推力下，東亞經濟發展的生產網絡與貿易分工結構也日漸綿密，其中中國大陸經濟的崛起則扮演「世界工廠」轉型「世界市場」的重要角色，更與臺商中國大陸的鉅額投資和提供管理技術密切相關，亦即兩岸經貿也是東亞經濟整合的樞紐。

　　此一環節亦直接受到全球貿易失衡與平衡的影響。尤其是東亞國家的高貿易依存度（Trade/GDP 比率）都是偏高。1988 年臺灣對大陸的貿易依存度由 2.47%，到 1995 年增加為 9.80%；同一時期大陸對臺灣的貿易依存度則是從 2.65%增加為 6.37%。[30] 2018 年臺灣對大陸的貨物貿易依存度增長至 24.20%的歷史新高。

　　中國大陸經濟政策自從改革開放以來一直都維持快速成長，但也面臨嚴重的失衡現象，主要出現：

　　第一、內外失衡，巨額貿易順差，引發人民幣升值，並導致國內貨幣供給成長過快與通貨膨脹壓力；

　　第二、區域失衡，沿海和內陸的嚴重失衡和日益惡化的所得分配；

　　第三、消費佔 GDP 比例偏低和投資過熱的失衡；

　　第四、產業結構的失衡，工業佔 GDP 比例高，而服務業偏低。

　　因此，中國大陸經濟政策的擬定與限制，皆受到上述失衡與平衡發展的交互影響。此一趨勢也必然影響臺商在中國大陸，甚至東亞區域的佈局，而兩岸經貿發展也將隨之改變。

---

[30] 江丙坤，〈兩岸經貿關係發展之探討〉，《臺灣經濟發展的省思與願景》，（臺北：聯經，2004 年 8 月），頁 445。

六、結論

　　回溯兩岸關係於李登輝和陳水扁等兩位總統先後宣布「戒急用忍」和「一邊一國」而陷入低潮。李登輝雖然曾於 1996 年 11 月 17 日在會見美國參議員時，重申願到大陸從事和平之旅，也歡迎中共總書記江澤民到臺灣訪問。

　　然而，當時兩岸關係在對「一個中國詮釋」、「結束敵對」等重大歧見上未能透過協商解決之時，「高層互訪」的進行大概亦非短時間內可以突破。其中緣由，關鍵在於主權爭議。

　　主權的爭議，從歷史角度對於主權的定義，主權是對某領土範圍內的人民與土地的最高支配權，享有這個主權的政治實體是為國家，執行國家主權的行政單位是為政府。

　　臺灣與澎湖列島的領土與人民的完全主權，在大清國於 1895 年的《馬關條約》割讓給日本，日本再於 1952 年的日本與中華民國的和平條約中，向中華民國政府承認放棄，並於和約中聲明臺灣人民(包括自然人與法人)的國籍改為中華民國國籍。

　　2008 年至 2016 年馬英九擔任中華民國總統期間的主張擱置主權議題，讓兩岸朝向穩定的和平發展。但是 2016 年蔡英文當選總統之後，不願意接受國民黨與共產黨所磨合出來建立的「九二共識」，導致當前兩岸情勢的漸趨緊張，加上臺獨基本教義派的言論高漲，促使兩岸關係陷入一個不可預測的深淵。

　　展望兩岸關係的未來，雙方擱置爭議性主權議題，就兩岸關係的整合性觀點而論：

　　第一、中共經濟持續成長，極可能會經從「具有中國特色的社會主義」變成「具有中國特色的資本主義」，並逐漸走向自由市場經濟體制；亦即如果將中國大陸 1979 年改革開放視為第二次革命、1990 年代開放市場經濟為第三次革命，2012 年中共總書記習近平開始進行政治、經濟、社會交互變革，則可以稱

為正在經歷第四次革命。

　　現在由於臺灣對大陸的依賴亦逐年升高，臺灣亦可以隨之分享其成長與繁榮，但大陸改革開放 40 年來，經濟發展有了翻天覆地的變化，卻也衍生許多問題，如果下一步改革推不動，將有可能向反市場規律的舊體制倒退，也可能滑向權貴資本主義，社會兩極分化，進而落入「中所得陷阱」。

　　相形之下，1980 年代後期至 1990 年代初期臺灣在發展途中透過民主化與產業升級避開了「中所得陷阱」，但卻可能面對高升學率和高齡化，落入因高學歷競逐高所得，使得工作機會減少；又因高齡化拉低勞動力，致使臺灣經濟成長停滯的掉入「高所得陷阱」。

　　第二、中共政治在經濟穩定發展的情形下，正朝向「中國的垂直式民主」的「初階段民主政治」發展；亦即政治不是由對立的政黨或政客在運作，而是由上而下與由下而上過程中得到的共識在運作。[31]

　　2012 年 7 月 23 日中共國家主席胡錦濤在召開「省部級主要領導幹部專題研討班」的開班儀式上表示，必須堅持黨的領導、人民當家做主、依法治國有機統一，發展更加廣泛、更加充分的人民民主，保證人民依法實行民主選舉、民主決策、民主管理、民主監督，更加注重發揮法治在國家和社會治理中的重要作用，維護國家法治的統一、尊嚴、權威，保障社會公平正義，保證人民依法享有廣泛權力和自由。[32]

　　而臺灣在政治民主化方面的發展經驗，可以發揮其對中共政治的民主催化作用。尤其中共在十八屆三中全會也提出深化政治體制改革，加快推進社會主義民主制度制度化、規範化、程序化，建設社會主義法治國家。

　　第三、中共在意識型態上已從馬列共產主義，逐漸回歸中華文化的人文精神；亦即由「原教旨主義」(fundamentalism) 的馬列共產主義所造成的獨裁、

[31] 奈思比(John & Doris Naisbitt)著，侯秀琴譯，《中國大趨勢──八大支柱撐起經濟強權》，(臺北：天下文化，2009 年 10 月)，頁 55。

[32] 〈胡錦濤罕見高喊政治改革〉，《中國時報》，2012 年 7 月 24 日。

極權、集權意識，從而型塑的「原教旨民族主義」，再軟化為「自由民族主義」。馬克思並不是，至少已不是一個馬克思主義者，他生前明確否認過，而且在 1856 年他接受一筆遺產的那一刻，馬克思顯然背棄他自己開列的共產主義信條。

馬克思思想是以批判及實踐為導向的，現在中共對於馬克思的認知，應是私有財產制可以創造價值的馬克思，並非原始的馬克思主義者。也就是社會上新馬克思主義認為下層結構只是「制約」而非「決定」上層結構的抵抗「原教旨主義」的力道，凸顯了對多元社會文化的渴望。

相對於中華民國而言，臺灣建立的實質堅固多元化社會，才足以削弱「原教旨主義」的意識型態。換言之，多元化社會的臺灣特色也必須建立一個政治民主化、更高生活品質，與尊重人命價值的好形象，讓多元化成為中華民國立足於國際的最佳國防利器，並藉此贏得中國大陸對臺灣的尊重。

第四、1996 年 11 月 18 日由負責政策研究的國民黨中央政策會發布《兩岸和平協議》的參考草案，建議兩岸分別以「臺北」、「北京」的名義簽定《和平協議》，其草案內容共有十條，主要是希望雙方承諾不以武力作為統一中國的工具，並終止外交對抗，互設常駐代表，以共創雙贏的局面。這份參考草案頗具政策性導引的政治經濟意義，值得所有關心兩岸發展人士的重視。[33]

變動中的兩岸關係發展，臺灣實無自外於大陸的經濟成長之外，兩岸關係發展的協商、談判乃是必要思考之路，更是水到渠成之事。雖然臺灣內部對於兩岸關係的部分看法仍難趨一致，其弔詭關係正如石之瑜指出：

李登輝最近批評臺灣與大陸的經濟交往是在與魔鬼交易，這是個反思的好起點，因為臺灣或李登輝所象徵的調整與彈性能力，比魔鬼更像是魔鬼，後殖民社會在自我迷失過程中的生存之道，恰恰是學習成為魔鬼。

---

[33] 陳添壽，〈臺灣產業發展策略與兩岸關係〉，《空大學訊》第 194 期，（臺北：國立空中大學，1997 年 4 月），頁 62-67。

> 臺灣人今天巴結大陸市場,與李登輝早年巴結國民黨是一樣的,這同
> 謝長廷與蘇貞昌或馬英九重視兩岸關係的道理也是一樣的,不要低估
> 他們任何一人追求臺獨的臨場意志,也不要低估他們拋棄臺獨的臨場
> 意志。[34]

　　這正凸顯兩岸關係發展的複雜性和弔詭性,相對地也更是要強調兩岸關係發展正常化與制度化的重要性,乃至於兩岸也有「第三選擇」的空間。

---

[34] 石之瑜,〈李登輝不是魔鬼代言人?〉,《中國時報》,2012 年 5 月 31 日。

第三部分

兩岸關係發展與變遷

近代兩岸關係發展史略

一、前言

　　2017 年臺北市長柯文哲自從在上海訪問期間，說出「兩岸一家親」，回到臺灣之後，立即遭到部分堅決主張臺灣獨立人士的強烈批判，也不禁令人對照回想起，梁啟超曾贈林獻堂等人「破碎山河誰料得，艱難兄弟自相親」的詩句來，這也凸顯出兩岸複雜關係的發展。

　　本文的整理，主要是採取政治經濟學的研究途徑，來檢視臺灣政經與兩岸之間關係的發展。或許因為我的教學與研究關係，也就特別喜愛在電影裡透過閱讀來推廣學習的效果。

　　在課堂上我的透過電影欣賞、教學與討論，在政經議題方面：我推薦學生觀看《大國崛起》、《世界經濟之戰》(*Commanding Heights：The Battles for the World Economy*)這兩部紀錄片，和由羅素克洛(Russell Crowe)主演的《美麗境界》(*A Beautiful Mind*)的這部電影。[1]

　　在兩岸關係議題方面：我推薦學生觀看《臺灣人在滿州國》的紀錄片，這是一部認識「國族認同」最深刻的歷史片，敘述一椿 1930 年代臺灣青年勇闖東北的故事，幫助學生了解對於兩岸關係發展與變遷的歷史。

　　兩岸關係從「相互主體性」和「歷史結構性」的觀點分析，基本上，臺灣

---

[1] Sylvia Nasar, 謝良瑜等譯，《美麗境界》，(臺北：時報，2002 年 4 月)，頁 9-10。

政經發展的歷史，與中國大陸有不盡相同發展際遇的幾個面向：

第一、臺灣問題從臺灣信史時期一開始就是國際化的；

第二、臺灣移民社會是外向型的、進取性的，與大陸「安土重遷」的社會性質不盡相同；

第三、清朝自強運動時，「以臺灣做中國的示範」就已是臺灣特有的使命；

第四、臺灣割讓日本，使臺灣人民飽嚐「養女命」的辛酸；

第五、日據時期臺灣人民不得不以「臺灣人」身分尋求自我解放；

第六、相對於大陸人民的命運而言，臺灣人的「養女命」其實也有「好命」的一面。[2]

加上，二次大戰後，臺灣經濟快速發展的經驗，對照於中國大陸經濟停滯的時期，以及臺灣已實施民主政治的選舉制度，凸顯兩岸關係在全球化的和平關係結構體系下，透過兩岸合作安全的共生關係也可以通過國際合作安全的途徑，達成預防、遏止國家與地區間的矛盾與爭端，以實現合作安全的和平共生、共存、共榮關係。

當今兩岸關係發展與變遷，在生產、研發、市場共享彼此經貿利益所創造的成果，而以「CHAIWAN」來形容兩岸合作關係所造成的巨大影響力，凸顯其聚焦在深入探討兩岸關係的特別意義。

承上述，近代臺灣兩岸關係的發展主要，可以分為：第一、原住民時期兩岸關係發展(-1624)，第二、荷西時期兩岸關係發展(1624-1662)，第三、東寧時期兩岸關係發展(1662-1683)，第四、清領時期兩岸關係發展(1683-1895)，第五、日治時期兩岸關係發展(1895-1945)，第六、中華民國時期兩岸關係發展(1945以後) 等六個主要階段的發展與變遷。

至於，戰後中華民國時期兩岸關係又可細分為內戰階段兩岸關係發展(1945-1949)、戒嚴階段兩岸關係發展(1949-1987)，和轉型階段兩岸關係發展(1987-迄今)等三個階段。以下分別加以論述。

---

[2] 張讚合，《兩岸關係變遷史》，(臺北：周知，1996 年 1 月)，頁 15-16。

二、原住民時期兩岸關係發展(-1624)

　　檢視臺灣雖然鄰近中國大陸，但遲至 16 世紀之前，臺灣原住民幾乎未曾明確出現在歷代典籍文獻中。雖然，以往國內外不少研究者主張 7 世紀隋朝，到 13、14 世紀的大元、大明國文獻的「琉球」或「小琉球」均指涉或包括臺灣這地區。

　　這種說法若成立，則相關資料直指「琉球」遠在 7 世紀已具有相當進步的政治組織，這與 16 世紀中葉以來，中、西人士所見猶處於部落初級社會的臺灣原住民完全不符。亦即在 15 世紀中葉後到 16 世紀 50 年代的百餘年間，臺灣原住民並無類似遭逢大變局，而導致社會發展大後退的傳說或史料敘述。[3]

　　澎湖地處臺灣海峽的介於臺灣與中國大陸之間，成為古代帆船出海捕魚的停靠站。根據表 56，1171 年(南宋乾道 7 年) 汪大猷遣軍民屯戍平湖，以防毗舍邪侵襲，有可能在這時期平湖已入大宋版圖。[4]到了 12、13 世紀的宋朝時期，福建已發生地狹人稠，居民向海外謀生，由於漁民冒險犯難，澎湖已成為閩南漁民落腳的生活作息場地。

　　究竟澎湖與中國大陸關係的從何時開始，比較沒有爭議而有具體資料記載的是，從 1360 年(至正 20 年)大元國開始在澎湖設置巡檢司，隸屬於福建同安縣，這是澎湖納入中國大陸版圖的開始，但僅維持 10 多年光景。可見同安、廈門以及漳州、潮州福佬在海外活動的時間，比起泉州晉江流域的三邑、安溪系統，來得活躍。

　　巡檢司制度是承襲大宋時期的官僚體制，主要設於各府州縣關津要害處，

---

[3] 翁佳音，《荷蘭時代臺灣史的連續性問題》，(臺北：稻香，2008 年 7 月)，頁 1。

[4] 樓鑰《攻媿集》卷 88〈汪大猷行狀〉，(上海：上海書店，1989，四部叢刊初編，據上海涵芬樓景印武英殿聚珍本重印)。

置巡檢一員、副巡檢一員、弓兵無定員。巡檢司的兵丁稱弓兵，主要工作是哨探盤詰、治安捕盜。工作職權主要負責掌驗往來文書，追緝販私鹽、逃軍、逃囚等事。

因此，澎湖島民以漁、鹽產品易換中國大陸的糧食及生活用品。隨著漁場逐漸擴展，至 1370 年代大元帝國末期的沿海居民已陸續來到臺灣西岸一帶，並與臺灣原住民族有著發生某種程度的接觸，特別是在物品的交易方面，也就逐漸開啟了所謂「漢蕃交易」的市場活動。

黃福才引大元汪大淵《島夷志略》一書中的「琉求」條，此條是汪大淵隨著商船到臺灣以後，所留下文字敘述臺灣的出產沙金、黃豆、黍子、硫黃、黃蠟、鹿豹麂皮。中國大陸前來臺灣的商船則用土珠、瑪瑙、金珠、粗碗、處州瓷器等產品做交易。尤其是「處州瓷器」是指當今浙江麗水縣古瓷窯所產的瓷器。[5]

根據顧祖禹《讀史方輿紀要》已有「貿易至者，歲常數十艘」的景況。但到了 1368-1398 年的大明洪武年間，因沿海倭寇、海盜頻繁，除朝貢貿易之外，根據表 56 顯示，1371 年(明洪武 4 年) 大明政府撤廢巡檢司以後，又採「堅壁清海」的「片板不許入海」的海禁政策，以杜絕居民和倭寇勾引相結。

1388 年(明洪武 21 年) 的明初即實施海禁政策，透過「墟地徙民」的「堅壁清野」策略，強制澎湖住民移往內陸，並廢澎湖巡檢司；但在隸屬泉州永寧衛設金門守禦千戶所，江夏侯、周德興築城於此，取其固若金湯，雄鎮海門，因名「金門城」。

大明政府於 1397 年(明洪武 30 年)、1404 年(明永樂 2 年)、1449 年(明正統 14 年)、1452 年(明景泰 3 年)屢頒禁令，嚴禁人民出海互市，這也說明海外走私等活動並未絕跡。澎湖居民即在此政策下被要求遷回中國大陸，原來設於澎湖的巡檢司亦告裁廢。

換言之，「墟澎」之後的近兩百年間，澎湖和臺灣成為閩南海盜與日本倭寇

---

[5] 黃福才，《臺灣商業史》，(江西：人民出版社，1990 年 8 月)，頁 6。

盤據的處所。到了 1563 年(明嘉靖 42 年) 明將俞大猷追擊林道乾,林道乾逃抵澎湖、臺灣後,再南下轉往南洋一帶,澎湖駐兵撤去,復設巡檢司。

根據表 56,1567 年(明隆慶元年) 福建都御史朱紈推行強制海禁,遭受沿海居民抵制,「漢番交易」熱絡,政府被迫開辦特許貿易制度,局部開放福建漢商出海,准販東西二洋,取得官方「文引」,即能合法出洋,然引數有限,絕大多數販洋者都是違法走私。

1572 年(明隆慶 4 年) 大明解除海禁,分銅山(今東山)、浯嶼二處水寨,擴建遊兵營,管轄臺灣的澎湖、淡水、鳳山三地,建構衛、所、巡(檢)司等軍負責「控禦於內」,水寨兵船則「哨守於外」的防衛系統。同時分班輪守澎湖,但限春秋二季巡警。

1574 年(明萬曆 2 年)林鳳等人以臺灣為據點,船隊攻擊西班牙統治下的馬尼拉,導致西班牙嚴格限制漢人移民活動。檢視 1540 年至 1580 年間還有陳老、吳平、黃朝太、曾一本、林辛老等商盜出沒澎湖、臺灣。林鳳被福建總兵胡守仁打敗,退到澎湖,再以臺灣魍港為據點攻打呂宋。

1580 年(明萬曆 8 年)西班牙葡萄亞合併,取得東西兩半球海洋航海權的壟斷,讓西班牙國王菲律普二世獲得發動經濟封鎖鎮壓聯邦共和國的能力,迫使荷蘭人為了生計,突破西葡的封鎖,航向東方。

1582 年(明萬曆 10 年) 葡萄牙所屬的一艘航行於澳門和日本之間的戎克船,突遇颱風,在臺灣的外海觸礁,船上包括桑切茲神父等人上岸求生,開啟了島嶼臺灣的文字歷史序幕。

1593 年(明萬曆 23 年) 同安、海澄、龍溪、漳浦、詔安等處奸徒,每年於四、五月間告給「文引」,駕駛烏船稱往福寧卸載、北港捕魚及販雞籠(今基隆)、淡水者,往往私裝鉛硝等貨前去倭國。其來往期間,挾倭貨販北港的盜商,不在少數。

1597 年(明萬曆 25 年) 大明朝因朝鮮告變,倭寇南犯閩海,澎湖孤懸泉州府海外,遂與臺山、礵山同時增設遊兵,春冬汛守。次年春天,又再增設一遊,此時的澎湖遊兵共有兵船 20 隻,官兵高達 1,600 餘人。

1602 年(明萬曆 30 年) 倭寇 7 艘船騷擾東南沿海，廣東、福建、浙江一代的漁民和商販都遭受搶奪，後又流竄至臺灣危害當地原住民，浯嶼把總沈有容率師渡海剿寇。在掃蕩倭寇後，大明軍在大員港(今安平)駐紮 20 多天。

同年荷蘭成立聯合東印度公司，派韋麻郎(Wybrand Van Warwyk)船隊東來。明神宗聽信稅使閻應龍、張嶷說呂宋多產金銀，派海澄縣丞等人偕張嶷前往勘金，引起西班牙殖民者疑懼，大規模屠殺當地華人，先後死者約兩萬五千人。

1604 年(明萬曆 32 年) 8 月韋麻郎(Wybrand Van Warwyk)船隊登陸澎湖要求通商，掌理海關的太監高寀私派親信設置交易點，收入歸屬「私房錢」。沿海居民違法與荷蘭人買賣，巡撫徐學聚派總兵施德政、都司沈有容驅逐荷蘭人。同年法國成立東印度公司，日本開始實施「朱印船」貿易制度，航向臺灣、呂宋以及東南亞各地。

1607 年(明萬曆 35 年)再有衝鋒遊兵的官職設置。澎湖島在大明時期被葡萄牙人稱為漁夫島(Pescadores)，凸顯處於海禁的期間，澎湖島上仍定居着許多漁民，為維持漁民日常生活的必需品，同樣需要透過兩岸漁民、商人市場貿易的往來。

1609 年(明萬曆 37 年) 德川家康遣有馬晴信率兵經略「高山國」（臺灣），意在招降，並選擇中、日商人互市的地點未果。這一年 Pieter Both 任荷蘭東印度公司總督(1609-1614)，荷蘭在日本平戶設商館，館長在位階上低於總督的位階。

1611 年(明萬曆 39 年)荷蘭總督 Pieter Both 以 1,200 里爾(real)代價向萬丹的藩屬雅加達當局，取得建造商館的經營權。1616 年德川家康在命村山等安派船攻打臺灣，遇暴風雨，無功而返。福建巡撫黃承玄曾條議海防事宜。1617 年(明萬曆 45 年) 倭寇進犯澎湖龍門港，遂有常戍之令，兼增衝鋒遊兵。

1619 年(明萬曆 47 年)荷蘭東印度公司巴城總督柯恩(Jan Pieterzoon Coen, 1619-1623)擊退萬丹軍隊後，荷人在雅加達的據點就不再是居留地而是佔領地，因此獲得了主權，同時也將此地命名為巴達維亞，以紀念此一勝利。1620

年(明萬曆 48 年) 荷蘭東印度總公司下令巴達維亞總督進軍臺灣,冀圖開闢與大明帝國貿易的基地,這一年歐洲的清教徒搭五月花船移居美國。

如表 56 顯示,1621 年(明天啟元年) 明設立泉南遊擊的同時,又將橫跨廈、澎二地的浯澎遊加以裁撤,恢復成先前的浯銅遊,連同浯澎遊欽依把總亦同時改降為原來的浯銅名色把總。

這一年顏思齊、鄭芝龍集團登陸北港,在諸羅山(今嘉義)建築山寨,安撫平埔族住民,臺灣漢人歷史正式展開。李旦、何斌等人亦來到澎湖、臺灣。荷蘭設立西印度公司,荷蘭東印度公司亞洲總部也建築巴達維亞城,並在平戶設立商館。

1622 年(明天啟 2 年) 7 月荷軍自爪哇北進,登陸白河(媽宮灣),佔領澎湖,與大明軍展開攻防戰,並在漳州沿海搶奪漁船,漁民被留置在澎湖,或送往爪哇當奴工。

1623 年(明天啟 3 年) 10 月荷軍派商務員駐臺,調查貿易情形。漢人煽動麻豆社原住民襲擊荷軍,發生「雷朋事件」。這一年日本末次平藏派遣商船到臺灣,而鄭芝龍娶田川七左衛門之女。

1624 年(明天啟 4 年) 荷軍被明軍驅出澎湖,商館遷往臺灣(大員),築奧倫治城。宋克(Martinus Sonk)上任臺灣總督(governor),荷蘭成為臺灣第一個有組織的統治政權,乃至於發生目加溜灣社(今善化)原住民抗荷事件。這一年西班牙進入淡水、基隆一帶。鄭成功出生於日本平戶。

承上述,說明了中國大陸、澎湖與臺灣之間的片段接觸,凸顯近代臺灣史並非從臺南安平寫起,而是由傳統中國「東、西洋」航路的海洋場域開幕,同時佐證澎湖與中國大陸發生兩岸密切關係的時間要比臺灣來得早些。

17 世紀初的臺灣原住民族的生活景象,陳第〈東番記〉指出,

> 種類甚蕃,別為社,社或千人、或五、六百,無酋長,子女多者眾雄之,聽其號令。……鄰社有隙則興兵,期而後戰,疾力相殺傷,……所斬首剔肉存骨,懸之門,……。地暖,冬夏不衣,婦女結草裙,微

蔽下體而已。

……無曆日文字，……無水田，治畬種禾，山花開則耕，禾熟拔其穗粒……山最宜鹿……捕魚則於溪澗，故老死不與他夷相往來。[6]

尤其原住民族的平埔族，也都在漢人移入臺灣以後，先後與漢人同化，發展至今的絕大部分平埔族和漢人幾乎沒有分別，已被歸入漢人人口之中。另外，居住在臺灣中央山脈和東部峽谷和海岸地區的高山族，則亦有學者指出，其同屬與東南亞民族的南島語系，至於在何時移入臺灣，目前有關學者的研究意見亦尚未趨於一致。

2012 年由原住民委員會主委孫大川率領的代表團，主要是和印尼蘇門答臘的巴達博物館簽署合作備忘錄，意外發現臺灣原住民和印尼巴達族系出同門，同屬南島民族語系，雙方的數字從 1 到 10 幾近相同。

臺灣東北與東岸的噶瑪蘭、阿美、卑南，似乎與菲律賓北部保持密切的關係，最近 100 年才中斷。噶瑪蘭在本島與巴賽、阿美、凱達格蘭都有所接觸。

不過，北部平埔族(凱達格蘭)與西部平埔族(道卡斯、巴布拉、貓霧捒、荷安耶、西拉雅等)似乎沒什麼接觸。高山族與平埔族之間較少往來；高山族彼此之間也少有往來。

南島民族來臺的時間先後可能也相差甚遠，平埔族如凱達格蘭、噶瑪蘭與西拉雅漂洋渡海來臺的時間相當晚，可能距今約 2 千年前，或更晚。換句話說，如果臺灣是南島民族向東南亞擴散的起點，幾千年後，有些南島民族又回流到臺灣。[7]

臺灣原住民時期是屬於一血族的氏族社會，例如現在居住於海拔 1,600 公尺深山部落司馬庫斯的泰雅族人，2004 年族人簽定土地共有協約，建立共同經

---

[6] 陳第，〈東番記〉，收錄：周婉窈，《海洋與殖民地臺灣論集》，(臺北：聯經，2012 年 3 月)，頁 147-149。

[7] 周婉窈，《臺灣歷史圖說(史前至一九四五年)》，(臺北：聯經，2002 年 10 月)，頁 42。

營的模式，部落上百位族人就此共同生產、分享，他們摸索部落發展的道路，守護祖先留下的土地。

司馬庫斯成立了共同經營的組織模式，設有「部落議會」，部落不僅利益共同分配，也建立一套社會福利制度，包括醫療、教育、結婚、生育和建屋等都有補助。儘管族人希望能找回共存共榮的部落生活，但擺盪在國家法令和部落自主之間，尚面臨後現代化社會的許多挑戰。

表 56　原住民時期兩岸關係大事記(-1624)

年 ＼ 項目	兩岸(原住民/宋元明)	國際	備註
1171 年(南宋乾道 7 年)	◆汪大猷遣軍民屯戍平湖(澎湖)，以防毗舍邪侵襲。	◆12 世紀中古時代文藝復興時期。	
1360 年(元至正 20 年)	◆元國在澎湖設巡檢司，歸泉州同安管轄，統理治安。	◆14 世紀至 15 世紀，教皇權力式微，近代國家興起。	
1371 年(明洪武 4 年)	◆大明撤廢巡檢司，採海禁政策，以杜絕居民和倭寇相勾結。		
1388 年(明洪武 21 年)	◆實施海禁的「墟地徙民」、「堅壁清野」，強制澎湖住民移往內陸。		
1405 年(明永樂 3 年)-1433 年(明宣德 8 年)	◆宣德間，太監王三保舟下西洋，因避颱風而路過臺灣作短暫停留。		
1492 年(明弘治 5 年)		◆哥倫布首航美洲新大陸。	
1540-1580 年代(明嘉靖至明萬曆)	◆陳老、吳平、黃朝太、曾一本、林辛老、林鳳等商盜出沒澎湖、臺灣。	◆1543 年華商王直引葡萄牙人首抵日本九州南部的種子島。	◆1519 年麥哲倫抵達菲律賓，不幸遇難過世。

年 項目	兩岸(原住民/宋元明)	國際	備註
1552 年(明嘉靖 31 年)	◆王直稱「淨海王」，攻嘉定縣城被大明以談判為由誘殺。		
1563 年(明嘉靖 42 年)	◆明將俞大猷追擊林道乾，澎湖駐兵撤去，復設巡檢司。		
1567 年(明隆慶元年)	◆福建都御史朱紈推行強制海禁，遭受沿海居民抵制，「漢番交易」熱絡。		
1572 年(明隆慶 4 年)	◆明解除海禁，擴建遊兵營，管轄澎湖、淡水、鳳山。	◆英國驅逐信仰新教的荷蘭。	
1574 年(明萬曆 2 年)	◆林鳳等人以臺灣為據點，船隊攻擊馬尼拉，導致西班牙嚴格限制漢人移民活動。		◆1582 年菲律賓限漢人活動於澗內。
1592 年(明萬曆 20 年)		◆豐臣秀吉侵犯朝鮮後，圖謀閩、浙諸地。	◆1588 年英國戰勝西班牙無敵艦隊。
1593 年(明萬曆 23 年)	◆同安、海澄、龍溪、漳浦、詔安等處商盜私裝鉛硝等貨前去倭國。	◆豐臣秀吉派遣原田喜右衛門要求「高山國」入貢。	
1597 年(明萬曆 25 年)	◆澎湖與臺山、礵山同時增設遊兵。		
1598 年(明萬曆 26 年)		◆西班牙艦隊遠征臺灣失敗。◆豐臣秀吉去世。	
1600 年(明萬曆 28 年)		◆英國成立東印度公司。	

年＼項目	兩岸(原住民/宋元明)	國際	備註
1601 年(明萬曆 29 年)		◆荷蘭人首次出現在中國海域。	
1602 年(明萬曆 30 年)	◆浯嶼把總沈有容率師渡海剿寇。	◆荷蘭成立聯合東印度公司，派韋麻郎船隊東來。	
1603 年(明萬曆 31 年)		◆德川家康就任「征夷大將軍」，江戶幕府成立。	
1604 年(明萬曆 32 年)	◆韋麻郎船隊登陸澎湖要求通商。	◆日本實施「朱印船」貿易制度。	◆法國成立東印度公司。
1607 年(明萬曆 35 年)	◆在澎湖設置衝鋒兵。	◆英格蘭人在北美建立第一個殖民據點，名為詹姆士城。	
1609 年(明萬曆 37 年)	◆德川家康遣有馬晴信率兵經略「高山國」。	◆Pieter Both 任荷蘭東印度公司總督(1609-1614)。	
1614 年(明萬曆 42 年)		◆Gerard Reynst 任荷蘭東印度公司總督(1614-1615)。	
1616 年(明萬曆 44 年)	◆村山等安派船攻打臺灣，遇颱風，無功而返。	◆Laurens Reael 任荷蘭東印度公司總督(1616-1619)。	
1617 年(明萬曆 45 年)	◆倭寇進犯澎湖龍門港。		
1621 年(明天啟元年)	◆明設立泉南遊擊的同時，又將橫跨廈、澎的浯澎遊裁撤。	◆荷蘭東印度公司建巴達維亞城。	◆荷蘭設立西印度公司。

年 ＼ 項目	兩岸(原住民/宋元明)	國際	備註
1622 年(明天啟 2 年)	◆荷軍登陸白河(媽宮灣)，佔領澎湖。		
1623 年(明天啟 3 年)	◆日本末次平藏派遣商船到臺灣。▲荷軍派商務員駐臺，發生「雷朋事件」	◆Pieter de Carpentierl 任荷蘭東印度公司總督。	◆英國關閉日本平戶商館。
1624 年(明天啟 4 年)	◆鄭成功出生於日本平戶。◆荷軍被驅出澎湖，商館遷往大員，宋克上任臺灣總督。◆西班牙進入淡水、基隆一帶。	◆日本拒絕西班牙通商。	

資料來源：作者製作。

三、 荷西時期兩岸關係發展(1624-1662)

諾斯(Douglass C. North 指出：

當歐洲國家在 16 世紀以前，處在對外貿易是一項比國內貿易更具有吸引力的潛在收入來源之際，有兩項特別顯著的現象：
第一、大範圍的探險、開發和貿易以及向新世界和東印度群島的移民；
第二、政治經濟單位面臨嚴重危機時的進行結構性轉變。擴張的結果最終是促進世界其他地區和西歐國家的結成為一體，但其短期目標是擴大市場，增加獲利機會，以及為了實現這些機會而產生推動結構轉變的政治壓力。也由此帶動結構轉變，充實了過去三個世紀裡以來經濟成長的條件。[8]

---

[8] Douglass C. North, 劉瑞華譯，《經濟史的結構與變遷》，(臺北：時報文化，1999 年 10 月)，頁 151。

　　16 世紀中葉，荷蘭強權(great power)的阿姆斯特丹(Amsterdam)取代了代表東羅馬帝國的義大利佛羅倫斯(Florence)成為國際商務與金融中心，18、19 世紀英國強權的倫敦(London)取代阿姆斯特丹，將國際金融與貿易從地中海轉移大西洋。這段期間，國際盛行的是歐洲的重商主義。

　　重商主義顯示對當時政經的影響，強調貨幣的重要性、交換經濟與商人資本家的受重視、民族國家的興起及人本主義與經濟行為的調整。重商體制主張財富是權力的基本因素，無論是為了防衛還是為了侵略；權力是獲取並保持財富的必要而且有價值的手段。

　　1519 年麥哲倫在西班牙資助下，率隊繞經南美，穿越太平洋，抵達菲律賓，但不幸在此遇難，惟船隊滿載香料返回西班牙。1572 年英國在西班牙壓力下，驅逐新教的荷蘭「海上乞丐」，引爆荷蘭反抗信奉天主教的宗主國西班牙。1580年西班牙葡萄亞合併的壟斷東西兩半球海洋航海權，迫使荷蘭人為突破西葡的封鎖而東來。1582 年荷蘭自西班牙分離獨立。1588 年英國戰勝西班牙無敵艦隊。

　　1620 年 (明萬曆 48 年) 荷蘭東印度總公司下令巴達維亞總督(governor-general)進軍福爾摩沙，冀圖開闢與大明帝國貿易的基地。

　　荷蘭當局開始對居住在巴達維亞的大明帝國人開徵人頭稅，以繳稅抵免兵役。巴城總督柯恩(Jan Pieterzoon Coen)下令，每位華人每個月必須繳交 1.5 里爾的人頭稅，換取簽發居留許可證。公司鼓勵漢商移入的政策奏效，卻也發布過禁賭令。

　　根據表 57，荷蘭於 1624 年取得安平，正式佔領有福爾摩沙並做為對大明國、日本貿易的據點。1625 年(明天啟 5 年)荷蘭以棉花布(cangan, 勘干布)15匹與新港社(今新市)原住民交換興蓋普洛文蒂亞城的用地。宋克(Martinus Sonk)從澎湖回航大員途中，發生船難，高級商務員德・韋特以司令官名義代理。

　　荷蘭深感無法與日本商人競爭在大明國與日本之間航線上的貿易活動，遂頒令禁止僑居日本之大明帝國商人來大員經商，同時對日本人自福爾摩沙輸出的貨品課徵什一稅。並為有效管理並維持海上貿易安全，福爾摩沙議會決議禁止賭博以預防海盜行為。

1626 年(明天啟 6 年)熹宗廢掉原已設在金門的官澳、田浦、峰上、陳坑等四個巡檢司的其中田浦和陳坑二個巡檢司。同年，鄭芝龍率軍進攻金門、廈門，並於隔年與荷船第一次海戰，導致荷蘭統治福爾摩沙的初期仍受制於對外問題，在治理上很難專心及充分發揮影響力。

這年日本也分別有由末次平藏和平野藤次郎等二位代官派遣代表來大員與荷蘭貿易。1628 年日本濱田船長率領船上裝滿槍砲、刀劍、弓箭和人員到福爾摩沙與納茨談判，濱田被綁為人質，是謂「濱田事件」或稱「大員事件」。在對日解決「濱田彌兵衛事件」之後，荷蘭才得以一心致力經營福爾摩沙，並排除日本在福爾摩沙的勢力，而獨占與大明國貿易的關係。

同時，納茨(Pieter Nuyts)親率船隻前往廈門月港，與附近商人交易，但傷及鄭芝龍利益，兩人展開談判，納茨扣押鄭芝龍於船上，雙方簽訂交易合約。

1629 年納茨(Pieter Nuyts)的施政引發新港社(今臺南新市)、目加溜灣社(今臺南安定)、麻豆社、蕭壠社（今臺南佳里）等社民不滿，納茨派出 63 名武裝人員鎮壓，卻在渡河時悉數被西拉雅族所殺，是謂「麻豆溪(社)事件」，荷蘭地圖將此河標明寫為「謀殺者之河」、「叛亂犯之河」。這一年 8 月荷蘭攻擊在臺西班牙失敗，西班牙勢力延伸到淡水。

1630 年(明崇禎 3 年) 福建旱災，鄭芝龍向巡撫熊文燦建議，用船舶移送饑民到福爾摩沙來進行土地的墾殖，每人給銀三兩，三人給牛一頭，是有計畫的移民，奠定在日後臺灣農墾的基礎。

1631 年(明崇禎 4 年) 鄭芝龍命令荷方的商務人員撤離廈門，返回大員。1633 年(明崇禎 6 年) 荷方為打開與大明國貿易之門，動用武力攻擊福建漳州河(九龍江)。荷方在打敗用來牽制鄭芝龍的海盜劉香之後，發布一連串告令來規劃大員，首先是為了給養而在城堡與市鎮間建立市場，劃定下層等級人員的活動範圍，例如士兵、水手、工人要進入大明國人街區，必須先獲得上司核准，以免他們擾亂市區安寧。同時頒布禁酒，管制武器，為治安上顧慮火攻而限令改建磚房，意味著伸張東印度公司的司法管轄權。

1635 年(明崇禎 8 年) 福爾摩沙因為田地的初期的開闢未至成熟階段，又缺

乏灌溉水利設施，是年雨水不足，遭逢蟲害與野生動物的踐踏，漢人逐漸放棄種稻牟利的計畫，因而出現欠缺糧米的窘境。另外，公司為壟斷鹿皮貿易，限定漢人所獲鹿皮不得自行出口，必須經由公司的承購。然這一規定無法落實，導致自行外銷的走私活動更為猖獗。

同年，朴特曼(Hans Putmans)親率荷蘭兵及新港社原住民攻打麻豆社，麻豆社不敵，與荷方簽訂〈麻豆協約〉，接受荷蘭殖民統治。締約條文中各村落將其主權讓與荷蘭共和國聯邦議會，但也承認原住民對村落祖傳地有加以利用與享用之權。原住民認可荷蘭共和國聯邦議會為其庇護者，向其宣示效忠，認定其為「封建領主。故荷蘭共和國聯邦議會須對原住民加以庇護與防衛的義務。

1636 年(明崇禎 9 年、清崇德元年) 實施「獵鹿執照制」，出售獵鹿執照給來自大員的大明國獵人開始實施「稅收承包制。朴特曼(Hans Putmans)舉行原住民歸順儀式，村社主權讓與荷蘭共和國聯邦議會，荷方授予象徵性權杖。

荷兵以幾乎要滅族的行動遠征小琉球(今屏東東港南方)，驅離島民，婦孺配置在新港社，部分兒童被荷蘭家庭依荷蘭習俗所收養，後來有許多成為富裕的商家主婦。

1639 年公開標售稅權，出價最高的承包商，可以得到烏魚稅權、屠宰稅權(包括販賣豬隻)、鹿肉出口稅權、收購大明啤酒稅權等。同時巴城下令大員開放漢人的賭禁，嗣因反對人士的《請願書》而停止。

1640 年(明崇禎 13 年、清崇德 5 年)年范德堡(Johan Van der Burgh)病逝，被指控加強島上的防禦工事耗資過巨。楚尼斯(Paulus Traudenius)繼范德堡為臺灣總督。開始實施人頭稅，最初大員商館派遣一批士兵稽查居民是否持有許可證，造成士兵濫用職權，恐嚇取財，騷擾良民。

1641 年(明崇禎 14 年、清崇德 6 年)楚尼斯(Paulus Traudenius)總督舉辦「領邦會議」，確認所有聯盟村村落首長與繼任長官的封建臣屬關係，發生卑南原住民殺死荷蘭商務員的抗荷事件。

1643 年(明崇禎 16 年、清崇德 8 年) 禁止任何無照的大明國船隻，不得在臺灣島南部海岸下錨。荷蘭派兵到淡水、雞籠一帶探金，發生士兵感染疾病，

嚴重影響守衛人員的調派。荷蘭鑑於奴隸集體計畫投奔雞籠西班牙人轄地的案件，頒布告令，規定逃奴被捕回則受鞭刑、烙刑、削去雙耳、終身繫鎖勞役的懲罰。荷方「發現」蘭嶼島，完成最新的臺灣全島地圖。

1644 年(明崇禎 17 年、清順治元年) 分別召開南區、北區的地方會議，並將每年上繳貢物和舉行地方會議例行化。卡隆(Francois Caron)繼陸美爾為臺灣總督，進行耕地測量、登記。

實施米作什一稅權，和「贌社制」的村落承包稅權招標。「村落承包制」是針對大明國人無論居留或貿易都須先獲得諸村落的同意，另一方面他們還需支付公司一筆金額以獲得開業經營的權利，導致諸如對鹿製品貿易的雙重課稅，以及搜捕、鼓勵原住民檢舉非法居留大明國人等問題。

1645 年東印度公司設立議會，以分攤殖民地的司法業務，允許讓兩個甲必沙加入這個機構。漢人不許獵鹿，狩獵活動雖然回歸原住民手中，卻不像從前那樣獲利，因為他們苦於贌商的剝削，更甚於獵人的競爭。荷方同意鄭芝龍從福州派戎克船訪問馬尼拉的通行證申請。

1648 年(明永曆 2 年、監國 3 年、清順治 5 年)大明國爆發大量漢人避難而來，在糧食短缺嚴重下，實施稻米禁運，違者課以死刑。荷方將具有本土化色彩的傳教方式，回歸母國教義。

1652 年(明永曆 6 年、清順治 9 年) 荷方派員查巡人頭稅單，發生侵入民宅、偷竊情事，引爆郭懷一(Faijet)率眾攻擊事件，荷方得原住民武裝支援，展開軍事鎮壓行動。1655 年(明永曆 9 年、清順治 12 年)鄭成功將廈門改名為「思明州」，並仿明體制，設吏、戶、禮、兵、刑、工六官，儼然是「中央政府」。

同年，鄭成功在東南亞各地進行大規模貿易，但其商船在馬尼拉遭到高價、掛帳不還、殺死商人的惡劣待遇，便通令東南亞各商埠漢人，採取禁運措施。大員受到蝗災和饑荒，荷方在例行召開的地方會議上，宣布全部豁免原住民的稅賦。

1656 年(明永曆 10 年、清順治 13 年) 鄭成功在廈門下令發動對臺灣展開禁運。1658 年(明永曆 12 年、清順治 15 年) 大批漢人從大清國來臺灣，大清政府

頒布《海禁令》。隔年，荷方發現何斌與鄭成功暗中互通聲息，遂採取拘捕何斌(Pinker)的行動，由司法委員會解除何斌的任何公職、權益和榮典。同時間鄭成功北伐南京失敗，退守金門、廈門，萌生攻打臺灣的驅逐荷蘭的想法。

1660 年(明永曆 14 年、清順治 17 年)巴城派范德蘭(Jan van der Laan)率艦隊協防大員，范德蘭被大員稱為「蠻不講理的約翰」，指他在政治和警務方面跟《伊索寓言》裡的豬一樣精明。同年，鄭成功回信揆一，表示志不在臺灣。

1661 年(明永曆 15 年、清順治 18 年) 鄭軍攻打臺灣消息傳到巴城，巴城將揆一解職，繼任者奧德塞(Herman Klenke van Odessen)啟程來到大員外海時，意識情勢嚴峻並未上岸就任而轉赴日本。巴城派艦隊司令卡烏(Jacob Caeuw)來福爾摩沙協防。鄭成功先取澎湖再攻下普羅民遮城後，即感糧食不足，並與位在臺灣中北部的一個稱為「大肚王」的原住民村社發生激烈爭鬥。

同年，大清政府頒布《遷界令》，北起山東，難道廣東，沿海三十里居民一律內遷十八公里，築界墻，派兵防守，對閩粵人民生計的打擊甚大，使該地方治安日趨惡化。是年清順治崩，康熙即位。鄭芝龍被處死。

1662 年(清康熙元年) 鄭、荷締結和約，簽訂十八項條款後，荷蘭退出臺灣，鄭氏立明宗社，改臺灣為東都，另設安撫司，統治臺、澎。鄭成功派特使義大利籍傳教士李科羅(Victori Ricci)到馬尼拉，要求西班牙進貢稱臣，被西班牙總督函覆拒絕。

溯自西班牙人於 1521 年抵達菲律賓，多次嘗試尋找前往墨西哥的返程航道，1565 年開始在菲律賓建立殖民地，而在 1626 年(明天啟 6 年)順利在北福爾摩沙的雞籠河沿線建立貿易的灘頭堡。

檢視 1629 年(明崇禎 2 年) 荷蘭攻擊西班牙失敗，西班牙勢力延伸到淡水，而與當時在大員一帶的荷蘭勢力相抗衡。西班牙宣稱在佔有基隆河沿岸地區的 16 年，終致於 1642 年(明崇禎 15 年、清崇德 7 年)8 月荷蘭北攻基隆，西班牙撤出福爾摩沙，荷方在原西班牙城堡修建紅毛城，發生大明國人集體逃避勞役事件(如表 57)。

然而，葡萄牙佔領澳門、西班牙佔領菲律賓，和荷蘭佔領巴達維亞(現今印

尼的雅加達)形成西方霸權的三足鼎立局面。

西班牙葡萄牙為爭奪加納群島，溯自 1478 年(明成化 14 年)簽訂〈阿爾卡索瓦斯條約〉之後，即劃定加納群島和以北的發現地劃歸西班牙；以南新發現土地則屬葡萄牙。葡萄牙和西班牙的帝國發展史不但是一個國家的海盜，也是另外一個國家的警察。

當時的西班牙雖然是個農業經濟型態的大國，終於不敵荷蘭已是國際市場上手工業和商業最發達的國家，也因此在福爾摩沙未曾留下具體的作為。

承上述，有關荷治初期原住民散落居住的分布情形，在大員附近為荷蘭人居住的地區，東北海岸則為西班牙盤據，嘉義、雲林一帶則是鄭芝龍等漢人出沒，其他中部的大甲溪附近地區，才是真正原住民各部落散居的處所和交易的市場。

再者，企圖與上述集團交易，因而向福爾摩沙推進的，正是搭乘朱印船的日本商人。

檢視荷蘭重商體制時期對臺灣農業的經營，就已經採取從大明國大陸招民來臺，獎勵在耕作的定居移民方式，雖然荷蘭開放漢人來福爾摩沙，而沒有招徠其本國或歐洲移民，是因為他們原先只想把福爾摩沙做為一個對大明國貿易的轉運站，凸顯西方殖民經濟的強調短期利益特性。

荷蘭東印度公司利用福爾摩沙優越的地理位置，不但促成兩岸經貿發展，更全力發揮轉運中心的功能，成為大明國、日本、南洋、歐洲等地貨物的集散中心，使得日後臺灣在 3 百年前實具備以出口為導向的商品經濟及對外貿易雛形。

然而，也因為荷蘭東印度公司在福爾摩沙的貿易，部分必須靠鄭成功所控制下的供應大明國的貨物與商品，且在日本、東南亞各地的貿易又處處受制於鄭成功，最後導致鄭成功取代荷蘭時期福爾摩沙的統治臺灣。如果這要說是鄭成功「光復臺灣」，無心插柳柳成蔭的過於沉重了。

表 57　荷西時期兩岸關係大事記(1624-1662)

項目 年	兩岸(荷蘭/西班牙)	國際	備註
1625 年(明 天啟 5 年)	◆荷蘭取得興蓋普洛文蒂亞城的用地。諾得洛斯繪製臺灣島圖。宋克發生船難，德·韋特代理。	◆荷蘭殖民北美洲，築新阿姆斯特丹城。	◆格勞秀斯出版《戰爭與和平之法》。
1626(明天 啟 6)年	◆普羅民遮城發生大火。◆西班牙在基隆建立城堡。◆明熹宗廢巡檢司。鄭芝龍率軍進攻金、廈。	◆日本派遣代表來大員商談與荷蘭貿易。	
1627(明天 啟 7)年	◆奧倫治城，改名熱蘭遮城，進行重建工程。◆鄭芝龍船隊與荷船第一次海戰。	◆Ian Pieterszoon Coen 任荷蘭東印度公司總督。	
1628 年(明 崇禎元年)	◆「濱田事件」或稱「大員事件」。◆鄭芝龍降清，擔任廈門海防游擊，從事取締沿海海盜活動。	◆荷蘭與日本因對大員貿易磨擦，日本關閉荷蘭平戶商館。	◆英國提〈權利請願書〉。
1629 年(明 崇禎 2 年)	◆「麻豆溪(社)事件」。◆朴特曼繼任臺灣總督。◆西班牙勢力延伸到淡水。	◆巴城總督史佩克斯(Iacques Specx)繼任。	
1630 年(明 崇禎 3 年)	◆荷方和鄭芝龍聯手消滅李魁奇，鄭恢復廈門勢力，荷方派人常駐廈門，從事貿易。◆福建旱災，鼓勵到臺灣開墾，奠定農墾基礎。	◆英國北美洲殖民築波士頓城。◆臺灣前總督納茨被關進巴城大牢。	
1631 年(明 崇禎 4 年)	◆鄭芝龍命令荷方的商務人員撤離廈門，返回大員。		
1632 年(明 崇禎 5 年)	◆荷方與日本重新恢復雙邊貿易。	◆Hendrik Brower 任荷蘭東印度公司總督。	
1633 年(明	◆荷方攻擊漳州河(九龍江)。◆臺	◆平戶荷館解決「濱田	

年＼項目	兩岸(荷蘭/西班牙)	國際	備註
崇禎 6 年)	灣前總督納茨被引渡日本拘禁，病逝。	事件」。◆德川幕府發布第一次鎖國令。	
1634 年(明崇禎 7 年)	◆荷方在城堡與市鎮間建立市場，劃定下層等級人員的活動範圍。	◆荷蘭引爆鬱金香球根熱潮。◆日本發布第二次鎖國令。	◆英國實施船舶稅。
1635 年(明崇禎 8 年)	◆簽訂〈麻豆協約〉。◆海盜劉香在廣東海戰中為鄭芝龍所滅。	◆日本廢除「朱印狀」，僅限大明、荷蘭船舶可以進入長崎。	
1636 年(明崇禎 9 年、清崇德元年)	◆舉行原住民歸順儀式，實施「稅收承包制」。◆范德堡繼朴特曼為臺灣總督。	◆Antonio van Diemen 任荷蘭東印度公司總督。◆日本發布第四次鎖國令。	
1637 年(明崇禎 10 年、清崇德 2 年)	◆課徵燒製磚頭什一稅。◆臺灣評議會拒絕巴達維亞將開設賭場利權售出的建議。	◆日本發生「島原之亂」。	
1638 年(明崇禎 11 年、清崇德 3 年)	◆請願活動的成功，成為漢人與議會、總督之間溝通的方式之一，范德堡總督確認領主與臣民關係。		
1639 年(明崇禎 12 年、清崇德 4 年)	◆公開標售稅權等。◆下令大員開放漢人的賭禁，嗣因反對人士的《請願書》而停止。	◆卡隆出任平戶荷館館長。◆葡萄牙退出日本，大明與荷蘭船隻仍可與日本通商往來。	
1640 年(明崇禎 13 年、清崇德 5 年)	◆范德堡病逝，楚尼斯繼任臺灣總督。◆開始實施人頭稅。	◆幕府派特使井上政重視察平戶荷館。	

年 ＼ 項目	兩岸(荷蘭/西班牙)	國際	備註
1641 年(明崇禎 14 年、清崇德 6 年)	◆舉辦「領邦會議」，確認所有聯盟村村落首長與繼任長官的封建臣屬關係。◆歐瓦特被任命檢察官。◆發生卑南原住民殺死荷蘭商務員的抗荷事件。	◆平戶荷館被令遷往長崎附近的人工島嶼出島(Deshima)。荷◆攻佔麻六甲，逐出葡陶牙勢力。	
1642 年(明崇禎 15 年、清崇德 7 年)	◆荷蘭北攻基隆，西班牙撤出臺灣，荷方在原西班牙城堡修建紅毛城，發生中國人集體逃避勞役事件。◆鄭經出生。	◆英國革命爆發，克倫威爾的議會軍擊敗國王軍隊，英吉利共和國成立。	
1643 年(明崇禎 16 年、清崇德 8 年)	◆禁止無照大明國帆船、漁船，在臺灣南部海岸下錨。◆陸美爾為臺灣總督，完成最新臺灣全島地圖。◆清太宗皇太極卒，子世祖福臨嗣位。	◆法王路易十四提倡「君權神授說」。	
1644 年(明崇禎 17 年、清順治元年)	◆分別召開南區、北區的地方會議，進行耕地測量、登記。◆明思宗崇禎皇帝自縊，明福王朱由崧即位南京，是為安宗。◆吳三桂引清軍入關，改朝換代為清順治元年。	◆《荷蘭風說書》成為日本鎖國時期重要的海外資訊來源。	
1645 年(明隆武元年、清順治 2 年)	◆東印度公司設立市參議會，漢人不許獵鹿。◆荷方同意鄭芝龍從福州派戎克船訪問馬尼拉的通行證申請。	◆Cornelis van der Lijn Coen 任荷蘭東印度公司總督。	
1646 年(明隆武 2 年、監國元年、清順治 3 年)	◆歐瓦特繼卡隆為臺灣總督。◆明紹武帝朱聿鐭，或稱紹武帝。年號紹武，1646 年—1647 年在位，南明第三任君主，朱聿鐭又稱小唐王，是明紹宗（唐王）之弟。		

年 \ 項目	兩岸(荷蘭/西班牙)	國際	備註
1647 年(明永曆元年、監國 2 年、清順治 4 年)	◆公司廢止「象徵資本」式的年貢制度。	◆揆一出任日本出島商館館長。	
1648 年(明永曆 2 年、監國 3 年、清順治 5 年)	◆荷方將傳教方式回歸母國教義。◆大量漢人避難而來，實施稻米禁運，違者課以死刑。◆清兵入廣州，明唐王朱聿鐭自縊死。◆永曆帝從桂林奔南寧，後返肇慶，封鄭成功威遠侯，鄭成功孤軍退守銅山。	◆歐洲「三十年戰爭」的宗教戰爭結束，簽署「西發里亞合約」(Treaty of Westphalia)荷蘭獨立獲得國際承認。	
1649 年(明永曆 3 年、監國 4 年、清順治 6 年)	◆荷人進口牛，作為耕作與交通工具。◆傅爾堡繼歐瓦特為臺灣總督。◆鄭成功攻潮州失敗。	◆葡萄牙商船入長崎港要求通商。	
1650 年(明永曆 4 年、監國 5 年、清順治 7 年)	◆明桂王朱由榔自肇慶奔梧州，再奔南寧，鄭成功攻佔廈門、金門，成為反清復明的根據地。◆多爾袞卒，清順治世祖福臨親政。	◆ Carel Reynierszoon 任荷蘭東印度公司總督。	
1651 年(明永曆 5 年、監國 6 年、清順治 8 年)	◆傅爾堡長官解除牧師葛拉維斯職務，引發政、教紛爭。◆沈光文在參與復明運動過程中來臺，會見傅爾堡總督，受尊為賓師，並擔任荷蘭與鄭成功陣營的連絡人。◆明監國朱以海奔金門投靠鄭成功。	◆英國首度制定《航海法》，旨在運用國家力量，保護英國船運業，將本國與海外殖民地視為一體，打擊荷蘭霸權。	
1652 年(明永曆 6 年、監國 7 年、清順治 9 年)	◆爆發郭懷一事件，荷方得原住民武裝支援，展開軍事鎮壓行動。◆明桂王朱由榔被兵劫由南寧移住西隆，形同囚犯。◆魯王在廈門主	◆揆一出任日本出島商館館長。◆英、荷第一次戰爭，英國獲勝，取得海上霸權。	

年　　項目	兩岸(荷蘭/西班牙)	國際	備註
	政。鄭成功克漳州。		
1653 年(明永曆 7 年、清順治 10 年)	◆凱撒繼任臺灣總督，象徵著大員荷館的事業重心已從原先以大明貿易為主，轉為以本島殖民為主的新階段。◆鄭成功遣海軍入長江，陷京口而還，受封漳國公。	◆Joan Maetsuycker 任荷蘭東印度公司總督。◆美州立法機構新阿姆斯特丹市議會成立。	
1655 年(明永曆 9 年、清順治 12 年)	◆鄭成功在東南亞各地進行貿易，採取禁運措施。◆受到蝗災和饑荒，荷方在例行召開的地方會議上，宣布全部豁免原住民的稅賦。		
1656 年(明永曆 10 年、清順治 13 年)	◆改革土地使用權，牧師與政務官提出申請者，均可授予所駐地區 10morgen 土地的使用權。◆鄭成功在廈門發動對臺灣禁運。◆明桂王朱由榔由西隆走雲南。		
1657 年(明永曆 11 年、清順治 14 年)	◆揆一代理臺灣總督。◆何斌以鄭營名義，在大員地區收稅。◆明封鄭成功為延平郡王。◆鄭芝龍流徙於吉林寧安，籍沒其家。		
1658 年(明永曆 12 年、清順治 15 年)	◆荷蘭東印度公司推廣種植甘蔗。◆鄭軍北伐無成。明桂王朱由榔奔雲南保山。◆大批漢人從中國大陸來臺灣。清政府頒布《海禁令》。		
1659 年(明永曆 13	◆揆一繼凱撒為臺灣總督。◆鄭成功北伐南京失敗，退守金門、廈	◆明儒朱舜水渡海移居日本長崎講學。	

年　　項目	兩岸(荷蘭/西班牙)	國際	備註
年、清順治16 年)	門，萌生攻臺驅荷的念頭。明桂王朱由榔奔緬甸。		
1660 年(明永曆 14 年、清順治17 年)	◆巴城派范德蘭率艦隊協防大員。◆鄭成功回信揆一，表示志不在臺灣。	◆英國第二次公佈《航海法案》。	
1661 年(明永曆 15 年、清順治18 年)	◆揆一解職，繼任者奧德塞未上岸就任而轉赴日本。◆鄭成功先取澎湖再下普羅民遮城。◆清頒布《遷界令》。明桂王朱由榔入吳三桂手。◆順治崩，康熙即位。◆鄭芝龍被處死。	◆英國騎士議會通過《地方自治團體法》。	
1662 年(清康熙元年)	◆鄭、荷締結和約，荷蘭退出臺灣。◆鄭氏改臺灣為東都。◆鄭芝龍被斬首。◆魯王卒。◆鄭成功病逝，鄭經繼位，仍奉永曆年號。◆永曆被引渡昆明，大明國亡。		

資料來源：作者製作。

四、 東寧時期兩岸關係發展(1662-1683)

　　中國自周朝封建解體，秦始皇建立大一統以來，即是皇權體制的開始。政經權力完全集中在皇帝一人，「朕即國家」，皇帝是政經利益的獨占者，官僚體系也只是皇帝的御用工具，君臣之間是完全建立在皇帝喜惡的君主式關係。明清時期政經體制，即是延續西元前兩世紀，由秦朝開始建構的皇權體制。

　　1661 年 6 月鄭成功攻下普羅民遮城，在初步肅清臺灣陸地上荷蘭人的勢力

之後，在尚未攻下熱蘭遮城的時候，就正式對外宣告了一篇〈告全國軍民同胞書〉指出，「東都明京，開國立家。本藩手闢草昧，創建胥宇，永為世業，以遺子孫……。」。

　　雖然他仍以永曆為年號，然而，1662 年鄭成功的據臺，在臺灣建立政權係奉大明帝國為正朔。換言之，即是正式將大明國皇權政經體制延伸到臺灣來，而且遂行所謂的「受封體制」(如表 58)。

　　對臺灣而言，中國血統和文化的有計劃、有規模進入是一件劃時代的大事。鄭成功據臺可溯自他父親鄭芝龍(字一官)將福建人帶來臺灣，跟荷蘭人做生意，娶日本女人為老婆，把船隻開到馬來西亞，他是徹底國際化的人，他那股血液裡的生命力，就是充滿代表移民性格的臺灣精神。

　　鄭芝龍在青年時期和平戶藩主松浦隆信建立貿易關係，組成了海上勢力強大的鄭一官集團，船隊動線遠及今日的越南、泰國、緬甸和馬來西亞，而連結了日本九州、中國泉州及南洋一帶的貿易網絡。當他發覺西班牙、葡萄牙、英國及荷蘭紛紛在臺灣建立了遠東貿易的中繼站，他排除萬難，也在臺灣北部大約淡水或八里一帶設立了一官集團的轉運站，成了第一位刻意以臺灣為經營基地的中國海商。

　　壯年時期的鄭芝龍從一個海商，到獨霸中國東南半壁的飛虹將軍，不領國家分毫薪餉，以自己家產供應龐大水軍，仍不斷思索如何從荷蘭手中奪回臺灣的策略。晚年時期率領自家精銳部隊堅守閩南，獨立抵抗滿清的百萬雄兵，在隻身降清之前，將治理臺灣的藍圖交給鄭成功。

　　回溯 1628 年(明崇禎元年)底，鄭芝龍受到福建巡撫熊文燦的招安成為「海防游擊」之後，次年鄭芝龍除去李旦的代理人許心素，但其部屬李魁奇背叛，奪取廈門控制權。鄭芝龍歸順大明國，任都督。1630 年福建發生嚴重旱災，鄭芝龍向巡撫熊文燦建議，用船舶移送饑民到臺灣開墾，每人給銀三兩，三人給牛一頭，是有計畫的移民，奠定在臺灣農墾的基礎。

　　鄭芝龍在消滅李魁奇的恢復廈門勢力，鄭成功由日本搬回晉江安平鎮老家。鄭成功承襲了他父親鄭芝龍時代以來具有海上霸權的家世，鄭成功這種悲

劇性的時代背景，凸顯出其忠君愛國的民族英雄形象，而開發臺灣復又奠定了他「開臺聖王」的神明地位。

清領臺灣時期特別於臺南設立祭拜鄭成功的廟宇，把他視為「延平郡王」，但是到了日本統治時期，臺灣總督府則將其稱為「開山聖王」，原先的「延平郡王祠」則改為「開山神社」。

檢視鄭成功來臺之前的兩岸關係發展，可以溯自李旦和鄭芝龍等兩代人的實力壯大並統合了零散商民與海盜之後，大明國人在臺灣的活動性質，實際上已脫離了以福建閩南為基地的對臺漁獵，和海上武裝搶劫的「國內經濟活動」範疇，開始被納入亞洲內部和跨洲的國際貿易格局之中。

鄭成功延續了這一股力量，進一步發展武裝力量，不但戰船上安裝有大量大砲，而且開始使用投擲式的火藥瓶，和精進航海技術，形成與東洋人和西洋人鼎足而立的三雄局勢。1644 年(明崇禎 17 年、清順治元年)明思宗崇禎皇帝自縊於萬壽山，明福王朱由崧即位南京，是為安宗。吳三桂引清軍入關，改朝換代為清順治元年。清自聖京遷都北京，下令圈地，將民地分與滿洲貴族及八旗子弟。設置福建巡撫，派駐福州。

檢視東寧時期鄭氏受封體制的形成，緣於 1645 年(明隆武元年、清世祖順治 2 年)，明福王朱由崧在南京被斬，鄭芝龍擁立明唐王朱聿鍵於福州，另魯王朱以海在紹興就監國位。鄭成功入朝，賜國姓朱，又改名「成功」，普稱國姓爺，並在這年鄭成功從烈嶼「小金門」起兵。

1646 年明唐王朱聿鍵在福州被斬，明紹武帝朱聿鐭，稱帝於廣州，為南明第三任君主，朱聿鐭又稱小唐王，是明紹宗（唐王）之弟。同年，鄭芝龍降清。

江日昇《臺灣外記》：

〔鄭芝〕龍曰：「識時務為俊傑。今招我重我，就之必禮我，苟與爭鋒，一旦失利，搖尾乞憐，那時追悔莫及。豎子瞉視，慎毋多談！」〔鄭〕成功見〔鄭芝〕龍不從，牽其衣，跪哭曰：「夫虎不可離山、魚不可脫

淵；離山則失其威，脫淵則登時困殺。吾父當三思而行！」[9]

　　鄭成功苦諫不成，乃泛海走廈門，鄭氏集團分裂為數支地方勢力。隔年明唐王朱聿鐭自縊死。明桂王朱由榔於肇慶稱帝號永曆，桂王封鄭成功為威遠侯。明永曆帝從肇慶奔桂林，封鄭成功為漳國公。清兵南下，在福建海澄、泉州與鄭成功軍隊交鋒。1648 年清兵入廣州，明永曆帝從桂林奔南寧，後返肇慶，封鄭成功威遠侯，鄭成功孤軍退守銅山。

　　1651 年南明魯王至廈門投靠鄭成功之後，鄭成功受封延平郡王，立志恢復中原；1659 年鄭成功攻打南京，兵敗江南之後率兵攻打臺灣，在臺灣設一府二縣，改大員為安平鎮，同年大清國政府斬首鄭芝龍於北京，南明桂王在緬甸被殺，大明國宣告結束；1662 年荷蘭人投降鄭成功，同年鄭成功病逝臺灣。

　　根據表 58，鄭成功過逝時，鄭經在廈門，黃昭、蕭拱宸等擁立成功弟鄭襲為「臺灣主」。鄭經命周全斌為五路都督，陳永華為諮議參軍，馮錫範為侍衛，親率兵攻打澎湖，並進兵臺灣，諸將乃擁立鄭經為世主，稱「招討大將軍」。

　　1674 年鄭經藉三藩之亂時，與三藩合作出兵反清。1680 年三藩失敗後，鄭經亦自廈門退回臺灣，國政多委於庶出的長子克臧；隔年鄭經歿，馮錫範與劉國軒謂克臧為他人子，殺之，妻陳氏(陳永華之女)亦殉死，鄭經的 12 歲嫡子鄭克塽繼位。

　　東寧時期鄭氏祖孫三代的治理臺灣，都志在於反清復明大業，卒年都不出40 歲。鄭經趁大陸三藩之亂的時機想反攻大陸，卻遭慘重的失敗，東寧王國政權與大清國先後的 11 次和談，因鄭經的企圖獨立而談判破裂。

　　鄭經死後，其子鄭克塽於 1683 年向滿清投降，結束 21 年的對臺統治，也終結兩岸的敵對關係。

---

[9] 江日昇，《臺灣歷史演義》原名《臺灣外記》，(臺北：河洛，1981 年 5 月)，頁 79。

表 58　東寧時期兩岸關係大事記(1663-1683)

項目 年	兩岸(明清)	國際	備註
1663 年(清康熙 2 年、明延平郡王鄭經永曆 17 年)	◆鄭經退保臺灣，荷、清兩國聯手攻佔金門、廈門，企圖攻佔臺灣不成。		
1664 年(清康熙 3 年、明延平郡王鄭經永曆 18 年)	◆鄭經迎明宗室寧靖王到臺灣，改東都為東寧，在南北兩路及澎湖各設安撫司治理。	◆英將新阿姆斯特丹城，改名「紐約」。	
1665 年(清康熙 4 年、明延平郡王鄭經永曆 19 年)	◆清荷聯軍攻臺失敗。	◆第二次英、荷戰爭。	
1666(清康熙 5 年、明延平郡王鄭經永曆 20 年)	◆臺灣前總督揆一被流放艾島。◆清將施琅攻打臺灣。		
1668(清康熙 7 年、明延平郡王鄭經永曆 22 年)	◆荷蘭放棄收復臺灣，撤離基隆。		
1670(清康熙 9 年、明	◆英國東印度公司萬丹分公司派船抵臺灣，洽談通商事宜。		

年＼項目	兩岸(明清)	國際	備註
延平郡王鄭經永曆24年)			
1672(清康熙11年、明延平郡王鄭經永曆26年)	◆吳三桂反清。	◆第三次英、荷戰爭。	
1674 年(清康熙13年、明延平郡王鄭經永曆28年)	◆耿精忠、吳三桂聯合鄭經攻擊清軍，鄭經佔據廈門。◆東印度公司重審揆一，獲准以二萬五千盾贖出，並准許回荷。		
1675 年(清康熙14年、明延平郡王鄭經永曆29年)	◆鄭經攻陷廣東惠州和自攻漳州。◆臺灣前總督揆一出版《被遺誤的臺灣》一書。	◆英東印度公司在大員設立商館。	
1679 年(清康熙18年、明延平郡王鄭經永曆33年)	◆清政府再度於華南地區採取遷界政策，打擊鄭氏的活動。	◆英國通過《人身保護法》。	
1680(康熙19、明延平郡王鄭經永曆34)年	◆鄭經放棄金門、廈門，轉進臺灣。◆清改金門水師援剿右鎮總兵官為金門鎮總兵官，首任總兵陳龍。		
1681(康熙	◆鄭經歿，鄭克塽繼位，大權旁落	◆英國關閉東印度公	

年 ＼ 項目	兩岸(明清)	國際	備註
20、明延平郡王鄭經永曆 35)年	岳父馮錫範，臺灣政局不穩。	司。	
1683(清康熙 22、明延平郡王鄭克塽永曆 37)年	◆施琅攻佔澎湖，鄭克塽投降，明宗室寧靖王朱術桂自殺。◆臺灣入大清帝國版圖。	◆日本三井集團成立。	

資料來源：作者製作。

五、 清領時期兩岸關係發展(1683-1895)

　　1683 年(清康熙 22 年)，清領臺灣是中國皇權體制的再度延伸。清領臺灣之初，以臺灣孤懸海外，容易成為奸民盜徒逃亡的處所，是以禁內地移民臺灣，但此禁令，並未產生過止作用，私渡臺灣的人仍絡繹不絕。

　　施琅〈請留臺灣疏〉：

如僅守澎湖而棄臺灣，則澎湖孤懸汪洋之中，土地單薄，界於臺灣，遠隔金、廈，豈不受制於彼，而能一朝居哉？是守臺灣即所以固澎湖。臺灣、澎湖一守兼之，沿邊水師汛防嚴密，各相犄角，聲氣關通，應援易及，可以寧息。[10]

---

[10] 臺灣史料集成編輯委員會編，高拱乾纂輯、周元文增修，《臺灣府志》，(臺北：遠流，2004 年 11 月)，頁 392。

　　大清面對臺灣棄取，所關甚大。鎮守之官三年一易，亦非至當之策。若徙其人民，又恐失所；棄而不守，尤為不可。根據表 59，1684 年大清於是為鞏固國防，將臺灣納入版圖，改東寧為臺灣，設臺灣府，知府轄三縣，澎湖設巡檢司，置臺廈兵備道及總兵，負責臺澎治安。康熙裁撤浙江總督，設福建總督。清廷取消海禁，但仍禁止惠洲、潮州客家人移臺，對於其他內地人執有「印單」者，始可來臺，到臺後復行查驗，不許攜眷，家眷留置為人質。

　　1718 年(清康熙 57 年)起開始禁止偷渡，不過對禁渡限令之執行張弛不一，真正嚴禁時間為康熙雍正之際的 1718 至 1732 年間，和乾隆初期的 1740 至 1746 年間。特別是 1721 年(清康熙 60 年)清政府不准文武官職攜眷來臺。漳州人朱一貴因知府王珍苛政而造反，自稱「中興王」，在鳳山、岡山等地反清，七日之內攻下臺灣、鳳山、諸羅三縣，南澳鎮總兵藍廷珍、水師提督施世驃，藉由鳳山下淡水溪東岸的李直三，組織粵莊義民，協助平亂，導致在臺灣的閩粵移民爆發省籍對省籍的械鬥，這是臺灣民變史上唯一佔有全臺的「朱一貴事件」。

　　1777 年(清乾隆 42 年)蔣元樞在臺灣府(臺南)整建「軍工廠」，任命一批人擔任「軍工匠首」，負責修造船隻，包辦樟木，其他物料則由內地進口。隔年福康安率滿漢水師大軍近抵鹿港平定「林爽文事件」。清政府規定閩浙總督、福建巡撫及水路兩提督每年輪值來臺。漳州吳沙開墾宜蘭，成為「開蘭第一人」，凸顯封山禁令未發揮效果。

　　1812 年(清嘉慶 17 年)劃定臺灣行政區域為一府四縣三廳，置噶瑪蘭廳。蘭民皆係山前廳、縣移徙而來，隻身遊蕩，不安本分，每因鼠牙雀角細故，輒行兇互鬥，滋生事端，導致 1833 年(清道光 13 年)閩浙總督程祖洛、水師提督陳化成、陸路提督馬濟勝為處理「張丙事件」來臺視察。

　　儘管清領臺灣時期已有很明顯的「重農抑商」現象，但是兩岸關係活動的來往也隨著商業發展而建立了「郊」或「行郊」的組織。郊商在商業經營及兩岸經貿互動的過程中，掌握臺灣與中國大陸之間的高度區域分工，並將臺灣地主資本有效轉化為商業資本的發展。

　　檢視大清國對臺灣貿易據點一向嚴加設限，1842 年(清道光 22 年)英艦進窺

大安港。英船曾多次指揮反清分子的海盜草烏船襲擊臺灣沿岸各港。清英簽訂
《南京條約》，割讓香港，開放廈門等五口通商。1858 年(清咸豐 8 年)根據中英、
中法天津條約，臺灣開放臺灣(安平)、淡水(滬尾)，後來雞籠(基隆，1863 年)、
打狗(高雄，1864 年)也陸續開放。清政府與英國簽訂《通商章程善後條約》，鴉
片交易合法化。

　　1869 年(清同治 8 年)英商怡記(Elles)公司所有的樟腦被押，和鳳山、打狗
等各地發生基督徒被迫害的情事，釀成英艦砲打安平，簽訂〈樟腦商業協定〉。
1871 年(清同治 10 年)，又有琉球民船航海遇颶風，漂流到臺灣，為牡丹社原住
民殺害，引起日本向中國交涉。1874 年日本屯田駐軍牡丹社，埋下日後奪取臺
灣的伏筆，「牡丹社事件」徹底翻轉了數年來的華夷秩序，日本在長崎設「臺灣
番地事務局」。

　　基於外國勢力的步步進逼，1875 年(清光緒元年)調整行政區為二府八縣四
廳，分臺灣、臺北二府，新置卑南廳、恆春縣、淡水縣、新竹縣、宜蘭縣，春
冬二季，福建巡撫駐臺。清政府廢除內地人民渡臺耕墾禁令，臺灣全面開放。

　　這一年爆發「獅頭社事件」，沈葆楨以武力平定；沈葆楨明令廢止禁止越入
番界的禁令，並在番界要口立碑，而「軍工匠首」專賣森林產品的特權也被取
消。沈葆楨調升兩江總督兼通商大臣。丁日昌被任船政大臣後，繼任福建巡撫。

　　到了 1885 年(清光緒 11 年)，劉銘傳在臺灣接事。1887 年(清光緒 13 年)臺
灣建省，改福建巡撫為臺灣巡撫，兼理提督學政，設巡撫衙門於臺北，置布政
使司理全臺財政。1888 年(清光緒 14 年)開辦郵政，設西式學堂，在臺北設置水
力發電廠。花東縱谷的平埔西拉雅族、阿美族、卑南族、客家墾民，聯合反政
府，後來又連結呂家望社(今臺東卑南)，整個臺東平原被攻佔，政府動用臺灣
鎮軍隊以及北洋水師致遠、靖遠兩戰船，才平定此一「大庄事件」。

　　1893 年(清光緒 19 年)臺北新竹間鐵路通車。發現九份山金礦。邵友濂調
任，唐景崧接替，唐景崧委任胡傳代理臺東州直隸知州，兼統鎮海後軍各營屯，
嗣因日軍攻陷宜蘭，胡傳(胡適父親)退到安平與劉永福合兵抗日，因病離臺，
後死於返途中的廈門。

　　1895 年以前的 300 年當中，約有 180 年的清領初期，中國大陸是臺灣的唯一貿易對象，臺灣的開發確實受到大陸福建省南部的漳州府、泉州府、惠安府等和廣東省潮州府移民的奉獻心力。

　　但回溯 1661 年(清順治 18 年)，大清為了封鎖鄭氏在軍事上的補給，將廣東、福建、浙江等沿海居民，強迫遷徙離海岸 30 至 50 里的內陸地區，築起境界線，嚴禁百姓在沿海地區居住與耕種，實施「劃界遷民」的〈海禁令〉封鎖政策，導致兩岸人民來往和經貿發展的停滯，清領時期臺灣一直到 1875 年才正式全面開放大陸人士移民來臺。

表 59　清領時期兩岸關係大事記(1684-1895)

年 ＼ 項目	兩岸(清)	國際	備註
1684 年(清康熙 23 年)	◆為鞏固國防，將臺灣納入版圖，改東寧為臺灣，設臺灣府，知府轄三縣，澎湖設巡檢司，置臺廈兵備道及總兵，負責臺澎治安。		
1686 年(清康熙 25 年)	◆雖禁止潮、汕地區的客家人來臺，但仍陸續有人偷渡來到屏東開墾。	◆英國關閉臺灣商館。	
1687 年(清康熙 26 年)	◆改福建總督為閩浙總督。◆同意臺灣人赴福建參加鄉試。	◆英國第一次發表《信仰自由宣言》。	◆1688 年英國爆發光榮革命。
1691 年(清康熙 30 年)	◆福建同安人王世傑開墾竹塹埔(今新竹地區)。◆臺灣進行編審戶口。		
1693 年(清康熙 32 年)	◆大陸商人陳文、林侃因船遇風暴漂至岐萊(今花蓮)，居留經年，為漢人首先開墾花東地區。		

年 ＼ 項目	兩岸(清)	國際	備註
1694 年(清康熙 33 年)	◆臺北大地震，臺北盆地西北部大部分陷落。◆《臺灣府志》初修完成。	◆英格蘭銀行成立。	
1696 年(清康熙 35 年)	◆施琅去世，開放惠州、潮州移民來臺。		
1697 年(清康熙 36 年)	◆郁永河與同事王雲森抵臺灣西部探險，赴北投探勘硫磺。		
1699 年(清康熙 38 年)	◆因通事黃申高壓的徵派頻繁，以及主賬通事金賢的逼婚行為，引發吞(通)霄、淡水地區的原住民作亂。		
1700 年(清康熙 39 年)	◆清廷准鄭成功及鄭經歸葬福建南安。	◆1701 年西班牙爆發王位繼承戰。	
1709 年(清康熙 48 年)	◆泉州人陳賴章墾號開拓大佳臘(今臺北市及新北市部分地區)，為漢人較具規模入墾臺北之始。		
1718 年(清康熙 57 年)	◆清政府全面嚴禁移民來臺政策。		
1721 年(清康熙 60 年)	◆清政府不准文武官職攜眷來臺。漳州人朱一貴因知府王珍苛政而造反，史稱「朱一貴事件」。		
1723 年(清雍正元年)	◆彰化縣、淡水廳設立，以解決諸羅縣難以管轄的問題；同時設置巡台御史，監督官員和反應民情。		
1726 年(清雍正 4 年)	◆鹽業由民營改為官營。水沙連社(日月潭)原住民骨宗等殺害漢人，		

年 ＼ 項目	兩岸(清)	國際	備註
	臺道吳昌祚、北路參將何勉等平定。		
1727 年(清雍正 5 年)	◆臺廈道改制臺灣道，轄區只限臺灣、澎湖，臺灣與廈門分治。◆開放福建、廣東與南洋的貿易。		
1729 年(清雍正 7 年)	◆改閩浙總督為福建總督。		
1730 年(清雍正 8 年)	◆發布〈禁止流寓臺灣人民販賣鴉片條例〉。		
1732 年(清雍正 10 年)	◆清政府准許臺民有妻子在內地者攜眷來臺，然其後禁令一張一弛，始終不定。	◆1733 年英國在新大陸建立殖民地。	
1734(清雍正 12)年	◆福建總督改制閩浙總督。		
1735 年(清雍正 13 年)	◆增添臺灣府治駐兵，復增駐小南門。		
1736 年(清乾隆元年)	◆乾隆重申禁止內地人民偷渡之令。復設浙江總督。		
1737 年(清乾隆 2 年)	◆禁止原住民與漢人通婚。		
1748 年(清乾隆 13 年)	◆訂定〈獎勵捕獲船隻條例〉，限制水手名額。	◆孟德斯鳩提三權分立之說。	
1750 年(清乾隆 15 年)	◆林洋港的 13 世祖林天來從漳州龍溪縣渡臺，落腳在南投草屯。	◆英國倫敦建立「報街走使」。	
1754 年(清	◆霧峰林家開臺始祖林石油漳州		

年 \ 項目	兩岸(清)	國際	備註
乾隆 19 年)	平和縣來臺，定居臺中大里。		
1759 年(清乾隆 24 年)	◆清政府禁止綢緞、錦、絹出口。		
1760 年(清乾隆 25 年)	◆乾隆廢渡臺禁令，准許攜眷，李登輝 14 祖李崇文從永定渡臺，定居淡水河口八里附近。		
1762 年(清乾隆 27 年)		◆荷蘭在廣州設商館。	◆1763 年英法結束「七年戰爭」。
1766 年(清乾隆 31 年)	◆閩浙總督蘇昌奏設南北理番同知。		◆1765 年英國通過印花稅。
1773 年(清乾隆 38 年)	◆實施《保甲法》，嚴格管控人民居住和遷徙的自由。	◆美國爆發「波士頓茶黨」事件。	
1774 年(清乾隆 39 年)	◆藍廷珍之孫藍元枚任金門總兵。		
1775 年(清乾隆 40 年)	◆基隆顏浩妥來臺墾荒。		
1776 年(清乾隆 41 年)	◆乾隆解除官員攜眷上任的禁令。	◆美國「獨立宣言」，另組美利堅合眾國。	◆亞當史密斯發表《國富論》。
1777 年(清乾隆 42 年)	◆蔣元樞在臺灣府整建軍工廠，負責修造船隻，其他物料則由內地進口。		
1778 年(清乾隆 43 年)	◆板橋林應寅從漳州來臺，定居臺北新莊。		

項目 年	兩岸(清)	國際	備註
1780 年(清 乾隆 45 年)	◆臺灣總兵董果任期屆滿，張繼勳繼任。		◆《凡爾賽合約》承認美國獨立。
1784 年(清 乾隆 49 年)	◆設鹿港為新港口，與福建虹口為渡臺固定港口，鹿港開始成為臺灣中北部政治、經濟、文化重鎮。		
1787 年(清 乾隆 52 年)	◆福康安率滿漢水師大軍近抵鹿港平定「林爽文之變」。◆漳州吳沙開墾宜蘭，凸顯封山禁令未發揮效果。	◆美國召開制憲會議。	
1788 年(清 乾隆 53 年)	◆開放臺灣八里坌與福州五虎門對航。		◆1789 年法國大革命發表《人權宣言》。
1792 年(清 乾隆 57 年)	◆淡水開始與大陸貿易。		
1805 年(清 嘉慶 10 年)	◆鎮海王蔡牽率船隊進取臺灣，侵擾蛤仔難(今宜蘭)，謀求墾田。		
1807 年(清 嘉慶 12 年)	◆海盜朱濆侵犯蘇澳。	◆美國廢止奴隸交易。	
1809 年(清 嘉慶 14 年)	◆清政府命福州將軍、總督每隔三年輪赴臺灣巡查一次，但實同具文。	◆梅布倫向拿破崙建議嘗試以臺灣為殖民地。	
1812 年(清 嘉慶 17 年)	◆劃定臺灣行政區域為一府四縣三廳，置噶瑪蘭廳。	◆印地安人與英人結盟，阻止其土地被佔。	◆1815 年法國發生滑鐵盧戰役。

年 ＼ 項目	兩岸(清)	國際	備註
1818 年(清嘉慶 23 年)	◆清政府開放商民造船。	◆1816 年英國實施金本位制度。	◆1817 年英國廢止人身保護法，通過集會禁止法。
1820 年(清嘉慶 25 年)	◆海盜盧天賜侵犯滬尾。		
1821(清 道光元)年	◆海盜林烏興侵犯滬尾。		
1823 年(清道光 3 年)	◆新竹鄭用錫高中進士，是臺灣土生土長的第一人，贏得「開臺進士」的美譽。	◆美國總統門羅提出「門羅主義」。	
1824 年(清道光 4 年)	◆福建巡撫王紹蘭來臺視察。◆鹿港文開書院創立。	◆1825 年英國通過工廠法，承認勞工組織。	
1826 年(清道光 6 年)	◆開放彰化海豐港及宜蘭烏石港。福建巡撫孫爾準來臺。		
1827 年(清道光 7 年)		◆英人開始到滬尾販賣鴉片。	
1828 年(清道光 8 年)	◆吳全開墾花蓮港溪流域、陳集成開墾大科崁。		
1833 年(清道光 13 年)	◆閩浙總督程祖洛、水師提督陳化成、陸路提督馬濟勝為處理「張丙事件」來臺視察。臺灣「義渡會」成立。	◆英國廢止東印度公司東洋貿易壟斷權。	
1837 年(清道光 17 年)	◆姚瑩任福建分巡臺灣兵備道，為臺灣最高軍政首長。	◆1936 年英國發生經濟恐慌。	

年＼項目	兩岸(清)	國際	備註
1838 年(清道光 18 年)	◆林則徐在廣東查禁鴉片。英人在淡水以鴉片交換樟腦。	◆英國發生普選憲章請願運動。	
1840 年(清道光 20 年)	◆臺灣道姚瑩率兵平定彰化民變，派提督王得祿來臺，編練義勇軍。◆清英爆發鴉片戰爭。	◆英國通加拿大統一法。	
1842 年(清道光 22 年)	◆英艦進窺大安港。◆簽訂《南京條約》。		
1843 年(清道光 23 年)	◆兵備道姚瑩、總兵達洪阿因殺害英國俘虜事件，被革職。◆英國在廈門鼓浪嶼設立領事事務所。	◆1845 年英國在上海設租借。	
1847 年(清道光 27 年)	◆閩浙總督劉韻珂循例來臺視察。基隆顏家開墾鱗魚坑。	◆英美海軍調查臺灣煤礦資源。	
1848 年(清道光 28 年)	◆美國商船凱爾比號在臺灣南部遇難。	◆馬克思、恩格斯發表〈共產黨宣言〉。	
1849 年(清道光 29 年)	◆美國海豚號抵基隆港調查煤礦資源。	◆英國廢止《航海法》。	
1850(清道光 30)年	◆清廷頒《臺紳民公約》，禁止鴉片及外人入臺。◆美國要求開發臺灣煤礦。		
1853 年(清咸豐 3 年)	◆艋舺發生「頂下郊拼」的械鬥，同安縣退到圭母卒社，而與漳州人結合，奠下大稻埕的發展基礎。	◆日本結束鎖國政策。	
1854 年(清咸豐 4 年)	◆美國培里派艦到臺灣北部調查煤礦。		
1855 年(清咸豐 5 年)	◆美商安生公司取得對臺通商特權。		

項目 年	兩岸(清)	國際	備註
1858 年(清咸豐 8 年)	◆臺灣開放臺灣(安平)、淡水(滬尾)。◆清政府與英國簽訂《通商章程善後條約》，鴉片交易合法化。	◆英國解散東印度公司。	
1860 年(清咸豐 10 年)	◆英法簽訂《北京條約》。◆根據《北京條約》，增加開放打狗、雞籠。	◆林肯當選美國總統。	
1861 年(清咸豐 11 年)	◆改樟腦為專賣。◆慈禧太后垂簾聽政。◆郇和出任英國駐臺領事。	◆美國內戰。	
1863 年(清同治 2 年)	◆丁日昌以臺灣道加「督辦軍事關防」。林維讓助餉 2 萬兩。◆樟腦改制官營。◆同治中興，展開洋務運動。	◆林肯發表〈解放黑奴宣言〉。	
1864 年(清同治 3 年)	◆陸路提督羅大春來臺。◆丘逢甲出生。◆霧峰林家水師提督林文察率臺勇精兵，入閩中討剿太平軍，不幸身亡。	◆匯豐銀行總行在香港成立。	
1865 年(清同治 4 年)	◆清國創辦江南製造局。◆蘇格蘭長老會派馬雅各來臺南傳教。	◆美國結束內戰，林肯被槍擊身亡。	
1866 年(清同治 5 年)	◆閩浙總督左宗棠整頓臺灣營務。◆清國創辦福州船政局。◆英人在淡水推廣種茶。	◆美國通過《公民權利法》。	
1867 年(清同治 6 年)	◆臺灣烏龍茶首次銷美。	◆美國向俄國購得阿拉斯加。	
1868 年(清同治 7 年)	◆丁日昌建議將臺灣建設為南洋海防中心。◆裁金門總兵，改設水師副將，總兵署亦改為協鎮署。◆英艦攻擊安平。	◆日本明治維新。◆美國成立移民署。	

年＼項目	兩岸(清)	國際	備註
1869 年(清同治 8 年)	◆英艦砲打安平，簽訂〈樟腦商業協定〉。		
1873 年(同治 12 年)	◆陳福謙、陳中和家族控制打狗地區的砂糖貿易。◆日本小田縣漂民流至廣澳。		
1874 年(清同治 13 年)	◆日本屯田駐軍牡丹社。◆日本在長崎設立「臺灣番地事務局」。		
1875 年(清光緒元年)	◆調整行政區為二府八縣四廳。◆廢除內地人民渡臺耕墾禁令，臺灣全面開放。		
1876 年(清光緒 2 年)	◆丁日昌來臺，加強臺灣防務。◆清政府採用機器開採基隆煤礦。	◆日本發生「神風連之亂」、「秋月之亂」、「荻之亂」。	
1877 年(清光緒 3 年)	◆吳贊誠繼丁日昌來臺，加強臺灣防務。	◆日本發生西南戰爭。◆1879 年日本改琉球為沖繩縣。	
1880 年(清光緒 6 年)	◆巡撫勒方奇來臺，部署雞籠、旗後防務。◆岑毓英任福建巡撫。		
1882 年(清光緒 8 年)	◆臺北府城興蓋完工。	◆美國通過〈排華法案〉。	
1884 年(清光緒 10 年)	◆清法戰爭。		
1885 年(清光緒 11 年)	◆臺灣正式建省，劉銘傳為首任臺灣巡撫，下轄 3 府 11 縣 4 廳 1 州。清政府成立海軍衙門。◆清政府與日本簽訂《天津條約》。		

年＼項目	兩岸(清)	國際	備註
1887 年(清光緒 13 年)	◆唐景崧任臺灣道。◆邵友濂任布政使。	◆英國召開第一次殖民地會議。	
1888 年(清光緒 14 年)	◆開辦郵政，設西式學堂，在臺北設置水力發電廠。◆花東縱谷的原住民族聯合反政府，政府平定「大庄事件」。		
1890 年(清光緒 16 年)	◆廢止〈樟腦專賣法〉。劉銘傳稱病辭職，布政使沈英奎署理巡撫。◆鑄造銀幣、基隆河發現砂金。	◆日本頒布《商法》，建立公司制度。	
1891 年(清光緒 17 年)	◆臺北基隆間鐵路完工。◆邵友濂繼劉銘傳為巡撫，將省城從臺中遷往臺北。◆唐景崧任布政使。		
1892 年(清光緒 18 年)	◆邵友濂將鐵路修至新竹。開辦金砂局。		
1893 年(清光緒 19 年)	◆臺北新竹間鐵路通車。◆發現九份山金礦。邵友濂調任，唐景嵩接替，委任胡傳代理臺東州直隸知州。	◆日本實施《銀行條例》。	
1894 年(清光緒 20 年)	◆林維源任全臺國防督辦。◆設南雅廳。◆邵友濂調任湖南巡撫，唐景崧升任臺灣巡撫。◆孫中山組織興中會。	◆清日朝鮮爆發甲午戰爭。	◆英國召開第二次殖民地會議。
1895 年(清光緒 21 年、日明治 28 年)	◆臺灣民主國成立，唐景崧、丘逢甲分任總統、副總統，林維源為議長。劉永福於臺南重新創設議院，日軍佔領臺南，臺灣民主國亡，初期對日的武力抗爭告終。	◆清、日簽訂《馬關條約》，割讓臺灣、澎湖給日本。	◆日本住友銀行成立。

資料來源：作者製作。

六、 日治時期兩岸關係發展(1895-1945)

　　誘使日本佔領臺灣不但具有帝國主義殖民體制的意義，同時日本可以排除英美帝國主義在臺灣殖民的政經利益，並移轉臺灣與中國大陸的經貿關係，而供為其南進侵略的基地。特別是臺灣與中國大陸之間的貿易須繳納國際關稅，與日本之間則無關稅之徵課。日本透過現代的交通工具如鐵路、輪運等，更加使臺灣與日本緊密相連。

　　1895 年 6 月日本開始統治臺灣，即實施軍事統治，並依《六三法》」賦予臺灣總督絕對立法權與行政權。這樣的殖民體制統治，是為因應臺灣特殊政經情勢，以儘速的達成臺灣殖民化(如表 60)。

　　日治臺灣以前，英美資本比較重視在臺灣沿岸從事貿易活動，雖然有助促成臺灣資本的成長，但是對於產業發展的改良生產結構與提高生產力，並未有具體的作為，這方面的努力則是到日本殖民統治的時代才真正開始。

　　日本殖民統治臺灣的初期，英美資本對於臺灣的經濟尚有支配力量，但要去除這股支配力量，唯有靠推動臺灣土地及林野的調查、確立貨幣金融制度等改革，才能一步步達成，凸顯殖民政府、軍隊在前開路，民間資本家跟進、在後完成的典型殖民帝國主義的統治模式。

　　日本政府資本及商業資本的大量進入臺灣，使臺灣產業發展完全依賴與日本的政經關係，臺灣一方面為日本供給消費食料品，一方面為日本推銷工業品，形成臺灣中、大資本家與日本總督府、日本資本家利益的融合且從屬，因而兩岸經貿佔臺灣整體對外貿易比重在日治時期顯著下跌。日本除了要維持臺灣成為其附屬經濟區，並從中獲取利益外，就是要提昇米糖的生產量和輸出量。

　　為了將臺灣的產業發產置於日本控制下，日本政府使用各種手段，極力防止臺灣金融產業的崛起，來保護、培育以日本資本為中心的企業。殖民地政府只允許臺灣經濟權集中於三井、三菱等與政府關係密切的日本資本家手中，藉

此加強對臺灣產業的掌控，臺灣對外貿易完全受日本財閥控制。

殖民體制經濟一方面包含著不均衡發展的結構，另一方面又包含著富於生產力的農業基礎，以及與農業相連性的基礎設施；而在工業發展方面，係以日本利益為考量，開發以食品工業為主的加工出口工業。到了殖民後期，才重視與軍備有關的工業規劃及開發。

同時，根據臺灣總督府民政部警察本署的內部記錄指出，臺灣的對岸(中國大陸)不僅是諸種陰謀的根據地，亦是惡疫的根源地；也是海盜的巢窟，而且因支那(中國)警察無力之故，不足以依賴，尤是之故，在福建廣東上海地方沿岸作為我勢力範圍。要言之，一掃臺灣統治害惡的源泉。[11]

加上，臺灣籍的戎客船無裝載武器，中國大陸的海盜趁此弱點，在臺灣沿岸恣意暴行，成為該處被害特別多的原因。但臺灣戎克船為抵抗這些海盜，保護生命，因而武裝戎客船，但入港臺灣時因持有武器而在稅關成為重要的問題。檢視自 1895 年日本統治臺灣起到 1905 年為止，從廈門到臺灣的渡海人數減少約 30%。

為滿足日本帝國主義的需索，掌控臺灣經濟發展不但可以增加日本者的投資利潤，特別是日本的汽船公司在臺灣海域的商業運輸活動，其結果將臺灣經濟資本結構，從原本以英美資本為主的臺灣與大陸關係，移轉為以日本資本為主的臺灣與日本關係。

表 60　日治臺灣與中華民國大陸時期兩岸關係大事記(1895-1945)

項目 / 年	兩岸(日治臺灣/大清、中華民國/中共)	國際	備註
1895 年(清光緒 21 年、日明治	◆近衛師團自澳底登陸臺灣，樺山資紀任臺灣總督，總督府舉行始政式。◆制定〈總督府假條例〉、〈地		

[11] 松浦 章，卞鳳奎譯，《東亞海域與臺灣的海盜》，(臺北：博揚，2008 年 11 月)，頁 221。

年＼項目	兩岸(日治臺灣/大清、中華民國/中共)	國際	備註
28 年)	方官臨時官制〉。		
1896 年(清光緒 22 年、日明治 29 年)	◆桂太郎、乃木希典先後任總督。◆辜顯榮擔任臺北保良總局長。◆頒布《六三法》，實施民政。◆臺灣公娼制度正式開始。◆延平郡王祠改名為開山神社。◆劉銘傳過世。		
1897(清光緒 23、日明治 30)年	◆臺灣省民決定國籍之日結束。	◆英國在倫敦召開第三次殖民地會議。	
1898 年(清光緒 24 年、日明治 31 年)	◆兒玉源太郎繼任總督。日語和中國語並載的《臺灣日日新報》創刊。◆戊戌政變失敗，慈禧太后攝政。	◆英租借九龍。◆美國從西班牙取得菲律賓主權。	
1899 年(清光緒 25 年、日明治 32 年)	◆《六三法》延長至 1902 年。◆臺灣銀行成立。食鹽、樟腦實施專賣。	◆美國提出「門戶開放政策」。	
1900 年(清光緒 26 年、日明治 33 年)	◆實施〈臺灣出版規則〉、〈臺灣新聞紙條例〉。◆成立「臺灣慣習研究會」。◆三井投資設立的臺灣製糖株式會社，為臺灣第一家新式製糖工廠。◆孫中山首次來臺，以臺北為基地，策畫惠州起義。	◆發生義和團事件，八國聯軍進駐北京。	
1901 年(清光緒 27 年、日明治 34 年)	◆簽訂辛丑合約。	◆美國鋼鐵公司成立。	

項目 年	兩岸(日治臺灣/大清、中華民國/中共)	國際	備註
1902 年(清光緒 28 年、日明治 35 年)	◆使用新度量衡。◆文學家張我軍出生於板橋。	◆英國倫敦召開第四次殖民地會議。◆英日同盟。	
1903 年(清光緒 29 年、日明治 36 年)	◆臺灣確立大租權制度。◆唐景崧卒。	◆大阪舉辦第五屆勸業博覽會。	
1904 年(清光緒 30 年、日明治 37 年)	◆實施幣制改革，原住民襲擊苗栗北洗水坑隘寮。鼠疫流行。◆孫中山為入境舊金山，疑使用美國假護照，移民局展開調查。	◆日俄戰爭爆發。	
1905 年(清光緒 31 年、日明治 38 年)	◆《六三法》再延長。全臺實施戶口調查。◆清政府設巡警部，接替工巡總局掌理的警察業務。◆同盟會在東京成立。	◆簽訂《樸資茅斯條約》。	
1906 年(清光緒 32 年、日明治 39 年)	◆佐久間左馬太任臺灣總督。◆太魯閣原住民抗日。		
1907 年(清光緒 33 年、日明治 40 年)	◆清政府在各省成立巡警道，從中央到地方形成一個完整的警察行政系統。		
1908 年(清光緒 34 年、日明治 41 年)	◆日治臺灣縱貫鐵路從基隆到高雄全線通車。	◆美國羅斯福總統創建調查局。	

項目 年	兩岸(日治臺灣/大清、中華民國/中共)	國際	備註
1909 年(清宣統元年、日明治 42 年)	◆鎮壓霧社原住民。◆改革地方制度。◆袁世凱被罷黜。		
1910 年(清宣統 2 年、日明治 43 年)	◆《臺灣私法》編成。◆日本實施官營移民政策，鼓勵日人移民臺灣東部。◆梁啟超來臺訪問，林獻堂等人歡迎，並陪同遊覽臺灣名勝。◆大陸東北爆發鼠疫。	◆日本佔領朝鮮，成為日本殖民地。	
1911 年(清宣統 3 年、日明治 44 年)	◆總督府開始調查臺灣山地林野。◆梁啟超赴霧峰訪林獻堂。◆武昌起義、辛亥革命成功，建立中華民國。	◆英國上議院接受《議會法》。	
1912 年(中華民國元年、日大正元年)	◆明治天皇病歿，大正即位。◆宣統退位。◆孫中山就任臨時大總統。◆孫中山辭去臨時大總統、袁世凱就任臨時大總統、唐紹儀組閣。◆陸徵祥組閣。◆趙秉鈞(國民黨)組閣。	◆日、俄簽有關東北亞的秘密協約。	
1913 年(中華民國 2 年、日大正 2 年)	◆中華民國各省參眾議員選舉。◆民主、共和、統一改組為進步黨。兩院決議先定憲法後舉總統。◆熊希齡組閣(進步黨)。◆選舉袁世凱為大總統，袁世凱提增修《臨時約法》，袁世凱組民憲黨，解散國民黨。	◆中、俄達成外蒙古協議。	
1914 年(中華民國 3 年、日大正	◆日人坂垣退助來臺組織同化會，希望藉同化取消對臺灣人的差別待遇後遭總督府以妨害治安為	◆第一世界大戰爆發。	

年 ＼ 項目	兩岸(日治臺灣/大清、中華民國/中共)	國際	備註
3 年)	由解散。◆袁世凱正式發布解散國會令、內閣制改總統制。◆中華革命黨在東京選孫中山為總理。		
1915 年(中華民國 4 年、日大正 4 年)	◆安東貞美任臺灣總督。◆袁世凱接受日本提出的二十一條件要求。	◆巴拿馬運河打通太平洋與大西洋通道。	
1916 年(中華民國 5 年、日大正 5 年)	◆湯地幸平任總督府警視總長。◆袁世凱登基，取消帝制，徐世昌為國務卿。◆袁世凱逝世、黎元洪就任總統、段祺瑞任總理。	◆美國總統威爾遜向交戰國提出和平建議。	
1917 年(中華民國 6 年、日大正 6 年)	◆孫中山大元帥任臺灣霧峰林家後代林祖密為閩南軍司令。◆伍廷芳代理總理。◆張勳復辟、馮國璋代理總統、段祺瑞回任總理。◆孫中山在廣州組織軍政府任大元帥。	◆俄國革命，推翻沙皇，布爾什維克成立共產主義政府。	
1918 年(中華民國 7 年、日大正 7 年)	◆六三法撤廢運動，明石元二郎任臺灣總督。◆顏雲年與藤田平太郎合資開辦臺北炭礦株式會社，籌建平溪鐵路。◆中華民國南方政府改大元帥為總裁、採和議制岑春煊為主席。◆徐世昌就任總統。	◆一次大戰結束。	
1919 年(中華民國 8 年、日大正 8 年)	◆首任文官總督田健治郎來臺接事臺民的抗日運動分別轉以文化啟蒙與臺灣議會設置運動為主。◆臺灣東京留學生組成新民會。◆孫中山領導的中華革命黨改稱中國國民黨。◆北京發動五四運動。	◆日本改革朝鮮府制。勝利國召開巴黎和會。◆共產第三國際成立。	

年　項目	兩岸(日治臺灣/大清、中華民國/中共)	國際	備註
1920 年(中華民國 9 年、日大正 9 年)	◆林獻堂、蔡惠如在東京向帝國議會提出臺灣議會設置請願狀。◆東京新民會成立，臺灣留學生在東京發行《臺灣青年》。◆中華民國北洋政府段祺瑞辭總理、靳雲鵬組閣。	◆國際聯盟成立。◆美國憲法，經各州批准，婦女有投票權。	
1921 年(中華民國 10 年、日大正 10 年)	◆林獻堂、蔡惠如等人第一次提出設置臺灣議會設置請願書。◆蔣渭水等發起成立臺灣文化協會。◆選舉孫中山為中華民國大總統。◆梁士詒組閣、顏惠慶代理後由周自齊為攝政內閣。◆中國共產黨創立於上海。	◆日本關東大地震。一戰後，全球陷入經濟不景氣。◆華盛頓會議。	
1922 年(中華民國 11 年、日大正 11 年)	◆日本頒布《法三號》。林獻堂等人第二次提出設置臺灣議會設置請願書。◆總督府實施酒類專賣制度。◆《臺灣青年》改名《臺灣》。《創造》季刊創刊。◆徐世昌辭總統、黎元洪就職總統、顏惠慶任總理。	◆日本共產黨成立。◆蘇聯成立。	
1923 年(中華民國 12 年、日大正 12 年)	◆內田嘉吉任臺灣總督。辜顯榮組成公益會。《臺灣民報》半月刊在東京創刊。◆孫中山任廣東府大元帥。◆北洋政府黎元洪總統出京、曹錕任總統。◆中國國民黨改組，聯俄容共。黃埔軍校建校，蔣中正任校長。	◆土耳其簽《洛桑條約》。	
1924 年(中華民國 13	◆伊則多喜男任臺灣總督。◆張我軍引爆新舊文學論戰。◆中國國民	◆列寧逝世。◆日本共產黨解體。	

年＼項目	兩岸(日治臺灣/大清、中華民國/中共)	國際	備註
年、日大正13 年)	黨第一次全國代表大會。◆中華民國南方政府胡漢民代行大元帥，孫中山逝世於北京。◆孫寶琦任內閣總理、顏惠慶就任總理、曹錕退位總統、黃郛組攝政內閣。◆第一次國共合作。		
1925 年(中華民國 14 年、日大正14 年)	◆實施戶口普查。鳳山農民組合成立。謝春木、王鍾麟代表臺灣民眾黨參加國民政府舉行孫文移靈中山陵典禮。◆汪精衛任國民政府主席。◆第一次直奉戰爭。◆段祺瑞執政、不設總理。	◆日本頒布《治安維持法》。◆英國恢復金本位。	
1926 年(中華民國 15 年、日昭和元年)	◆簡吉等人在鳳山宣佈成立臺灣農民組合。上山滿之進任臺灣總督。大正天皇歿，昭和繼位。◆張深切等返臺組織臺灣革命青年團。◆中國國民黨第二次全國代表大會。蔣介石任軍事委員會主席、革命軍總司令。◆北洋政府段祺瑞下台。	◆日本共產黨主張廢除絕對天皇制與實現國民主權。	
1927 年(中華民國 16 年、日昭和2 年)	◆臺灣文化協會分裂。◆蔣渭水、林獻堂等創立臺灣民眾黨。◆臺灣農民組合召開第一屆全島代表大會。◆國民黨進行清黨、寧漢分裂、蔣介石下野、蔣介石復任總司令。◆國民政府奠都南京。	◆日內瓦海軍裁軍會議。	
1928 年(中華民國 17 年、日昭和	◆蔣渭水等創臺灣工友總聯盟。臺灣民眾黨分裂。◆謝雪紅等於上海法租界成立日本共產黨臺灣民族	◆日本發生「三・一五事件」，日共被取締。◆蘇聯實施第一次五	

年 ＼ 項目	兩岸(日治臺灣/大清、中華民國/中共)	國際	備註
3 年)	支部(簡稱臺共)。◆國民政府公布〈訓政綱領〉，蔣介石任國民政府主席。◆張作霖下野。◆蔣介石統一全國。◆湘、贛邊界蘇維埃政府成立。	年計劃。	
1929 年(中華民國 18 年、昭和 4 年)	◆石塚英藏任臺灣總督，之前曾任總督府警務局長。臺灣美術團體「赤島社」成立。◆中國國民黨第三次全國代表大會。◆蔣介石討伐桂系。◆汪精衛以「護黨救國」反蔣。	◆日共遭逮捕的「四·一六事件」。◆世界經濟大蕭條。	
1930 年(中華民國 19 年、日昭和 5 年)	◆臺灣民眾黨左傾，林獻堂組臺灣地方自治聯盟。◆臺共舉行松山會議，成立臺灣赤色總工會。◆中國左翼作家聯盟成立。中共成立江西及閩西蘇維埃區、贛浙皖邊區、鄂豫皖邊區、湘鄂邊區。◆中原大戰。國民政府第一次圍剿。		
1931 年(中華民國 20 年、日昭和 6 年)	◆太田政弘任臺灣總督。臺灣民眾黨解散。◆臺共成立改革同盟，臺共召開第二屆臨時大會，成立臺灣赤色救援會，臺灣文化協會解散。◆中國國民黨第四次全國代表大會。◆國民政府第二、三次剿共，蔣介石辭去國民政府主席。◆中日爆發九一八事變。◆中共在瑞金成立中華蘇維埃共和國政府，通過憲法，毛澤東任主席。	◆犬養毅內閣成立	
1932 年(中	◆郭秋生等人創立《南音》雜誌。	◆犬養毅被殺，齋藤實	

年 ＼ 項目	兩岸(日治臺灣/大清、中華民國/中共)	國際	備註
華民國 21 年、日昭和 7 年)	◆南弘、中川健藏先後任臺灣總督。◆臺灣藝術研究會成立。◆臺灣文藝協會成立。◆、張文環等人組成東京臺灣人文化同好會。◆蔣介石復職。◆上海爆發一二八事變。◆日本迎宣統，在東北成立滿州國。	內閣成立。◆美國羅斯福推動「新政」(New Deal)。	
1933 年(中華民國 22 年、日昭和 8 年)	◆臺灣文藝協會發行《先發部隊》雜誌。《臺灣新民報》東京支社成立。◆國民政府第四次剿共。蔣介石辭去國民政府主席兼行政院長、林森為國民政府主席。◆福州召開人民代表大會，成立中華共和國人民革命政府。	◆日本實施《大米統制法》。◆日本退出國聯。◆希特勒出任德國總理。	
1934 年(中華民國 23 年、日昭和 9 年)	◆臺灣文藝聯盟成立。臺灣議會設置請願運動停止。◆旅日音樂加江文也組成鄉土訪問團在臺灣各大城市巡迴演出。◆溥儀在長春登基，國號滿洲國。◆中國共產黨和紅軍進行長征。	◆日本岡田啟介內閣成立。	
1935 年(中華民國 24 年、日昭和 10 年)	◆公布〈自治制度律令〉。實施議員半官選、半民選的地方自治選舉。◆楊逵夫婦創刊《臺灣新文學》雜誌，並發行《新文學月報》。◆中國國民黨第五次全國代表大會。◆中共召開遵義會議，毛澤東領導權確立。	◆日共發表「國體明征」的攻擊天皇。◆史達林大規模整肅。	
1936 年(中華民國 25	◆《臺灣文藝》停刊。◆國府公佈李士珍接掌警官高等學校校長，嗣	◆日本爆發「二二六事件」。廣田弘毅內閣成	

年 ＼ 項目	兩岸(日治臺灣/大清、中華民國/中共)	國際	備註
年、昭和 11 年)	改為中央警官學校，蔣介石兼任校長。◆發生西安事變。	立。	
1937 年(中華民國 26 年、日昭和 12 年)	◆皇民化政策。◆中國國民黨臨時代表大會。◆國府第五次剿共。◆爆發八一三淞滬戰役、盧溝橋事件。◆國民政府遷都重慶。◆中俄簽訂互不侵犯條約。◆蘇維埃政府改名中華民國特區政府，紅軍改編國民革命軍第八路軍，第二次國共合作。	◆日本林銑十朗、近衛文呂(第一次)內閣先後成立。	
1938 年(中華民國 27 年、日昭和 13 年)	◆總督府實施《國家總動員法》。◆國民政府完成戰時體制，軍事委員會直屬國民政府，採委員長制，確立「總裁」領導體制。◆梁鴻志在南京成立「中華民國維新政府」。	◆日本公布《國家總動員法》。◆承認「滿洲國」。	
1939 年(中華民國 28 年、日昭和 14 年)	◆南沙群島併入高雄州。◆實施皇民化、工業化、南進基地化策略。◆辦理第二屆市街庄議員選舉。◆中國國民黨五屆五中全會決定由聯共抗日轉向消極抗日、積極反共。	◆平沼騏一郎、阿部信行內閣先後成立。◆二戰爆發。	
1940 年(中華民國 39 年、日昭和 15 年)	◆大正翼贊會在臺推展。長谷川清繼任總督。◆國民政府成立中央設計局，隸屬國防委員會，並由國防委員會為高委員長蔣中正兼中央設計局總裁。◆汪精衛政權成立於南京，自任國民政府主席兼行政院長。	◆米內光政、近衛文呂(第二次)內閣先後成立。	

年 ＼ 項目	兩岸(日治臺灣/大清、中華民國/中共)	國際	備註
1941 年(中華民國 30 年、日昭和 16 年)	◆成立皇民奉公會，推動皇民化運動◆發生〈東港事件〉，郭國基等 200 多人被捕。高砂義勇兵參加菲律賓戰線。	◆近衛文呂(第三次)、東條英機內閣先後成立。◆偷襲珍珠港。	
1942 年(中華民國 31 年、日昭和 17 年)	◆實施米穀統制。徵集臺灣籍陸軍志願兵。總督府警務局刊統計資料，臺灣番社戶口有 162,031 人。◆蔣介石任中國戰區盟軍統帥。◆毛澤東在延安文藝座談會發表講話。	◆簽署〈聯合國宣言〉。◆美國轟炸東京。爆發中途島海戰。	
1943 年(中華民國 32 年、日昭和 18 年)	◆實施義務教育。徵集臺灣籍海軍志願兵。徵集學生兵。◆中美英發表〈開羅宣言〉，宣告日本竊取中國之領土，滿洲臺灣澎湖群島等歸還中國。	◆蘇聯宣布解散第三國際。◆召開開羅會議、德黑蘭會議。	
1944 年(中華民國 33 年、日昭和 19 年)	◆停刊全臺報紙、嚴禁收聽廣播。改志願兵為徵兵制。◆安藤利吉繼任總督。◆國府中央設計局設立臺灣調查委員會，陳儀為主任委員，準備接收臺灣。◆中國民主同盟成立，與中共同唱結束國民黨一黨專政。	◆東條內閣總辭，小磯國昭內閣成立。◆布列敦森林會議。	
1945 年(中華民國 34 年、日昭和 20 年)	◆林獻堂等 3 人被勅選為貴族院議員。日本無條件投降，辜振浦等謀臺灣獨立失敗。◆中國國民黨第六次全國代表大會。◆臺灣光復，政權移轉給中華民國。◆謝雪紅在臺中成立臺灣人民協會。	◆雅爾達會議。◆日本接受〈波茨坦宣言〉，簽署投降書。	

資料來源：作者製作。

七、中華民國時期兩岸關係發展(1945-迄今)

　　國家與政府常常被交互使用，是因為政府每以國家的代理人自居，另因國家有主權，政府有權力。主權具有永恆性質，權力出於主權，且受主權限制。在 1949 年 10 月 1 日之前，中國政府只有一個，那就是現今中國國民黨代表的中華民國政府；之後，由於內戰的關係，在中華民國政府之外，另外成立了以中國共產黨代表的中華人民共和國政府，成為所謂的「兩個中國」政府。(如表 61)

　　檢視國共關係的戰爭可溯自 1940 年至 1946 年總共經過七次和談，由於國際利益的介入，亦是造成和談失敗的因素。特別是蘇俄大力扶持中共，及以馬歇爾(George C. Marshall)特使為核心的和平商談與軍事調處失敗，其影響最為深遠。而中共策動反美的成功，更是導致美國放棄支持國府，並於大陸局勢全面逆轉之時，發表不利於國府的〈中美關係白皮書〉，推卸其在華政策失敗的責任。

　　1949 年 11 月李宗仁稱病赴美，12 月國府將中央政府移轉臺北，1950 年 3 月 1 日蔣介石在臺北復行視事。如表 61，溯自 1945 年 10 月日本投降到 1949 年 12 月國民政府退守臺灣的這四年又二個月，是臺灣與大陸難得的統一時刻，是統一在中華民國政權的統治之下。

　　國共內戰雖然已是戰後臺灣已脫離日本殖民統治的階段，然並未能倖免於繼續遭受戰火的影響，國府仍延用戰時日本對臺灣的統制經濟。依據〈臺灣省行政長官公署組織條例〉，並不在臺灣實行與大陸各地同樣的省制，而是採集中行使行政、立法、司法三權為一體的獨特體制。

　　1947 年發生「二二八事件」，1949 年臺北又發生「四六事件」，更促使國共戰爭在臺灣的表面化。國府為軍事安全與經濟穩定，實施全省戶口總普查，並自 5 月 20 日起全省戒嚴，對率隊投共、擾亂治安、破壞金融秩序，及煽動罷工

罷課罷市者皆依據〈懲治叛亂罪犯條例〉處以重刑。

國共戰爭，臺灣被捲入這場戰火，被要求延續戰前臺灣支援大陸作戰的角色，特別是因為國共戰爭所導致 1947 年至 1949 年間的嚴重通貨膨脹。而 1945 年 8 月到 1949 年 10 月間臺灣的重回中國大陸經濟圈，而這期間約有 60 萬有科技知識，和行政經驗的人才由中國大陸移入臺灣。

嗣後發展的兩岸關係，從 1949 年起至 1987 年的兩岸關係發展大致分為三個階段：1949-1978 年的軍事對抗階段、1979-1986 年的和平對峙階段，以及 1987 以後迄今的交流共存階段。

1949-1978 年的臺海兩岸的軍事對抗凸顯在：

第一、中共處心積慮地想用軍事手段「解放臺灣」；

第二、中共向聯合國安全理事會及秘書處控訴美國「侵略臺灣」；

第三、中共反對國際上所謂「臺灣獨立國」、「臺灣中立化」、「託管臺灣」的主張和論調；

第四、中共一再重申「臺灣、澎湖和其他沿海島嶼都是中國領土不可分割的一部分，解放臺灣是中國的主權和內政，絕不容許他國干涉；

第五、除了繼續強調以「戰爭的方式解放臺灣」外，中共還正式提出使用「和平的方式解放臺灣」的可能性；

第六、中共申請進入聯合國並與美國建立正式外交關係。[12]

1979-1986 年兩岸關係的和平對峙階段凸顯在：

第一、中共「人大」常委會於 1979 年 1 月 1 日發表〈告臺灣同胞書〉，強調「尊重臺灣現狀」，堅持「一個中國的立場，反對臺灣獨立」。同時中共希望海峽兩岸盡快實現通航通郵，和進行文化交流；

第二、中共停止對大金門、小金門等島嶼的砲擊；

第三、鄧小平宣布不再用「解放臺灣」的說法；

第四、葉劍英提出「和平統一的九條方針政策」，包括國共兩黨「對等談判」；

---

[12] 吳安家，《臺海兩岸關係的回顧與前瞻》，（臺北：永業，1996 年 11 月），頁 1-2。

第五、1984 年鄧小平提出「一國兩制」的構想。[13]

而兩岸關係受到美國等國際因素的影響，更因 1979 年 3 月美國國會通過《臺灣關係法》(Taiwan Relations Act, TRA)，重申美國與北京建立外交關係，係奠立在期待臺灣的未來以和平方式決定的基礎之上，美國將繼續提供防衛武器給臺灣，用來抵抗針對臺灣的安全，或社會經濟體制所施加任何形式的脅迫行徑。特別是中共對外宣稱臺灣如果發展核武，係為其對臺動武的因素之一。

然而，臺、美斷交使國民黨政府陷於守勢，內部團結和穩定是最優先的要務。因此，中華民國政府抨擊華盛頓向北京示好，並宣佈「不妥協、不接觸、不談判」的「三不」政策，做為兩岸關係與發展的主導原則。[14]

1982 年廖承志透過寫給蔣經國的信，不要堅持「不接觸、不談判、不妥協」，兩岸可以「度盡劫波兄弟在，相逢一笑泯恩仇」的展開會談，但未獲得進一步的開展。

1987 年迄今兩岸關係的交流共存階段凸顯在：

第一，1987 年 10 月政府通過〈赴大陸探親辦法〉，1988 年 1 月蔣經國逝世，當時中共總書記趙紫陽〈對中國國民黨主席蔣經國先生逝世發表的談話〉指出：

> ……蔣經國先生堅持一個中國，反對臺灣獨立，主張國家統一，表示要向歷史做出交代，並為兩岸關係的緩和作了一定的努力。當此國民黨領導人更替之際，我們重申，我黨和平統一祖國的方針和政策是不會改變的。我們希望新的國民黨領導人，從中華民族根本利益出發，審時度勢，順應民心，把海峽兩岸關係上開始出現的良好勢頭推向前進，為早日結束我們國家分裂局面，實現和平統一做出積極貢獻。[15]

---

[13] 吳安家，《臺海兩岸關係的回顧與前瞻》，(臺北：永業，1996 年 11 月)，頁 2-3。

[14] Jay Taylor, 林添貴譯，《臺灣現代化的推手：蔣經國傳》，(臺北：時報文化，2000 年 10 月)，頁 378。

[15] 《趙紫陽文集》編輯組編，《趙紫陽文集 1980-1989》(第四卷 1987-1989)，(香港：中文大學，2016 年)，頁 356。

第二，1989 年中國大陸爆發「六四天安門事件」，中國大陸在 1992 年鄧小平南行發表〈東方風來滿眼春——鄧小平同志在深圳紀實〉的〈南巡談話〉之後，內部的政治經濟發展起了很大的變化。[16] 在 1980 年代以前中國大陸主要政策是反西方資本主義的公有制，卻造成經濟民生凋敝。鄧小平採取改革開放政策之後，逐漸放鬆公有制的接受個體戶市場活動，凸顯中國大陸 1950 年代到 1970 年代都在毛澤東思想的絕對專制和控制下，而「六四天安門事件」的發生代表的是一個歷史時代的悲劇。

第三，李登輝繼任總統改採務實措施的設立「大陸工作會報」，設置「國家統一委員會」，公佈〈行政院大陸委員會組織條例〉的成立「大陸委員會」與「財團法人海峽交流基金會」，以及通過〈國家統一綱領〉，制定〈臺灣地區與大陸地區人民關係條例〉暨其實施細則。

然而，在這兩岸設立專責單位和政府授權中介團體的期間，乃至於傳出兩岸互派有密使的溝通管道。

根據報導：

2001 年初，監察院調查兩岸密使事件專案小組約詢兩位主角——前總統府辦公室主任蘇志誠和中視公司董事長鄭淑敏，蘇志誠在監委約詢時主動提供當年兩岸密談的會議紀錄。當年監委調查發現，兩岸自 1990 年底展開密談，其時中共前領導人楊尚昆當權，由蘇志誠與對岸代表楊斯德於香港祕密會談。後來改由汪道涵主談，直至江澤民上台，改以曾慶紅為對口單位。透過當年會議紀錄，在前總統李登輝主政期間推動臺灣民主化過程，從廢除《動員戡亂時期臨時條款》，到舉行辜汪會議，私人名義訪美國康乃爾大學的外交突破舉措，以及推動總統直選等，之所以能夠「篤定」而行，實因所有行動均為兩岸高層彼此

---

[16] 這演講成為著名的「南巡談話」。「南巡」的說法是封建時代皇帝出巡到南方的長江流域為止，不像鄧小平南下到廣東的那麼遠。為了消除鄧小平像個皇帝的印象，大陸官方的說法換成更為中性的「南方談話」。

「理解」下的產物。因此包括臺灣首度舉行總統直選，以及臺海爆發飛彈危機，雙方均「心知肚明」。報導引述相關資料指出，1992 年 6 月，兩岸密使會談時，蘇志誠曾就總統直選、委任直選問題，詢及中共代表汪道涵，希望汪能轉達李總統的看法。蘇志誠於會談中表示，必須推動總統直選，因為臺灣百姓歡迎直選，且不應讓此議題成為「民進黨的單一本錢」，讓國民黨在選舉中失利，如此才不會動搖兩岸的基礎；另外，兩岸關係正加緊推動中，百姓如果認總統可以直選，應可安心，而不會被冠上「臺奸」之名。此外，蘇志誠亦積極推動兩岸公開簽訂《和平協議》，他以中共其時最關切的兩岸統一和三通議題為餌，遊說中共代表說，李先生希望兩岸簽訂《和平協議》，目的是昭告天下敵對狀態結束，讓臺灣兩千萬同胞心安，如此簽三通等，將是可行，蘇並表明，願意代表簽訂《和平協議》，至於統一的問題，他則主張「先不談」。對於中共高層關心的「兩黨談判」討論統一議題，蘇志誠則向中共代表直言，「行不通」，因為臺灣已經有一個政府存在，是一個事實，不能否認。建議對方不要再堅持黨對黨談判，最後中共代表亦同意，只要雙方派人來談即可。[17]

　　當時為解決迫切的文書驗證及掛號信函查詢的問題，大陸方面要求在協議前言寫上「一個中國原則」，遭到我方的反對。1992 年 10 底海基會與海協會又約在香港舉行會談，對於「一個中國」雙方仍有歧見。因此，出現「九二會談是破局的，根本沒有共識」的說法。

　　但是到了 11 月 16 日大陸方面正式來函，對我方表述的關鍵字句「雙方雖均堅持一個中國的原則，但對於一個中國的涵義，認知各有不同」表示接受，遂有歸納為「一個中國，各自表述」的使用，並於 1993 年在新加坡舉行歷史性的「辜汪會談」，於是有 2000 年 4 月陸委會主委蘇起鑒於民進黨即將執政，恐

---

[17] 參見：民國 107 年〔2018 年〕9 月 9 日臺北《中國時報》刊載。

不易接受共識中前一句的一個中國，乃建議使用更為模糊的九二共識，來描述
1992 年雙方往來的函電。[18]

　　1995 年 1 月江澤民發表對臺政策的所謂「江八點」談話，4 月李登輝在國
統會全體委員會議中發表「李六點」主張，兩方最有共識的一點就是有關「中
華文化」的充分肯定。6 月李登輝訪問美國，並在其母校康乃爾大學發表〈民
之所欲，長在我心〉的演說，大陸認為李登輝是在美國的撐腰下搞臺獨，結果
發動「文攻武嚇」，兩岸兩會的談判被迫終止。

　　1996 年 3 月臺灣舉行總統直接選舉，而中國大陸則在進行飛彈演習，當時
李登輝向臺灣選民提出「主權在民」的概念。[19]1996 年 5 月 20 日李登輝在總統
就職演說中指出：

> 中華民國本來就是一個主權國家。海峽兩岸沒有民族與文化認同問
> 題，有的只是制度與生活方式之爭。在這裡，我們根本沒有必要，也
> 不可能採行所謂「臺獨」的路線。四十多年來，海峽兩岸因為歷史因
> 素，而隔海分治，乃是事實；但是海峽雙方都以追求國家統一為目標，
> 也是事實。
>
> 兩岸唯有面對這些事實，以最大的誠意和耐心，進行對談溝通，化異
> 求同，才能真正解決國家統一的問題，謀求中華民族的共同福祉。今
> 天，登輝要鄭重呼籲：海峽兩岸都應該正視處理結束敵對狀態這項重
> 大問題，以便為追求國家統一的歷史大業，作出關鍵性的貢獻。在未
> 來，只要國家需要，人民支持，登輝願意帶著兩千一百三十萬同胞的
> 共識與意志，訪問中國大陸，從事和平之旅。同時，為了打開海峽兩
> 岸溝通、合作的新紀元，為了確保亞太地區的和平、安定、繁榮，登

---

[18] 高孔廉，〈九二會談 歷史事實是破局〉，《聯合報》，(臺北：民國 105 年【2016 年】5 月 13 日)。

[19] 井尻秀憲，蕭志強譯，《李登輝的實踐哲學》，(臺北：允晨，2010 年 1 月)，頁 151。

輝也願意與中共最高領導當局見面，直接交換意見。[20]

　　由於未獲中國大陸的善意回應，同時李登輝責成國安人員成立「強化中華民國主權國家地位專案小組」研究與中國關係對策。9 月李登輝提出「戒急用忍，行穩致遠」政策。

　　這一戒急用忍政策係因應臺灣產業和經濟將受到中國大陸的「磁吸效應」所採取的策略，但曾被批評是和自己的人民作戰，而不是和大陸的經濟作戰，是阻止資金和利潤回流臺灣，而不是阻止資金和企業從臺灣出走。

　　1997 年 7 月 22 日李登輝在國家統一委員會的閉幕致詞指出：

我們在此鄭重重申：中國要統一，但必須統一在既照顧全體中國人利益，又合乎世界潮流的民主、自由、均富的制度之下，而不應統一在經過實踐證明失敗的共產制度或所謂的「一國兩制」之下。我們作此主張，是因為我們堅信：第一，共產統一或「一國兩制」的統一，不力於全中國的民主化，使大陸同胞享受民主生活的希望更加遙不可及。第二，只有統一在民主制度之下，兩岸三地的聯合力量才能成為區域安定的助力。一個統一但專制、封閉的中國，必然會引起鄰國不安，改變亞洲均勢，威脅亞太地區的和平與穩定。第三，只有透過民主制度的全面實施，才能以法治化的機制及透明化的政治運作過程，增進兩岸互信，並確保雙方切實遵守協議，共締雙贏新局。[21]

因此，我們進一步主張：第一，雖然未來的中國只有一個，但現在的中國是「一個分治的中國」，中華民國於 1912 年即已成立，1949 年之後，雖然播遷臺灣，但中共政權的管轄權從未及於臺灣。臺海兩岸分由兩個不同的政治實體統治，是一個不容否定的客觀事實。第二，中

---

[20] 李登輝，〈李總統就職演說全文〉，《中國時報》，(臺北：民國 85 年【1996 年】5 月 20 日)。

[21] 李登輝，《餘生─我的生命之旅與臺灣民主之路》，(臺北：大都會文化，2016 年 2 月)，頁 96-97。

國的在統一應該循序漸進，水到渠成，不設時間表，是大陸地區民主化與兩岸關係的發展，決定「和平統一」的進程。第三，在統一前，中華民國在臺灣的人民應該擁有充分自衛的權利。這是二千一百八十萬人民與生俱來的權利，也是維護臺灣地區民主化的成果，促進大陸民主化的必要力量。第四，在統一前，中華民國在臺灣的人民基於生存、發展的需要，應該像五〇、六〇年代一樣，充分享有參與國際活動的權利，讓兩岸人民有平等的機會，為國際社會貢獻心力。第五，海峽兩岸應擴大交流，增進兩地繁榮，並以合作取代對立，以互惠化解敵意，為將來的和平統一奠定有利基礎。第六，海峽兩岸應以彼此對等、相互尊重為原則、充分溝通、求同化異，在分治中國的現實基礎上，協商並簽署兩岸和平協定，結束敵對狀態，以促進兩岸和諧，維護亞太安定。[22]

1998 年 6 月柯林頓訪問中國大陸，在上海說出對臺「三不」，所謂「不支持臺灣獨立，不支持一中一臺、兩個中國，不支持臺灣加入以國家為單位的國際組織」。但年底的廢除臺灣省，和後來的通過憲法增修條文，以及 1999 年 7 月李登輝接受德國之聲專訪，提出兩岸至少為「特殊國與國關係」，兩岸關係再陷低潮。

李登輝指出：

雖然在兩岸關係上，政府早已放棄「漢賊不兩立」[漢代表國民黨、賊代表共產黨]的思考模式，而改以「雙贏」的態度，希望積極改善兩岸關係，促進兩岸合作。李登輝同時也提出了許多具體的方案，例如，「領導人會面」、「國際合作」、「境外航運中心」、「文化交流」、「農業合作」、「國有企業改革」等，但中共一定要把我們納入他們所謂的「一個中

---

[22] 李登輝，《餘生—我的生命之旅與臺灣民主之路》，（臺北：大都會文化，2016 年 2 月），頁 98-99。

國」模式，不然就指控我們「搞臺獨」，「雙贏」的想法不能發揮作用，迫使我們不得不採取「戒急用忍，行穩致遠」的因應方針。[23]

　　檢視當時兩岸關係發展最早提出「三不」政策的，應該是鄭經，而不是蔣經國，也不是李登輝。如果《清代軼聞》的記載可信的話，鄭經在即位之初，就對前來招撫的清吏提出「三不」條件：不登岸、不薙髮、不易衣。「不登岸」指的是保持政治主權獨立；「不薙髮」和「不易衣」指的是保持文化體制獨立。這也凸顯兩岸關係的「三不」原則，其溯自 17 世紀到了 20 世紀的歷史變遷。

　　第四， 2000 年中國大陸發表〈一個中國白皮書〉，陳水扁在其總統就職演說中提出「五不政策」。所謂「五不政策」：只要中共無意對臺動武，保證在四年任期之內，不會宣佈獨立，不會更改國號，不會推動兩國論入憲，不會推動改變現狀的統獨公投，也沒有廢除國統綱領與國統會的問題。

　　陳水扁的「四不一沒有」，和之後喊出「中國與臺灣、一邊一國」與發表「政治統合論」的兩岸思維，以因應中國大陸既要臺灣放棄「中華民國」國號，又要臺灣不走向獨立的 2015 年 3 月通過《反分裂國家法》，凸顯臺灣人民能走的路只有接受中華人民共和國的「和平統一」之路。因此，2005 年 3 月與 5 月當時在野的國民黨主席連戰、親民黨主席宋楚瑜分別赴大陸訪問，並與汪道涵會面，針對兩岸關係發展交換意見。

　　檢視 2000 年至 2008 年的民進黨陳水扁政府執政期間，基本上還是延續「戒急、用忍」這一比較保守的兩岸政策，雖然名稱改為「積極開放、有效管理」，而後又調整為「積極管理、有效開放」。但是這政策對兩岸經貿的創造經濟發展都無異於同採油門及煞車原地打轉，該政策實可再進一步思考「積極開放、有效回流」。

　　第五，2008 年政黨再輪替，國民黨籍馬英九當選總統，堅持「不統、不獨、不武」和「九二共識、一中各表」的兩岸政策，兩岸關係日漸回溫。尤其是在

---

[23] 李登輝，《臺灣的主張》，(臺北：遠流，1999 年 5 月)，頁 156。

胡錦濤與美國總統小布希的默契下，凸顯兩岸關係將在「九二共識」的基礎上恢復協商談判。

因此，兩岸經貿關係的這一情勢，到了 2008 年馬英九政府執政之後才作了比較開放的調整，尤其是在 2010 年 6 月臺灣的海基會與大陸的海協會簽署了「海峽兩岸經濟合作架構協議」(ECFA)，兩岸經貿關係才進入一個全新的階段。雖然 ECFA 不是解決所有經濟問題的萬靈丹，但它卻是臺灣經濟的大補丸。

2012 年 5 月 20 日馬英九總統在連任的就職演說中提出「一個中華民國，兩個地區」論述，強調中華民國是一個主權獨立的國家，根據《中華民國憲法》所意涵「互不承認主權、互不否認治權」是對兩岸現狀最好的解釋，也是雙方正視現實、擱置爭議的最好方式。

這與過去廿年和大陸達成的「九二共識、一中各表」，是「互為表裡的理論」，不僅在憲法上有充分依據，過去四年的實踐也證明可行。但是國臺辦發言人楊毅以「兩岸不是兩個中國」、「兩岸關係不是國與國關係」回應馬英九「一個中華民國，兩個地區」的論述。

2013 年大法官以釋字七一○號解釋，宣告〈兩岸關係條例〉第十八條，逕行要求陸配出境、收容的規定，違反人權、正當法律程序，均屬違憲，二年後失效。大法官會議繼釋字七○八號解釋，將憲法「人身自由權」保障擴大及於外國人，受到與我國國民相同的保障，再度將憲法的人權精神，涵蓋到所有大陸配偶上，進一步保障陸配在臺權益。

當馬英九連任國民黨主席，習近平在電文中以「台北中國國民黨中央委員會馬英九先生」，祝賀馬當選國民黨主席，落款署名「中國共產黨中央委員會總書記」。馬則以國民黨主席身分回電，稱呼胡為「中國共產黨中央委員會習總書記近平」。習近平接任中共總書記，馬英九曾以國民黨身分拍發賀電，習在回電中稱「馬主席」，這次習改稱「馬先生」，兩人稱為互動模式，引人關注。

然而，中共堅持「九二共識、一國原則」、「不放棄武力犯臺」的政策，雖2015 年 11 月馬英九與習近平曾有新加坡的會面，約定雙方互稱「領導人」等儀節，但也都僅止於客套式的形式見面，至多可視為「一中各表」的深度試探，

惟兩岸並未能出現有特別突破的政治性談判。

一份由二十一世紀基金會在臺北舉行「主權與和平之間——兩岸和平趨勢調查成果發表會」，針對 1986 年後出生臺灣青年新世代的國家認同及兩岸和平傾向進行探索性調查。根據公佈的〈兩岸和平趨勢調查報告〉指出：

> 受到國家政治變遷、教育及環境等因素，超過 50%臺灣新生代在「國家認同」上逐漸傾向有理性基礎的「臺灣意識」，有 48.8%的青年傾向臺灣主體認同(即臺灣是臺灣、中國是中國，彼此互不隸屬)；其中，大學生世代對臺灣主體認同感更高達 52.8%。[24]

此外，青年世代對於「中華民國」趨於工具上的認知，單純理解為主權國家或政府機關，而在文化和情感認同上，則有更朝向「臺灣」的現象。因此，在主權、和平和民主三方面條件探討下，須持續性長期追蹤，因民眾不見得真正了解這三者的清晰概念，若調查不同年齡層，也許會產生不一樣結果。這凸顯兩岸關係之間的離心力與向心力拉鋸戰。離心力代表青世代對中國大陸民主的沒有信心，而趨向臺灣的主體認同；但對文化和情感認同上，仍然具有某一程度的向心力。

第六，民進黨在 2012 年總統大選敗選之後，新當選民進黨主席的蘇貞昌表示在沒有預設任何前提下，願以黨主席身分前往中國大陸訪問。民進黨既然已「沒有預設任何前提下」表達希望訪問大陸，就是對於大陸 2005 年通過的〈反分裂國家法〉，與始終堅持統一的立場不持異議，但若大陸還糾纏著 1991 年的民進黨〈臺獨決議文〉，和 1999 年的〈臺灣前途決議文〉不放，則阻礙民共兩責任不是民進黨，而是中共。

2016 年 5 月蔡英文就任中華民國總統，不接受有「九二共識」，只接受「九二會談的歷史事實」。中華民國與多明尼加和布吉納法索、薩爾瓦多的連續斷

---

[24] 參見：二十一世紀基金會，〈兩岸和平趨勢調查報告〉，(臺北：《中國時報》，2012 年 5 月 13 日)。

交，更促使中國大陸施壓導致原訂於 2017 年 8 月在臺中舉行東亞青運停辦，凸顯兩岸關係延伸至臺灣參與國際組織與活動的遭遇中共打壓。

八、結論

在兩岸關係發展的複雜因素中，當然政府不可低估或完全排除大陸對臺灣經濟制裁的可能性，臺灣宜設立經濟安全網的監控系統，訂定管理標準，如果整體情勢發生異常現象，並危及國家安全，則應考慮在 WTO 架構下，依國家安全條款或特別防衛條款，採取適當措施；另外，也可以透過國家安定基金，和民間非戰論述的形成來安定經濟社會。

國家安定基金應該跳脫穩定財經格局，不能被矮化為股市穩定基金，而無法真正達到安定國家社會的目的，特別是當國家遭受天然災害時，如水災、震災，或是兩岸關係發生重大變化時，政府就應該適時扮演安定國家社會的角色。同時，北京當局似乎不宜高估自身的政經發展能力，而忽略兩岸、甚至全球經貿相互依賴帶來的政經不可分割性。

兩岸關係是國內關係或國際關係雖仍有爭議，但是兩岸都應將冷戰時期所抱持的「絕對安全」觀轉化成「相互安全」、「合作安全」(cooperative security) 關係的新思維。後冷戰時代兩岸的戰略思維，不應再把所有國防放在軍事上，而是兩岸首先應以透過貿易談判協議(如 ECFA)、教育文化交流協議、裁軍與軍事熱線協議、海上安全協議、互設辦事機構等簽署兩岸和平協議的「隱性國防」、「相互安全」模式，追求兩岸和平長遠的制度化。

從國家安全角度而論，應以加強兩岸在非傳統安全的打擊犯罪、非法入境、走私毒品與槍械等方面的合作協議為優先，諸如〈海峽兩岸共同打擊犯罪及司法互助協議〉的簽訂，以促進兩岸關係的「隱性國防」作為，來彰顯「九二共識」所意涵中華民國概念，和臺灣追求自由、民主、和平的目標。

尤其是〈海峽兩岸共同打擊犯罪及司法互助協議〉的簽訂，就如同 ECFA

及其相關協議的簽訂都具有兩岸關係制度化的指標性意義，更是兩岸突破主權僵局，涉及司法管轄的承認，針對打擊犯罪、民事判決與仲裁判斷的認可與執行、刑事犯遣送與證據移交及司法文書送達等項，均具有互不否認主權，而由兩個治權之行使承認的性質。

影響臺灣「脫內戰化」是兩岸關係自 1987 年 11 月政府正式人民赴大陸探親，也因自中共 1979 年開始改革開放，提出「三通四流」、「葉九條」、「鄧六條」、「一國兩制」等統戰策略，政府初期雖仍以「不接觸、不談判、不妥協」的三不政策加以回應，但對國內政經的衝擊，促使政府調整兩岸關係。

2016 年民進黨籍蔡英文當選總統，由於只承認「九二會談」的歷史事實，不接受「九二共識」的基本原則，而習近平團隊的兩岸操作也漸淡化「一中各表」的跡象，也就是與民進黨同步加重了「去中華民國化」的思維，導致兩岸關係的再度陷入低潮，甚至於雙方關係出現彼此不信任的倒退現象。

2017 年中共十九大會議的召開，通過習近平所提的「新時代中國特色社會主義」的建設現代化國家，但是在蔡英文政府仍堅持不接受「九二共識」的「一個中國原則」下，導致兩岸關係發展的停滯。

2018 年 4 月行政院長賴清德在立法院答詢時說自己是「務實的臺獨工作者」的引發關注。他所說的「務實的臺獨工作者」主要有 3 個面向和 6 個工作方向。

第一個務實就是臺灣是一個主權獨立的國家，不必另外宣布臺灣獨立；第二個務實是臺灣前途只有 2,300 萬人可以決定，其他人都不行；第三個務實是建設國家、發展經濟、壯大臺灣，讓國人選擇臺灣、支持臺灣，這就是務實的地方。

主要 6 個工作方向，包括捍衛國家主權；維護臺灣自由、民主、人權的生活方式；捍衛國人決定自己前途的選擇權利；發展經濟、壯大臺灣，讓國人安居樂業；自信展開兩岸交流、求同存異，藉由交流增進彼此了解、理解、諒解、和解，維持兩岸的和平發展，以及臺灣身為國際一員，也應該跟日本、韓國、美國等共同維護亞太區域和平安全。但 3 個面向和 6 個工作方向隨著賴清德內閣的結束而充分暴露出民進黨政府兩岸政策的荒謬與矛盾。

　　2019 年中共總書記習近平在紀念《告臺灣同胞書》40 周年大會提出「和平統一、一國兩制」，在「九二共識」基礎上與臺灣各黨派探索「一國兩制臺灣方案」。執政民進黨所採取反制措施則是透過其主導的立法院，強行通過《兩岸人民關係條例》增訂第 5 條之 3 修正案，規定兩岸簽屬政治議題協議前要經過全體立委四分之三出席、四分之三同意，簽署後還要再次經全體立委四分之三出席、四分之三同意後，再交付全民公投，同意票超過選舉人總額半數協議才生效的層層關卡，導致兩岸關係和平發展的倒退結果。

　　兩岸關係應該放在離心力與向心力的相互主體性思維，從歷史脈絡中考量，必須同時正視臺灣史所形成的歷史意識與近百年來中國史所形成的歷史意識。我們堅信兩岸關係未來的發展，可以有如李白詩「長風破浪會有時，直掛雲帆濟滄海」的展開新局面。

表 61　中華民國臺灣時期兩岸關係大事記(1945-迄今)

年　　項目	兩岸 (中華民國/中華人民共和國)	國際	備註
1945 年 (民國 34 年)	◆國府公佈《臺灣省行政長官公署組織條例》。陳儀出任臺灣行政長官兼臺灣省警備總司令，歸軍事委員會指揮。全臺改制為 8 個縣，郡改區，街改鎮，庄改鄉。	◆聯合國成立。◆杜魯門繼羅斯福為美國總統，採「重歐輕亞」導致前有兩個中國政策的出現，後有韓戰發生。◆日本共產黨合法化。	
1946 年 (民國 35 年)	◆頒布《中華民國憲法》。國民政府自重慶遷回南京，國共內戰開始。◆臺灣省參議會成立。◆謝雪紅等人成立中國共產黨臺灣省委員會籌備會。	◆盟軍解散日本超國家主義團體。◆吉田茂內閣(第一次)成立。◆邱吉爾發表「鐵幕」演說，揭開冷戰序幕。	
1947 年 (民國 36 年)	◆實施《中華民國憲法》。◆臺灣發生〈二二八事件〉。◆張群組閣，	◆日本片山內閣成立。◆美國發表「杜魯	

年 ＼ 項目	兩岸 (中華民國/中華人民共和國)	國際	備註
	撤銷臺灣行政長官公署。◆成立臺灣省政府，魏道明為首任主席。◆政府宣布全國總動員，配合整軍計畫。	門主義」、「馬歇爾計劃」(Marshall Plan)。◆關稅暨貿易總協定(GATT)成立。	
1948 年 (民國 37 年)	◆臺灣實施「三七五減租」。◆公布〈動員戡亂時期臨時條款〉，蔣介石任第一任中華民國總統。◆何應欽繼張群、翁文灝、孫科後組閣，閻錫山繼後為閣揆兼國防部長，國民政府遷移廣州、重慶。◆陳誠繼任臺灣省主席。◆廖文毅等在香港成立臺灣再解放聯盟。◆謝雪紅在香港組織臺灣自治同盟。	◆蘆田、吉田茂(第二次)相繼組閣。◆盟軍總司令部發表經濟安定九原則。聯合國大會通過〈世界人權宣言〉。◆大韓民國成立，隨後與朝鮮人民共和國分裂。	
1949 年 (民國 38 年)	◆蔣介石下野，李宗仁代理總統，蔣仍任國民黨總裁，李赴美，閻錫山代行總統職。◆發生〈四六事件〉。◆《自由中國》發行。◆國民政府遷臺，吳國楨任省主席。◆中華人民共和國成立，毛澤東為主席。	◆吉田茂(第三次)內閣成立。西方 12 國組成「北大西洋公約組織」。◆美國宣布蘇聯擁有原子彈。◆德意志聯邦共和國(西德)與德意志民主共和國(東德)成立。	
1950 年 (民國 39 年)	◆蔣介石臺北復行視事，陳誠繼任行政院長。◆美軍協防臺灣。◆英國承認中華人民共和國。	◆麥克阿瑟下令遞奪 240 名日共中央委員公職。◆美韓簽署〈軍援協定〉。	
1951 年 (民國 40 年)	◆美軍援臺灣。舊金山簽署《對日合約》。◆中共進行思想改造運動。	◆麥克阿瑟解職，李奇威繼任。◆簽訂《日美安全保障條約》。◆日本共產黨通過新綱領。	

年 ＼ 項目	兩岸 (中華民國/中華人民共和國)	國際	備註
1952 年 (民國 41 年)	◆與日本簽訂《舊金山合約》。◆中國國民黨第七次全國代表大會。◆實施〈國家總動員計畫綱領〉。◆中國青年反共救國團成立。◆發生〈鹿窟事件〉。	◆吉田茂(第四次)內閣。◆艾森豪當選美國總統。◆《對日合約》和《美日防衛安全條約》生效。	
1953 年 (民國 42 年)	◆實施「耕者有其田條例」。◆臺灣省主席俞鴻鈞兼任臺灣省保安司令部總司令。	◆吉田茂(第五次)內閣。◆簽署〈韓戰停戰協定〉。◆史達林過世。	
1954 年 (民國 43 年)	◆蔣介石當選第二任總統。臺灣省主席嚴家淦兼任臺灣省保安司令部總司令。◆中華民國與美國簽訂《中美共同防禦條約》。◆中共進行除壹(胡)運動。	◆日本成立防衛廳和自衛隊。◆鳩山內閣(第一次)成立。◆日美簽署「相互安全保障條約(MSA)。	
1955 年 (民國 44 年)	◆發生〈孫立人事件〉。◆中共「第一屆全國人民代表大會第二次會議」期間，人代會代表胡風和潘翰年被捕。	◆鳩山成立第二、三次內閣。◆英國首相邱吉爾去職，艾登繼任。◆美方與中共在日內瓦舉行大使級會議。	
1956 年 (民國 45 年)	◆為加強船舶管理，以利漁民作業，訂頒〈臺灣省各縣市船舶整編辦法〉。◆中國共產黨第八次全國代表大會。	◆艾森豪連任總統，提出「艾森豪主義」。◆蘇聯共產黨第 20 次代表大會召開。◆日本石橋內閣成立。	
1957 年 (民國 46 年)	◆中國國民黨第八次全國代表大會。◆臺灣省主席周至柔兼任臺灣省保安司令部總司令。◆發生〈劉自然事件〉。◆中共制訂〈中華人民共和國人民警察條例〉。◆進行	◆簽署《歐洲經濟共同體和歐洲原子能條約》。◆岸信介內閣(第一次)成立。◆蘇俄發射第一個人造衛星。	

年 ＼ 項目	兩岸 (中華民國/中華人民共和國)	國際	備註
	「大鳴大放」的反右鬥爭運動。		
1958 年 (民國 47 年)	◆行政院俞鴻鈞辭職，陳誠再度以副總統兼任行政院長。修正《出版法》。◆胡適回臺接任中央研究院院長。◆爆發金門「八二三炮戰」。◆中共推動三面紅旗、生產大躍進、人民公社運動。◆中國共產黨第八次全國代表大會第二次會議。	◆蘇聯赫魯雪夫總書記兼任部長會議主席。◆日本岸信介內閣(第二次)成立。	
1959 年 (民國 48 年)	◆中南部發生「八七水災」。實施〈臺灣地區軍事設施等限制攝影測繪及狩獵執行辦法〉。	◆赫魯雪夫訪問美國。	
1960 年 (民國 49 年)	◆通過〈戡亂時期臺灣地區出入境管理辦法〉。◆警備總部拘捕中國民主黨籌組秘書長雷震，以知匪不報及為匪宣傳判刑 10 年，《自由中國》雜誌停刊。	◆簽署《新日美安全保障協約》，岸信介內閣總辭，池田勇人內閣(第一次)成立，五個月後(第二次)成立。◆經濟合作暨開發組織(OECD)成立。	
1961 年 (民國 50 年)	◆省府核定臺灣省警察廣播電台編制、預算。◆發生〈蘇東啟事件〉。	◆甘迺迪當選美國總統，提出「新邊疆」政策。〈豬玀灣事件〉。◆東德在柏林興建圍牆。	
1962 年 (民國 51 年)	◆陳大慶出任警總總司令兼臺灣軍管區司令。◆胡適逝世於中央研究院院長任內。	◆美日簽署償還美國佔領地區救濟基金和經濟復興基金協定。	
1963 年 (民國 52 年)	◆中國國民黨第九次全國代表大會。◆通過《保安處分執行法》。	◆美國總統甘迺迪被槍擊身亡，詹森繼任總統。	

年 項目	兩岸 (中華民國/中華人民共和國)	國際	備註
1964 年 (民國 53 年)	◆臺大教授彭明敏等人起草〈臺灣人自救宣言〉遭逮捕。 ◆法國承認中國大陸主權。◆中共引爆第一顆原子彈。	◆詹森當選總統，提出「大社會」政策。◆美國介入越戰。◆佐藤榮作內閣(第一次)成立。	
1965 年 (民國 54 年)	◆前中華民國代理總統李宗仁回到中國大陸，結束在美國生活。◆主張臺灣獨立的廖文毅離日返臺。◆美國停止對臺經濟援助。◆蔣經國任國防部長。◆陳誠卒。	◆日本發表「沖繩不歸還日本，戰後狀態就沒有結束」談話。	
1966 年 (民國 55 年)	◆蔣介石當選第四任總統，國民大會通過授權總統設立動員戡亂機構，擴張總統權力。 ◆大陸發生文化大革命。		
1967 年 (民國 56 年)	◆劉玉章出任警總總司令兼臺灣軍管區司令)。◆佐藤榮作訪臺。	◆佐藤榮作內閣(第二次)成立。◆東南亞國協(ASEAN)成立。	
1968 年 (民國 57 年)	◆行政院核頒〈臺灣省戶警聯繫辦法〉。◆羅揚鞭接任省警務處長兼臺北市警察局長。	◆尼克森當選美國總統。◆越共在南越發動春節攻勢。	
1969 年 (民國 58 年)	◆李登輝被帶往警備總司令部訊問。◆中國國民黨第十次全國代表大會。◆中國共產黨第九次全國代表大會。	◆佐藤與尼克森會談，同意歸還沖繩。◆美蘇簽署《非核擴散條約》。	
1970 年 (民國 59 年)	◆臺灣獨立建國聯盟成員黃文雄與鄭自才在紐約狙擊蔣經國失敗。	◆佐藤榮作內閣(第三次)成立。◆《美日安全保障協約》自動延長。	
1971 年 (民國 60 年)	◆近千名大學生因釣魚島問題在街頭示威，向美日使館抗議。◆中	◆尼克森發表訪問中國計劃。◆美國放棄金	

項目 年	兩岸 (中華民國/中華人民共和國)	國際	備註
	華人民共和國取代中華民國在聯合國的代表權。	本位制度，掌握獨佔性的印鈔權。	
1972 年 (民國 61 年)	◆蔣介石當選第五任總統。◆蔣經國出任行政院長，謝東閔繼任陳大慶為臺灣省主席，啟動國民黨本土化政策。◆國府與日本斷交。	◆佐藤首相引退，田中角榮先後成立第一、二次內閣。◆尼克森連任美國總統，赴北京訪問，簽署〈上海公報〉。	
1973 年 (民國 62 年)	◆開始推動十大建設。◆中國共產黨第十次全國代表大會。	◆美國退出越戰。◆中東戰爭再次爆發，導致石油危機。	
1974 年 (民國 63 年)	◆政府公佈〈穩定當前經濟措施方案〉。◆實施〈戡亂時期臺灣地區入境出境管理辦法〉。◆中共進行「批林批孔」運動。	◆三木武夫內閣成立。◆尼克森因「水門醜聞」Watergate Scandal)辭職，福特繼任。	
1975 年 (民國 64 年)	◆蔣介石過世，嚴家淦繼任總統，蔣經國就任國民黨主席。◆《臺灣政論》創刊，4 個月後被令停刊。增額立委選舉。	◆越戰結束。◆美國總統福特訪問北京。	
1976 年 (民國 65 年)	◆中國國民黨第十一次全國代表大會。◆發生〈郵包炸傷謝東閔案〉。◆毛澤東、周恩來相繼過世。◆逮捕江青等「四人幫」。◆北京發生〈天安門事件〉。	◆卡特當選美國總統。◆福田糾夫內閣成立。	
1977 年 (民國 66 年)	◆臺灣基督教長老教會發表〈人權宣言〉，要求使臺灣成為新而獨立的國家。◆鄉土文學爭論進入高潮。◆發生〈中壢事件〉。◆中國		

年 ＼ 項目	兩岸 (中華民國/中華人民共和國)	國際	備註
	共產黨第十一次全國代表大會。◆鄧小平復出。		
1978 年 (民國 67 年)	◆蔣經國、謝東閔當選總統、副總統。◆美國發表美中關係正常化，增額立委和國代選舉延期。◆北京出現「民主牆」。	◆大平正芳內閣(第一次)成立。◆中共與日本簽署《中日和平友好條約》。◆美國卡特政府宣佈與中共建交。	
1979 年 (民國 68 年)	◆抗議余登發父子被捕，許信良等在橋頭鄉等地遊行示威。◆《美麗島》雜誌創刊。◆爆發〈美麗島事件〉。◆中共全人代常務委員會發表〈告臺灣同胞書〉。◆中越邊界戰爭爆發。◆鄧小平訪美國後推動經濟改革。	◆美蘇簽署「雙邊限制戰略武器條約」(SALT II)。◆大平正芳內閣(第二次)成立。◆中共與美國建立正式外交關係，美國國會制定《臺灣關係法》。◆佘契爾夫人當選英國首相。	
1980 年 (民國 69 年)	◆發生〈林宅血案事件〉。◆高俊明等因藏匿施明德而被捕。	◆大平首相去世，鈴木幸善內閣成立。	
1981 年 (民國 70 年)	◆留美學人〈陳文成伏屍臺大校園事件〉。◆中國國民黨第十二次全國代表大會。◆中共全人代常務委員會會長葉劍英發表「九點和平主張」。◆美國國務卿海格訪問中國大陸。	◆鈴木首相訪美，與新當選總統雷根舉行會談。	
1982 年 (民國 71 年)	◆中共組建成中國人民武裝警察。◆公布〈新憲法草案〉。◆美中發表第三次共同聲明，即〈八一七公報〉。◆中國共產黨第十二次全國代表大會。	◆中曾根康弘內閣(第一次)成立。	

年 項目	兩岸 (中華民國/中華人民共和國)	國際	備註
1983 年 (民國 72 年)	◆全國黨外中央後援會成立。◆增額立委選舉。	◆田中角榮因案判刑，中曾根康弘內閣(第二次)成立。◆美國國務卿舒茲訪中。◆英、中就香港舉行談判。	
1984 年 (民國 73)年	◆蔣經國、李登輝當選第七任總統、副總統。◆發生〈江南事件〉。◆臺灣人權促進會成立。	◆雷根和布希當選美國總統、副總統。雷根訪中。	
1985 年 (民國 74 年)	◆發生十信弊案。◆《勞動基準法實行細則》實施。		
1986 年 (民國 75 年)	◆民主進步黨成立。		
1987 年 (民國 76 年)	◆廢止〈戒嚴令〉，通過《國家安全法》。◆核定〈臺灣地區人民出境轉往大陸探親規定〉。◆總書記胡耀邦下台、趙紫陽代理。◆中國共產黨第十三次全國代表大會。	◆竹下登任日本首相。◆美國國務卿舒茲訪中。	
1988 年 (民國 77 年)	◆開放報禁。◆蔣經國過世，李登輝就任總統。◆李登輝代理主席。◆國民黨十三全大會選舉李登輝為黨主席。◆成立「行政院大陸工作會報」。◆西藏拉薩再爆發反共示威。	◆希當選美國總統。	
1989 年 (民國 78 年)	◆通過《人民團體法》、〈第一屆中央民意代表退職條例〉。◆俞國華請辭，李煥組閣。◆中共總書記胡耀邦過世，紀念五四運動七十周年，學生上街遊行，爆發〈六四天	◆日皇明仁登基。◆布希訪問中國。	

年 　　　項目	兩岸 (中華民國/中華人民共和國)	國際	備註
	安門事件〉。◆總書記趙紫陽被黜，江澤民接任。		
1990 年 (民國 79 年)	◆以「臺灣、澎湖、金門、馬祖」名義申請加入 GATT。◆李登輝、李元簇當選當選第八任總統、副總統。◆郝柏村組閣。◆成立國家統一委員會。◆兩岸紅十字會代表簽署〈金門協議〉。		
1991 年 (民國 80 年)	◆第一屆國民大會代表、立法委員與監察委員退職。◆舉行第二屆國民大會代表選舉。◆海基會成立。◆宣佈結束動員戡亂時期，訂定〈大陸地區人民非法入境遣返實施要點〉及〈臺灣地區人民自大陸地區遣返實施要點〉。◆民進黨主張將建立「臺灣共和國」，及制定新憲法黨綱。◆中共大陸成立海協會。	◆葉爾欽經直接民選當選俄羅斯總統，戈巴契夫辭共黨總書記、解散蘇共中央委員會，蘇聯解體。◆宮澤喜一出任日本首相。	
1992 年 (民國 81 年)	◆通過〈兩岸(臺灣地區與大陸地區)人民關係條例〉。◆第二屆立委選舉。◆中共第十四次全國代表大會。◆中共提出建立「社會主義市場經濟體制」。◆江澤民在哈佛大學演講，提出「實現中華民族的偉大復興」。◆鄧小平「南巡」，大力推動經濟改革開放。	◆柯林頓當選美國總統。	
1993 年 (民國 82 年)	◆中國國民黨第十四次全國代表大會。◆連戰組閣。◆通過〈二二八事件補償條例〉。◆實施〈大陸	◆美國通過《臺灣關係法》優先於 1982 年的美中〈八一七公報〉。	

年 ＼ 項目	兩岸 (中華民國/中華人民共和國)	國際	備註
	地區人民進入臺灣地區許可辦法〉及〈大陸地區人民在臺灣地區定居或居留許可辦法〉。◆通過《國安法》、《國安局組織法》。◆郁慕明等人組「中國新黨」。◆兩岸在新加坡舉行會談。◆發表〈臺灣問題與中國統一白皮書〉。		
1994 年 (民國 83 年)	◆通過《省縣自治法》及《直轄市自治法》。◆省長與直轄市長選舉。◆發生《千島湖事件》。	◆美國參議院外交委員會一致決議支持臺灣加入聯合國。	
1995 年 (民國 84 年)	◆李登輝總統針對〈江八點〉發表〈李六條〉。◆李登輝總統訪問美國。◆中共國家主席江澤民發表對臺的八項政策。◆海協會會長訪臺。		
1996 年 (民國 85 年)	◆李登輝、連戰當選中華民國第 9 任總統、副總統。副總統連戰兼任閣揆。◆許信良當選民進黨第七屆主席。◆李登輝發表「戒急用忍」的大陸政策。◆中共在中華民國大選期間試射飛彈,進行文攻武嚇。	◆柯林頓連任美國總統。	
1997 年 (民國 86 年)	◆大赦二二八事件受難者。◆李登輝出訪中南美洲。◆中國國民黨第十五次全國代表大會。◆中共第十五次全國代表大會。◆鄧小平逝世。◆香港移交中國。◆江澤民訪問美國。	◆柯林頓連任宣誓就職美國總統。	
1998 年 (民國 87 年)	◆北高市長選舉,李登輝提出「新臺灣人」觀念。◆辜汪在上海舉行	◆柯林頓訪問中國,表示不支持臺灣獨立;不	

年＼項目	兩岸 (中華民國/中華人民共和國)	國際	備註
	第二次會談。	支持一中一臺、兩個中國；不支持臺灣加入以國家為單位的國際組織的所謂「對臺三不」主張。	
1999 年 (民國 88 年)	◆李登輝提出兩岸至少為「特殊國與國關係」。◆大陸總理朱鎔基訪美。		
2000 年 (民國 89 年)	◆陳水扁、呂秀蓮當選中華民國第 10 任總統、副總統。◆中國國民黨第十五次全國代表大會臨時會。◆李登輝提前辭去國民黨主席。◆中國大陸發表〈一個中國白皮書〉。	◆小布希當選美國總統。	
2001 年 (民國 90 年)	◆中國國民黨第十六次全國代表大會。◆小三通。◆以李登輝為精神領袖的「臺灣團結聯盟」成立。◆民進黨以〈臺灣前途決議文〉取代〈臺獨黨綱〉。◆臺灣以關稅聯盟名義加入世貿組織。◆中國大陸加入世貿組織。	◆美國紐約、華盛頓和賓州西部發生 911 恐怖攻擊事件。◆中美軍機在海南島附近發生碰撞事件。	
2002 年 (民國 91 年)	◆陳水扁發表「一邊一國」論。◆馬英九當選臺北市長。◆中共第十六次全國代表大會。	◆美國公佈《國土安全法》。	
2003 年 (民國 92 年)	◆行政院設置「行政院反恐怖行動小組」。	◆WTO 多哈回合談判失敗。	
2004 年 (民國 93 年)	◆大選期間發生「三一九槍擊案」，民進黨陳水扁、呂秀蓮連任	◆小布希連任美國總統。	

項目 年	兩岸 (中華民國/中華人民共和國)	國際	備註
	中華民國總統、副總統。◆《中央行政機關組織基準法》公布施行。		
2005 年 (民國 94 年)	◆中國國民黨第十七次全國代表大會。◆馬英九當選國民黨主席，提出「先連結臺灣才有中國」的臺灣本土論述。◆前副總統連戰與中共總書記胡錦濤在北京人民大會堂會面。◆中共通過《反分裂國家法》。		
2006 年 (民國 95 年)	◆陳水扁廢除國家統一綱領與國家統一委員會。		
2007 年 (民國 96 年)	◆馬英九特別費案被起訴，辭去國民黨主席，同時宣布角逐 2008 年總統大選。◆中共第十七次全國代表大會。		
2008 年 (民國 97 年)	◆馬英九、蕭萬長就任中華民國第 12 任總統、副總統。◆海基會董事長江丙坤與海協會會長陳雲林在北京會談。	◆歐巴馬當選美國總統。	
2009 年 (民國 98 年)	◆中國國民黨第十八次全國代表大會。◆馬英九總統簽署〈公民與政治權利國際公約〉、〈經濟社會文化權利國際公約〉。◆〈海峽兩岸共同打擊犯罪及司法互助協議〉生效。		
2010 年 (民國 99 年)	◆前總統陳水扁入監服刑。◆警政署長王卓鈞首次帶團訪問大陸，商談兩岸共同打擊犯罪。◆第五次		

年 ＼ 項目	兩岸 (中華民國/中華人民共和國)	國際	備註
	「江陳會談」於大陸重慶舉行，簽署〈兩岸經濟合作架構協議〉(ECFA)。		
2011 年 (民國 100 年)	◆前總統李登輝、前國民黨投管會主委劉泰英因國安密帳遭特偵組起訴。◆第十一屆全國人大第四次會議審議《十二五規劃綱要》，首度以專章規劃未來五年對臺政策。	◆日本東北大地震。	
2012 年 (民國 101 年)	◆馬英九、吳敦義當選中華民國第 13 任總統、副總統。馬英九就職演說提出「一個中華民國，兩個地區」論述。◆海基會董事長江丙坤請辭，由國民黨秘書長林中森出任。◆中共第十八次全國代表大會在北京人民大會堂召開，中共總書記胡錦濤作最後一次政治報告，習近平在一中全會接任總書記。		
2013 年 (民國 102 年)	◆中國國民黨第十九次全國代表大會。◆大法官會議繼釋字七○八號解釋，將憲法「人身自由權」保障擴大及於外國人，涵蓋到所有大陸配偶上，進一步保障陸配在臺權益。◆大法官以釋字七一○號解釋，宣告〈兩岸關係條例〉第十八條，逕行要求陸配出境、收容的規定，違反人權、正當法律程序，均屬違憲，二年後失效。◆馬英九當選連任國民黨主席。◆習近平接任中共總書記。◆中共第十二屆全國人民代表大會及中國人民政治協		

項目 年	兩岸 (中華民國/中華人民共和國)	國際	備註
	商會議第十二屆全國委員會第一次會議在北京召開。◆李克強接任溫家寶為國務總理。		
2014 年 (民國 103 年)	◆太陽花運動，反對簽署服貿協定。◆絲綢之路經濟帶和 21 世紀海上絲綢之路，(簡稱一帶一路)，是中共倡議並主導的跨國經濟策略。		
2015 年 (民國 104 年)	◆中國大陸主導成立亞洲基礎設施投資銀行。◆中國大陸舉辦抗日戰爭 70 周年紀念大會。		
2016 年 (民國 105 年)	◆蔡英文就任中華民國總統，不接受有「九二共識」，只接受「九二會談的歷史事實」。◆國民黨前主席連戰在北京與中共領導人習近平會面。◆大陸開放臺胞申領居住證。◆新修訂〈上市公司治理準則〉，要求國有控股上市公司要建立中共黨組織。	◆歐巴馬簽署「2017 財政年度國防授權法」生效。◆美國總統川普簽署《臺灣旅行法》。◆美國國會通過國防授權法，要求提升臺灣防衛能力、臺美軍演，美國兩艘驅逐艦通過臺灣海峽。◆英國通過公投脫歐。	
2017 年 (民國 106 年)	◆中國國民黨第二十次全國代表大會。◆中共十九大會議的召開，通過習近平所提的「新時代中國特色社會主義」的建設現代化國家。		
2018 年 (民國 107 年)	◆行政院長賴清德在立法院答詢時說自己是「務實的臺獨工作者」。	◆川普宣布要對鋼鐵和鋁製品課徵懲罰性關稅，爆發中、美貿易之戰。	

年　　　項目	兩岸 (中華民國/中華人民共和國)	國際	備註
2019 年 (民國 108 年)	◆中共總書記習近平在紀念《告臺灣同胞書》40 周年大會提出「和平統一、一國兩制」，在「九二共識」基礎上與臺灣各黨派探索「兩制臺灣方案」。◆立法院通過《兩岸人民關係條例》增訂第 5 條之 3 修正案。◆國民黨主席吳敦義向蔡英文政府申請赴陸參加國共論壇，遭駁回。◆大陸主辦第二屆一帶一路國際合作高峰論壇，與會近 40 個國家簽屬聯合公報。◆民進黨政府修訂《公投法》與「國安五法」。◆蔡英文總統出訪加勒比海，過境紐約，並與友邦駐聯合國常任代表會面，呼籲支持加入聯合國。◆民進黨全代會通過〈社會同行世代共贏決議文〉，明確拒絕中共提出的一國兩制主張等。中共回應新決議文表現民進黨堅持的台獨立場，是兩岸關係麻煩製造者。	◆美艦高調穿越臺海，中國大陸嚴重關切。◆日皇德仁登基。◆G20 高峰會在大阪舉行，美國總統川普、中國國家主席習近平等國家的領袖出席。◆美國國務院批准對臺軍售案，包刮 108 輛 M1A2 戰車與相關設備和支援，以及 250 枚肩射型 F1M-92F 刺針飛彈及相關配備，總金額約 22 億美元。◆美國參院通過〈台北法案〉。◆中美貿易戰升溫，從關稅戰轉金融戰。	

資料來源：作者製作。

余英時自由主義思想與兩岸關係評論

一、前言

2018 年 11 月余英時出版《余英時回憶錄》(下簡稱《回憶錄》)，和 2019 年 1 月由林載爵主編的《如沐春風：余英時教授的為學與處世——余英時教授九秩壽慶文集》。這二本書是我最近繼 2007 年閱讀他出版《重尋胡適歷程——胡適生平與思想再認識》以來，對於余英時的學思與治學的再認識。

我榮幸有機會於 2016 年起至 2018 年的連續 3 次，應邀擔任李顯裕老師每年在中央警察大學通識教育中心舉辦「通識教育與警察學術研討會」的與談人。在這幾次的研討會中，我先後拜讀了李顯裕老師所發表針對余英時學術思想與政治評論為主題的多篇論文，其中包括：〈余英時對國民黨的歷史評論〉、〈余英時對臺灣政治發展的評論及其歷史意義—以兩岸關係為中心的初探〉，及〈余英時與新儒家〉等三篇。[1]

了解余英時儘管並不長住臺灣，惟其對於有關臺灣、香港與中共的時局發展寄予特別關注，並且經常發表時論性文字。尤其對於臺灣民主政治的發展，以及其所受到來自於國際環境變化，和中國大陸政經環境因素影響的兩岸關係情勢。是以他對兩岸關係的觀點，就特別值得我們加以重視和省思。

---

[1] 李顯裕政大歷史學博士，現任中央警察大學通識教育中心教授。非常感謝李老師的邀約，讓我有機會在研討會中將自己對於兩岸關係的觀點發表意見，這篇文字的記述，就是在這一特別的機緣下完成。

現在我將上述李顯裕老師的三篇文稿中，先就〈余英時對臺灣政治發展的評論及其歷史意義——以兩岸關係為中心的初探〉的這篇內容，和我對其該文在研討會中的口頭報告與書面文字加以整理，並從自由民主角度來檢視余英時對於國民黨、民進黨和共產黨，在其兩岸關係上的評論加以深入探討。

二、 余英時傳承自由主義思想

余英時的傳承自由主義思想，王汎森在〈偶思往事立殘陽……當時只道是尋常——向余英時老師問學的日子〉寫到：

> 一九四九年最後一日到香港之後的余先生所面臨的最立即、最重大的思想課題，便是對紅色政權席捲全中國這一個關係時代即自己命運的大事進行反思。他依方面要擺脫中共政權及辯證唯物主義，另一方面是想從西方近代歷史及近代政治思想史家的著作中尋找比較確當的答案，正成對五四以來的自由、民主、科學、和平、人權、普世價值等方向的正確性。[2]

余英時《回憶錄》指出：

> 我在鄉間〔1937-1946〕第一次聽到陳獨秀的名字，也第一次接觸到胡適的白話詩，大概在我十一、二歲的時候，因為那時我才具備了初步的閱讀能力。恰巧這兩人都是安徽人，胡來自績溪，陳出生在懷寧，

---

[2] 王汎森在〈偶思往事立殘陽……當時只道是尋常—向余英時老師問學的日子〉，林載爵主編，《如沐春風：余英時教授的為學與處世——余英時教授九秩壽慶文集》,(臺北：聯經，2019 年 1 月)，頁 12-13。

與潛山為鄰縣，我也可以藉此清理一下個人對「五四」的認識。[3]

　　至於開始閱讀胡適的《胡適文存》和梁啟超的《清代學術概論》，余英時說要到二戰〔1939-1945〕結束以後，回到城市才最早讀到的課外書，從此種下愛好中國思想史的根苗。[4]

　　周質平指出：

余英時初讀《胡適文存》當在十六、七歲。少年時期所讀過的胡適著作像一粒小小的種子，成年後生根發芽，為他往後在接觸共產主義的宣傳中，起了相當「免疫」和「抗暴防腐」的作用。這為胡適「社會的不朽」論，又增添了一個有趣和有力的佐證。[5]

　　之後的余英時在北平住了十一個月〔1947 年 12 月到 1948 年 10 月〕才接觸到當時最敏感的思想問題，和愛讀當時一些流行較廣的期刊，如《觀察》、《獨立時論》、《新路》之類，自然而然地開始思考共產主義、社會主義、自由主義等論題。[6]

　　1947 年正是自由、民主的思想在中國處於最低潮的階段。不但追求「進步」的青年知識分子已轉而嚮往「新民主」或「無產階級的民主」，以民主同盟為代表的中年知識分子也都變成中國共產黨的同路人了。胡適在這個低潮時期竟能如此熱情洋溢地歌頌民主和自由，這可以看他的信念是多麼堅定。[7]

　　余英時《回憶錄》指出：

---

[3] 余英時，《余英時回憶錄》，(臺北，允晨，2018 年 11 月)，頁 23-24。

[4] 余英時，《余英時回憶錄》，(臺北，允晨，2018 年 11 月)，頁 67。

[5] 周質平，〈自由主義的薪傳——從胡適到余英時〉，林載爵主編，《如沐春風：余英時教授的為學與處世——余英時教授九秩壽慶文集》，(臺北：聯經，2019 年 1 月)，頁 183。

[6] 余英時，《余英時回憶錄》，(臺北，允晨，2018 年 11 月)，頁 44。

[7] 余英時，《重尋胡適歷程：胡適生平與思想再認識》，(臺北，聯經，2007 年 4 月)，頁 257-258。

我記得 1948 年夏天讀到胡適在《獨立時論》上的〈自由主義是甚麼？〉一文，非常興奮，因為胡適在文中強調爭取自由在中國有很長的光輝歷史：他指出孔子「為人由己」便是「自由」的另一說法，我也認為很有說服力。我一直相信中國既是一個古老的文明大國，其中必有合情、合理、合乎人性的文化因子，經過調整之後，可以與普世價值合流，帶動現代化。我不能接受一種極端的觀點，即認為中國文化傳統中只有專制、不平等、壓迫等等負面的東西。[8]

1950 年代前後的余英時在香港的生活，和新亞書院的修業期間，開始接觸當時香港流行的反共刊物，例如《民主評論》、《自由中國》、《人生》、《自由陣線》、《祖國周刊》、《中國學生週報》、《兒童樂園》、《大學生活》等，並且參與了《中國學生週報》、《自由陣線》週刊，以及《人生》半月刊的編務，並發表多篇有關評論時局的專欄文字。

在上述刊物的內容中，尤其在香港出版的《民主評論》，其基本立場是維護以儒學為中心的中國文化，和臺北出版的《自由中國》，發行人是胡適，其宗旨則是全力推動民主自由在中國的實現，都已經顯示余英時在 1948 年以前，早已在不知不覺中吸收了「五四」新文化的許多價值，特別是「科學」和「民主」。因此，鮮明的反共思想以及承續胡適的自由主義思想與精神，形塑了他日後的為學與處世。

余英時在《人文與民主》書中指出，胡適在美國講中國民主歷史的基礎，也提到中國有許多好的傳統，可以和民主制度配合的。所以，我們不可一口咬定儒家文化不一定不能建立民主制度。[9]

在對自由民主價值的理念上，他是與安徽同鄉的胡適一樣堅持，都從自由民主的價值與中國文化的共識來論述。

---

[8] 余英時，《余英時回憶錄》，(臺北，允晨，2018 年 11 月)，頁 70。

[9] 余英時，《人文與民主》，(臺北：時報，2010 年 1 月)，頁 89。

余英時指出：

我們不能不承認：「民主」和「科學」是他留給我們最重要的遺產，因為德、賽兩先生雖已久入籍，卻未能在中國大地上普遍地安家立業。「科學」在中國主要表現為「科技」，是「藝」而非「道」：為真理而真理的科學精神尚未充分建立。「民主」的地位則是「尊」而不「親」，甚至還時時有取消國籍、遣返西方的呼聲。正因如此，我才忍不住發出「『五四』尚未完成」的感慨。從「未完成」的角度說，「五四」作為一場波瀾壯闊的文化運動，不但具有豐富的歷史意義，而且在今天仍放射出親切的現實意義。[10]

1952 年 2 月余英時更在〈胡適思想的新意義〉一文中指出：

胡先生今日反共立場的堅決已十足說明了他的革命熱忱，而他對國民黨反民主反自由作風的厭棄又恰恰是他那「自覺改革論」具體表現。溶革命與改革於一爐而又能隨時隨地運用適當，這正是一位偉大的自由主義大師應有的風格。僅此一點已足使我們敬佩不置了。[11]

余英時認為，把自由主義的香火存續下來，胡適的功績最大。在追求民主自由的道路上，胡適認為容忍比自由更重要。從政治社會方面說，胡適重視個人的一種自主自由。

1918 年胡適在北京提倡「易卜生主義」，在易卜生的社會有三種大勢力。那三種大勢力：一是法律，二是宗教，三是道德。易卜生戲劇中，有一條極顯而易見的學說，是說社會與個人互相損害，社會最愛專制，往往用強力摧折個

---

[10] 余英時，《余英時回憶錄》，(臺北：允晨，2018 年 11 月)，頁 36-37。

[11] 余英時，〈胡適思想的新意義〉，《自由陣線》，第 8 卷第 11 期，1952 年 2 月，頁 7。

人的個性，壓制個人自由獨立的精神；等到個人的個性都消滅了，等到自由獨立的精神都完了，社會自身也沒有生氣了，也不會進步了。[12]

胡適引易卜生〈國民公敵〉的這齣戲，即是提倡健康的個人主義，所以說「多數黨總是錯的，少數黨總是不錯的」。胡適指出：

> 易卜生起初完全是一個主張無政府主義的人。……易卜生的純粹無政府主義，後來漸漸地改變了。……易卜生從來不主張狹義的國家主義，從來不是狹義的愛國者。……社會最大的罪惡莫過於摧折個人的個性，不使他自由發展。……所以易卜生的一生目的只是要社會極力容忍，極力鼓勵……一流的人物，要想社會上生出無數永不知足，永不滿意，敢說老實話攻擊社會腐敗情形的「國民公敵」……「世上最強有力的人就是那個最孤立的人」。[13]

胡適曾於 1954 年 1 月 1 號《自由中國》雜誌發表〈追念吳稚暉先生〉的文中指出，1927 年國民黨清黨的時候，蔣介石將軍清黨反共是得到當時吳稚暉、蔡子民、張靜江等一般文人元老的支持，這些人是傾向於無政府主義的自由論者，他們的道義力量支持政府，在我們無黨派的自由主義者的心目中，是確曾發生很大影響的。

胡適無黨派的自由主義思想，是以整體社會為對象，不是不要整體也不要國家，但是他不贊成用一種偏激的民主主義來支持極權國家的整體意識。胡適提倡個人自由，但也強調「社會的不朽論」。胡適指出：

> 社會的生命，無論是看縱剖面，是看橫截面，都像一種有機的組織。
> 從縱剖面看來，……沒有那無量數的個人，便沒有歷史，但是沒有歷

史，那無數的個人也絕不是那個樣子的個人：總而言之，個人造成歷
史，歷史造成個人。從橫截面看來，⋯⋯個人造成社會，社會造成個
人：社會的生活全靠個人分工合作的生活，但個人的生活，無論如何
不同，都脫不了社會的影響；若沒有那樣這樣的社會，決不會有這樣
那樣的我和你；若沒有無數的我和你，社會也決不是這個樣子。[14]

余英時承續胡適的自由主義精神與思想，他認為胡適的自由主義跟其它如
社會主義等思潮根本不一樣，它是一種態度，一種人生的態度，生活方式的問
題，不是一套形而上學的問題。我們每個人都應該尊重別人的自由，用法治來
保障自由，這才是一種自由民主國家的現代社會。

回溯臺灣在 1950、60 年代由雷震主導的《自由中國》雜誌，和 1970 年代
初期國內保釣運動、《大學》雜誌的發行，乃至於 1980 年代前後的《美麗島》
雜誌等，主張的言論自由與政治民主化的運動，都深受自五四運動以來自由主
義精神與思想的鼓舞，乃至於對當時臺灣的國家走向、政經體制和社會氛圍造
成了很大的衝擊與影響，幾乎都奉胡適的自由主義為師，也難怪胡適常被批評
他過於關心政治，勝過於他的學術思想研究。

然而，當時自由主義在左受到共產主義，在右受到國民黨排斥的不利處境
下，1956 年徐復觀在《民主評論》的一篇〈為什麼要反對自由主義〉文中指出：

自由主義，是人類自身生活的實踐；人不是上帝，所以人所實踐的任
何東西，都會發生流弊，自由主義自然也會發生流弊；因此，在十九
世紀末，二十世紀初，不斷發出了自由主義底危機的呼聲，於是有共
產主義與法西斯主義的出現。⋯⋯今日我們與共產主義鬥爭的目的，
非常簡單，是要把共產主義的體制所捆縛麻醉住的人類良心理性，解
放甦醒過來，以歸還給每一個人自己，讓人類能重新站在自由主義的

---

[14] 胡適，《胡適文選》，（臺北：遠東，1967 年 3 月），頁 78-79。

基底上再向上前努力。[15]

又說：

自由主義，落實在政治上，即成為憲法中的人民的諸權利；當人民行
使自己在憲法上所規定的權利時，卻假藉思想上的名詞以反對之。這
實際是在反對人權，是在反對憲法，是在反對現政府在艱難中所憑藉
的合理合法的基礎，……而且現在被反對的自由主義，是和共產黨劃
分得最清楚，因而是反共最力的。自由主義者所要求的不是自己的權，
不是自己的利，而是要求政府的根基能更為鞏固，政府的做法能更為
合理，有效，反共的陣容和責任能更為擴大，堅強。[16]

徐復觀認為當今為了自由而反對共產黨，這才是今日反共的大勢。自由中
國的政府，現在也感到有增加團結的必要了；假定連自由主義也在反對之列，
政府還想向誰團結？這是值得英明的總統蔣公加以熟考的。

1957 年 2 月 12 日徐復觀在香港《華僑日報》發表〈悲憤的抗議〉指出：

中央日報〔國民黨機關報〕認為曾經響應蔣總統求言的號召而站在民
主，憲法的立場，對國是有所獻替的人們，是自由主義者。而自由主
義是共產主義破產以後的變形，因之，自由主義者便是共匪。所以國
民黨今後的敵人不是共產黨而是自由主義；國民黨的刺刀尖不是指向
共產主義者而是要指向自由主義者；這樣，才能貫徹「反共抗俄」的

---

[15] 徐復觀，〈為什麼要反對自由主義〉，《民主評論》(1956 年 11 月)第七卷第二十一期，收錄：《學術與政治之間》(甲乙集合訂本)，(香港：南山書屋，1976 年 3 月)，頁 372。

[16] 徐復觀，〈為什麼要反對自由主義〉，《民主評論》(1956 年 11 月)第七卷第二十一期，收錄：《學術與政治之間》(甲乙集合訂本)，(香港：南山書屋，1976 年 3 月)，頁 378。

大業。[17]

　　徐復觀的表示上述立場，也凸顯當時的余英時對於徐復觀等新儒家以維護儒家為中心的中國文化立場，和他深受老師錢穆(賓四)的中國傳統政治絕非可僅僅以君主專制的簡單概括，實為一種自適國情之民主政治論點的影響。

　　錢穆對於自由民主政治的思想還主張應該在固有文明的真相基礎上，重新審視中國傳統政治制度，而非以後見之明淺薄地非議與污衊，他認為應將中國傳統政治制度放在中國文明系統的框架內求客觀的理解。

　　在這方面的思維後來所引發自由主義者殷海光，其所主張國內民主、科學之所以未能順利實現，主要受阻於中國傳統文化的影響，因而與新儒家唐君毅、牟宗三、徐復觀等人展開一場的爭論，余英時對於他們在民主與科學的歧異看法，也給他當時造成很大的困擾。

　　特別是 1950 年代臺灣自由主義思想發展的重要歷史角色，就是以胡適為發行人的號召，和雷震等人參與創辦成立的《自由中國》雜誌。1951 年《自由中國》的一篇社論〈政府不可誘民入罪〉激怒當局，胡適為抗議軍事機關干涉言論自由而辭去發行人名義。雷震儘管沒有胡適這個護身符，但雷震本身是國民黨員，在大陸時期曾擔任政治協商會議的秘書長，與各黨各派人物之間的關係，當時受到國民黨最高層的信任。

　　雷震在國民政府撤退來臺之後，他仍位居總統府的國策顧問。1954 年《自由中國》和統治權力的衝突更尖銳化了，由一篇〈搶救教育危機〉的文章，雷震被開除國民黨黨籍。蔣介石當選連任總統，《自由中國》批評他和國民黨違憲的事實。1955 年國民黨發動「黨員自清運動」，《自由中國》批評：自清運動要不得！1956 年蔣介石七秩大壽的日子，《自由中國》出了祝壽專號，批評違憲

---

[17] 徐復觀，〈悲憤的抗議〉，《香港華僑日報》(1957 年 2 月 12 日)，收錄：《學術與政治之間》(甲乙集合訂本)，(香港：南山書屋，1976 年 3 月)，頁 400。

的國防組織以及特務機關轟動一時。[18]

最後導致《自由中國》被停刊的主要原因，是《自由中國》雜誌雷震等人與主張自由主義者、在野的民社黨、青年黨、無黨派社會賢達，以及臺灣省籍的政治菁英，尤其臺籍菁英大部分在日治時代就有留學背景，或親炙「大正民主」時期的政黨意識，由於他們的相互結合，更加凸顯有意籌組反對黨—「中國民主黨」，來實踐其等對於政治自由民主的理想。

對於當時的政治氛圍，朱文伯在〈陶百川作國慶徵文讀後感〉一文中指出：

> 1946 年執政黨宣布還政於民，會同青年民社兩黨及社會賢達制定憲
> 法。行憲以後，執政的國民黨和在野的青年民社兩黨，同為民主政黨；
> 並因共同反共之故，互稱「友黨」，相約為民主建國努力奮鬥。1950
> 年，執政黨實行「改造」，由民主政黨改為「革命民主」，對內「民主」，
> 對外「革命」。青年民社兩黨，雖仍被稱為「友黨」，但地位不平等了，
> 活動受限制了。[19]

由於當時支持反對黨成立的輿論包括：李萬居負責《公論報》、民社黨《民主中國》、青年黨《民主潮》的聲勢越來越大，加上 1957 年 4 月臺灣舉行了第 3 屆縣市長籍省議員的選舉，郭國基、吳三連、李源棧、郭雨新、李萬居、許世賢均當選省議員之後，決議籌組「中國地方自治研究會」，並有意將組織常設化，遂與執政黨逐漸形成對立的態勢。

到了 1960 年 4 月由於即將展開第 2 屆省議員及第 4 屆縣市長選舉，雷震與民、青兩黨人士和吳三連等 72 人在民社黨總部召開「在野黨及無黨派人士本屆地方選舉檢討會」，並觸及組織反對黨之事的史稱「518 會議」。

---

[18] 聶華苓，《三輩子》，（臺北：聯經，2011 年 5 月），頁 186-187。

[19] 朱文伯，〈陶百川作國慶徵文讀後感〉，原載《民主潮》月刊(第 22 卷第 11 期)，收錄：陶百川，《臺灣要更好》，（臺北：時報文化，1978 年 2 月），頁 182。

「518 會議」之後，組黨氣氛蒸蒸日上，加上胡適應邀參加 6 月 11 日高玉樹在其陽明山寓所召集的會議，除了決議組織「地方選舉改進座談會」(簡稱「選改會」)，並在各地設分會。胡適在該會議的講話，根據高玉樹指出：

> 今後組黨是艱鉅萬分。歷史上政治理想的實踐，都帶艱苦耐勞，無可避免。各位必須有信心苦幹到底，才能貫徹我們中華民族歷史的創舉。[20]

「選改會」在下來兩個月的密集會議，提出了新政黨的政綱、政策及黨章內容，並公開名為「中國民主黨」的新黨籌組。有關組黨動作的頻繁，引發國民黨憂心反對黨的出現，會再重演類如大陸時期「民主同盟」、「鄉村建設派」等共產黨外圍組織的悲劇，並無助於反攻大業的完成。

9 月 1 日《自由中國》登載新黨對國民黨干擾所提出的緊急聲明：

> 由於組織新黨的運動已經是海內外民主反共人士一致的願望，而在國內是由下起來的潮流。我們現在對於新黨的政綱、政策、黨名及黨章都已有了初步的定案，預定在九月底以前即可宣告成立，我們敢斷定這不是任何干擾所能阻止的。[21]

《自由中國》〈社論〉更以〈大江東流擋不住〉的呼應組黨潮流擋不住，迫使國民黨政府於 9 月 4 日即以涉嫌叛亂罪名，逮捕雷震、傅正、馬之驌、劉子英等 4 人。12 月《自由中國》雜誌被迫停刊，雷震等人也因涉嫌叛亂罪的入獄服刑，不但「中國民主黨」的胎死腹中，自由主義思想也連帶受到影響。

---

[20] 高玉樹，〈敬念雷震先生〉，收入高玉樹，《高玉樹論著選集》(下)，(臺北：東方出版社，1991 年)，頁 351。

[21] 雷震、李萬居、高玉樹，〈選舉改進座談會緊急聲明〉，《自由中國》第 23 卷第 5 期(1960 年 9 月 1 日)，頁 144。

曾經擔任《自由中國》文藝欄編輯的聶華苓，在其《三輩子》的回憶錄中
寫到：

> 一九五八年，胡適就任中央研究院院長，雷先生常去南港看胡適。雷
> 先生籌組新黨時，要求他做新黨領袖，他不答應。可是，他鼓勵雷先
> 生出來組黨，他可在旁協助，他可做黨員，召開成立大會，他一定出
> 席演講捧場……。一九六〇年六月，他〔雷震〕和李萬居、高玉樹、
> 傅正等十七人開始籌備新黨組織工作，雷先生、劉子英、馬之驌四人
> 被捕。雷先生被誣為「涉嫌叛亂」，軍法審判。《自由中國》被封。[22]

《自由中國》雜誌事件之後，隨著 1962 年胡適和 1969 年曾任《自由中國》
雜誌編輯、臺灣大學教授殷海光的相繼過世，致使自由主義思想在臺灣的中挫。
所幸後來在余英時、勞思光[23]，和殷海光學生林毓生、張灝等人的傳承之下，
1970 年代《大學雜誌》、1980 年代《美麗島雜誌》的發行，都深受自由主義精
神的影響。

三、余英時對國民黨兩岸關係的評論

余英時在其《回憶錄》的〈初訪哈佛〉提到：

> 從三月尾開始，我積極辦理去美國的法律手續，想不到碰到了極大的

---

[22] 聶華苓，《三輩子》，（臺北：聯經，2011 年 5 月），頁 195。

[23] 勞思光於 1950 年在國共內戰後流亡來台，曾於中國青年黨的機關報《民主潮》，與徐復觀主持《民
主評論》上發表政論與思想性文章，後來因為參與反對修憲連任運動而被迫轉赴香港，先後任教於
香港崇基書院與香港中文大學，並出任「香港前景研究社」主席。他向以自由主義者自居，著有《中
國哲學史》一書。

阻力，幾乎不能成行。原來當時在臺的國民政府和美國國務院之間存
在一個協定，及香港和澳門的中國人去美國，必須用中華民國護照。
依照這一協定，我不能不通過臺灣的教育部和外交部申請出國護照，
但臺灣派在香港的地下公安人員不經過任何調查，也不曾找我詢問，
便已秘密呈報臺北政府，說我是反國民黨的「第三勢力」，到美國後必
將發出對臺灣不利的政治言論。這樣一來，我的申請便被擱在一旁，
無論是教育部或外交部都不敢答覆，有如石沉大海。[24]

上述文字提及余英時是反國民黨的「第三勢力」，根據余英時《回憶錄》指
出：

當時流亡在〔香〕港的自由派知識人數以萬計，雖然背景互異，但在
堅持中國必須走向民主、自由的道路，則是一致的。這是一個很重要
的知識群體，並擁有難以估計的思想潛力。因此我感到有必要對這一
群體的主要精神動態，略知介紹。當時這一群體曾普遍被稱作「中國
第三勢力」，無論在中國人或美國人之間都是如此。但「中國第三勢力」
和同時在國際上流行的所謂「第三勢力」不可混為一談。……「中國
第三勢力」則企圖在國民黨和共產黨兩個「專政」的政權之外，建立
起一個以民主、自由、人權等普世價值為終極目標的精神力量。但香
港的「第三勢力」並未真正形成一個全盤性的政黨組織，它只是一群
個別的知識人，而且來自各種不同的背景。其中有國民黨、民社黨、
青年黨，更多的則是無黨無派者，而且無論背景為何，都是以個人的
身分出現的。[25]

---

[24] 余英時，《余英時回憶錄》，(臺北，允晨，2018 年 11 月)，頁 156。

[25] 余英時，《余英時回憶錄》，(臺北，允晨，2018 年 11 月)，頁 124-125。

　　熱衷倡導所謂「中國第三勢力」的要角為國社黨和民主憲政黨合併，改名為民主社會黨的張君勱、孫亞夫，和青年黨的李璜、左舜生等人。尤其張君勱，早年深受梁啟超思想的影響，也信服西方的民主憲政和英國費邊式(Fabian)的民主社會主義，當時他不但曾遊說胡適參與其事，還邀請錢穆加入未果。

　　余英時引用《胡適日記》一九五二年五月七日記載：

> 早八點，張君勱先生來吃早飯，談了一點半。他是為了「第三勢力」
> 問題來的。我對他說，此時只有共產國際的勢力與反共的勢力，絕無
> 第三勢力的可能，香港的「第三勢力」只能在國務院的小鬼手裡討一
> 把「小米」(chicken feed)吃吃罷了。這種發小米的「小鬼」，毫無力量，
> 不能做什麼事，也不能影響政策！[26]

　　余英時在香港的五年(1950-1955)當中，他自喻一直生活在流亡知識人的小世界，和香港作為英國殖民地的工商社會根本沒有接觸的機會。余英時當時還是一個在學青年，而且生性對於政治組織沒有興趣，對「第三勢力」活動根本未曾參加過，可能的話只是在政治思想上趨向於同情「第三勢力」。

　　這股所謂「第三勢力」指的是 1949 年國、共內戰劇變，大陸淪陷，國府遷臺的風雨飄搖之際，又使得大陸時期原有的「第三勢力」，在香港有了復活與延續的希望。陳正茂指出：

> 當時這股力量，在美國和桂系李宗仁的支持下，雲集香江一隅，首揭
> 反國、共兩黨大旗，標榜反共、反蔣，堅持民主自由的第三勢力主張，
> 在香港曾盛極一時，喧騰不已。基本上，五〇年代的第三勢力運動，
> 是美蘇冷戰結構下的一環，它背後有美國援助、反蔣勢力副總統李宗
> 仁等之奧援，故有其錯綜複雜的國內外背景因素的存在。……這些人

---

[26] 余英時，《余英時回憶錄》，(臺北，允晨，2018 年 11 月)，頁 126。

分屬民、青兩黨，部分為國民黨籍桂系政治人物。它們在美國金錢支
助下，先後成立了「自由民主大同盟」、「自由民主戰鬥同盟」等組織，
並透過報章雜誌宣傳其理念。[27]

余英時由於他的背景遭受如此懷疑的結果，後來則採取以「一個無國籍之
人」的方式赴美，順遂成為「哈佛社訪問學人」的一員。

余英時在哈佛燕京學社舉辦的集會中，認識了從臺灣大學商學院推薦來的
邢慕寰教授，而且認為他們的價值系統大體相近，性情相投，及西方人所謂
chemistry 相合。

余英時《回憶錄》指出：

他〔指邢慕寰〕的自由主義從經濟領域延伸到政治領域，我們在談話
中曾涉及《自由中國》半月刊在臺灣的作用，他雖不寫時論，但他的
同情顯然是在《自由中國》一邊。我最初曾有過疑慮：萬一他是一位
封閉型的國民黨人或基本上認同於國民黨的「一黨專制」，則我將何與
之相處？但這餐飯吃下來，我的疑慮已經煙消雲散了。[28]

邢慕寰在《臺灣經濟策論》〈代序——我的經濟政策理念形成的過程與反省〉
提到：

1948 下半年，大陸政局逆轉，次年初我即奉調來臺。那時臺灣已經宣
布進入「非常狀態」，一切施政決策，自不能以常情論。然而當局並非
只作暫時打算，而決心建設臺灣為「復興基地」；故凡施政決策，均兼
含長遠之計。我對當時政府實施的經濟政策十分關心，每見其手段與

---

[27] 陳正茂，《臺灣早期政黨史略(一九○○──一九六○)》，(臺北：秀威，2009 年 3 月)，頁 288-289。

[28] 余英時，《余英時回憶錄》，(臺北，允晨，2018 年 11 月)，頁 163。

目的的自相矛盾之處，輒欲一吐為快。自幸機緣巧合，自 1950 年代起我即先後被當時幾位經濟領導人延見，參與臺灣經濟政策的討論。由於我所抱持的自由經濟政策理念與他們所習用的管制經濟理念很難溝通，往往大費脣舌而意有未逮，乃綜合多次關於各項重要問題的爭辯，於 1954 年撰成我的第一篇以結合理論與實際的方式有系統的陳述自由經濟政策的專論——〈經濟較量與經濟政策〉。[29]

余英時與邢慕寰交往這時期的自由主義思想，當時胡適已針對實施集體經濟控制、計畫經濟，最後是毀滅到個人，使個人自由不能存在的提出嚴重警告。胡適的提出自由主義經濟的觀念與評論，已是在 1944 年海耶克(F. A. Hayek)的出版《到奴役之路》(*The Road to Serfdom*) 之前。[30]

海耶克是 20 世紀古典自由主義大師，在臺灣除了有周德偉、蔣碩傑兩位院士是他親自指導的學生。邢慕寰、施建生、夏道平等則受其自由主義經濟思想影響較深的臺灣經濟學者。

周德偉於 1933 年公費出國至英國倫敦政經學院，得到海耶克指導兩年，之後轉學到柏林大學哲學研究所進修，海耶克又以書信方式指導其撰寫貨幣理論的論文。周德偉譯作海耶克的《自由的憲章》，並出版《海耶克學說綜述》，該書序文是海耶克所寫。

蔣碩傑先後就讀於英國倫敦政治經濟學院和劍橋大學，1943 年由海耶克推薦得到獎學金重回倫敦政經學院的研究所。1945 年以〈景氣循環和邊際利潤的波動〉一文，獲得倫敦政經學院經濟學博士。該論文是海耶克建議和指導下完成。[31]

邢慕寰於 1992 年在〈自由主義經濟理念壓倒集體主義經濟理念以後——為

---

[29] 邢慕寰，《臺灣經濟策論》，(臺北，三民，1993 年 2 月)，頁〈代序〉5。

[30] F. A. Hayek, *The Road to Serfdom* (London：George Routledge & Sons, 1944).

[31] 吳惠林，〈海耶克在臺灣〉，Alan Ebenstein, 姚中秋譯，《海耶克：二十世紀古典自由主義大師》，(臺北：康德，2005 年 4 月)，頁 9-10。

紀念一代宗師海耶克逝世而作〉一文中，特別提到海耶克的《到奴役之路》是
對資本主義國家和共產主義國家的共同警告。

邢慕寰指出：

> 由 1950 年代初年以來先進資本主義國家的實際經驗(包括因應調整的
> 影響)印證，這些論點雖然顯得過分誇張，以致引起所謂自由主義者
> (liberals)的強烈批評：但對前蘇聯及東歐共產集團而言，這些論點又
> 一次判決了它們終必崩潰的命運。在長期實施集體計劃經濟的體制
> 下，這些共產國家的人民實際上早已成為海耶克心目中的奴役，其生
> 產力與生活水準的低落以及由此導致的共產政權的崩潰，也就不足為
> 怪了。[32]

檢視「第三勢力」主要代表人物之一的張君勱思想，他們基本上是反共的。
張君勱在〈致丕理教授書〉指出：

> ……共黨方以為共產主義定能征服全世界，資本主義與布爾喬亞民主
> 終有被推倒之日。即令臺灣歸於中共之手，閣下以為毛澤東是從此滿
> 意且停止其世界革命之任務乎？依我觀之，美國此種行動無法變更共
> 黨世界革命之戰略。[33]

唐君毅在〈讀張君勱致致丕理教授書有感〉指出：

> ……我希望你們知道中國現在在臺灣與海外的自由人士之反共的理

---

[32] 邢慕寰，〈自由主義經濟理念壓倒集體主義經濟理念以後——為紀念一代宗師海耶克逝世而作〉，《臺灣經濟策論》，(臺北，三民，1993 年 2 月)，頁 306。

[33] 張君勱，〈致丕理教授書〉，段宏俊主編，《自由人文集》(第二冊)》，(臺北：自由太平洋文化事業公司，1964 年 12 月)，頁 55。

由，重要的，只有兩個：一個是要保存發展中國數千年之文化精神，以貫通於世界文化；一個是要爭政治上的自由民主與人權的保障。[34]

余英時前述對「第三勢力」活動根本未曾參加過，可能的話只是在政治思想上趨向於同情「第三勢力」。他的老師錢穆在 1951 年 12 月 8 日寫的〈革命與政黨〉一文中，對所謂的第三勢力有一更清楚的表述，錢穆指出：

現在，再說即所謂第三勢力。目下則實際並無此一勢力，而且就實際情勢言，殆並不可能真有此一勢力之產生，而我們亦且不復希望真有此一勢力之產生。今天的迫切要求，是在面對大陸中共之極權統治而急速茁壯成為一個革命的力量。革命的力量不妨來自多方面，而革命的目標是唯一的，則革命的力量應該是團結的。若使有兩個以上革命力量，而抱有兩個以上之革命目標，則此種革命力量，勢必互革己命，把革命的力量自我抵銷，而把革命的目標混淆轉移。顯然的，今天全國人心之革命對象是中共，我們只有在此唯一目標下集中力量，加緊團結。我們只盼用許多力量對同一目標而革命。我們不盼分散力量，對許多目標而革命。[35]

錢穆接著又指出：

今天的所謂第三勢力，亦如上述之國民黨的處境，有它實際形勢上困難。第三勢力應該是革命的，但今天我們應該瞭解，中國今天實在還有一個合理的政府之存在。然若使第三勢力，不是一革命，而僅只是

[34] 唐君毅，〈讀張君勱致致丕理教授書有感〉，段宏俊主編，《自由人文集》（第二冊）》，（臺北：自由太平洋文化事業公司，1964 年 12 月），頁 63。

[35] 錢穆，〈革命與政黨〉，段宏俊主編，《自由人文集》（第五冊）》，（臺北：自由太平洋文化事業公司，1964 年 12 月），頁 58-59。

一個普通的政黨，則此種勢力，我們自然也只盼其於革命完成後出現。
這裡有許多實際問題，在今天臺灣的國民政府與一輩急切希望有一種
第三勢力出現之熱心革命人士中發生分歧與摩擦，然而若使我們能共
同認識當前之唯一大目標，即向中共政權爭取自由之革命的目標。以
及分清步驟，即在獲得政治上的自由之後，再發揮各自之政見而互組
政黨，而從事合軌道的政治活動之一種應有步驟。則我們認為其他的
分歧與摩擦，實在也並無不可解決之真實困難存在。[36]

錢穆認為當年的「第三勢力」應該是革命的，但是當時中國還有中華民國
的存在；若使第三勢力僅只是一個普通的政黨，則此種勢力，他希望盼其在獲
得政治上的自由之後，再互組政黨而從事於政治活動。

但錢穆的「希望盼其在獲得政治上的自由之後，再互組政黨而從事於政治
活動。」的這一般般期盼，顯然是寄望於中華民國在臺灣的生存與發展。但是
檢視「第三勢力」，因為 1950 年的韓戰爆發之後，情勢有了很大改變。

陳正茂指出：

其後因「韓戰」爆發，國際局勢丕變，使國府當局所在的臺灣，成為
美國西太平洋圍堵共產主義不可或缺的一環，由於臺灣是美國在東亞
的重要戰略要地，使得美國不得不改善與臺灣國府的關係，蔣介石政
權重獲美國支持，而先前美國暗中支持的第三勢力運動，也因為美蔣
關係之轉好而趨黯淡，最終風流雲散！[37]

之後臺灣政局的一直延續到了 1980 年代國民黨的成為一黨獨大態勢，致使

[36] 錢穆，〈革命與政黨〉，段宏俊主編，《自由人文集》(第五冊)》，(臺北：自由太平洋文化事業公司，1964 年 12 月)，頁 59。
[37] 陳正茂，《臺灣早期政黨史略(一九〇〇——一九六〇)》，(臺北：秀威，2009 年 3 月)，頁 289。

當時「第三勢力」在臺灣的重要成員，大部分是具有資深中央民意代表的身分，而歸屬在臺灣的民社黨、青年黨活動，則受到國民黨政府「反攻抗俄宣傳費」補助的利誘，常被當時「黨外人士」黃信介等譏諷為「廁所裡的花瓶」。

中國青年黨與中國民社黨的角色，頓然成為是被國民黨拿來對外宣傳蔣氏政權在臺灣實施民主政治的工具，讓美其名在戒嚴時期仍有在野黨的生存與活動空間，和其所扮演監督政府的功能。

對於國民黨的兩岸政策，基本上余英時認為共產黨比較可以接受對國民黨政府的兩岸關係主張。特別是到了 2008 年代表國民黨的馬英九總統，他所持「九二共識」原則，是「一中各表」，也就是所謂一個中國，一邊說是中華人民共和國，一邊說是中華民國，而且說臺灣不是中華人民共和國的，兩岸不是馬上和談，更不會取消中華民國的主權，目前只是保持現狀。

儘管中國大陸並不接受上述所謂「一中各表」的說法，國民黨馬英九的兩岸關係也沒有跨過政治談判的紅線。然而，余英時對於國民黨主張的國共兩黨的過於交流密切，仍不免懷有焦慮。

回顧 1923 年孫中山為了俄援的「聯俄容共」，和蔣介石在 1936 年西安事變之後為了抗日的「國共合作」，其結果都是讓中共有了更為壯大的機會。亦如蔣介石在《蘇俄在中國》書中，所詳列先後與共產黨的多次交鋒經驗，國民黨所受到的傷害與教訓真是斑斑可考。[38]

對於當前習近平統治下的中國大陸，曾於 1989 年出版《歷史的終結》、2011 年出版《政治秩序的起源》，和 2014 年出版《政治的秩序與政治的衰落》等書的法蘭西斯・福山(Francis Fukuyama)，他在 2015 年訪問中國大陸時的感受認為，中共的法制系統是黨治，是黨的法律在統治一切。他建議中國大陸在加強國家權力的同時，優先發展法治。

2017 年 4 月，福山亦曾應前行政院長江宜樺的長風基金會之邀來臺灣，並

----

[38] 蔣中正，《蘇俄在中國——中國與俄共三十年經歷紀要》，(臺北：中央文物供應社，1956 年 12 月)，頁 91-125。

以〈自由主義國際秩序的崩解〉(The End of the Liberal International Order)為題
指出：

> 自由主義國際秩序、經濟全球化等的確曾帶來好處，許多國家開始富
> 有了，但這些優點卻無法讓全民共享，貧富差距懸殊，引起對全球化
> 的反彈，有些就轉化為民粹主義。……太陽花學運比較屬於「國家認
> 同運動」，並非如同歐洲的右派激進民族主義，像太陽花這樣的左派民
> 粹，不會攻擊媒體、破壞言論自由或試圖建立獨裁政體，而是希望維
> 繫社會的開放，因為他們只是想改變這個政府的現狀，而非破壞制度。
> 因此，他不會將學運與西方運動並為一談。臺灣有相當不錯的政治體
> 系，有民主制度、示威運動，可透過選舉進行政黨輪替。[39]

福山認為，自由主義民主是人類歷史發展的終點，只不過現在修正為，某
種方向，朝向現代化的歷史發展途徑，任何現代化的國家都需要建立自由民主
制度，這仍然是唯一的、能夠帶來穩定的、良好的政治與經濟秩序的制度。

美國以維護全球政治經濟霸主的角色，在經濟利益上需要與中國大陸的交
流，但在國際政治的安全事務上，由於美國與中共政經體制結構的不同，一個
是資本主義自由開放的市場體制，一個是社會主義政府控制的經濟體制，導致
在全球政經體系的對立態勢。

福山認為臺灣有很好的自由民主體制，但假如中國大陸無法接受普世的文
明價值，且繼續強大下去，恐怕對臺灣不利。余英時認為福山是很實在的警告，
他贊成福山因民主與極權體制原因，對中美難以共同建立國際秩序的看法，至
為同意，這大概也是余英時認為臺、美政治關係一定會維持一定穩定程度的原
因。

---

[39] 法蘭西斯·福山，〈自由主義國際秩序的崩解〉(The End of the Liberal International Order)，《聯合
報》，2017 年 4 月 15 日。

　　承上論，國民黨政府與中國大陸在「九二共識」的基礎上，展開兩岸交流的頻繁。這熱絡的密切發展相較於 1990 年代國民黨的兩岸政策，余英時認為後者國民黨的兩岸政策過於保守；而前者在 2008-2016 年國民黨兩岸政策與中國大陸的互動又過於頻繁，余英時則提醒國民黨要了解中共透過經濟引誘，來促使其達成政治統一的目的。這裡當然隱含批評馬英九與國民黨在這 8 年的主政，對於中共政策採取過於經濟驅利的方式。

　　檢視當馬英九政府要與中國大陸要簽訂《服貿協定》所引發的「太陽花學運」。主因為馬英九執政後在經濟上與中國大陸有諸多交流中，經濟紅利幾乎都為臺灣大企業所獨得，並未實際受惠於大眾，特別是對於中下階層的農漁民工的照顧。

　　2014 年 4 月余英時在〈臺灣的抗議和中共的態度〉評論中指出：

> 臺灣抗議運動是因為他們反對共產黨，因為國民黨很快要跟共產黨簽約，在各種服務業上面有各種貿易協定，雙方都可以到對方去進行貿易；不受限制，有各種自由。……現在是學生們要求以後跟共產黨訂任何契約要在國會有一個機構可以檢查內容，然後投票通過。…現在這個目標已經很清楚，基本上是對共產黨大陸非常不放心；因為這多少年來國民黨執政以後慢慢在經濟上跟共產黨打了很多交道，好像對臺灣經濟有所幫助的樣子，到底幫助有多少還不知道。可是共產黨很明顯的它的經濟只是它的手段，它最終的目的是要統一臺灣。[40]

　　2014 年 9 月余英時接著在中央研究院的〈談人文修養〉講座上指出：

> 對社會有不滿，應以和平方式對政府施壓，若施壓不成，就投票給其

---

[40] 余英時，〈電訪余英時：臺灣的抗議和中共的態度〉，自由評論 / 第 374 期 20140424《https://www.epochweekly.com/b5/374/13431.htm》，（瀏覽日期 2019/07/04）。

他黨派,這是制裁不合理政府的唯一方式。……民主社會有表達的自由,但抗爭也要有修養,若採暴力,就是違背民主。臺灣的太陽花運動,讓我很感動。……臺灣能建立民主,是因從未經過革命,從傳統社會慢慢轉化成現代社會。中國改朝換代總是靠武力,代價則是不斷以暴易暴。[41]

當然,余英時也特別提出民主要靠人文修養培養出判斷力,才不容易被操縱選票、人人都可投票的民主不能解決所有問題,必須要有人文修養。儘管太陽花運動發生後,臺灣和大陸並不是要分開,但他一貫堅持,即是要在一個民主、自由的制度之下,臺灣才會加入大陸與其統一,畢竟臺灣是一個民選政府的自由民主體制,是不可能改變這一體制。

四、 余英時對民進黨兩岸關係的評論

民進黨早期對於兩岸關係的論述,基本上可分為三個階段。第一階段是從 1986 年 11 月 10 日第一次全國黨員代表大會通過《黨綱》的〈基本綱領〉主張:「終止臺海兩岸對抗」,認為「基於臺灣人民之整體利益,謀求合乎人道、平等、和平的解決途徑。在臺海兩岸政治社會經濟制度相差懸殊下,應優先致力於改善兩岸人民之生活,不應製造緊張對抗。」主要是採取務實原則,著眼於兩岸交流的現況,不但主張開放兩岸交流,甚且亦主張開放兩岸直航與直接貿易。

第二階段是從 1988 年 4 月 17 日民進黨第二次全國代表大會臨時會通過〈四一七決議文〉,主張任何臺灣國際地位之變更,必經臺灣全體住民自決同意,如果國共片面和談,如果國民黨出賣至 1988 年階段臺灣人之利益,如果中共統一臺灣,如果國民黨不實施真正的民主憲政,民進黨主張臺灣應獨立。

---

[41] 余英時,〈談人文修養〉,《聯合報》,2014 年 9 月 21 日。

1990 年 10 月 7 日，民進黨第四屆全國代表大會第二次會議通過〈一〇〇七臺灣決議文〉，主張我國事實主權不及於中國大陸及外蒙古。我國未來的憲政體制及內政、外交政策應建立在事實領土範圍上。

1991 年 10 月，民進黨第五屆全國代表大會第一次會議通過〈黨綱、基本綱領〉修正案，更進一步主張臺灣主權獨立，不屬於中華人民共和國，且臺灣主權不及於中國大陸，既是歷史事實又是現實狀態。

因此，主張依照臺灣主權現實獨立建國、制定新憲，使法政體系符合臺灣社會現實，並依照國際法之原則重返國際社會，基於國民主權原理，建立獨立自主的臺灣共和國及制定新憲法的主張，應交由臺灣全體住民以公民投票方式選擇決定。此〈臺獨黨綱〉則是主權優先的論調日益凸顯，一味主張臺獨，而放棄對兩岸政策的發言權。

第三階段則是到了 1992 年二屆國代選後，改採彈性作法，一方面因已略具執政實力，且大陸政策影響範圍日廣，因乃思調整為參與兩關關係的決策；一方面則試圖整合務實派與主權優先派，以凝聚黨內共識。諸如要求參與海基會、陸委會的召開兩岸關係國是會議、監督「辜汪會談」，以及試圖與中共建立溝通管道等等。

回溯民進黨臺獨思想的歷史淵源，可說是部分受到日治時期臺灣文化協會、臺灣民眾黨等組織與運動，以及 1945 年國民黨接收臺灣、1947 年爆發的「228 事件」有關，致使少數臺灣人把國民黨政權看做是一個屬於外來遷占者的政權，導致帶有一種排斥外省人的族群意識。

然而，1970 年代起蔣經國在國民黨內逐漸歷經黨內，和政府部門的重要職務的權力之後，其執行階段所採取大量進用本省籍菁英的積極推動黨政本土化與民主化政策，已讓本土化與民主化在臺灣雙軌運作的影響之下，顯示出臺灣社會對於國民黨政權接地氣的在地化，已不再將國民黨政權視為一種外來征服者政權的思維。

2008 年 1 月 30 日余英時在接受《中國時報》的訪問中指出：

民主化與本土化之間本來就有著一定的關連，臺灣經過近二十年的民
主發展，整個社會逐漸走向本土化是必然的趨勢。但是本土化並不等
於臺獨，也不是哪個政黨的專利。不能說你民進黨最早喊出本土化，
所以就只有你一個黨是代表本土的，其他政黨都不是。只要是透過民
主的程序、經由人民選票產生的政權，都是本土化，都代表本土。[42]

　　余英時認為「臺灣獨立」如果在今天還有積極的意義，那就只能是獨立於
中共殘暴的政權。臺灣在國際上的困境是中共所造成的，而中共對於中華民國
這一既成事實是無可奈何的，對於「臺灣共和國」則是絕對不能容忍的。[43]
　　2016 年蔡英文當選總統的 5 月 20 日就職談話，余英時評論指出：

她〔蔡英文〕也還沒有講到讓中共難堪。雖然沒有承認九二共識，九
二共識的一個基本關鍵就是要承認臺灣是中國的一部分，……大陸在
最初看到蔡英文說要維持現狀這個基礎上繼續兩岸關係，繼續求得和
平和發展經濟來往的這條路，對於這條路共產黨並沒有否定。不過很
不滿意的就是沒有承認九二共識；沒有承認兩岸同屬一中。……真正
嚴重的問題是共產黨故意在造成這樣一種局勢，好像是你不承認一中
就是要鬧分裂。當然另外一方面講我們也不承認分裂跟統一哪一個價
值更高。
所以統一跟分裂不是一個價值的問題而是什麼樣的方式使這個地區的
人民覺得生活得更好。我覺得如果臺灣跟大陸作為兩個地區；作為兩
個中國社會，兩個中國文化背景產生的一種社區照自己的方式發展下
去，我覺得臺灣不可能是大陸的敵人，雙方應該是互相幫助的。但是
這是中共所不能容忍的。中共是一定要獨占的，一定要是自己獨霸的。

[42] 余英時，〈別再為虛幻口號殊死對抗〉，《中國時報》，2008 年 1 月 30 日。

[43] 余英時，〈民主乎？獨立乎〉，《民主與兩岸動向》，(臺北：三民，1993 年 9 月)，頁 80-85。

而且這幾年來看它在南海的種種行為更可以看出它的侵略性非常之
高，所以不會容忍臺灣長期在外不成為它的一部分，遲早要求得這個
效果。我想如果要求得這個效果它是給自己找麻煩的。……所以這種
種因素加起來看，我對臺灣被侵略的可能性並不是說沒有但是我不覺
得很高。……長期來看，我對兩岸關係是照現狀還是繼續往前走，還
是唯一的道路關鍵是共產黨在思想上應該有徹底的改造。[44]

余英時大致肯定蔡英文現行採取的兩岸政策，尤其在川普當選美國總統之
後，局面似乎有所轉變。余英時曾在川普剛當選時，對其中國與臺灣政策，似
乎有所新的期待，畢竟這是 1979 來之後美國承認中共之後，從沒有一個美國的
總統或當選者跟臺灣領導人通過電話，主要原因就是美國自從鄧小平時代跟中
共建交以後就處處好像怕得罪中國大陸，所以儘量避免對臺灣有任何親近的表
示，包括賣武器給臺灣。[45]

檢視余英時對臺獨的評論，早在 1989 年臺灣的競選活動，反對黨方面有一
部份正式提出了「新國家」的觀念。而林義雄的《臺灣共和國基本法草案》也
發表了，他認為這是臺灣民主開放的結果，也可以讓大家思考臺獨的涵義及其
政治效果。

余英時指出：

臺獨係與 228 事件有關，此後使臺灣人把國民黨政權看做是外來征服
者的政權。然蔣經國推動「本土化」政策，實際上使得國民黨政權似
乎不能看成是「外來征服者的政權」了。畢竟臺獨運動不免先天帶有

[44] 余英時，〈民進黨執政以後臺灣民主的發展和兩岸關係」〉，《Google/自由亞洲電台余英時特約評
論》，發行日期，2016/06/09，http://www.rfa.org/mandarin/pinglun/yuyingshi/yys-06092016152341.html
（瀏覽日期 2019/07/07）。

[45] 李顯裕，〈余英時對臺灣政治發展的評論及其歷史意義—以兩岸關係為中心的初探〉，2017 年 11
月 14 日中央警察大學通識教育中心《2017 通識教育與警察學術研討會論文集》，頁 121-133。

排斥「外省人」的情緒，但此刻的臺灣已經不存在普遍而嚴重的省籍
界線。……「臺灣獨立」如果在今天還有積極的意義，那就只能是獨
立於中共殘暴的政權。臺灣在國際上的困境是中共所造成的，而中共
對於「中華民國」這一既成事實是無可奈何的，對於「臺灣共和國」
則是絕對不能容忍的。[46]

　　顯然余英時是從對臺灣現實政治利害的觀點來作兩岸是統一或獨立的政治
安排，儘管他有著中國文化認同的傾向，但在政治上，他認為臺灣當下不可能
基於民族主義的政治認同，去贊成臺灣與中共來統一。余英時心中有更高的人
權、自由、民主的價值持守，他認為這是高於狹隘的中國民族主義之價值理念的。

　　余英時以為臺獨「去中國化」是不可能的，臺灣可以講獨立。如果臺灣獨
立不是根據狹隘的地方觀念，也不是投降任何外國勢力，那也沒有什麼不好。
臺灣民主制度已在形成中，一般人民的獨立自主意識很強烈，就算中共用武力
征服臺灣，也會受到臺灣人民無止境的反抗。

　　顯然余英時對於中共對待臺灣的政治手段，是懷有很高的戒心的。我們可
以清楚理解他的不接受違反民主的民族主義，中國大陸的新民族主義在性質上
與舊民族主義根本不同，它已從自衛轉變為攻擊。因為民族主義是可以被建構
出來的。[47]

五、余英時對共產黨兩岸關係的評論

　　余英時《回憶錄》指出：

---

[46] 余英時，〈民主乎？獨立乎〉，《民主與兩岸動向》，頁 80、84-85。

[47] 參見：1996 年 3 月 29 日《中國時報》(11 版)〈飛彈下的選舉——民主與民族主義之間〉；1999 年 6
月 3 日《聯合報》(2 版)〈民族主義取代了民主嗎？——「六四」十年的反思〉。

我童年有系統的記憶是從抗日戰爭那一年(1937)回到鄉間開始的。但在鄉間九年中，我從未聽過「共產主義」這個名詞。我只知道陳獨秀和胡適是兩個著名文化人物，但陳獨秀又是共產黨的創始人，我便一點印象也沒有了。……但是，我們鄉下人卻與「共產主義」關係密切的武裝勢力結下不解之緣—這支勢力便是「新四軍」。……但我一個小孩子，沒有人告訴過我「新四軍」即是共產黨的軍隊。所以在重回城市以前，「共產主義」、「共產黨」都是我不曾聽過的詞彙。[48]

但是當時「新四軍」第四支隊作為共產黨的武裝力量，在余英時故鄉以綁票殺人著稱，魚肉鄉民的凶惡事跡，乃至於被鄉民稱之為「二一五事件」的綁架，將三百多個肉票集體屠殺的殘暴行徑，在余英時童年心中產生一種很深的恐懼感。[49]

1946 年當余英時重回城市瀋陽之後，當時瀋陽的蘇聯紅軍剛撤走不久，然蘇軍的姦淫搶掠已在整個東北激起人民普遍的憤怒，他從本地同學口中聽到令人髮指的無數暴行，當時他認為蘇軍既然是從共產主義的天堂而來，但行為竟是如此，故使得余英時無法對共產主義發生真正的信仰。

但是余英時為什麼會加入新民主主義青年團呢？他在《回憶錄》中提到：

在新政權下入黨或入團，更是我做夢也沒有想到過的事。因此 1949年 10 月 1 日天安門的開國大典，我也沒有去湊熱鬧。但是出人意外，大約在 11 月尾，歷史系的團組織開始積極地發展我「入團」。最初一兩次，我都以「不夠資格」為理由婉言辭謝。不料他們緊追不捨，攻勢一次比一次更猛。他們的說辭是很能打動年輕人的心的，例如：入團對於個人不但沒有任何實際利益，而且要求個人作出更大的犧牲，

[48] 余英時，《余英時回憶錄》，(臺北，允晨，2018 年 11 月)，頁 40。
[49] 余英時，《余英時回憶錄》，(臺北，允晨，2018 年 11 月)，頁 42。

團員在組織中，由於得到群體的幫助，更能發揮個體的能力等等。[50]

余英時後來經過自我分析，認為有兩個主要因素使他最後同意申請入團。他在《回憶錄》指出：

> 一是我性格上的大弱點，往往因為顧全情面，不能斬釘截鐵地對別人的要求一口回絕。我總是覺得人家是一片好心，應該極力避免讓人下不了台。這便留下了餘隙，使對方永遠覺得有機可乘。二是虛榮心，我並未以「入黨」或「入團」為榮，但是看到團組織如此爭取我，認定我有很高的「為人民服務」的潛力，一種自我陶醉的心裡不免在潛滋暗長。我記得被說動之後，一連幾天曾在宿舍的走廊上來回走動，低頭苦思，相識的同學都看出我有滿腹心思。其實這是內心在進行當時所謂的「思想鬥爭」：用中國傳統的話說，則是「天人交戰」，不過何方為「天」、何方為「人」，卻很難分辨罷了。[51]

余英時同意申請入團之後的兩三個月才在香港收到通知，申請已獲准，等回校後正式辦理入團手續。他在《回憶錄》指出：

> 我在燕京〔大學〕時期既未正式入團，自然遠沒有機會仗組織之勢以欺凌群眾。但是在申請入團的時期，我在精神上發生一次變異……。這一變異表現在兩個相關的方面：一是感染了一種宗教式的狂熱情緒；另一則是「左傾幼稚病」。這兩種精神變態互相支援，有時一觸即發，造成個人的罪過。……也由於有此體驗，我才對文革時期的「紅

---

[50] 余英時，《余英時回憶錄》，(臺北，允晨，2018 年 11 月)，頁 87。

[51] 余英時，《余英時回憶錄》，(臺北，允晨，2018 年 11 月)，頁 88。

衛兵現象」有比較深刻的理解。[52]

　　1953 年余英時在自己《到思維之路》的序言中，對於 1949 年中國政局的變遷，所帶來的獨裁和思想上的箝制，表示了最深切的憤慨。余英時指出：

　　剷除了中國舊有的一切思想的根基，也摧毀了西方學術界所傳布過來的一切思想的幼苗；而它所帶來的卻不是任何新思想體系的創見，恰恰相反，乃是集權統治者的教條束縛了全中國人民的智慧。[53]

　　余英時從歷史的角度提出，中國很早就形成一個大一統的國家，雖然是一大成就，但也為此成就付出代價，他認為這一問題應該採取開放的態度加以研究，不能武斷地、不加思索地認為統一就是天經地義，但他認為他不是鼓吹中國分裂論，那是不可能的。問題在於怎樣「統一」，如果用政治強力來統一香港、臺灣，則將使多采多姿的地方文化型態和生活方式都消失了。[54]
　　針對中共 1989 年的「六四天安門事件」，余英時指出：

　　提到鄧小平晚年的兩件大事：第一是「改革開放」的重要成就，第二是天安門屠殺的鐵腕統治。這兩件事一屬正面，一屬反面，譽與毀交織在一起，大致可以算是眼前的「蓋棺論定」。我說是「眼前的」，而不說是「永久的」，因為歷史評價在後世必有反覆。我們今天大可不必為此多費心思。[55]

[52] 余英時，《余英時回憶錄》，(臺北，允晨，2018 年 11 月)，頁 89。

[53] 周質平，〈自由主義的薪傳──從胡適到余英時〉，林載爵主編，《如沐春風：余英時教授的為學與處世──余英時教授九秩壽慶文集》，(臺北：聯經，2019 年 1 月)，頁 183-184。

[54] 余英時，〈知識分子必須是批評者，西方沒有現成的萬靈丹〉，收錄李怡，《知識份子與中國》，(臺北：遠流，1989 年 8 月)，頁 120-123。

[55] 余英時，〈「治天下」強人之死，結束「革命」時代〉，《聯合報》，1997 年 2 月 21 日。

　　顯然余英時對於中共對待臺灣的政治手段，是懷有很高的戒心的。1996 年針對中華民國舉行的總統大選，他於 1996 年 3 月 29 日《中國時報》的〈飛彈下的選舉──民主與民族主義之間〉一文中指出：

> 中華民國這一次的民主選舉，照情理推斷，應該是絕大多數中國人都會為之歡欣鼓舞的破天荒的大事。事實上，就我所見，西方的報導和評論也都異口同聲的強調這一點。反而是華文報紙雜誌，重視飛彈遠過於選舉的本身，這雖然是完全可以理解的，但畢竟給人以異樣的感覺。選舉與飛彈的較量暴露出中國人的民主認同和民族認同之間發生了裂痕。[56]

　　這凸顯當前中國大陸的新民族主義在性質上與舊民族主義根本不同，它已從自衛轉變為攻擊的思維與態度。而我們又從余英時於 1999 年 6 月 3 日在《聯合報》發表的〈民族主義取代了民主嗎？──「六四」十年的反思〉一文指出：

> 我說「六四」天安門的民主運動是自動自發的，……「六四」的自動自發是早已證實了的。中共在八九年鎮壓時期便曾一再說它後面有「外國勢力」，但經過幾次「審判」，送了無數參加者入獄，卻至今拿不出一絲一毫證據來支持這個論斷。一個極權政權，一切得心應手，竟不能找到「六四」有任何背景，這便十足證明了「六四」是青年學生自由意志的自由表現，其他社會上無數參與者也都出於自動，出於良知的不容己。[57]

　　這更可以清楚理解余英時的不接受違反民主的民族主義，因為民族主義是

[56] 余英時，〈飛彈下的選舉──民主與民族主義之間〉，《中國時報》，1996 年 3 月 29 日。
[57] 余英時，〈民族主義取代了民主嗎？──「六四」十年的反思〉，《聯合報》，1999 年 6 月 3 日。

可以被建構出來的，這凸顯民族主義壟罩自由民主的圍限。余英時的反對共產主義，或許多少受到胡適很早就識破共產黨獨裁政體的真面目影響。

2005 年 3 月當中共提出《反分裂法》時，余英時指出：

> 這是一個很奇怪的立法，因為臺灣是中國的一部分，但並不是中國共產黨的一部分，或是中華人民共和國的一部分，這是兩岸的共識。但中共這個時候忽然立個法，是不是有很好的作用，大家的意見有所不同。在我個人看來，這是很不聰明的。……所以這個反分裂法，中國通知了美國之後，不但白宮，國會都表示了反對的意見，就是民間的輿論，也不很好，認為這是一個挑釁，臺灣更認為這一個挑釁，……這只有更加刺激臺灣的臺獨派更為積極推動臺獨，老百姓更是引起很大的反感。……臺灣是中國文化的一部分是沒有問題的；臺灣在政治上屬不屬於中共，我想，在臺灣的人沒有幾個人會承認這一點。中國大陸要懂得一點中國人的文化心理，儒家所謂的「以德服人，不要以力服人，」是一個很重要的教訓。[58]

余英時自由主義精神認為民主思想是從儒家「以人為本」思想發展而出的，也彰顯 2012 年臺灣反媒體壟斷運動時他參與網路的聯署，以及反對民進黨對臺灣教育的採取「去中國化」思維。

對於中國大陸在鄧小平時期提出的「有中國特色社會主義」，余英時指出：

> 鄧小平「有中國特色社會主義」是一句沒有內容的空話。在實踐中我們所見到是「一黨專政」的「中國特色」加上沒有法律根據的「資本主義」而已。中國的前途不在任何主義，而在怎樣建立一個具有中國

---

[58] 余英時，〈反分裂法立法：沒有必要且不明智〉，《Google/自由亞洲電台余英時特約評論》，發行日期，2005/03/15，http://www.rfa.org/mandarin/pinglun/yuyingshi/yys-20050315.html（瀏覽日期2019/07/05）。

特色的現代文明社會。祇有大陸上的政治力量從橫暴轉向文明之後，
兩岸關係才能開始真正的改善。[59]

　　如果從改革開放之後的經濟發展是屬於「硬實力」(hard power)，那中共十
九大之後習近平提出「新時代中國特色社會主義」的「軟實力」建設現代化國
家，則可以解讀為未來到了 2025 年或 2050 年，將達成「軟實力」(soft power)
的轉化為「巧實力」(smart power)或「銳實力」。這一樂觀的看法，凸顯了「新
時代中國特色社會主義」與「臺灣特色資本主義」，在政經體制意涵的差距有逐
漸拉近的趨勢。

　　中共對兩岸關係發展在 2016 年美國川普總統上台之後，茲因受到中美關係
產生政經結構性的變化。特別川普大唱的「美國優先」政策，已將全球政經體
系從「多邊主義」轉向「單邊主義」，將過往的「理想主義」轉向「現實主義」，
將過往的「理性主義」轉向「非理性主義」，導致美國在全球體系的霸主地位遭
遇新的挑戰，包括一向比較傾向支持美國的歐洲國家，也對美國的外交與經貿
政策失去信心。

　　川普重啟的中美貿易談判，更導致全球經濟發展的失序與不確定性，對兩
岸關係與經貿發展更是帶來衝擊，儘管川普在 2019 年 G20 大阪峰會中當著中
國國家主席習近平宣稱，美國與臺灣關係的發展仍然會依照「一個中國原則」
進行，但隨著美國在國際秩序上角色與功能的影響力趨弱，以及與中國大陸關
係的尖銳化，特別是在美國對臺銷售武器方面，每每引起中共的抗議，已經影
響兩岸關係發展使其更具不確定因素。

---

[59] 余英時，〈「治天下」強人之死，結束「革命」時代〉，《聯合報》，1997 年 2 月 21 日。

六、結論

從早年余英時的生活與學習經驗，他接受自由主義思想體系的價值，和對共產主義的質疑，大致上形塑了他一生的思想風格，也促使當他在關心臺灣與中國兩岸關係的課題時，心中則思考著如何使這些地方的人民，追求更文明的人性生活。

雖然中共屢次基於中國民族主義情懷，希望能完成其統一中國的大業，但余英時則認為有比統一更高的價值，倘未能追求到自由民主的生活，兩岸分裂不見得是不好的狀況。

余英時指出：

「中國人」這個名詞自正式出現在春秋時代以來，便是一個文化概念，而不是政治概念。對中國人而言，文化才是第一序的觀念，國家則是第二序以下的觀念。對政治概念上的中國，他是抗拒的。過去六十多年來，除了學術研究之外，反共是余英時不懈的使命。其情緒之激昂，意志之堅定，真可以說愈老彌篤。至於中國文化對他而言，則是「安身立命」之所在，也是他「精神上的歸宿」。[60]

余英時認為一切歷史文獻——從家譜到方志，都說明今天的臺灣主要是一個大陸漢族移民的社會。余英時指出：

從中國史的長程上看，三百多年來臺灣一直扮演著海洋中國的尖端角

---

[60] 周質平，〈自由主義的薪傳——從胡適到余英時〉，林載爵主編，《如沐春風：余英時教授的為學與處世——余英時教授九秩壽慶文集》，（臺北：聯經，2019年1月），頁187-188。

色。今天不少中外史學家都承認自十六世紀以來，中國已不僅僅是一
個內陸農業的文明秩序，另一個海洋中國也開始出現了。……臺灣的
發展史並不真的是從十七世紀才開始的，其中有些因素甚至必須上溯
到一千五百、六百年以前。[61]

如果我們從 2011 年臺灣考古學家陳仲玉團隊在臺灣馬祖亮島，發現亮島人
8,300 年前的骨頭，經 DNA 之後，證實是南島語族，這將是南島語系自大陸東
南沿海的遷徙，而由福建(包括馬祖)此移入臺灣的重要途徑。

當今有些論點認為臺灣原住民族可能是南島語族分化的源頭，它比臺灣發
現的大坌坑文化約早了 3,000 年。當前就臺灣發展的歷史可以遠溯西元前的年
代，如果如某些人士只說臺灣人四百年史，而不說臺灣人幾千年史或幾萬年史，
其所說的臺灣人四百年史，這個「臺灣人」已有中國的意涵。因為，這個陳述
忘了某些人士所強調來自東南亞的臺灣人，而僅指四百年前開始大量由中國大
陸來的臺灣人(或說漢人)。

臺灣發展的除了「原住民的本土文化」之外，「臺灣文化」可以說是「中國
文化」在最近兩三百年中逐漸發展出來的一個新枝。余英時指出：

如果說三百多年來的臺灣發展給我們提供了甚麼歷史教訓，那我們不
妨說，文化和經濟的力量是比較長久而深刻的，而政治的力量則是比
較短暫而浮面的。但是海洋中國仍然是從中國文化的長期演進中孕育
出來的。[62]

承上論，影響兩岸關係發展的重要因素，其中充滿民族主義的算計，然而

[61] 天下編輯著，《發現臺灣》(上冊)，余英時序，〈海洋中國的尖端——臺灣〉，(臺北：天下，1992
年 2 月)，頁 II-III。

[62] 天下編輯著，《發現臺灣》(上冊)，余英時序，〈海洋中國的尖端——臺灣〉，(臺北：天下，1992
年 2 月)，頁 VIII。

兩岸從 1949 年治 2019 年已經分隔分治 70 年，中華民國在臺灣已經實施民選總統的自由民主體制，而中國共產黨國家領導人的選舉與任期年限尚無明確化，凸顯兩岸在自由、民主與人權思維的差異，這也是余英時提醒部份海外華人認為中共已經從霸道轉上王道，而對中共統治下政權所發生的幻想。

回溯余英時的關懷自由民主與兩岸關係發展，諸如在中華民國方面他關懷了 1960 年《自由中國》雜誌雷震鼓吹成立反對黨，並籌組「中國民主黨」，致使雷震等人被以涉嫌叛亂的罪名逮捕事件。

余英時也關懷 1979 年《美麗島》雜誌因訴求民主自由、國會全面改選、終結黨禁和戒嚴，終致判刑入獄事件。儘管 2019 年 5 月民進黨政府成立的「促進轉型正義委員會」公布刑事有罪判決撤銷名單，其中包括《自由中國》、《美麗島》雜誌等重要成員。

在中國大陸方面，余英時諸如關懷 1989 年大陸「六四天安門事件」後，他在美國學術界發起聲援活動，支持中國大陸的民主運動；2008 年 6 月 28 日他在接受國立政治大學頒贈名譽文學博士，發表〈臺灣人文研究的展望〉提到，臺灣人文傳統根本是中國人文傳統的延續，反觀大陸歷經文革，即使 1980 年代後急起直追，中斷的傳統也難以立即補上；還有關懷 2012 年至 2013 年臺灣報紙的併購，與發生太陽花反對簽署〈服務貿易協定〉的抗爭事件；乃至於關懷 2014 年香港爆發「雨傘運動事件」、2019 年「反送中事件」抗爭，再再凸顯他不容自己兩耳不聞窗外事，一心只讀聖賢書的要實踐關懷兩岸自由民主發展與公民人文修養。

當前市場經濟與民主政治的國家，出現誠如法國經濟學家皮凱提(Thomas Piketty)在《二十一世紀資本論》的指出全球分配不平均[63]，和美國諾貝爾經濟學獎得主講史迪格里茲(Joseph E. Stiglitz)在《不公平的代價——破解階級對立的金權結構》所指出，當全球面臨實施資本主義的結果，已經出現政治經濟嚴

---

[63] Thomas Piketty, 詹文碩、陳以禮譯，《二十一世紀資本論》，(臺北：衛城，2014 年 11 月)，頁 68。

重失衡與貧富差距拉大的現象。[64]

綜觀余英時一生承續自由主義思想和對兩岸關係的關注文字，值此當下中華民國的生存與發展面臨嚴厲挑戰的時刻，臺灣在兩岸關係的走向上如何作更利於發展的安排，儘管中共習近平最近提出了「一國兩制臺灣方案」的對臺策略，中華民國政府和人民是否有更理想方案的因應，這恐是研究兩岸問題的專家學者也必須深入思考的課題，或許余英時的自由主義思想和兩岸關係的見解，是值得供我們加以重視和思考的。

最後，本文我提出一項建議，不管民進黨或國民黨執政，中華民國非常歡迎余英時在他今(2019)年的 90 歲高齡，能夠追隨他的老師錢穆，和受到國際敬重的胡適、林語堂、張大千等人士的返臺定居。余英時不但可以享譽他身為中央研究院院士的崇高地位，而且他們賢伉儷亦可享受臺灣自由民主社會的晚年生活。

---

[64] Joseph E. Stiglitz, 羅耀宗譯，《不公平的代價——破解階級對立的金權結構》，(臺北：天下，2013年 1 月)，頁 19-31。

國家圖書館出版品預行編目(CIP) 資料

臺灣政治經濟思想史論叢. 卷四, 民族主義與兩
岸篇 / 陳添壽著. -- 初版. -- 臺北市：元華文
創, 2020.01
　　面 ；　　公分
　ISBN 978-957-711-140-1 (平裝)

1.臺灣經濟　2.政治經濟　3.經濟史

552.339　　　　　　　　　　　　　　108017850

臺灣政治經濟思想史論叢(卷四)：民族主義與兩岸篇
Proceedings: The History of Taiwan Political and Economic Thought IV

陳添壽　著

發 行 人：賴洋助
出 版 者：元華文創股份有限公司
公司地址：新竹縣竹北市台元一街 8 號 5 樓之 7
聯絡地址：100 臺北市中正區重慶南路二段 51 號 5 樓
電　　話：(02) 2351-1607　　傳　　真：(02) 2351-1549
網　　址：www.eculture.com.tw
E-mail：service@eculture.com.tw
出版年月：2020 年 01 月 初版
定　　價：新臺幣 550 元

ISBN：978-957-711-140-1 (平裝)

總經銷：聯合發行股份有限公司
地　址：231 新北市新店區寶橋路 235 巷 6 弄 6 號 4F
電 話：(02)2917-8022　　傳　真：(02)2915-6275